"博学而笃志,切问而近思。"
(《论语》)

博晓古今,可立一家之说;
学贯中西,或成经国之才。

复旦博学·复旦博学·复旦博学·复旦博学·复旦博学·复旦博学

内容提要

战略管理是一门研究企业在竞争环境中如何走向成功的学科。因此，如果把战略的本质概括为几个字的话，"赢的逻辑"或许是最为贴切的表述之一。根据"赢的逻辑"，企业战略的根本问题可以概括为三个方面"活得了、活得好、活得久"。本教材提出了企业战略构成五要素的"钻石模型"：竞争领域、途径、差异因子、阶段和盈利模式，从整体结构层面展现了战略的逻辑性。

在目前结构性转轨时期，中国企业正迈入战略管理时代。然而，当前流行的《战略管理》教科书大都过于"西化"，本书立足"全球视野，本土实践"的编写思路，本教材高度关注中国企业的管理实践，对中国古代的战略思想和管理智慧加以系统总结和高度精炼。同时，科学地融合了最新的战略研究成果和企业实践总结，如商业模式创新、情景规划、战略直觉、非市场战略、动态竞争战略、蓝海战略等内容。

本书适合作为高等院校管理学、经济学等专业的教材，也可作为企业和经济管理部门工作人员的培训用书。

作者介绍

谢佩洪，上海交通大学管理学博士，为上海对外经贸大学工商管理学院副教授、硕士生导师。研究领域为：战略管理、本土管理。主持国家级课题多项，在国际SSCI期刊、《管理世界》、《南开管理评论》等发表学术论文50余篇。

焦豪，复旦大学管理学博士，北京师范大学经济与工商管理学院副教授和案例研究中心主任，主要研究方向为战略管理、创业管理、创新管理等。主持国家级项目多项，在国际SSCI期刊、《管理世界》等发表学术论文50余篇。

甄杰，同济大学管理学博士，华东政法大学商学院副教授，硕士生导师，华东政法大学企业发展研究所所长。出版专著5部，高校教材3部，在《新华文摘》、《中国工业经济》等核心期刊发表论文20余篇。

大学管理类教材丛书

战 略 管 理

谢佩洪 主 编
焦 豪 甄 杰 副主编

复旦大学出版社

前　　言

　　战略管理是一门研究企业在竞争环境中如何走向成功的学科。因此，如果把战略的本质概括为几个字的话，"赢的逻辑"或许是最为贴切的表述之一。战略的逻辑性已经引起了国内外学者的重视，甚至一些学者把逻辑称为是"战略中最重要的要素"。他们认为，战略明确了对企业及其环境的假设，并提出了企业能够获得成功的核心论据。根据"赢的逻辑"，企业战略的根本问题可以概括为"活得了、活得好、活得久"三个方面。进一步，本书提出了企业战略构成五要素的"钻石模型"，从战略的整体结构层面展现了战略的逻辑性。本书把竞争领域、途径、差异点、阶段划分和盈利模式看作战略的五个构成要素，强调在一个出色的战略中，这些要素之间应该形成一致的逻辑关系，彼此相互支持、相互促进。而且竞争领域和途径涉及的是公司层面的战略，而差异点和阶段划分涉及的则是竞争层面的战略，这些都深刻地揭示了战略的内在特征。

　　随着市场竞争的加剧以及商业环境的动态性、复杂性、不确定性逐渐增强，战略管理已经逐步成为引导企业塑造竞争优势和走向持续健康发展的关键所在。在目前结构性转轨时期，中国企业正迈入战略管理时代。这是一种进步，是中国企业自身成长和市场竞争环境协同演化的共同结果。在战略管理时代，中国企业必须要抛弃对"撞大运"的幻想，必须要摆脱"一招鲜，吃遍天"的惯性思维，而是要通过塑造和不断更新核心竞争力来奠定企业竞争力的根本基础，要通过战略与环境的不断适应以及通过商业模式创新和互补性资源配置来获得并保持竞争优势，要通过秉承先进的企业伦理观念和遵守商业道德规范来寻求企业、社会、消费者的和谐共赢。时代的进步和企业的战略发展要求我们应在总结中国企业30年实践的基础上有所创新。

然而，当前流行的《战略管理》教科书的内容大都过于"西化"，基本停留在单纯借鉴和"拿来主义"的层面，比较依赖海外战略管理类教材，忽略了初学者的吸收能力，使得该课程让学生（尤其是本科生）有高不可攀之感。经典的战略教材让学生对书中的国外企业案例及每章后的案例分析和练习有一种"距离感"，这种"距离感"在一定程度上对教学效果产生了不利的影响。本书的推出代表了一次拉近"距离"的尝试。在教材的编排思路上，目前主要存在着理论导向型和实践导向型两方面。本教材力图将实践导向型的思想体现在课程体系之中，让学生以战略决策者的视角来分析并洞悉企业实践的乐趣。力图在对古今中外战略理论和企业实践进行深刻分析和总结的基础上，形成自己独特的体系和特色。

（1）本土化与全球化。全球化为本教材增加了时代性和综合性，全球化问题对于理解企业战略的制定和执行至关重要。本土化是本教材的一大特色，"全球视野，本土实践"一直是作者推崇的理念。本教材高度关注中国企业的管理实践并大量采用本土案例，而且对中国古代的战略思想和管理智慧加以系统总结和高度精炼。《孙子兵法》、《易经》、《三十六计》等经典著作博大精深的战略思想影响深远，至今仍闪烁着智慧的光芒。

（2）新颖性与操作性。本教材根据潜在学习者的需求和逻辑思维的特点，突破了以往同类教材单一节点的写作体例，这种编排更能适应中国学习者的思维习惯，通过一系列的案例、情景、专论等编排，有助于提高学习者的学习效果。

（3）系统性与针对性。本教材突破了单一战略的思路，突出对各种战略的系统整合，使之成为能够指导企业整体运营的商业模式。为了便于初学者和企业人员应用战略理论分析实际问题，科学地对各种有关的分析工具、方法和模型进行了系统梳理,尽可能为读者提供多视角和多维度的解析。此外,本教材也特别强调企业战略在实践中的针对性,突出问题意识,力求在"面上覆盖"的同时实现"点上说透"。

(4) 前瞻性与严谨性。企业的使命、愿景、战略目标和商业伦理等内容是企业战略决策的依据,是战略分析的起点,它解决企业"想做什么"和"为什么做"的问题,是公司做事业的高度和深度,本书突出了这些容易被初学者忽略却非常重要的内容。本教材秉承言之有理、持之有据、治学严谨之精神,注重战略管理这门核心课程的科学性和逻辑性。此外,引入了商业模式创新、情景规划、战略直觉、非市场战略、动态竞争战略、蓝海战略等内容,科学地融合了最新的战略研究成果和企业实践总结。

(5) 完整性与思辨性。企业战略的核心主题就是"做什么"、"如何做"和"由谁做"。本教材中的四篇内容对战略的这三个主题进行了恰当的理论诠释和企业实践论证,使读者能够真正地理解战略是一个"方向正确+运作高效+心情舒畅"有机结合的完整的动态平衡过程。本教材的另一特色是思辨性,对一些经典的理论、观点和方法不是不假思索地全盘接受,而是注意探究其产生背景、适用范围与运用领域。

"纸上得来终觉浅"。战略不是纸上谈兵,不是坐而论道,战略必须落地,理论必须与实践对接,因此,本教材特别突出了战略分析的工具,以及改变了以前教材过于重视战略制定而轻视战略实施的倾向。总之,本教材力求实现本土化与全球化、新颖性与操作性、系统性与针对性、前瞻性与严谨性、完整性与思辨性的有机结合,既致力于展现国内外战略管理最新的学术研究成果,又充分关注中国企业战略管理实践中的操作问题,并辅以近年来国内大量涌现的丰富的企业战略鲜活案例。

归纳来看,本教材有三大特点:高度归纳并精炼基础理论;突出强调中国企业价值的实践特性；着力学生使用价值的提升。本教材主要适用工商管理、管理科学与工程等专业的本科生、研究生、MBA、EMBA、EDP学员，也适用于高职高专同类课程的学习，同时也适用于企业中的中高级管理人员参考、专业培训以及所有对战略管理感兴趣的人员。

全书共四篇十二章，由谢佩洪副教授担任主编，由焦豪副教授与甄杰副教授任副主编。具体编写分工如下（按章节顺序）：谢佩洪、王家宝（第一章）；谢佩洪、焦豪（第二章）；焦豪、谢佩洪（第三章）；谢佩洪、和芸琴（第四章）；甄杰、谢佩洪（第五章）；孟宪忠、谢佩洪（第六章）；谢佩洪、焦豪（第七章）；谢佩洪、孟宪忠（第八章）；王家宝、甄杰（第九章）；刘芹、谢佩洪（第十章）；谢佩洪、和芸琴（第十一章）；刘芹、甄杰（第十二章）。谢佩洪负责全书的组织编写和统稿、总纂工作。

在本书的编写过程中，参考和引用了大量国内外学者的研究成果和相关资料，在此向文献的作者谨致诚挚的谢意。由于时间仓促和水平有限，不足之处在所难免，恳请广大教师和读者提出宝贵的意见、批评和指导，我们在此致以诚挚的感谢！

编　者

2014年2月于上海

目 录

第一篇 战略导论

第一章 战略管理概述 ·················· 3
【开篇案例】 上汽集团:"三枪"拍案惊奇 ·········· 3
　第一节　企业战略的本质 ················ 6
　第二节　企业战略的内容 ················ 16
　第三节　企业战略的层次 ················ 29
　第四节　战略管理的过程 ················ 33
　第五节　西方战略理论的发展演变 ············ 39
　第六节　中国古代的战略管理思想 ············ 44
【结尾案例】 新东方的成功秘诀 ·············· 54

第二章 使命、愿景与战略目标 ············· 60
【开篇案例】 百年李锦记的核心价值观:思利及人 ······ 60
　第一节　战略使命 ··················· 62
　第二节　战略愿景 ··················· 69
　第三节　核心价值观 ·················· 77
　第四节　使命、愿景与核心价值观的关系及功能 ······ 82
　第五节　战略目标 ··················· 85
【结尾案例】 沃尔玛历久不衰的真谛:使命与愿景 ······ 92

第二篇 战略分析

第三章 外部分析——识别机会与威胁 ········ 97
【开篇案例】 可口可乐收购汇源果汁 ········ 97
 第一节 外部环境分析概述 ········ 100
 第二节 宏观 PEST 分析 ········ 102
 第三节 行业生命周期分析 ········ 109
 第四节 波特五力模型分析 ········ 113
 第五节 竞争者与经营环境分析 ········ 121
 第六节 战略群组(集团)分析 ········ 129
 第七节 外部因素评价(EFE)矩阵 ········ 132
【结尾案例】 传统家电连锁前景堪忧 ········ 136

第四章 内部分析——竞争优势的本质 ········ 139
【开篇案例】 腾讯公司的核心竞争力 ········ 139
 第一节 内部分析的重要性 ········ 141
 第二节 资源与能力分析 ········ 143
 第三节 企业价值链分析 ········ 150
 第四节 核心竞争力分析 ········ 158
 第五节 竞争优势与企业创新 ········ 166
 第六节 持续竞争优势及其挑战 ········ 170
 第七节 内部因素评价(IFE)矩阵 ········ 179
【结尾案例】 从模仿到创新超越——韩国三星的启示 ········ 183

第五章 战略分析与决策工具 ········ 186
【开篇案例】 360用组合拳打败行业巨头 ········ 186
 第一节 SWOT 分析矩阵 ········ 189

第二节　波士顿咨询集团(BCG)矩阵……………………… 192
　第三节　行业吸引力—竞争能力(GE)矩阵………………… 199
　第四节　战略地位与行动评价(SPACE)矩阵………………… 203
　第五节　行业生命周期(ILC)矩阵……………………………… 210
　第六节　定量战略计划(QSPM)矩阵…………………………… 214
【结尾案例】谭木匠的发展之道………………………………… 219

第三篇　战　略　选　择

第六章　战略选择的原理与因素…………………………… 227
【开篇案例】春兰退市与多元化经营…………………………… 227
　第一节　战略选择的内涵与过程……………………………… 230
　第二节　战略选择的前瞻方法………………………………… 236
　第三节　前瞻的战略洞察……………………………………… 240
　第四节　情景规划——创造未来……………………………… 245
　第五节　战略选择的标准……………………………………… 249
　第六节　战略选择的影响因素………………………………… 251
【结尾案例】宝洁的战略想象力………………………………… 261

第七章　企业竞争战略……………………………………… 265
【开篇案例】春秋航空的低成本战略…………………………… 265
　第一节　基本竞争战略………………………………………… 267
　第二节　低成本战略…………………………………………… 277
　第三节　差异化战略…………………………………………… 281
　第四节　聚焦战略……………………………………………… 288
　第五节　蓝海战略……………………………………………… 291
【结尾案例】中集集团在"与狼共舞"中成长………………… 298

第八章　商业模式及其创新 ······ 303

【开篇案例】　苹果的商业模式创新 ······ 303
　　第一节　什么是商业模式 ······ 307
　　第二节　商业模式的构成要素 ······ 313
　　第三节　商业模式的内在逻辑 ······ 321
　　第四节　商业模式的类型 ······ 324
　　第五节　商业模式的创新 ······ 329
　　第六节　商业模式的构建及创新路径 ······ 334
【结尾案例】　携程：在线旅游服务模式 ······ 344

第九章　公司发展战略 ······ 349

【开篇案例】　雅戈尔"归心"难酬 ······ 349
　　第一节　密集型战略：集约与粗放 ······ 353
　　第二节　一体化战略：现有与重构 ······ 358
　　第三节　多元化战略：一元与多元 ······ 365
　　第四节　并购战略：自生与并购 ······ 375
　　第五节　国际化战略：本土化与国际化 ······ 384
【结尾案例】　文化磨合：联想跨国并购的关键 ······ 393

第十章　动态竞争战略 ······ 396

【开篇案例】　香飘飘与优乐美的巨头争夺战 ······ 396
　　第一节　博弈论与动态竞争 ······ 401
　　第二节　企业动态竞争的含义 ······ 404
　　第三节　企业制定动态竞争战略的基础 ······ 412
　　第四节　企业动态竞争战略的选择与实施 ······ 416
　　第五节　动态竞争对手的选择和反应策略 ······ 422
【结尾案例】　惠普和戴尔的竞争：战斗正酣 ······ 432

第四篇 战 略 实 施

第十一章 利益相关者、社会责任与公司治理 …………… 437
【开篇案例】三鹿集团的前世今生 ………………………… 437
　第一节　企业目的——战略的哲学前提 ………………… 441
　第二节　利益相关者及其管理 …………………………… 447
　第三节　企业社会责任与商业伦理 ……………………… 453
　第四节　公司治理模式及治理结构 ……………………… 467
【结尾案例】行业大佬蒙牛的负竞争力 …………………… 476

第十二章 战略实施与战略风险控制 …………………………… 480
【开篇案例】吉利李书福的汽车梦 ………………………… 480
　第一节　战略实施与平衡计分卡 ………………………… 483
　第二节　战略领导及其工作内容 ………………………… 490
　第三节　战略控制的类型与内容 ………………………… 495
　第四节　战略控制的过程与方法 ………………………… 503
　第五节　战略风险的含义、构成及识别 ………………… 515
　第六节　战略风险的度量和控制 ………………………… 523
【结尾案例】柯达巨星的陨落 ……………………………… 528

主要参考文献 ……………………………………………………… 532

第一篇
战略导论

第一章 战略管理概述

名人名言

战略制定者要在所获取信息的广度和深度之间做出某种权衡。他就像是一只在捉兔子的鹰,鹰必须飞得足够高,才能以广阔的视野发现猎物;同时,它又必须飞得足够低,以便看清细节,瞄准目标和进行攻击。不断地进行这种权衡,正是战略制定者的任务,一种不可由他人代理的任务。

——费雷德里克·格卢克

对没有战略的企业来说,就像在险恶的气候中飞行的飞机,始终在气流中颠簸,在暴雨中穿行,最后很可能迷失方向。

——托夫勒

【本章学习重点】

(1)理解企业战略的本质;
(2)掌握企业战略的内容;
(3)分析企业战略的层次;
(4)了解战略管理的过程;
(5)了解西方战略理论的发展演变;
(6)了解我国古代的战略管理思想。

【开篇案例】

上汽集团:"三枪"拍案惊奇

"上海汽车工业集团将把内地有竞争力的低价位产品如新赛

欧、五菱推向印度市场,此外,还将为当地研发新产品。印度市场5年后的汽车销量将在2009年的基础上翻一番,上汽也将因此受益。"日前,上海汽车工业集团总公司(以下简称上汽集团)的董事长胡茂元在中国香港再次公布其印度计划。

至此,胡茂元筹谋多年的"国际化之路"或许已经不远。而现在,身为中国第一大汽车集团的董事长,胡茂元更看重的是"上汽集团2010年很可能成为世界第六大汽车生产商"的业界判断。

为此,胡茂元决定在2010年放出"三枪"。

第一枪:跨海

从中国上海到英国伯明翰,穿越欧亚大陆,9 000多公里。胡茂元心里一直丈量着这个距离——英国是不是上汽集团屹立世界最好的起点?

如今,胡茂元决定抓住这一时机。

1月底,胡茂元向英国媒体表示,上汽集团将于今年年底前在英国伯明翰设厂生产自主研发的MG名爵轿车,目标是把MG原有的销售网络和中国的生产成本优势结合起来。

2004年12月,上汽集团出资6 700万英镑购买了几乎囊括罗孚全部的核心技术知识产权——包括罗孚1.1 L~2.5 L全系列发动机、75型和25型两个整车核心技术平台。之后,上汽集团建立了上海——伯明翰——平泽(韩国双龙总部所在地)三方跨国研发联盟,每周通过电视电话会议,商讨新车型开发的进程。

而胡茂元的另一只脚也即将踏上印度的土地。

2009年12月,上汽集团和通用汽车双方按照50:50股比成立通用上海汽车香港投资公司,依托这个投资公司,双方将在印度当地生产并销售由上海通用和上汽通用五菱主导开发的小型车。

第二枪:固本

跨海之战或许还有风险,但国内的销量却是坚实的基础,而

300万辆的总业绩并不是胡茂元的终极目标。胡茂元清楚地知道合资品牌与自主品牌在市场上的悬殊比例。

胡茂元有一套"长勺喝汤"理论：要想自己喝到汤,就先要学会喂别人。显然,胡茂元已经让其合作伙伴大众和通用喝得饱饱的。

据中国汽车工业协会统计,2009年乘用车销量排名前三位的企业依次为上汽通用五菱、上海大众和上海通用。在此背景下,合资企业才愿意支持自主品牌。"经过20多年的滚动发展,上汽集团在很多方面都积累了丰富的经验,培养出一大批高素质人才,建立起了完备的零部件配套体系。我们有能力从较高的起点出发,通过差异化竞争,充分利用世界资源,加强自主开发体系建设,做强做大自主品牌。"

2010年,上汽集团计划再推三款自主品牌新车型——MG6、荣威A级车、荣威SUV,而目标定为全年销量翻一番,达到18万辆。

第三枪：超前

短期利益与长远利益是企业带头人经常思索的问题。就在上汽集团大战300万辆的同时,未来市场布局也是胡茂元必须预想到的。

对一直围绕着上海基地布局的上汽集团产业带而言,位于唐山的曹妃甸还是一个不算近的城市。胡茂元把新能源战略落子于此。2009年11月25日,上汽集团与唐山市签订了曹妃甸绿色能源汽车项目合作框架协议。意向合资在曹妃甸建立一家具有核心竞争力的生产基地,研发和生产环保节能、技术领先的新能源汽车产品,并逐步形成完整的产业链条。

"实际上,新能源车发展的关键是要形成一个产业链上的竞争优势,新能源汽车在整车集成方面与传统车有所不同,电池、电机、电机驱动控制等方面也都是国际上的难点,因此,要解决的不单是整车厂的问题,更是零部件的问题。"上汽集团高层在接受记者采访时表示,"因此,我们计划要在整个产业链上进行全面布局。"

于是,2009年12月底,上汽集团与美国锂离子电池制造商A123 Systems Inc合作,双方按照51：49的股比成立了一家合资公司——上海捷新动力电池系统有限公司,计划共同开发、生产和销售车用动力电池系统。

那么,背靠A123 Systems Inc的上汽集团,是否能借此"左右"其他企业的新能源项目发展呢?时间也许会给出答案。

资料来源:薛凌.上汽:"三枪"拍案惊奇[N].中国经营报,2010-02-08(C10).

第一节　企业战略的本质

一、战略的起源与内涵

(一) 战略的起源

虽然战略管理是一门相对年轻的学科,但在军事上却可以很容易地找到类似的概念及其应用的先例。这可以追溯到恺撒(Julius Caesar)和亚历山大(Alexander)发表的军事学原理,还可以进一步追溯到我国伟大的军事家孙武早在公元前约500年撰写的《孙子兵法》。孙武最著名的教导就是"知己知彼,百战不殆"。"战略"一词具有悠久的历史,它来源于古希腊的军事用语"将军"(Strategos),由"军队"和"领导"两个词合成,最初是指"将军指挥军队的艺术"。克劳塞维茨(Clausewitz)在其理论巨著《战争论》中指出:"战略是为了达到战争的目的而对战斗的运用。"他进一步指出,战略必须为整个军事行动规定一个适应战争目的的目标。在《简明不列颠百科全书》中,战略的定义是"在战争中利用军事手段达到战争目的的科学和艺术"。因此,"战略"一词具有非常浓厚的军事色彩,主要是指对战争全局的筹划和谋略。

无论在东方还是在西方,战略都是来源于军事。后来有越来越多的人认为,军事战略对企业管理有重要的借鉴作用。于是,将军事战略上的原理应用到商业竞争,就形成了人们所熟知的战略管理(Strategic management),简称战略(Strategy)。从20世纪60年代起,战略在商业领域就得到了广泛的应用,一般泛指重大的、带全局性或决定全局的谋划。

(二)战略的内涵

与军事中的战略相比,企业战略在思想和观念上有一定的一致性,同时获得了较大的发展,并非仅仅承接了军事战略中的非赢即输、成王败寇的单一格局,而开始注重在相互竞争的市场环境下展开利益共享的合作,以产生双方能够共赢的竞合局面。最早明确把战略的思想内容引进企业经营管理领域的是美国管理学家切斯特·巴纳德(Chester Barnard)。目前,战略学者从不同方面对战略进行了解释和阐述。对战略最为精彩的描述之一当属商业史学家小钱德勒在其鸿篇巨制《战略与结构》(1962)中给出的定义:"战略可以定义为确立企业的根本长期目标并为实现目标而采取必需的行动序列和资源配置。"哈佛商学院教授安德鲁斯(Andrews)认为,企业的总体战略体现了决策过程的模式,战略的形成和制定是一个需要精心规划的过程。

迈克尔·波特(Michael E. Porter)在《什么是战略》(1996)一文中提出了自己对战略的独到见解。波特认为,战略是建立在独特的经营活动上的,强调战略的实质在于与众不同,在于提供独特的消费者价值。他认为,战略包括三个层面的问题:首先,战略是定位,定位的目的在于创造一个独特的、有价值的、涉及不同系列经营活动的地位,从本质来说,战略就是选择与竞争对手不同的经营活动;其次,战略就是取舍,即选择从事哪些经营活动而不从事哪种经营活动;最后,战略就是匹配。一个战略的成功取决于许多方面和环节,保持它们的相互匹配非常重要。钱·金和勒纳·莫博妮在《蓝海战略》(2005)中则认为,战略包括企业关于消费者的价值主张,并着重强调价值创新和改变游戏规则之于战略的重要性。

(三)明茨伯格的5P战略

詹姆斯·奎因(James Quinn)认为战略就是将一个组织的主要目标、政策和行动过程整合为一个整体的方式或计划。一个明确的战略有助于企业根据自己的相对优势和劣势、预期的环境变动以及竞争对手的举措来规划和配置资源。显然,这是有关战略的最基本的定义,但这些定义只是简单地将战略等同于计划,只见树木不见森林,没有全面地认识战略的内涵。理解战略概念需要多维的视角,战略不仅仅是一种计划,按照加拿大麦吉尔大学亨利·明茨伯格教授(Henry Mintzberg)的5P观点,战略还是模式、定位、观念和计谋。

1. 战略是一种计划(Plan)

大多数人认为战略是一种计划。它代表了用各种各样精心构建的行动或一套准则来处理各种情况。战略的这个定义具有两个特点:(1)战略是在企业经营活动之前制定的,战略先于行动;(2)战略是有意识、有目地开发和制定的计划。在企业的管理领域中,战略计划与其他计划不同,它是关于企业长远发展方向和范围的计划,其适用时限长,通常在一年以上。战略确定了企业的发展方向(如巩固目前的地位、开发新产品、拓展新市场或者实施多元化经营等)和范围(如行业、产品或地域等)。战略涉及企业的全局,是一种统一的、综合的、一体化的计划,其目的是实现企业的基本目标。

2. 战略是一种计谋(Ploy)

战略也是一种计谋,是要在竞争中赢得竞争对手或令竞争对手处于不利地位及受到威胁的计谋。这种计谋是有准备的和有意图的。例如,当企业知道竞争对手正在制定一项计划来提高市场份额时,企业就应准备增加投资去研发更新、更尖端的产品,从而增加自身的竞争力。因此,战略是一种计谋,使之能对竞争对手构成威胁。

3. 战略是一种模式(Pattern)

有学者认为,将战略定义为计划是不充分的。我们还需要一个定义,它应包括由计划导致的行为,即战略是一种模式,是一系列行动或决策的模式(Mintzberg,1978),或者是与企业的行为相一致的模式。"一系列行动"是指企业为实现基本目的而进行竞争、分配资源、建立优势等决策与执行活动。它是独立于计划的,计划是有意图的战略,而模式则是已经实现的战略。

4. 战略是一种定位(Position)

战略作为一种定位,涉及企业如何适应所处环境的问题。定位包括相对于其他企业的市场定位,如生产或销售什么类型的产品或服务给特定的部门、以什么样的方式满足客户和市场的需求以及如何分配内部资源以保持企业的竞争优势。战略的定位观认为,一个事物是否属于战略,取决于它所处的时间和情况。今天的战术问题,明天就可能成为战略问题。在细节可以决定成败的时候,细节就成为战略问题。战略问题是确定自己在市场中的位置并据此正确配置资源,以形成可以持续的竞争优势。因此,战略是协调企业内部资源与外部环境的力量。

5. 战略是一种观念(Perspective)

从这个角度来看,战略不仅仅包含既定的定位,还包括感知世界的一种根深蒂固的认识方式。这个角度指出了战略观念通过个人的期望和行为而形成共享,变成企业共同的期望和行为。这是一种集体主义的概念——个体通过共同的思考方式或行动团结起来。

不同的管理学派由于研究视角和侧重点的差异,给出的战略定义和阐述也不尽相同。了解这些不同的定义,对于我们全面、客观地了解战略的内容和维度有着重要的指导意义。事实上,这些定义之间又存在着某种有机的关联:针对竞争对手,战略就是策略、谋略;向后看,已实现的战略是模式;向前看,未实施的战略是计划;向下、向外看,战略是定位;向上、向内看,战略是愿景。由此可见,企业战略及其制定是一个复杂的过程,认识企业战略要求从系统的观念出发,从不同的类型、层次和结构的方面进行考察。

二、企业战略的本质

(一)意图战略与应急战略

由于企业战略仍然是一个历史相对较短的领域,究竟什么是战略?什么是企业战略?在管理学文献中,对战略的定义,可谓众说纷纭,莫衷一是。总结国内外各种专家学者的不同界定,大体可以分为3种不同的学派。

1. 计划战略学派(strategy as plan)

该学派认为,企业战略应该像军队的计划一样清晰、严格、正式地表述出来。时间跨度最长的计划可能要数日本松下公司1932年所制定的长达250年的战略计划。

2. 行动战略学派(strategy as action)

不过,计划战略学派也受到了许多挑战。一些学者提出,战略的关键在于一系列灵活的、以目标为导向的行为,应该以快速、灵活的行动避免与对手正面冲突。加拿大麦吉尔大学(McGill University)的战略学家明茨伯格最推崇行动战略学派。他认为,除了计划战略学派所强调的意图战略(intended strategy)之外,还存在着应急战略(emergent strategy)。这种战略并非自上而下地进行计划的结果,而是由一系列细小的决策自下而上地汇集而成。

3. 整合战略学派(strategy as integration)

尽管计划战略学派和行动战略学派之间争论不休,但在实践中,许多学者和管理人员都意识到,战略的本质很可能是周密计划的行动和没有计划而应急行动的结合体,由此产生了整合战略学派。整合战略的目的是获取和保持企业的独特竞争优势。首先提出整合战略思想的是美国商业史学家钱德勒,因为这一思想更为周全,现在已被大多数战略管理教科书所采用,因此,本书也将采用这一视角。

本书将战略定义为:关于一个企业在竞争中如何取胜的理论,即战略乃取胜之道。这一定义综合了计划战略和行动战略两大学派的观点。因为,如果企业不真正付诸行动,企业如何竞争的计划战略就仅仅是一个想法而已。从这个角度来看,战略可以区分为意图战略和应急战略。在意图战略中,部分先前的意图得以实现;在应急战略中,模式的发展与意图无关,如图1-1所示。总体而言,如此定义战略,我们就能够既保留计划战略学派正统和逻辑性强的特色,又兼有行动战略学派的灵活性、动态性和实验性特征。

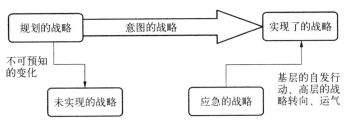

图 1-1　战略的本质:整合战略

资料来源:Mintzberg, H., Waters, J. A. Of Strategies, Deliberate and Emergent[J]. Strategic Management Journal, Vol. 6,1985, pp. 257-272.

专栏 1-1

本田小型摩托车打入美国市场

1959年,英国企业占有美国摩托车市场份额的49%,但到了1966年,日本本田公司就占有美国摩托车市场份额的63%。为此,英国政府专门重金聘请大名鼎鼎的波士顿咨询集团公司(BCG),希望通过咨询公司来找出日本本田公司是如何戏剧性地在美国摩托车市场上超越英国企业的原因。BCG的报告描述了本田公司是如何深思熟虑地制定并实施其战略,从而成功地利用其国内的生产基础降低成本,强行挤入一个新的细分市场来占领美国市场——将小型摩托车出售给中产阶级顾客的。BCG的结论是:本田公司从大规模生产中获得的经验曲线效应使本田在成本上比西方老牌企业更有竞争优势。

实际情况究竟如何呢?斯坦福大学的理查德·帕斯卡尔(Richard Pascale)前往日本采访了当年亲身参与开发美国摩托车市场的本田公司管理人员。这些亲历者则讲述了一段与BCG报告截然不同的经历:"事实上,我们没有制定任何战略,我们只是想知道自己能否在美国市场上出售产品。"在本田公司进入美国摩托车市场的前八个月,凭着公司负责人本田先生和公司管理人员的直觉,本田并没有考虑在美国出售在日本市场上供不应求的50cc型的小型摩托车,因为他们认为美国市场偏好更大型的工具,因此,本田公司对250cc型和305cc型的大型摩托车非常有信心。考虑到这些大型摩托车的车把造型非常独特,而当时在美国骑摩托车的都是那些身穿黑色皮夹克的年轻人,本田公司认为这是个很好的卖点。但是,仅仅在售出了少量的大型摩托车之后,本田公司就遇到了灾难性的打击:由于摩托车在美国行驶的距离长、速度快,本田摩托车都抛锚了。

在本田公司一筹莫展的时候,一个偶然的机会拯救了它。当时，本田的人员外出办事时，常常是骑着50cc的小型摩托车穿梭在洛杉矶街头，它们引起了人们的注意。在接到一个西尔斯百货采购员对这种小型摩托车的求购电话后，本田公司仍然担心会损坏公司在大型摩托车市场上的形象而犹豫不决，但由于大型摩托车销量下滑，逼得本田公司别无选择，只能启动了50cc型摩托车的销售计划。这以后，事情开始出现了戏剧性的变化，销售额大幅增长。美国的中产阶级开始骑本田摩托车，先是小型摩托车，后来延伸到大型摩托车。有趣的是，甚至当时在本田公司品牌战略中最著名的"骑上本田，让你成为最帅的人"的宣传广告也是借用加利福尼亚大学洛杉矶分校的一名大学生为一个班级活动想出来的口号，而非本田公司自己有意构想出来的。

以上本田小型摩托车在美国成功的经典案例给人们带来的启示无疑是深远的。事实上，本田公司原来的战略几乎是一场灾难，拯救它的是应急的战略，它打破了规划，对于未能预见到的环境变化采取了事先没有规划的行动。长期以来，一提到战略，人们不由自主地就会想到理性的思考和正式的分析，强调通过系统和正规的分析来"有意构想"出组织所期待的战略，而忘记了现实生活中的战略往往是从学习和尝试中逐渐演化并自然生成的这一事实。正如明茨伯格所指出的，在你尝试着做各种事情，不断地试验、吸取教训、做出改变的过程中，战略就出现了，战略其实就是在学习的过程中出现的。

本田公司案例所证明的是，成功的战略可能源自公司内部对外界的未预见变化所作出的反应。这些反应可能来自组织内部基层经理的自发行为，或者来自撞大运的发现或事件，或者来自高层经理的无规划的战略转向，它们都不是规范的自上而下的规划机制的产物。在现实生活中，绝大多数组织的战略很可能都是意图战略和应急战略的结合。管理层应该了解应急战略的发生过程，并且进行及时地干预,鼓励好的、有潜力的应急战略,阻止不好的应急战略。为此,管理层必须有能力对应急战略的价值进行判断,他们必须学会战略性思考。

(二) 战略函数 S=f(E,R,V)

为进一步加深对战略的理解,我们引入战略函数 S=f(E,R,V),如图 1-2 所示。

图 1-2 中的三个圆圈分别代表企业的外部环境(Environment)、内部资源(Resources)和企业愿景(Vision)。战略函数表达的是,战略(S)是环境(E)、资源(R)和愿景(V)这三个变量的三元函数。环境是企业制定战略的外部因素,它界定了企业"可做"什么的范围。资源是企业制定战略的基础条件,资源既包括土地、资金、厂房设备等有形资源,也包括人力资源、品牌资产等无形资源,它界定了企业"能做"什么的范围。愿景是企业制定战略的价值诉求,它描述了企业"想做"什么的范围,更多地体现了企业管理者的意志和意图,它为企业的战略制定提供了精神动力和方向指南。

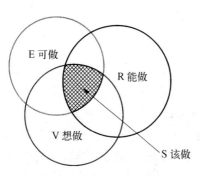

图 1-2　战略定位:该做什么

战略的第一个环节是"可做"。"可做"是对企业发展所面临的外部机会的判断,善于判断并抓住机会是企业家成功的重要原因。所谓时势造英雄,顺势而为往往可以事半功倍。战略的第二个环节是"能做"。"能做"是对企业自身资源和能力的判断,俗话说"没有金刚钻,不揽瓷器活"。核心竞争力的培育是靠资源的投入和学习逐渐积累起来的。作为企业家,一个重要挑战就是如何把稀缺资源用于培养那些符合企业长期战略目标的能力。战略的第三个环节是"想做"。"想做"体现的是一个企业家的偏好和使命感。企业"可做"且"能做"的事情并不少,但最终能否"做成",必须以企业"想做"为前提,否则,一切都无济于事。

总之,分析环境(E)可以明确企业"可做"什么;分析资源(R)可以明确企业"能做"什么;分析愿景(V)可以明确企业"想做"什么;而战略就是要确立企业"该做"什么。弄清了"可做"、"能做"和"想做"什么,"该做"什么就昭然若揭。因此,从这个意义上讲,战略的本质就是"该做"什么,它是"可做"、"能做"和"想做"的有机统一,三者缺一不可。图1-2中三个圆圈交汇的阴影区域即为战略描述的地方。

如果说战略定位的目的就是希望通过分析导出"该做什么"的结论,SWOT分析的重点就在于通过组合企业内外部关键战略要素,以阐明企业可做(机会)、能做(实力)、想做(偏好)的到底是什么,试图从中找到最终的战略出路。显然,通过内外匹配的SWOT分析工具寻找战略定位的做法存在着一定的局限性,因为它更多地体现了一种静态的组合观念。SWOT工具过多地关注了哪些是企业可做、能做、想做、该做的;哪些是企业不可、不能、不想、不该做的;哪些是企业能选并且是可以相机抉择的;哪些又是不能选或者别无选择的,因此,结果比较容易忽视这些分析的动态情景依赖性。

实际上,战略定位的关键不在于对现有内外因素的匹配组合,因为这些组合可能都容易看得到,而在于如何拓展战略选择的范围,就是看到或开发出他人看不到或无法开发的新机会,即能够发现到新的蓝海。这就意味着,从实践发展的眼光看,企业除了需要确定"该做"战略之外,还有可能通过自身的主观努力,协同内外环境各要素,以扩大自身对于图1-2中交集所示的"该做"战略的选择范围。也正因为如此,在实际中可以发现,更多的职业经理人倾向于从SWOT排列组合中寻找方案,而更多的企业家则倾向于无中生有地创造方案。有些企业家通过运用非市场与市场的整合策略,打破行业进入壁垒进行制度创新,如吉利集团的李书福就成功地突破民营企业不能进入汽车业的限制,通过多年的努力,终于在2001年拿到生产汽车的"准生证"。目前,吉利汽车已经成为中国汽车业的一匹黑马,通过成功收购沃尔沃,上演了一场"青蛙变王子"的商业传奇浪漫故事,未来将在国际汽车舞台上越走越远!

第二节 企业战略的内容

一、战略构成要素的钻石模型

目前,对于战略内容的构成,国内外学者还没有一个权威答案。哈佛商学院教授安索夫(Ansoff)认为,企业的战略构成应包括经营范围、成长方向、竞争优势和协同效应。我们采用汉姆里克和弗雷德里克森(2001)的观点,如果一项业务必须有战略的话,这个战略就必须由部分构成。到底有哪些部分呢?正如图1-3的钻石模型所示,一个战略主要由五个要素构成,它们构成了企业战略统一的整体,这五个要素回答了以下五个问题:

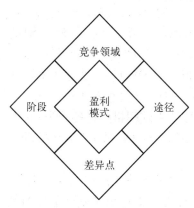

图 1-3 战略构成要素的钻石模型

(1) 竞争领域:我们处于什么样的领域?

(2) 途径:如何达到或进入这个领域?

(3) 差异点:我们如何在市场中取胜?

(4) 阶段:我们采取怎样的速度和行动顺序?

(5) 盈利模式：我们如何获得回报？

（一）竞争领域

战略家最根本的选择就是关于商业所处领域或环境的选择。这与彼得·德鲁克几十年前提出的问题很相似："我们处在什么行业中？"但是，问题的答案不应该是泛泛而谈。例如，"我们要成为信息技术咨询领域的领跑者"这个说法更像是个愿景或目标，而不是战略的一部分。在解释竞争领域的时候，重要的一点就是要尽可能具体地说明产品分类、市场细分、地理区域和核心技术以及本业务要采取的增值阶段的划分（如产品设计、制造、销售、服务、配送）。

例如，一家生物技术公司在经过深入的分析后，将其竞争领域明确为：公司要使用T细胞受体技术来开发能够抗击某类癌症的诊断产品和治疗产品；公司选择了对所有的研究和产品开发活动进行控制，但将需要获得监管部门审批的制造和大部分临床测试过程外包了出去。公司将美国和主要欧洲市场当作它的地域范围。公司所选择的目标市场非常具体，产品和市场都进行了相应的命名。

在选择目标市场时，战略家不仅需要指明业务的活跃领域，也要说明各领域需要给予多少关注度。例如，有的市场细分可能会被认为是首要的，而其他市场细分则是次要的。一个战略可能就会因此而围绕一个产品类别进行，其他类别显然是次要的。之所以还需要其他产品类别，是出于公司市场防御的需要，或是为了向顾客提供完整的产品链。

总体来说，对于竞争领域这个要素，需要明确的是我们处在什么领域，甚至需要进一步阐明该领域有多大的重要性。以下五个方面需要公司尽可能地具体说明：

(1) 哪个产品种类？
(2) 哪个市场细分？

(3) 哪个地理区域?
(4) 什么核心技术?
(5) 哪个增值阶段?

（二）途径

除了就目标市场做出决策外,战略家也需要确定达到这个目标市场的方式。具体来说,为了找到方法进入某种产品类别、市场细分、地域或增值阶段,我们需要做出精心的战略选择。如果我们已决定扩大产品领域,我们是不是要靠有机的内部产品开发才能实现? 或者有没有合资或收购等其他工具能够让我们更好地实现这个目标? 如果要开拓国际市场,我们的首要方式或工具是什么? 是自己一步一步地慢慢开拓、进行当地收购、授权许可还是通过合资的方式?

进入目标市场的手段非常重要。因此,对途径的选择应该进行事先考虑,而不应该把途径选择只当作是实施的细节问题。推出新产品种类的决定往往带有不确定性。但这个不确定性因各种情况而有很大差异。例如,是不是公司在以往类似产品经验的基础上,通过把技术对外授权的方式来推出新产品的,或者在公司没有任何此类产品经验的情况下,通过收购的方式进行的。如果不仔细考虑和阐明实现扩张的途径,结果就会导致进入新领域的速度受到严重阻碍,带来不必要的巨大成本或者完全停滞。

研究发现,临时使用或拼凑各种扩张途径的公司,如果没有总体逻辑或有序的指导方法,在与那些具有总体指导原则的公司相比时就会处于极为不利的境地。因此,对于途径这个要素来说,就是要明确如何达到或进入选择的目标市场领域。以下四种方式需要公司结合自身的资源和能力慎重选择:

(1) 内部开发?
(2) 合资?
(3) 授权许可?

(4) 收购?

（三）差异点

战略不仅要明确公司的活跃领域(目标市场)以及如何达到或进入该领域(工具),也要明确公司如何在该市场中取胜,也就是如何赢得客户。在充满竞争的世界里,差异点的目的就是取得胜利,而这一切不会自然而然地发生。这需要高层管理者们积极地选择需要组装和磨砺的适当武器来打败对手,以赢取客户、收入和利润。例如,吉列公司使用专利产品和生产工艺来开发优质的剃须产品,通过鲜明而咄咄逼人的品牌形象推销,这些产品又进一步与竞争对手的产品区分开来。通过维护与客户管理层的关系,统筹协调对每个客户的不同服务;高盛这家投资银行能够向客户提供无可匹敌的优质服务;通过提供尽可能低价的机票和极为准时的航班服务,西南航空公司得以吸引和保留住自己的客户。

要取得压倒性的市场优势,并不意味着在差异化时必须采取极端的方法。有时候,各种差异点的最佳组合就能带来很大的市场优势。现代汽车公司对汽车的理念就是这样。有很多车的质量比现代的好,也有很多车的价格比现代的低。但很多汽车消费者认为,从性价比方面来看,现代的汽车却是最好的。这也是这家公司一直努力要实现并强化的战略地位。

不管要实现怎样的差异,如公司形象、客户化、价格、产品风格、售后服务等,战略家的关键问题是要做出精准的选择。不然的话,就会面临两个严重后果:其一,如果高层管理者不努力创造差异的话,差异不会自动出现。差异化很难实现,但如果没有差异化,公司就会失败。其二,如果不能精准地选择差异点,高层管理者可能就会向客户提供全面的优越性,同时试图在各个方面拉开与竞争对手的距离,如更低的价格、更好的服务、绝好的产品款式等。但这种做法是行不通的,因为这些差异点具有固有的不一致性,而且需要巨大的资源来支持。在选择差异点的时候,战略家所明确地选择的那些优势应该能够互相强化(例如形象和产品款式),能与公司资源和能力相一致,当然,也应该是公司所重视的领域。

(四)阶段

对目标市场、工具和差异点的选择构成了战略的物质成分。但这个物质成分还需要就第四个要素做出抉择——阶段划分,也就是为提高成功的几率而采取的重大行动的速度和次序。大多数战略家不需要总是在各个战线采取同等平衡的行动。往往必须最先采取某些行动措施,其他后续措施紧随其后。在建造高楼大厦的时候,必须先打好地基,然后是墙面,然后才能建房顶。例如,柳传志和联想集团的"贸工技"国内发展战略和"以时间换空间"的国际化并购战略就是杰出的典范,体现出了战略家的智慧。

当然,在商业战略中,没有普遍适用的最佳行动次序,这就需要战略家做出判断。作为他们新战略的一部分,一家区域性保险公司的管理者力图通过一系列收购而成为全国性的公司。为了建立差异化,他们计划通过大规模广告和优质客户服务建立一个知名品牌。管理高层们面临着一个鸡与蛋的难题:如果没有好的品牌形象,他们就不能在收购中取得有利地位;但由于他们目前业务的地理区域有限,不论是广告的规模还是品质,都是他们无法承担的。他们于是制定了一个三阶段计划:(1)在邻近地区进行有选择的收购,这样就能在规模和区域上变得更大;(2)对广告和品牌塑造活动适当地增加投资;(3)在继续进行品牌塑造的同时,在其他区域进行优惠条件的收购(因为品牌得到提升,业绩得到增长,而且希望股价也有所上升)。

阶段划分方面的决定需要考虑几个因素。第一个当然就是资源。对每个活动都按需要进行资金和人员支持,这在战略行动的开始阶段通常是不太可能的。紧迫性是影响阶段划分的第二个因素,有些战略因素的机遇可能难以把握,需要下大力气去抓取。第三个因素是可信度的实现。达到某些门槛,如具体的目标市场、差异点或工具等,对于吸引必要资源和利益相关者来说是具有极高的价值。第四个因素就是要取得早期的成功。在尝试更具挑战性或陌生行动之前,成功地实现相对可行的一部分战略是更为明智的做法。

以上或许只是涉及战略行动的速度和次序决策方面的一些因素。由于阶段划分这个概念在战略领域里基本上没有进行过什么探索,所以,很多战略家自己往往不太关注它。

(五)盈利模式

商业战略的核心必须是清楚地指导如何创造出利润,不仅仅是一些利润,而是超过公司资本成本之上的利润。只指望收益超过成本是不够的。除非你有牢固的盈利基础,否则,客户和竞争对手们是不会随随便便地就会让你得逞的。或许你能找出很多理由解释客户为何愿意支付高价购买你的产品,而且也能找出很多理由解释为何你的成本要比竞争对手们的低,但这些还是不够的。这只能导致战略的无序和低效。

最成功的战略有个核心的盈利模式,能够成为利润创造的源泉。在有些情况下,盈利的核心或许是通过向客户提供难以匹敌的产品而获得品牌溢价。例如,《纽约时报》能够向客户收取非常高的价格,原因在于其优秀的新闻质量;《纽约时报》能够向广告商收取高价,原因在于它拥有大批忠实而富有的读者群。作为一家获利丰厚的国际食品服务公司,爱玛客能够提供卓越的客户化服务和快速反应,从而能够从公司和机构客户那里获取溢价。公司主要针对的是希望获得优质食品服务而且愿意为之付费的客户。例如,在国内航线越来越不愿意通过航班上的食物来体现航空公司的差异化之时,爱玛客便放弃了这部分市场。

盈利模式不是短暂易逝的,它们的经济逻辑都是根植于公司最根本的和相对持久的能力之中的。爱玛客和《纽约时报》之所以能够获取溢价,原因在于它们提供的产品和服务在客户眼中是一流的,这正是客户所看重的,而且竞争对手们也不能轻而易举地加以模仿。爱玛客公司和吉凯恩粉末金属公司的价格比竞争对手的低,这要归功于它们在规模、经验和技术分享方面的优势。这些优势或许不能够永远持续下去,也不是战无不胜的,但这些背后的盈利模式能够解释为什么它们能够年复一年地获得丰厚的利润。

现在我们明白了一个战略为什么要包含竞争领域、途径、差异点、阶段划分和盈利模式这五个要素。

首先,这五个要素都很重要,都需要认真仔细地考虑。奇怪的是,多数战略计划只强调其中的一、两个要素,而根本不考虑其他要素。在制定战略时,如果不同时注重这五个要素,就会导致重大疏忽。

其次,这五个要素不仅需要做出选择,而且需要认真准备和投入,实施这五个要素所需的能力不是自发产生的。这五个要素之间存在紧密的逻辑关系,竞争领域和途径涉及的是公司层面的战略,而差异点和阶段划分涉及的则是竞争层面的战略。

第三,所有这五个要素之间要协调和相互支持。高层管理者和学者们想到协调的时候,他们头脑中出现的往往是内部组织结构需要与战略相一致(遵从的是"结构要服从战略"这个教条),很少有人会注意到战略本身五个要素间的一致性。

最后,只有明确了这五个战略要素之后,战略家才能够开始设计其他辅助活动(如职能策略、组织设置、运行方案和流程)来强化战略。战略菱形图五要素可以被看作是设计一个综合活动系统的核心。

二、企业战略的基本问题

尽管企业战略涉及的领域相当广阔,但我们所要讨论的是企业战略的几个最基本问题(Rumelt,1984;Grant,1996)。这些问题

不仅界定了整个研究领域,而且为学生、从业者和学者指明了方向。我们将特别探讨以下四个基本问题:

(一)企业为什么会有所差异?

新古典经济学和企业契约理论通过个体主义分析方法以及完全竞争、充分信息、市场出清等一系列严格的假设,把企业抽象为行为同质的、以追求利润最大化为目标的专业化生产者,来论证市场机制在资源配置过程中的有效性。通过企业的同质性假设,标准的主流经济理论把企业看作是既定技术条件下的最优化生产者和交易者,其成长和发展是外生的,企业行为也是同质的。然而,这无法解释现实中的许多现象,尤其是无法解释现实中企业之间广泛存在的长期利润差距。

新近发展起来的企业资源和能力理论,正是从企业成长的内生性和竞争行为的异质性(即企业"生产"属性角度)来探讨企业自身的资源、能力与竞争优势的内在关系,并且把企业看作是具有不同资源、能力基础的异质性行为特征的组织,以解释企业之间的差异及企业之间广泛存在的利润差距。企业能力理论认为,企业之间的差异取决于企业自身的以资源为基础的核心知识和能力之间的差异。如果企业资源具有异质性、不完全移动性和事前阻绝竞争性的特点,企业就可以凭借其所拥有的战略资源形成自身竞争优势。因为资源的异质性可以产生李嘉图租金,资源不完全移动特性使资源所产生的租金能留在企业内,而资源的事后阻绝竞争特性可以使租金具有持续性(Perteraf,1993)。

(二)企业的行为是怎样的?

这个问题重点研究的是哪些因素决定了企业之间竞争的理论,由此产生了三种主流的战略观点。第一种是基于产业的战略观(Industry-based view),它认为战略的任务就是对影响一个行业的五种力量(企业之间的竞争、购买者和供应商的讨价还价能力以及新进入者和替代品的威胁)进行考察,并且在这五种力量下找到企业所处的相对较为有利的位置。基于产业的战略观主要研究的是外部的机会和威胁（SWOT分析中的O和T）。第二种是基于资源的战略观（Resource-based view），它强调的是企业内部的优势和劣势（S和W）。这种观点认为，企业所特有的资源、能力及核心竞争力决定了企业的成败。

近年来，为了解释企业战略的差异，一种新的观点——基于制度的战略观（Institution-based view）应运而生。这种观点认为，企业在制定战略时，除了考虑产业和企业层面的因素之外，还需要考虑到更广泛的国家和社会等影响因素。新兴经济体（如中国和印度）中的企业更容易受到制度环境的影响，如国内市场改革和经济制度转型。中国管理者之间所产生的非正式的人际网络（关系）替代了正式制度。换言之，管理者之间的人际关系转化为一种企业战略，这种战略使企业通过网络和联盟实现成长，从而为经济增长带来动力。因此，"关系（guanxi）"一词作为中国商业术语广为人知，并常常见诸于西方英文媒体。

（三）哪些因素决定了企业的经营范围？

这个问题首先关注的是企业的成长。除了一些家族企业满足于其较小的经营范围外，大多数企业似乎与生俱来地都致力于公司的成长。然而，这里也存在一定的界限，超出了这一界限，企业的发展就会适得其反。因此，压缩规模、缩小经营范围及退出就成了必要的手段。因此，要回答"哪些因素决定了企业的经营范围"这个问题，不仅涉及企业的成长，而且还涉及企业的收缩。20世纪六七十年代，发达国家的大型企业流行的战略是非相关多元化。但是，到了八九十年代以后，企业纷纷开始采取归核化战略，很多企业试图剥离非核心业务，收缩规模，积极塑造自身的核心竞争力。

然而，这种非相关多元化战略似乎在许多新兴经济体国家非常流行。最近，对中国、印度、韩国、印度尼西亚、南非、秘鲁及以色列所做的研究表明,一些(并非全部)非相关多元化的企业集团具有较高的收益率,如印度的塔塔集团、中国的复星国际集团等。形成如此对比的原因之一就是发达国家和新兴经济国家之间存在的制度差异。从制度的角度来看,非相关多元化的企业集团在新兴经济体中有其存在的一定合理性,这是因为这种战略与其企业绩效相对积极地关联,同这些国家制度(欠发达)的状况或许存在正相关的函数关系。

(四)什么因素决定了企业的成败?

这个问题聚焦于企业绩效而非其他因素,我们不仅研究企业如何获得和利用竞争优势,而且还对如何保持竞争优势高度关注。三个主流的战略观点都给出了这一问题的答案。基于产业的战略观认为,产业竞争水平很大程度上决定了企业的绩效。基于资源的战略观相信,特定企业能力上的差别决定了企业绩效上的差异。获胜企业具有其竞争对手无法相比的有价值的、独特的和难以模仿的能力。基于制度的战略观认为,制度对企业的作用可以解释企业绩效的差异性。尽管不同的学派对企业绩效的真正决定因素各执一词,但企业绩效的真正决定因素很可能是三种力量的结合,如图1-4所示。

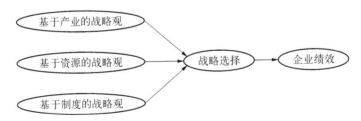

图1-4 基于产业、资源、制度三种主流观点的战略决策整合框架

以上四个问题代表了战略管理中的一些最基本的问题,尽管还会产生其他问题,但从某种角度而言,它们都与这四个问题

相通。

三、企业战略的中心命题

战略似乎人人都懂,只是理解各有不同。因此,研究企业战略,有必要先从理论和实践两个角度出发弄清楚"战略到底是什么"这一基本问题。对此,理论上不无争议,观点颇多。

项保华教授(2007)认为,战略问题在实践中比较清楚,至少需要回答"做什么、如何做、由谁做"这三方面的实践问题,从理论上阐明"为何生、凭啥存、因何亡"之缘由,以实现组织"活得了、活得好、活得久"之目标。

某位担任省级政协副主席的民营企业董事长曾谈道:"我觉得民营企业最大的悲哀是:活得好自己不知道,如何死自己也不知道。"实际上,研究企业战略,就是希望帮助企业弄清怎样才能做活企业,让人不仅知道如何赚钱,更知道为何能赚钱以及为何赚不到钱,真正明白"为何生、凭啥存、因何亡"。也就是说,为了实现组织运行的盈利生存、感觉良好和过程持续,需探寻其生存根本之道,阐明怎样才能"活得了、活得好、活得久"!

战略实践"做什么、如何做、由谁做"三个层面的问题共生互应,构成了企业战略的完整体系。许多企业在战略上成为"理论巨人、行动矮子",很大程度上就是因为只重视战略的"做什么",而忽视战略的"如何做、由谁做"。而战略中心命题作为一个整体,所解决的就是企业经营实践中所遇到的最根本的"方向正确、运作高效、心情舒畅"的有机结合问题,即让人愉快、高效地做正确的事并取得成果,从而体现出管理的科学性、艺术性和道德性。这既是战略管理的出发点,也是其最终归宿之所在(见专栏1-2)。

专栏 1-2

战略研究根本

战略中心命题：做什么、如何做、由谁做
战略目标追求：活得了、活得好、活得久
战略理论阐明：为何生、凭啥存、因何亡
战略管理归宿：方向正确、运作高效、心情舒畅

战略实践需要回答"做什么、如何做、由谁做"这三个方面的问题，并由此构成战略管理的互为补充与加强的完整体系。必须看到，战略中心命题是作为一个整体而存在的。任何忽视这其中一个或几个层面的做法，最终都会使战略成为写在纸上、贴在墙上、说在嘴上的花架子，从而很难产生实效。有时仅仅说明"做什么"是没有用的，许多大公司完成的战略规划成为看不懂、做不来、没人做的"鬼话"，主要就是因为在抽象讨论战略的"做什么"时忽视了战略的"如何做、有谁做"问题（见专栏 1-3）。从这个意义上讲，一个无法实施的战略不是好战略，甚至根本不能称其为战略。

从战略管理过程来看，中心命题作为战略构思与运作的整体，其中的"做什么"涉及目标抉择，"如何做"涉及过程变革，"由谁做"涉及动力激发。这里需要说明的是，中心命题主要是为了简化表达将其分为三个层面，其实还可以进一步细化。战略所表述的只是实现目标的途径，而一个可以付诸实施的战略至少需要阐明以下几个问题：必须完成什么任务？每项任务由谁负责？每项任务必须在什么时间开始以及什么时候完成？每项任务可用的时间和资金有多少？各项任务之间是如何相互联系的？战略管理研究的重点不在于简单地回答中心命题，关键在于揭示体现在回答中心命题背后隐含及外显的原理、方法与实践艺术。

专栏 1-3

老鼠开会的启示

话说有群老鼠在开会，商量如何制定对付其天敌——猫的战略。会议运用头脑风暴之类创造性技法，不拘一格，广开言路。大家积极献计献策，结果五花八门的建议提出了一大堆。在提出的所有建议中，有一条最受欢迎，这就是在猫的脖子上挂一个铃铛。因为这样一来，无论猫走到哪儿，铃铛就会响到哪儿。而老鼠们只要一听到铃铛声，就可以在猫出现之前逃跑，藏到它们自己的洞中去。乍一听，这一建议真的是妙不可言，从而博得了老鼠们最热烈的掌声。这时，一只一直坐在那儿闷声不语的年迈老鼠突然站起来说，要提一个非常非常简单的小小问题，那就是"在座之中究竟有谁堪当给猫挂铃铛的重任呢？"

现实战略实践中，人们常常只关注回答"做什么"的问题，而忽视"如何做"与"由谁做"，致使战略讨论海阔天空不着边际，成为空想、幻想甚至妄想。回答"如何做"与"由谁做"的问题，涉及战略实施的方法与动力。当然，现实中出现的有时没有人做不一定就意味着没法做或做不成，也完全有可能是由于激励不到位。俗话说"重赏之下必有勇夫"，至少在激励到位的情况下，可能会有人真正开动脑筋去想办法，以找出切实可行的方法，愿意去试一试，看能否探索出一条前人未走的新路。否则，承担战略重任总是一件有风险的事，做成了没有好处，做砸了有责任，又有谁会心甘情愿去冒此风险呢？

资料来源：项保华著.战略管理——艺术与实务[M].北京：华夏出版社,2006.

第三节 企业战略的层次

战略决策不仅仅是企业领导者的任务,不同区域、不同职能和较低级别的管理人员都应该参与到战略的制定过程中来。企业战略需要遵循逻辑性、层次性、过程性、明晰性、战略性等原则。企业战略可以划分为公司层战略、业务层战略和职能层战略三个层次。公司层战略覆盖企业整体;业务层战略是为公司每个业务部门制定的战略;职能层战略则是针对企业内部的每项职能制定的战略,职能层战略必须符合企业整体战略。图1-5是战略层次从高到低的示意图。

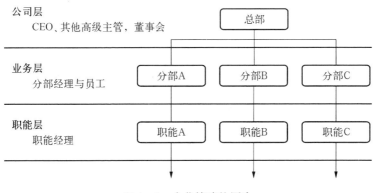

图1-5 企业战略的层次

一、公司层战略

公司层战略(corporate-level strategy)处于最广泛的层面,又称为企业总体战略(overall strategy),它关注公司的整体目标和活动范围,一般由公司最高管理层制定。制定一个清晰的公司层战略是很重要的,因为它是其他战略决策的基础。公司层战略规定了企业的使命和目标、企业宗旨以及发展计划、整体的产品或市场决策,如是否需要开发新产品、扩张生产线、进入新市场、实施兼并收购以及如何获取足够的资金以最低的成本来满足业务需要。它还包含其他重大决策,如设计组织结构、搭建信息技术基础设施、促进业务发展、处理与外部利益相关者(如股东、政府和其他监管机构)之间的关系。

在大中型企业里,特别是多种经营的企业里,公司层战略是企业战略中最高层次的战略,一般包括一体化战略、多元化战略、联盟战略和国际化战略等。它需要根据企业的目标,选择企业可以竞争的经营领域,合理配置企业经营所必需的资源,使各项经营业务相互支持、相互协调。公司战略决策通常要求有远见、有创造性,并且是全局性的,诸如业务领域的选择,资金筹集的调配、成长发展的优先顺序、利润的分配等。公司层战略一般由企业最高管理层制定,是企业最高管理层领导和控制企业的最高行动纲领。高层管理人员包括首席执行官、董事会成员、公司总经理、其他高级管理人员和相关的专业人员。公司董事会往往是公司层战略的设计者,承担公司层战略的终极责任。

二、业务层战略

业务层战略(business-level strategy)又称经营单位战略(business-unit strategy),也叫事业部战略,它关注的是在特定市场、行业或产品中的竞争力。业务层战略包括竞争战略(competitive strategy)、合作战略(cooperative strategy)和竞争合作战略(又称竞合战略,coopetition strategy)三类。业务层战略关注的主要问题是:管理部门应采取何种策略与行动来建立更加长期及强大的竞争地位,以获得超常利润。

在大型和分散化经营的企业中,所属业务部门数量庞大,首席执行官很难适当地控制所有部门。因此,企业通常会设立战略业务单位(strategic business unit,简称SBU),赋予战略业务部门在公司总体战略的指导下作出相应战略决策的权力,包括对特定产品、市场、客户或地理区域作出战略决策。业务单位领导负责制定本业务单位的经营战略,支持公司战略的实现。业务层战略的重点是要提高一个战略业务单位在它所从事的行业中或某一特定的细分市场中所提供的产品和服务的竞争地位。

战略业务单位是公司整体中的一个业务单位,由于其服务于特定的外部市场而与其他业务单位相区别。这是因为战略业务单位的管理层会根据外部市场的状况对产品和市场进行战略规划。例如,一家食品公司划分为生鲜食品部和熟食部,每个业务单位面向不同的市场,这就要求不同的战略单位拥有不同的市场战略。战略业务单位是实行自我计划和管理的单位,可以拥有自身具体的经营战略。

战略业务单位的优势是能够在不同的类似业务中找到适合自己的战略,使其更加理性和易于实现。指导战略业务单位竞争的基本法则主要有总成本领先(overall cost leadership,又称低成本)、差异化(differentiation)和集中化(focus),此三者一起构成了迈克尔·波特所提出的一般通用战略(generic strategies)。如果企业只是经营某一特定产品,在某一特定市场中开展业务,面对特定客户,在特定区域内经营,其公司战略和业务单位战略就属于同一层面,没有必要对其加以区别。

在组织的公司层面上,高级管理人员制定公司战略,以平衡公司的业务组合。公司层战略涵盖了公司的整体范围,关注在每个战略业务单位中创造竞争优势。制定一个具有可持续竞争优势的业务单位战略,需要明确在什么市场能够取得竞争优势,什么产品或服务能够区别于竞争对手以及竞争对手可能采取的行动。竞争战略是在战略业务单位这个层次制定的,包括如何实现竞争优势,以便最大限度地提高企业盈利能力和扩大市场份额,确定相关产品的范围、价格、促销手段和市场营销渠道等。

三、职能层战略

职能层战略(functional strategy)是指如何有效地利用企业的资源、流程和人员为实现公司层战略和业务层战略而在各个职能管理领域制定的战略。职能层战略在更细节的层面上运行,它侧重于企业内部特定职能部门的运营效率。如研究与开发、生产、采购、人力资源管理、财务、市场营销及销售等。各部门领导必须制定目标和规划,协调各自的职能战略,以使这些战略能够协同起来。

职能层战略主要是确定各职能领域中的近期经营目标和经营策略,一般包括生产策略、营销策略、研究和开发策略、财务策略和人力资源策略等。职能层战略以公司和业务层的战略为依据,在各自的职能领域内形成特定的竞争优势,以支持并实施公司的战略规划。它面临营销系统的整体效率,客户服务的质量和范围,特定市场的占有率,消费者反馈和满意度,生产流程的专业化程度,新产品研究和开发的方向,人员的薪酬制度等决策问题。

职能层战略在促进公司战略成功方面具有关键性作用。这种作用表现在如下两个方面:一方面,职能管理要开发或者调整企业的资源和能力,以适应不断变化的公司层战略和业务层战略,这是战略成功的基础;另一方面,各项职能在其各自的领域中开发独特的资源或核心能力,为企业制定战略提供条件。

由于各部门可能只关注自己的目标和行为,因此,可能会导致各部门之间产生利益冲突,从而降低公司业绩。例如,市场部门偏好于产品创新和差异化并以此来开拓细分市场,而生产和运营部门则更希望产品生产线能够长期稳定运行。公司层战略的作用是确保各部门或职能之间协调运转、减少冲突,以整合各部门的工作,使它们能为公司战略作出最大贡献。

第四节 战略管理的过程

一、战略管理的含义

"战略管理"一词最早是由伊戈尔·安索夫在1972年提出的。企业战略管理是"确定企业使命,根据企业外部环境和内部经营要素确定企业目标,保证目标的正确落实并使企业使命最终得以实现的一个动态过程"。因此,战略管理是决定企业的使命和目标、选择特定的战略、通过特定的战术活动实施战略从而达到目标的过程。获取并保持竞争优势既是战略管理的核心,也是设计应用战略管理过程的核心。战略管理是一种有效的管理思想和管理模式。这种管理模式针对企业如何应付环境的动态变化、如何应对竞争以及满足重要利益相关者的期望方面作出回应。

从企业战略制定的要求来看,战略管理是分析企业面临的机会和威胁,辨别自己的优势与弱点,将两者进行匹配,采取利用优势、规避弱点,对机会与威胁作出反应的行动,达到公司发展目标的过程。总的来说,战略管理的定义涵盖了以下三个方面:(1)战略管理的目的是实现长期目标和完成企业使命;(2)战略管理是一个企业与环境互动的动态过程;(3)战略管理过程包括战略分析、战略选择与战略实施等活动。

二、战略管理的过程

一般来讲,战略管理过程包括企业战略的三个核心领域,即战略分析、战略制定、战略实施与控制(如图1-6所示)。企业的战略管理过程是一个理性的方法,能够帮助企业有效地应对不断变化的竞争格局所带来的挑战。这一过程要求企业研究外部环境和内部环境以找出市场的机遇和挑战,并决定如何利用核心竞争力

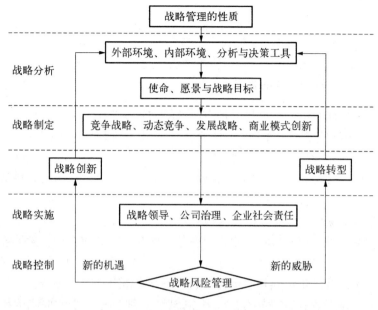

图 1-6 战略管理的一般过程

来获得预期的战略收益。

（一）战略分析

战略分析（strategic analysis）是整个战略管理过程的起点，对企业制定何种战略具有至关重要的作用。战略分析涉及对外部环境、影响企业现在和将来状况的因素（如经济、政治发展和制度变迁等）以及市场竞争的深度分析。除了外部影响因素以外，还要进行内部分析，目的是利用企业内部的资源和能力（包括人力资源、厂房、财务资源以及利益相关者的预期等）来满足利益相关者的期望。最后一个要素是战略使命、目标与企业战略方向的匹配。这个分析过程被称为战略定位。

战略分析需要考虑许多方面的问题，主要是外部因素分析和内部因素分析。外部环境的分析着眼于企业所处的宏观环境、行业环境、经营环境和竞争环境,如政治、经济、社会、制度以及技术因素等。在制定战略的过程中,认识企业要在行业中取得成功的关键因素以及因外部环境变化而给企业所带来的机会和挑战是一个非常重要的环节。与此同时,对内部环境的分析则集中在资源、企业能力和市场竞争能力方面。SWOT分析是常用的分析工具之一,它总结了企业的战略形势并反映了战略必须使内部能力与外部状况相适应这一原则,即包括优势、劣势、机会与威胁四个方面的分析。本书将在第二篇中对此进行深入分析。

(二) 战略制定

通过战略分析,企业管理者对其所处的外部环境和行业结构以及企业自身的资源和能力等有了比较清楚的了解。接下来的任务就是战略制定(strategic formulation),即选择一个合适的能够实现组织目标的战略。在做出这些相关决策时,管理人员要提出各种可供选择的方案,并最终对最有助于实现企业目标的方案做出决策。任何一个备选方案都有优点和缺点,在不同的衡量标准下,偏好的结果也不同。因此,在进行方案的优选劣汰中,必须设定一定的衡量标准,这种标准的确定除了考虑企业整体利益和长远发展外,还取决于决策者对风险、稳定性、发展速度以及投资多元化的态度,包含一定的主观性。战略选择也会影响企业的经营方向、竞争优势和行业环境,也能够扩大企业的经营范围和领域,对增强企业实力提出新的要求。

战略要获得成功,应该建立在企业的独特技能以及与供应商、客户以及分销商之间已经形成或可以形成的特殊关系之上。对很多企业来说,这意味着形成相对于竞争对手的竞争优势,这些优势是可以持续的;或者是某种产品—市场战略,如市场渗透、新产品的开发以及多元化经营等。战略设计需要捕捉已发现的机会,防范可能的威胁。战略的另外一个方面是形成相对于竞争对手的竞争优势,利用自己的强项,克服或最小化自己的弱项。强项包括使企业具有竞争优势的技能、专业技术和资源。弱项是指使企业处于不利地位的某个条件或领域。在公司和业务层面上存在着各种不同的战略,本书将在第三篇中对此进行深入分析。

(三)战略实施与控制

战略实施(strategic implementation)是指如何确保将战略转化为行动实践。企业战略实践表明,一个良好的战略仅仅是战略成功的一部分,只有采取有效措施保证战略的贯彻实施,企业的战略目标才能顺利实现。战略实施主要涉及企业现有资源在各部门和各层次间的分配方式、企业外部资源的获取和使用方式、企业组织结构的调整、企业内部利益再分配与文化适应性、组织变革的技术与方法、战略领导在战略变革中的作用等问题。本书将在第四篇中对此进行深入分析。

根据钱德勒"结构追随战略"的观点,企业组织应适应战略的要求,包括组织结构、业务流程、权责关系以及它们之间的相互关系都应适应公司战略的要求。战略的变化要求企业组织进行相应调整,以创建支持企业成功运营的组织结构。这项工作的困难在于要改变业已习惯的工作方式,并使文化背景不同的人之间建立起良好的工作关系。调动资源是指调动企业不同领域的资源来适应新战略,包括人力、财务、技术和信息资源,促进企业总体战略和业务单位战略的成功。此外,企业调整战略时,需要改变企业日常惯例,转变文化惯性,克服政治阻力。

战略管理是一个循环过程,而不是一次性的工作。要不断监控和评价战略的实施过程,修正原来的分析、制定与实施工作,这是一个循环往复的过程。战略控制(strategic control)包括两项内容,即通过对公司业绩的评估与控制,将实际业绩与期望业绩进行比较,以达到纠正行为和解决问题的目的。战略控制既为战略管理的最后环节,又是战略管理下一轮循环的开始。成功的企业战略永远是组织学习和创新的结果,这要求企业的管理者们不断地对战略的执行情况和进度进行评价,不断寻求新的途径以改善企业战略,并在竞争中胜出。

三、企业战略的视角

企业战略的目的在于帮助企业获得竞争优势,以实现企业长期利益的最大化。尽管大家对企业战略目标的认知是一致的,但对如何制定企业战略并展开战略管理以实现战略目标却有着各种不同的看法。随着时间的流逝,战略管理逐渐形成了若干学派,明茨伯格、阿尔斯特兰德和兰佩尔(2005)在他们合著的《战略历程——纵览战略管理学派》中,基于人们耳熟能详的寓言《盲人摸象》将战略管理梳理为十大学派:设计学派(the design school)、计划学派(the planning school)、定位学派(the positioning school)、企业家学派(the entrepreneurial school)、认知学派(the cognitive school)、学习学派(the learning school)、权力学派(the power school)、文化学派(the cultural school)、环境学派(the environmental school)和结构学派(the configuration school)。这十大战略管理学派之间的关系整合如图1-7所示。

格里·约翰逊和凯万·斯科尔斯在明茨伯格等(2005)总结的战略十大学派的基础上,通过对战略管理在组织的制定过程中进行的观察和研究,认为企业战略选择可以用设计视角(design lens)、经验视角(experience lens)和创意视角(idea lens)三种不同的视角来理解。这些视角从另外的角度分析并解释了企业战略思考的不同模式。

(一)设计视角

设计视角认为,企业战略的制定过程通常都是一个设计过程,它是由高层管理者公正、客观地进行分析、评估和规划的结果。但事实证明,这并不能充分解释现实中所发生的所有企业战略现象。

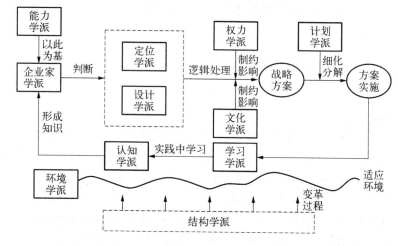

图 1-7 战略管理形成过程的十大学派及其整合

资料来源：改编于明茨伯格、阿尔斯特兰德、兰佩尔著．战略历程——纵览战略管理学派[M]．北京：机械工业出版社，2005．

（二）经验视角

经验视角解释了个人和集体的经验及企业中那些认为"本应如此"的假设（take for-granted assumptions）和惯例（routines，通常以组织文化的形式存在）是如何影响企业未来战略，并使未来战略成为对已有战略的适应性调整。

（三）创意视角

如果说设计视角具有浓厚的主观及个人色彩，经验视角是组织经验和文化的产物，创意视角则有助于企业理解创新型战略是如何出现的，或企业是如何应对快速变化和不可预测的动态环境的。创意视角强调企业内员工、思想和环境的差异性以及多样性，正是这种差异性和多样性促进了新想法和新洞见的产生，并创造（而不是设计）了新的企业战略。

需要说明的是，上述三个视角从不同的方面描述了企业战略的制定过程。但是,它们中的任何一种视角都不能完全解释现实中企业战略制定的全部现象。将这三个视角进行综合,可以更加全面地理解制定企业战略的全貌。

第五节 西方战略理论的发展演变

现代意义上的战略管理思想最早于1938年出现在巴纳德(Chester Barnard)的代表作《经理人员的职能》一书中。巴纳德提出了著名的系统观点,对影响企业经营的各种因素进行了分析,提出了战略因素的构想。他认为管理工作的重点在于创造组织的效率,提出组织的生存和发展有赖于组织内部平衡和外部适应,这种组织与环境相匹配的思想为后来战略理论的研究奠定了基础。按照发展时间顺序,西方企业战略管理理论的发展历程大致可分早期战略管理理论、以产业结构分析为基础的竞争战略理论、以资源为基础的核心竞争力理论和超越竞争战略的新管理理论四个阶段。

一、西方早期战略管理理论

西方的战略管理理论产生于20世纪60年代,在其演进的过程中经历了多个发展阶段,形成了设计学派与计划学派。1962年,钱德勒通过对通用汽车公司、杜邦化学公司、标准石油公司等大型企业经营历史的潜心研究,发表了《战略和结构:工业企业史的考证》一书,掀起了企业战略研究的浪潮。钱德勒在该书中阐述"环境—战略—结构"三者的关系,提出了"结构追随战略"的观点,他认为企业战略应当适应环境的变化,而组织结构又必须适应企业战略的要求,随着战略的发展而变化。

在整个20世纪60年代,设计学派(The Design School)是战略管理理论研究的主流学派。设计学派以哈佛商学院的安德鲁斯

(Andrews)教授为代表。设计学派认为,战略制定是企业领导者有意识的但非正式的构想过程,在制定战略的过程中,要分析企业的优势(Strength)与劣势(Weakness)、环境所带来的机会(Opportunity)与威胁(Threat),即著名的 SWOT 模型,这一模型也是计划学派的基础。目前,SWOT 分析模型仍然是许多教科书中进行战略分析的重要工具。该学派认为的企业战略就是在外部机遇和自身能力之间进行匹配的观点在理论和实践上具有很强的指导意义。计划学派(The Planning School)几乎与设计学派同时产生,以哈佛商学院的安索夫(Ansoff)教授为杰出代表。安索夫在 1965 年出版的《公司战略》一书标志着计划学派的产生。在该书中他首次提出了"战略"这一概念,并提出战略应当包括经营范围、成长方向、竞争优势和协同效应四个构成要素。

从上面的分析可以发现,西方早期的战略理论研究主要集中在以下几个方面:一是研究战略与环境的关系,分析企业能否赢得高额利润;二是战略应从上至下;三是战略应该通过正式计划予以实施。但这个时期的战略管理实质是一个组织对其环境的适应过程以及由此而引发的组织内部结构化的过程,它忽视了对企业行业和竞争环境的分析,企业处于一种被动适应企业外部环境的状态。

二、以产业结构分析为基础的竞争战略理论

20 世纪 80 年代初,迈克尔·波特(Michael Porter)深受梅森和贝恩为代表的产业组织学派的影响,基于结构—行为—绩效(SCP)分析范式,以《竞争战略》(1980)、《竞争优势》(1985)和《国家竞争优势》(1990)三部曲形成了以产业结构分析为基础的战略管理理论,成为该时期竞争战略理论的主流。波特通过对美国、欧洲和日本制造业的实践总结,提出企业战略的核心就是要获得竞争优势,即针对决定产业竞争的各种影响力而建立一个有利可图

并持之以恒的优势地位。波特认为,要通过产业结构分析来选择有吸引力的产业,然后寻找价值链(Value Chain)上的有利环节,通过恰当的战略来取得竞争优势。

基于竞争优势的获取,战略管理的一项首要任务就是选择有潜在高利润的行业。围绕这一命题,波特提出了著名的五种力量模型(five forces model)。这一模型说明行业的盈利能力主要取决于供应商、购买者、当前的竞争对手、替代品及行业的潜在进入者五种因素。第二个战略任务就是如何在已选定的行业中确定自己的竞争优势地位。低成本、差异化和集中化三种战略则为最常用的一般战略。企业的定位决定了其盈利能力是高于还是低于行业的平均水平。概括起来,波特竞争战略理论的基本逻辑是:(1) 产业结构是决定企业盈利能力的关键因素;(2) 企业可以通过选择和执行一种基本战略来影响产业中的五种作用力量(即产业结构),以改善和加强企业的相对竞争地位,获取市场竞争优势(低成本或差异化);(3) 价值链是竞争优势的来源,企业可以通过价值链活动和价值链关系的调整来实施其基本战略。

20世纪80年代,波特的竞争战略理论处于战略管理理论的统治地位,一定程度上弥补了传统战略理论的缺陷,对后来的理论发展具有深远的影响。该理论为企业分析市场结构提供了一种有效的分析工具,给我们提供了制定战略的新视角,大大深化了人们对市场结构和企业行为的理解。然而,波特的竞争战略理论也存在一些局限:在产业分析中,波特忽略了企业内部条件的差异,认为竞争战略在很大程度上依赖于对高利润产业的正确选择,往往诱导企业进入自身并不熟悉的领域或采取无关多元化战略,而事实上,同一产业内企业间的利润差异并不比产业间的利润差异小;另外,波特的价值链分析虽然提供了寻找竞争优势的有效方法,但并没有指出如何根据重要性原则确定企业的核心竞争优势。随着时代的快速发展,波特的战略理论日渐受到来自各方面的批评和质疑,时代需要新的战略理论的出现。

三、以资源为基础的核心竞争力理论

波特的竞争战略理论缺乏对企业内部环境的综合分析,停留在对可流动竞争资源的分析上,而对差异性资源未能深入分析。这为20世纪90年代对企业内部资源和能力分析为基础的能力学派的兴起提供了契机。信息技术迅猛发展导致竞争环境日趋复杂,企业不得不把眼光从外部市场环境转向内部环境,注重对自身独特的资源和知识(技术)的积累,以形成企业独特的竞争力(核心竞争力)。1990年,普拉哈拉德(Prahalad)和哈默尔(Hamel)在《哈佛商业评论》上发表了《企业核心竞争力》(也可译为企业核心能力)(The Core Competence of the Corporation)一文,掀起了企业能力研究的高潮,并且形成了战略理论中的能力学派。

尼古莱·J·福斯(Foss)认为,企业能力理论潮流兴起的背后,一些战略管理领域的内部原因和外部原因在不同程度上发挥了作用。主要包括:(1)这一时期企业联合兼并的兴衰,回归主业又一次成为众多企业明智的选择;(2)企业内因在企业竞争优势中的重要地位;(3)经济理论研究取得的新进展,特别是企业契约理论、激励理论、信息理论和战略联盟理论的最新发展,为分析企业战略提供了新思路;(4)经济学界对企业非对称性产生的极大兴趣;(5)经济学界和战略管理研究部门对强调知识在企业中的重要性方面有浓厚的兴趣。

核心竞争力理论强调资源的重要性,但并非企业的所有资源和能力都有潜力或可能成为持续竞争优势的基础,只有当资源和能力符合价值性、稀缺性、不可模仿性和不可替代性这些标准时,资源和能力才能成为核心竞争力,并成为企业持续竞争优势、战略竞争力和获得高于行业平均利润的基础。因此,核心竞争力理论是指一种强调以企业的特有能力为出发点,制定和实施企业竞争

战略的理论思想。该理论主张要建立一个企业的长期领导地位,就必须在核心能力、核心产品和最终产品三个层面上参与竞争。核心能力学派的理论创新表现在对如何识别和培育企业核心能力的理解上。核心竞争力理论要求企业从自身资源和能力出发,在自己拥有一定优势的产业及其相关产业中进行经营活动,从而避免受产业吸引力诱导而盲目进入不相关产业进行多元化经营。

波特结构理论的缺陷在于过分注重了企业的外部分析,核心竞争力理论则弥补了这一缺陷。但与此同时,该理论又过分关注企业的内部,致使企业内外部分析失衡。企业能力理论虽然是战略管理研究的重要进展,但也存在以下几个方面的缺陷:(1)企业能力理论尚未形成完整、严密的理论体系,由于研究思路的不同,企业能力理论至今尚无统一的理论分析范式;(2)企业能力理论的应用性不强,对企业核心竞争力如何识别、评价、保持、积累和更新等方面都没有给出有效的可操作性的方法;(3)企业核心竞争力理论非常强调技术、资源、知识等客观因素的作用,对作为主观性的人的因素涉及较少;(4)能力理论强调企业立足内部能力积累和运用的同时,对企业外部环境适应的分析较为单一。

四、超越竞争的新战略管理理论

20世纪90年代以前的企业战略管理理论,大多建立在对抗竞争的基础上,都比较侧重于讨论竞争和竞争优势。时至90年代中后期,战略联盟理论的出现,使人们将关注的焦点转向了企业间各种形式的联合。这一理论强调竞争合作,认为竞争优势是构建在自身优势与他人竞争优势结合的基础上的,通过创新和价值创造来超越竞争开始成为企业战略管理研究的一个新焦点。美国学者詹姆斯·穆尔(James F. Moore)于1996年出版的《竞争的衰亡》标志着战略理论的指导思想发生了重大突破。穆尔认为,在市场经济中,达尔文的自然选择似乎仅仅表现为最合适的公司或产品才能生存,经济运行的过程就是强者驱逐弱者。

穆尔以生物学中的生态系统这一独特的视角来描述当今市场中的企业活动,提出了一种全新的竞争形态——商业生态系统,打破了传统的以行业划分为前提的战略理论的限制,力求共同进化。提倡大家共同存在于一个丰富而协调的动态系统中,即一个相互依存的利益共同体中,合作演进好各自的角色和能力,企业的竞争优势源于成功地在商业生态系统中取得领先地位等。穆尔站在企业生态系统均衡演化的层面上,把商业活动分为开拓、扩展、领导和更新四个阶段。在这种全新的模式下,穆尔认为制定战略应着眼于创造新的微观经济和财富,即以发展新的循环以代替狭隘的以行业为基础的战略设计。

由此可见,战略管理的发展正逐步呈现出多元化的趋势,不管战略管理发展到哪个时期,战略管理学者都强调竞争优势保持和发展能力的重要性。一方面,战略管理通过寻求动态能力以适应不断变化的外部环境;另一方面,战略管理通过商业生态系统的构建和联合来建立整体竞争优势。

第六节 中国古代的战略管理思想

"战略"在我国是一个古老的词汇,意为战争的策略。早在春秋末年,我国第一部编年体通史《左传》中已出现了"战略"一词。到了战国时期,"战略"已广泛应用于军事领域,著名军事家孙武的《孙子兵法》更被公认为是有关战略的第一本著作,其战略思想流传百世。《孙子兵法》强调必须在对敌情、作战地理条件等情况有充分了解的前提下,选择适宜的作战形式,出奇制胜,其中囊括了从战略分析、战略设计到战略选择的过程。以孙武为代表的先秦兵家具有丰富而成熟的战略哲学和策略观念,这对以后世界范围内的军事思想和管理观念的发展产生了深远和广泛的影响。当代美国著名管理大师德鲁克指出,管理总是植根于社会文化、价值观、习惯和信念之中。对中国古代战略管理思想的研究不仅有利于发扬中国传统文化,更有利于西方战略管理思想和模式的中国化,使之更贴近中国企业的现实,为中国企业的经营实践服务。

一、《孙子兵法》中的战略思想

《孙子兵法》的思想非常深刻,远远超越了那个时代,唐太宗曾经说他看过很多兵书,没有超过《孙子兵法》的。英国的战略学家利德尔·哈特提出应将《孙子兵法》的思想精髓作为制定现代战略的理论基础。约翰·科林斯说:"孙武是古代第一个形成战略思想的伟大人物……他的大部分观点在我们当前环境中仍然具有和当时同样重大的意义。"孙武所揭示的"知己知彼,百战不殆"的战争规律是料敌定谋、制定战略战术的基础和条件,他提出了"上兵伐谋"、"攻其不备,出其不意"、"兵贵胜,不贵久"、"不战而屈人之兵"等一系列的战略指导思想,并针对战略要求阐述了重要的作战原则和方法。

《孙子兵法》被认为是最早的战略理论著作,并于公元8世纪起流传到国外,已被译成十几种语言,它最早流传到日本,影响也最大。《孙子兵法》共13篇,总约6 000余字。《计篇》为首篇,写的主要是军事战略运筹问题,具有提携全书的作用,短短300余字左右的文章中,容纳着十分丰富的内容。孙武从他的慎战观点出发,明确指出:"兵者,国之大事。死生之地,存亡之道,不可不察也"。也就是说,孙武已经充分认识到战争关系到一个国家和一个民族的生死存亡,不能不给予高度的重视,必须缜密运筹。

决定战争成败的因素甚多,孙武将其概括为"五事"、"七计"。所谓"五事",即"一曰道,二曰天,三曰地,四曰将,五曰法。道者,令民与上同意也,故可以与之死,可以与之生,而不畏危。天者,阴阳、寒暑、时制也。地者,高下、远近、险易、广狭、死生也。将者,智、信、仁、勇、严也。法者，曲制、官道、主用也。凡此五者，将莫不闻，知之者胜，不知者不胜"。所谓"七计"，是"主孰有道？将孰有能？天地孰得？法令孰行？兵众孰强？士卒孰练？赏罚孰明？"。

孙武提出了"五事"、"七计"的战略思想体系。如果说"五事"是制定战略的依据，是测度、分析、筹划战势的最主要内容；"七计"则是预测战争胜负的主要内容，通过七个方面的比较，"吾以此知胜负矣"。"五事"、"七计"既包含了客观环境的因素，又充分考虑了人的主观因素，并将人的因素突出地放在首位。"五事"中的"道、将、法"三项是取决于人的因素，并将"道"置于"五事"之首。在"七计"中有六项是取决于人的。由此可见孙武的思想是强调以人为本的，人是决定战争胜负的重要因素。这一思想贯穿于《孙子兵法》全书，孙武以人为本的思想同样适合于企业竞争。

如上所述，竞争双方都要力争在"五事"与"七计"中占有优势，但能否真正形成优势却往往受到时间和条件的限制。所以，在一定时间和条件下，只能根据双方的实际情况选择有限的战略目标。从总体上看，孙武主张用兵中最理想的目标是谋攻，力争全胜。他在《谋攻篇》中指出："不战而屈人之兵，善之善者也"、"故上兵伐谋，其次伐交，其次伐兵，其下攻城"、"故善用兵者，屈人之兵而非战也，拨人之城而非攻也，毁人之国而非久也，必以全争于天下，故兵不顿而利可全，此谋攻之法也"。可见，孙武最为推崇的是不战而胜，是寻找机会可以通过"伐谋"、"伐交"不战而胜。即使在不得已"伐兵"时，也要根据敌我双方的力量对比，实事求是地选择有限战略目标，孙武指出"十则围之，五则攻之，倍则分之，敌则能战之，少则能逃之，不若则避之"。如果把"伐谋"、"伐交"、"伐兵"、"攻城"都算在内，实际上孙武指出了十种不同层次的战略目标，供将帅们根据双方"五事"、"七计"的情况加以选择，见表1-1。

表1-1 孙武的战略目标与战略对策

战略对策与目标	孙子兵法
计谋取胜	上兵伐谋,不战而屈人之兵
外交取胜	其次伐交
武力取胜	其次伐兵
攻坚取胜	其下攻城
围困取胜	十则围之
主动进攻	五则攻之
分而食之	倍则分之
积极迎战	敌则能战之
主动退却	少则能逃之
避免冲突	不若则避之

在古代中国到近现代世界各地的战争中,《孙子兵法》中的战略思想得到了广泛的应用。随着人类文明的进步和世界商业的发展,《孙子兵法》被逐渐引入商战之中,成为指导企业竞争的重要思想武器,其中,"知己知彼,百战不殆"、"避实而击虚"、"以正合,以奇胜"等经典战略思想更是被广大企业管理者所熟知和掌握。尽管《孙子兵法》在战争、商业等领域得到了非常广泛的应用,但大多只关注其中的具体内容及其应用,或者对某个思想要点非常精通,却不能通盘掌握整套兵法理论。究其原因,主要是缺乏对《孙子兵法》中战略思想体系的探讨。正是出于这种思考,我国著名学者周三多教授(1995)在前人研究的基础上,将孙子经营战略思想体系划分为竞争观、战略目标、战略环境分析、战略方案制定、战略决策、战略控制、战略实施、信息与情报等八个部分,通过对各部分之间逻辑联系的分析,构建了《孙子兵法》战略思想体系,如图1-8所示。

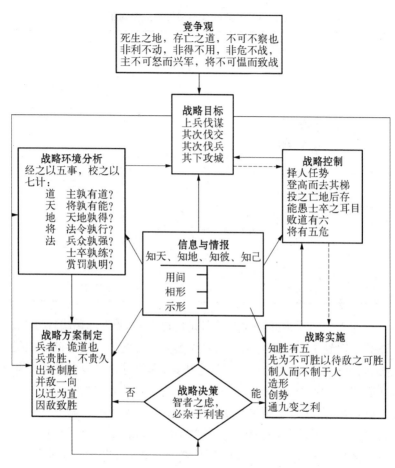

图 1-8 《孙子兵法》战略思想体系

综上所述,我们可以清楚地看出,《孙子兵法》十三篇,从战略讲到战术,从进攻讲到防御,从天时讲到地利,从地利讲到人和,从组织指挥讲到具体实施,从战前讲到战中,从战中讲到战后,从人讲到物,从理论讲到实践,从一般讲到特殊,从谋略讲到方法。内容非常宏博,语言十分精炼,思想极其深刻,意义无比深远。今天,它不但对中国的军事理论研究有着较强的指导意义,对从整体上考虑企业的战略和实施有效的战略管理,以提高战略管理的效率也不无益处。

二、其他中国古代战略思想

(一)《周易》中的战略思想

著于2 000多年前的《周易》是对我国华夏文化影响最大的一部书,被列为"中华群经之首",被今人誉为"东方圣经"。《周易》是一本千古奇书,是历代政治家、军事家、商家的必修之作。它可以称得上是一部富含管理哲学的中华民族文化智慧结晶的综合思想宝库,尤其是其中的"阴阳平衡"观念,对中国人的思维方式有着深远的影响,这正是《周易》的特殊魅力之所在。《系辞下传》曰:"乾坤其《易》之门邪?乾,阳物也;坤,阴物也。阴阳合德,而刚柔有体,以体天地之撰,以通神明之德。"文中所谓"阴阳合德",即今人所言"阴阳平衡"。《周易》从哲学思维的高度引出一系列战略思想,颜世富教授从战略管理的角度,对《周易》中经典的战略思想和战略原则进行介绍和分析。

1. 平衡性原则

《周易》强调动态平衡、中和、中庸与对称。六十四卦中许多卦的爻卦排列都是阴阳对称和平衡的,如乾卦与坤卦、泰卦与否卦等。《周易》认为阴阳合德、阴平阳秘有利于社会、人生及自然的稳定与发展。在中国传统社会里,求稳、求均、求平衡、求和、求中庸的心态随处可见,在当今的企业战略管理中,平衡同样是重要的经营思想。从内部来看,平衡主要体现在资源的合理配置和利益的均衡分配上。例如,资源分配必须要注意均衡性,避免某一个环节资源分配不足而形成整个经营中的短板。从外部来看,平衡主要体现在策略的合理性和竞争度的把握上。所谓"物极必反",就是指在与对手竞争中,如果给对手带来的打击过大,将很可能导致对手不顾一切地反扑,并形成两败俱伤之势。

2. 整体性原则

《周易》包含有丰富的整体观和系统论思想。它把人——社会——自然看成一个相互影响和密切联系的统一体,系统性地看待三者之间的关系;它把六十四卦看成一个整体,又把每一卦分别看成一个相对独立的小系统。整体不是简单地等同于各部分之和,而是子系统之间协作的结果。应该说,中国古代思想中整体观由来已久,在传统中国人的思维里,整体利益始终大于个体利益,这完全不同于西方世界的个人主义思想。整体性原则也是现代战略管理的重要原则,战略本身就是一个高度全局性的工作,如果不能够看到整体的利益,而只关注部门的利益,战略实施的效果就必将大打折扣。

3. 阴阳对立统一原则

阴柔与阳刚之间、落后与前进之间、正面与反面之间总是不可避免地存在一些矛盾,矛盾着的事物或方面总是存在对抗的可能性。这种矛盾的对立性思想代表了一种辩证性逻辑,即思考问题应该从不同角度和不同侧面探究问题的本质。从战略角度来说,任何战略方案的制定和战略决策的做出都存在一定的不确定性,一方面是可观的未来预期收益,另一方面也是机会成本的产生和相伴随的风险。这就要求决策者时刻保持冷静的头脑,从不同角度和不同侧面思考问题并作出决策,以确保战略方案的有效性和战略实施价值的最大化。

4. 阴阳相互转化原则

《周易》的同一卦之内和不同卦之间都普遍存在着转化关系。例如,乾卦之内,处于"初九"爻位时,境遇不佳,"潜龙勿用",只好等待时机;处于"九五"爻位时,形势已经发生变化,"飞龙在天,利见大人"。所谓"否极泰来",正是阴阳转化的代表。这也使我们看到,任何事物都不是绝对的,只要具备了一定条件,就能够完成相互转化。当战略环境不利于自己时,也不用过于焦虑,也许某个突发事件会将整个局面扭转。同样,处于战略优势地位的竞争者也不能盲目乐观,要充分考虑到环境的变数,做好应对任何变化的准备工作。

(二)《道德经》中的战略思想

老子,姓李,名伯阳,也称李耳,道家学派创始人,是一位伟大的思想家、哲学家。因其学问博大精深,被誉为"东方巨人"、"中国和世界的第一哲人"。老子开创了哲学本体论,是第一位真正意义上的哲学家。老子创立的道德文化对老子以后的诸子百家产生了深刻的影响,他是公认的"百家之祖"。他在中国和世界思想史、文化史和宗教史等方面都有巨大的影响。他是中国古代文化的奠基人,孔圣人也曾求教于老子,《道德经》是老子思想的精髓。

《道德经》不仅影响了中国古代的思想史,而且也受到西方思想家的重视,已成为世界哲学宝典之一。德国哲学家尼采称赞老子《道德经》:"像一个不枯竭的井泉,满载宝藏,放下汲桶,唾手可得。"《道德经》分为上、下两篇,上篇起首为"道,可道,非常道;名,可名,非常名",所以,人们也称《道德经》的上篇为《道经》。《道经》讲的是宇宙和自然的规律;下篇起首为"上德不德,是以有德;下德不失德,是以无德",所以,人们也称《道德经》的下篇为《德经》。《德经》讲的是人类的人生观和社会观。《道德经》一书被认为是中国第一部哲学著作,其所包含的哲理不仅是中国古代思想的精髓,也对当今的企业战略管理起到很好的指导作用。

老子认为,圣人治国,不是要忙于做事,而是要废除过去不应该做的事情,以致"无为"。他的理由是:世事繁杂,种种烦恼,不是因为事情做得太少,而是因为事情做得过多。《道德经》里写道:"天下多忌讳,而民弥贫;民多利器,国家滋昏;人多技巧,奇物滋起;法令滋彰,盗贼多有。"所以,他认为圣人治国的第一件事就是废除这些事情。当然,他也注意到现实中存在的问题,而解决的办法就是首先除掉世上祸害的根源,继此之后,实行"无为而治"。他提出的"无为"思想实际上隐含了另一个前提,即《道德经》中所说的"无为而无不为"。换句话说,国君应当以道为法,自己无为,而让大众各尽其能。这与企业管理中的分权与战略决策重心下移的发展趋势实际上是一样的。企业高层的作用实际上就是构建好整个企业的战略方案和体系,"搭好台",让下属去"唱戏",充分将执行权和一部分决策权交给企业员工。

根据老子的思想,"道"就是万物之所由来。万物在生成过程中,都有"道"在其中。在万物之中的"道"就是"德","德"的含义就是"能力"或"品德",它可以解释为万物本有的品质,也可以解释为在人伦关系中的德行。因此,"德"就是事物的本性,即所谓"万物莫不尊道而贵德"、"含德之厚,比于赤子"。又如《道德经》所说:"百姓皆注其耳目,圣人皆孩之","古之善为道者,非以明民,将以愚之"。他认为圣人应该像孩子一样,并用"愚"来表示。实际上,这里的"愚"和常人的"愚"不一样,是通过修养得来的,即所谓的"大智若愚"。因此,老子主张的是"智治"。毫无疑问,智是一切战略的基础,智者往往能够控制大局,同时灵活应对,以谋取胜。战略管理是一个不确定性极强的工作,涉及对未来的预期以及对每一个步骤的把握,如果战略管理者不具备清醒的头脑和敏锐的思维,将很难控制战略大局。

【本章小结】

战略来自早期对军事活动的战略规划和设计,应用到商业管理中的战略是关于一个企业在竞争中如何取胜的理论,即战略乃取胜之道。所有的组织都面临着战略管理的挑战。企业战略的本质在于使企业获得并发展区别于竞争对手的竞争优势,并不断维系与加强这一优势。企业战略由经营范围、成长方向、竞争优势和协同效应等四种要素构成,有公司层战略、业务层战略与职能层战略三个层次。战略管理过程基本上包括战略分析、战略选择、战略实施与战略控制四个阶段。

企业战略管理理论从20世纪60年代至今,已经形成了众多的学派,从西方早期战略管理理论到以产业结构分析为基础的竞争战略理论,再到以资源观为基础的核心竞争力理论,以及现在超越竞争的新战略管理理论——商业生态系统,力求企业之间能够共同进化,显示了战略管理随着时代和经济发展的演变。

德鲁克指出,管理的本质是文化。中国古代的战略管理思想非常丰富,起源于夏商周时期的政治思想家,发展于春秋战国时期,并在西汉以后逐渐成熟,代表性著作有《孙子兵法》、《周易》以及《道德经》等,其中的"知己知彼,百战不殆"、"不战而屈人之兵"、"阴阳平衡"、"无为而治"等思想精髓对中国及全球都具有深远影响。

【基本概念】

企业战略　战略管理　竞争优势　战略管理内容　战略管理过程　战略管理学派　企业战略层次　竞争战略　核心竞争力　商业生态系统

【复习思考题】

1. 什么是企业战略?企业战略的本质是什么?
2. 阐明企业战略构成五要素的钻石模型。
3. 简述企业战略的主要任务及战略层次。
4. 战略管理过程由哪几部分构成?
5. 简述西方现代战略管理思想的发展与演进过程。
6. 简述《孙子兵法》及《周易》中所体现的战略思想。

【结尾案例】

新东方的成功秘诀

新东方成长历程

新东方是目前中国大陆规模最大的综合性教育集团,同时也是全球最大的教育培训集团。1993年,辞去了北京大学教职的俞敏洪,在北京中关村一所小学的低矮平房里创办了新东方英语学校。经过二十多年的发展,当年的新东方学校已经发展成为一家集教育培训、教育研发、图书杂志音像出版、出国留学服务、职业教育、在线教育、教育软件研发等于一体的大型综合性教育科技集团。2006年9月7日,新东方在美国纽约证券交易所成功上市,发售了750万股美国存托凭证,开盘价为22美元,高出发行价15美元约46.7%,融资额为1.125亿美元,成为第一家在海外上市的中国教育培训公司。截至2011年5月、新东方已在全国48个城市设立了53所短期语言培训学校、6家产业机构、47家书店以及500家学习中心,至2011年年底,总培训1 500万人次。新东方品牌在世界品牌价值实验室编制的2010年度《中国品牌500强》排行榜中排名第94位,品牌价值已达64.23亿元。

新东方成功秘诀

长期以来,教育培训市场因为进入门槛低而竞争激烈。为什么新东方能异军突起并最后做大做强呢?根本的原因在于新东方一直秉承的教学理念,那就是不仅要教好专业内容,还要注重人文关怀,不遗余力地向学员们灌输积极向上的人生观。和大学里的思想品德教育不一样,新东方的灌输充满了幽默、智慧和个人体验,让人喜闻乐见,印象深刻。新东方执著于**"追求卓越,挑战极限,从绝望中寻找希望,人生终将辉煌"** 的精神,把这种精神传递给来求学的每一位学员。很多学员在多年以后可能再也找不着新东方留给自己的技术层面的知识了,却可能仍然念念不忘当年所受到的精神鼓舞和激励。为什么说这是新东方成功的根本原因呢？因为教育培训从本质上来说提供的是一种体验型消费，而培训市场营销的最大特点是口耳相传的人际效应。新东方创建了一个不但能育才而且能励志的独特的文化氛围，这使新东方赢得了口碑，树立了品牌，从众多的竞争者中脱颖而出。

新东方的成功之路是无法复制的。新东方主打的文化内涵就是励志。新东方的校训——绝望中寻找希望，人生终将辉煌——很好地体现了这一点。新东方的创始人们很好地把握了中国人对于考试，对于教育的定位。新东方精神的全部内涵就在于其揭示出了这样一个普通的真理——如果世界上所有的东西都能够以某种方式被给予的话，那么唯有属于一个人的真正的自由和幸福要靠他自己来获得。新东方精神创造了一种已经被数以万计的当代青年广泛接受、全面开花的奋斗哲学。它是基于绝望与希望的新思维，它是关于卑微与崇高的辩证法，它是关于目标与手段的方法论，它是关于幸福与人生价值的一种新的人生观。这样的一个人生观，将考试出国与出人头地和奋斗连接在一起。这算是一种投机，看准了中国教育制度的不合理，从而获得巨大的利益。每个人都知道制度的不合理，更加知道制度的不可逆转，所以，从新东方的企业内涵定下格调开始，就为新东方的发展起了一个成功的好头。正因为俞敏洪是第一个这么做的人，所以他成功了，更因为如此，这条途径无法复制。话虽如此，但新东方的精神也是独具一格并且最大限度地满足学生的。

在新东方之前，哪里会有教书的地方询问学生对老师的意见，并且将反馈不好的老师开除掉的机构呢。再退一步，就单单讲一般机构所拼的教育质量，新东方也是下足了功夫。优秀的培训教师队伍一直都是新东方的核心资源，在教师队伍中有国外教育背景的"海归"占了50％，这些"海归"和其他优秀人才给新东方带来现代教育意识和观念的同时，还把先进而有效的经营与管理方法带到了新东方。而且新东方每年选拔优秀教师和员工到国外进行培训,以保持自身的人才优势。独特的教学方法和理念使整个课堂气氛自由而宽松,在自由而宽松的学习环境下,能够有效地缓解学员的精神压力,重获积极向上的奋斗精神。而且直到今天为止,新东方对于自己的核心竞争力从来就没有一丝的懈怠。如果说到托福考试,绝大多数的人都会第一时间想到新东方,这是品牌,是口碑,更是一直成功的保障,这就是新东方不可思议的成功途径。

新东方成长战略

(1) 竞争领域。一个企业,企业家所要做的最基本、最重要的决策就是应该在什么领域开展业务,这也是所谓的竞争领域。在企业初期,新东方专注于出国培训。这里不得不提到20世纪八九十年代的出国潮流。创始人俞敏洪本来是英语老师出身,在一个偶然的情况下选择了英语教育这一条路,毅然选择了出国培训这个项目,有一部分是观察到了出国的潮流,但更重要的是俞敏洪理解教育考试在中国的特殊性。这是商业嗅觉的具体体现。

在站稳脚跟后,新东方接连选择在其成长阶段进入其他英语培训、电脑培训以及远程教育等领域,新东方在选择竞争领域阶段,又有两个特点:首先,新东方凭借品牌输出,选择在该领域中有实力的伙伴,因而避免了很大的风险;其次,新东方所进入的领域处于高速增长期,同时该领域并无十分强大的对手,属于低层次竞争。

(2) 实现途径。新东方的成功途径在于抓住了市场机会。在刚刚出现留学热潮时,新东方就以出国人群为主打客户。随着人们对英语及出国的越发重视,社会上出现了各种英语证书含金量的增加和考研热,新东方适时地参加进来,通过远程等新潮上课模式,扩大了消费对象。之后,全民学英语的热潮、网络技术的发展、市场对于专业人员需求的增加、民营教育的蓬勃发展,伴随着子机构越来越多,商业化越来越明显,公司海外上市。这是实现新东方成为中国教育龙头的路线。

组织转型之后,新东方开始改变商业模式。简而言之,商业模式的改变表现为创建校园、业务拓展和地域扩张。新东方长期以来一直专注于利用租用教室进行短期培训。这种办学模式的最大弊端是难以形成自己的校园文化。为此,从2002年开始,新东方开始向长期教育领域拓展业务,同时投资巨款建造属于自己的实体校园。首先,新东方在北京的中关村黄金地段投资3亿元购买了一座办公大楼。接着在北京郊区兴建一座能够容纳1.5万人就读的新东方校园。随后,新东方开始走出北京乃至国门,不断开疆辟土,进行扩张经营。2002年,新东方投资2.3亿元在江苏扬州建起了占地355亩、可容纳4 000学生就读的新东方扬州外国语学校。2004年5月,新东方在加拿大的多伦多和蒙特利尔开办了学校,正式进军海外教育市场。

(3)差异因子。随着新东方的成功,不可避免地会面对许多的竞争对手,新东方直到现在还是教育界的巨头,是因为其通过品牌形象和强化自己的文化内涵等差异化要素吸引客户并击退竞争者。新东方的品牌形象有如下几点:① 以学员为中心,靠服务质量取胜。② 侧重不同产品结构的优化以及互补。③ 新东方的教育理念包涵一点不同,即教育报国。新东方的文化内涵尤其突出"励志"两个字。新东方的成功在于它不仅为学生提供了教育价值,同时也为学生创造了一种附加价值——励志。不论是从绝望中寻找希望,推动留学并从中获益,还是强调理想主义和人格魅力,打造明星教师,都是一种带有新东方色彩的励志行为。任何人都可以很容易地将其他教育机构和新东方分开来,即使学习之后的得分是一样的。这中间的区别就是因为有了一些只能在新东方的课堂上才能获得的东西。新东方提供了将两者结合在一起的机会,而这在当时是非常少见的,因此给学生带来了震撼性的差异化体验。新东方的差异化为自己避免了高度竞争并且营造了巨大的口碑。

(4) 速度阶段。新东方的发展阶段,用创始人的话是"走一步看一步",但它的发展步骤却是非常有远见的。我们看一下其发展阶段:

1993～1995年:针对当时国内出现的"出国热"这一市场机遇,开办小型辅导班,为留学人员提供出国考试培训,客户锁定在选择参加出国留学英语考试的考生。

1996～2000年:开始向英语培训的其他领域和相关行业进行扩展,其业务主要包括留学考试培训、基础英语培训、英文培训书籍出版、出国咨询服务等。

2001年～至今:对内部组织结构进行重组,将"分封制"的松散结构改造成紧密的集团化运作模式,在培训市场扩展的同时,向正规教育领域扩展,提供包括英语、IT、会计等技能培训、职业和基础素质教育、在线教育、图书、软件等教育相关产业和出国咨询服务。这是一个单一模式——快速运作——集团化模式的三部曲。

(5) 盈利模式。新东方有自己特色的盈利模式:① 在英语培训领域,通过开设涵盖从初级到高级的各系列课程,建立产品金字塔结构,满足从低端到高端各层次学员的需求,通过为学员提供个性化的培训方案从中获取利润。② 开辟新的价值获取源泉。例如,借助品牌优势,进入电脑、会计等专业认证考试培训领域(非英语专业)向职业教育和基础素质教育领域扩展,如北京的IT教育学院和扬州的中小学校。通过为学员提供长期的职业或素质教育,从而开辟了获取长期、稳定、可预期收入的新领域。③ 推出在线教育。新东方在Internet领域与新浪等网络服务商合作,推出"新东方教育在线",将所有适合在网上学习的课程都在这个平台上推出,以"在线教育+教育软件"这种全新的标准化的教育方式打破地域对需求的制约,使网络教育成为价值获取的新源泉。

结语

新东方的成功模式一直被人探索和模仿,但成功的企业是不会惧怕模仿和竞争的,因为新东方的核心资源、核心竞争力还有核心精神是独此一家并永不改变的,新东方在所有钻石要素上都有自己的独到之处,其成功之道值得其他企业学习借鉴!

资料来源:改编自:王学文.新东方精神[M].西安:西安交通大学出版社,2006.

思考讨论题:

1. 如何认识新东方的核心竞争力?
2. 请运用企业战略五要素钻石模型认识新东方的成功之道。
3. 上市后的新东方将面临哪些新的挑战?

第二章　使命、愿景与战略目标

名人名言

　　一个企业不是由它的名字、章程和条例来定义的。建立一个明确的企业使命,应成为企业家的首要责任。企业只有具备了明确的使命与愿景,才可能制定明确而现实的战略目标。

——彼得·德鲁克

　　任何重大事情能够完成,都是由带有使命感的狂热分子完成的。看不到愿景的人将永远不会察觉到任何远大的希望,也不会担负起任何伟大的事业。

——托马斯·伍德罗·威尔逊

【本章学习重点】

　　(1) 正确理解使命、愿景与核心价值观;
　　(2) 明确使命、愿景与战略目标的关系;
　　(3) 掌握企业使命与愿景的陈述方法;
　　(4) 理解战略目标的内容与战略目标体系。

【开篇案例】

百年李锦记的核心价值观:思利及人

　　香港李锦记集团是亚洲地区少有的历经四代的华人家族企业,由李锦裳先生创建于1888年,迄今已有130多年的历史。李锦记集团的发展可以分为以下四个重要阶段:(1) 1888～1922年:一代创业,李锦记成立;(2) 1922～1972年:二代巩固开拓,进出口贸易初具雏形;(3)1972~1992年:三代四代共同携手,事业步入多元化;(4)1992年至今:战略创业,南方李锦记成立。在李锦记历经四代120多年的发展历程中,其核心价值观的传承至关重要。2012年年底,李锦记李氏家族第四代传人之一李惠民在"清华讲堂"上分享了其家族企业发展百年的秘诀时说:"'思利及人'是我们家族的核心价值观,在考虑自己利益的同时,也从别人的角度、从更宏观的角度思考问题。"一语道破了价值观传承对企业发展的重要意义。

以价值观传承破解魔咒

创办于1888年的李锦记,到现在已经有了第五代和第六代的子孙,李惠民是第三代掌门人李文达的长子,他还有兄妹4人。目前,李氏家族治理委员会已有26人,不管他们是否拥有李锦记股权,家族治理委员会对李锦记家族而言都有着重要意义。

家族委员会的核心成员也并不一定要进入董事会,而是让家族的精英分子进入董事会去影响和保持家族控股,在管理方面,则请市场上最棒的精英人才来做。李锦记"家族宪法"的"硬件规定"中,体现着这个家族所遵循的文化传统,如家族内部规范要求家族成员不要晚结婚、不准离婚、不准有婚外情;如果有人离婚或有婚外情,将自动退出集团董事会,取消"参政议政"的资格。

不过,相对于"家族宪法"等"硬件规定",李锦记将价值观、思维方式等称为家族发展的"软件",将"思利及人"、"换位思考、永远创业"作为家族价值观及企业的信条。

"思利及人"的核心价值观

2010年以来,大豆、糖等农产品大幅涨价,劳动力成本也在大幅上涨,食品行业普遍面临着成本压力。李锦记国际控股有限公司运营总裁曾庆鸿称,李锦记也不例外,食品消费者对终端产品价格比较敏感,该企业不会轻易提价。这对,李锦记"思利及人"的核心价值观提出了更高的要求,更要做到精益求精。

李锦记一直以来贯彻"思利及人"及"务实、诚信、永远创业精神"的核心价值观,旨在达到双赢的局面,这个核心价值观一直是决策的标准,也是李锦记持续发展的根本保障。

成本上涨直接冲击到利润,百年老店李锦记主要采取将销量做大及节约能源等内部降低成本的方法。曾庆鸿谈道,绝不会在质量方面松懈,而通过扩大规模可以有效地降低成本。另一方面,从环保方面下工夫,尤其在包装材料上,例如,在不影响产品质量的前提下采取新工艺,将酱油包装瓶的重量从300克减轻到260克。还有,在厂房内引入使用循环热水系统产生能源等环保系统,不但降低对环境造成的影响,还明显减低能源成本,今年减少使用原油达到400吨。

令曾庆鸿感到很欣慰的是,与李锦记一起成长的许多原料供应商和李锦记已保持了10年以上的合作关系,它们在原料供应价格上保持相对稳定而不会乱涨价,在一定程度上减轻了李锦记的压力。李锦记的产品属于多类型调味品,而这些调味品使用的原料大部分都是农产品或粗加工农产品。李锦记花了许多的时间和精力,帮助供应商解决各种技术问题和食品安全问题。李锦记采用各种积极、正面的帮扶政策,向供应商推行李锦记"100-1=0"的品质理念,将零缺陷的品质文化延伸到上游供应商。

资料来源:屈丽丽.李锦记:家族永续大于企业永续[N].《中国经营报》,2013-01-05;李溯婉.百年家族企业的核心价值观:思利及人[N].《第一财经日报》,2010-11-11。

第一节 战略使命

一、战略使命的内涵

1894年接掌《纽约时报》并创造了该报辉煌历史的阿道夫·

奥科斯,经常给他的下属讲一个关于"三个石匠"的故事:中世纪的一个行吟诗人在路上先后遇到了同在一个建筑工地工作的三个石匠。他分别问他们"嘿,干什么呢?"问到第一个人,他说:"在凿石头呢,没办法,挣钱养家户口。"问第二个人,他说:"我在雕刻一个基石,我要成为全国数一数二的石匠。"第三个人的回答令人振奋:"我在建造一座大教堂。"

显然,这三个人所展示出来的精神状态大相径庭。在同一工地上,干同一项工作,但由于他们心中的使命不一样,却带来了不同的人生命运。第一个石匠把工作看作是为了养家糊口的手段,其无奈和无所用心昭然若揭,显得被动和消极,故后来还是一个教堂维护工;第二个石匠把工作看作是一门技艺,有一份责任感,他则成为教堂后续工作的管理者;只有第三个石匠把工作看作是一项伟大事业,有一种强烈的使命感,最后成为一个著名的建筑家。

古人云:"取乎其上,得乎其中;取乎其中,得乎其下;取乎其下,则无所得矣。"成就个人或组织的都是一个坚定的目标和梦想。没有信仰的激励,就没有激情,没有动力,内心也很难受到鼓舞,不会不顾一切去求索。使命不是为了自己,而是为了别人,是在更广阔的领域中寻找自己的价值,寻找自己的灵魂。现代公司非常需要培养像《把信送给加西亚》中罗文那样具有伟大使命精神的员工。

什么是使命(Mission)?按照《现代汉语词典》的解释,使命就是责任。战略使命是企业一种根本的、崇高的责任和任务,是对企业目标的构想。换句话说,战略使命是企业之所以存在的根本理由和价值追求。一方面,它是企业"存在理由"的宣言;另一方面,它是企业"价值追求"的体现,反映和体现企业的宗旨、核心价值观和未来方向。因此,在某种意义上可以说战略使命是企业生存的基石。

战略使命有时又称企业宗旨(Purpose)或战略展望,尽管提法不同,但都是阐明"企业存在的理由",即一个企业在社会中所产生价值贡献的基本定位,回答"我是谁"或"为何追寻"这一问题。战略使命决定了一个企业做什么和不做什么。它是企业中人们思考、决策和共同行动的根本依据。

对于一个企业的成功而言,明确"我是谁"这一问题的重要性再怎么强调都不为过。因为任何一个企业只有明确了自己的使命,才能够着力去"做正确的事情"。管理大师彼得·德鲁克曾说过,思考并确立一个明确的企业总体使命,应成为企业家的首要责任和任务。他进一步指出:"一个企业不是由它的名字、章程和条例来定义的。企业只有具备了明确的使命与愿景,才可能制定明确而现实的战略目标"。因此,企业的使命代表了企业存在的根本价值,没有战略使命,企业就丧失了存在的价值和意义。

我们来欣赏一下迪士尼公司的战略使命。"让人们快乐"虽然是一个很简单的表述,但这不是一个简单的口号。这几个字决定了该公司做什么和不做什么,决定了其投资的领域和方向。代表着一种承诺和一种选择。有一年,迪士尼招聘"演员",吸引了不少文艺青年。其实,这是个误解,迪士尼只不过是招清洁工而已,因为迪士尼公司的所有员工都叫做演员。迪士尼公司以"让人们快乐"为宗旨,即使是清洁工扫地,也要扫出快乐来。

二、战略使命陈述

一个企业的使命应当有一个正式的表述,对使命的表述通常称为使命陈述(Mission Statement)。使命陈述是确定经营重点、制定战略和配置资源的基础,也是设计组织架构、确定员工行为准则的起点。战略使命的核心是要说明企业存在的理由,包括对不同利益相关者的意义和价值以及在社会进步和经济发展中的责任。战略使命是指向外部的,即战略使命必须定位于企业外部,必须根据所服务的顾客及顾客的需要来确定自己的战略使命。例如,福特汽车公司的使命陈述是"充满激情地向全世界的顾客提供个人移动工具……预测顾客的需求,提供改善人们生活的出色的产品和服务"。简而言之,福特公司存在的意义在于向顾客提供个人移动工具,这就是它的战略使命。福特企业使命陈述的特点是专注于公司所要满足的顾客需求,而不是拘泥于具体的产品形态,即是以顾客为导向,而不是以产品为导向。

战略使命发挥作用的根源源于人们根植于内心深处的成就需要,而成就需要满足的前提在于对企业使命的承诺。因此,彼得·德鲁克一再强调企业所要达成的使命,一定要落在企业以外的"创造顾客"之中,是企业为了达到对客户、员工、股东和社会等方面的承诺。这种承诺不能只是口头上的,而是管理者在决策以及资源配置上的承诺以及员工在行为上的承诺。清晰的使命陈述能够起到"看不见的手"的作用,指引企业中的人员行动。表2-1给出了一些卓越公司强调顾客导向的使命陈述而不是产品导向的例子。

表2-1 顾客导向的使命陈述举例

公司名称	产品导向的陈述	顾客导向的使命陈述
美国在线(American Online)	我们提供在线服务	我们创造任何时间、任何地点的顾客连接
eBay	我们经营网上拍卖	我们把全球在线市场上单个的买者和卖者联系起来,我们是一个独特的网络社区,人们可以在这儿购物、寻找乐趣和彼此相识
耐克(Nike)	我们销售鞋子	我们帮助人们体验竞争、获胜和击败对手的感觉
欧莱雅(L'OREAL)	我们制造化妆品	我们出售生活方式和自我表达,成功和地位,回忆、希望和梦想

续表

公司名称	产品导向的陈述	顾客导向的使命陈述
迪士尼(Disney)	我们经营主题公园	我们让人们快乐——一个体验地道的美国风格的地方
沃尔玛(Wal-Mart)	我们经营折扣店	我们提供每日低价,让普通人有机会买到与有钱人相同的东西
亚马逊(Amazon.com)	我们出售图书、录像带、影碟、CD、玩具、消费电子品、家居用品等	我们让网上购物变成快捷、便利、愉悦的购物体验——让亚马逊成为你在网上能够找到你需要的任何东西的地方
丽嘉酒店(Ritz-Carlton Hotels)	我们出租客房	我们创造丽嘉式的体验——活跃感受、融入体贴,甚至满足客人们没有明确表述的愿望和需要

资料来源:改编自菲利普·科特勒市场营销管理(第11版)[M].上海人民出版社,2003.

以顾客为导向的使命陈述有助于公司预见需求变化,将环境的变化转化为投资机会。它可以回答"我们的业务将会怎样变化"的问题。

三、使命陈述的关键要素

各企业使命陈述在内容、形式、具体或抽象程度等方面各不相同。一般来讲,有效的战略使命陈述大致涉及以下九个方面的内容。企业要因地制宜,充分体现自己的特色,而不必面面俱到。

(1) 顾客(customers):谁是我们企业的顾客?他们在哪里?企业将怎样对待他们?

(2) 产品或服务(products or service):公司的主要产品或服务是什么?

(3) 市场(markets)：企业在哪些地理和市场范围内进行竞争？

(4) 生存、增长和盈利(survival, growth and profitability)：企业是否努力实现业务的增长和保持良好的财务状况？企业将如何使用利润？

(5) 员工(employees)：企业是否视员工为资产？企业应该如何对待员工？企业应尊重和奖励何种行为及何种态度的员工？

(6) 经营哲学(philosophy)：企业用来指引成员的基本信念、价值观、志向和道德倾向是什么？

(7) 技术(technology)：企业的生产技术如何？是否谋求技术上的领先地位？

(8) 社会责任与公众形象(public image)：企业试图塑造的大众形象如何？企业如何对社会、社区和环境承担责任？

(9) 自我认知(self-concept)：什么是企业的独特能力和最主要的竞争优势？

领导层应当避免将企业的使命定义得过于狭窄或过于宽泛。使命应当有弹性，应该明确而有针对性。企业的使命还应当与其市场环境相适应。此外，使命陈述应当有鼓舞力。海内外成功的公司都有自己的战略使命，表2-2是一些优秀企业使命陈述的例子。

表2-2 公司战略使命陈述举例

公司名称	使 命 陈 述
微软	致力于提供使工作、学习、生活更加方便、丰富的个人计算机软件
西安杨森	我们将通过提供创新的、具有国际水准的药品，并与国内医药卫生各界人士真诚合作，共同推动拯救人类生命、提高生命质量的崇高事业

续表

公司名称	使命陈述
默克	保护和改善人类生活
惠普	为人类的幸福和发展做出技术贡献
索尼	体验发展技术,造福大众的快乐
华为	聚焦客户关注的挑战和压力,提供有竞争力的通信与信息解决方案和服务,持续为客户创造最大价值
IBM	无论是一小步,还是一大步,都要带动人类的进步
万科	建筑无限生活

资料来源:根据收集资料整理而成。

四、战略使命与企业利润

战略使命是企业存在的理由。很多人认为,企业是追求利润最大化的,企业存在的理由不就是赚钱吗?20世纪60年代,惠普公司也在思考其使命,有人提出了类似的质疑。惠普公司的创始人之一——戴维·帕卡德针对这种质疑说道:

> 很多人都以为,公司的存在仅仅是为了赚钱,这是错误的。尽管这确实是公司存在的一个重要结果,但我们要深入下去发现我们存在的真实理由。通过调查,我们最终得出这样的结论,那就是:一群人联合起来,并以一种机构的形式存在,我们称之为公司,从而完成一些单独的个人完成不了的事情(为社会做出贡献)。这种说法虽然听起来陈腐过时,但它却是根本……你可以环顾周围整个经营世界,发现人们好像都对赚钱感兴趣,而没有其他兴趣,但其深层的驱动力来自要做一些事情的渴望:创造一种产品,提供一种服务。概括而

言,是要做一些有价值的事情。

正如帕卡德所言,赚钱不等于企业存在的理由。需要强调的是,赚钱或盈利不应是一个目光远大的企业的使命或终极目的。利润固然非常重要,对一个企业来讲,利润就像呼吸对于人一样必不可少。人没有呼吸就会死亡,企业没有利润就会破产倒闭。但是,没有任何一个人的人生目的是为了呼吸。同样的道理,利润是企业存在和取得更大成就的必要条件,但不是企业存在的理由和真正原因。如果企业只一心想着去获取利润的话,那就好比人活着只是为了呼吸一样糟糕。所以,企业必须审慎地对待企业使命的制定,并真正按照自己的承诺去履行其使命。

一个企业的战略使命决定了它的价值追求和对社会的价值贡献,反映的是企业的灵魂之所在。企业社会责任理论认为,企业的经营行为必须具有社会意义,就像企业的社会行为必须具有经济意义一样。唯利是图虽然有可能帮助企业抓住眼前,但却常常使企业失去长远。因此,要想获得战略主动并且确保长久发展,企业必须在关注利润最大化目标的同时承担相应的社会责任。利润只是企业在完成其使命过程中的重要成果,很多成功的企业都印证了或正在印证着这一观点。需要说明的是,财富永远应成为企业和企业家终极追求的副产品。

第二节 战略愿景

一、战略愿景的内涵

回溯几百多年前的中国古人,飞翔上天是一种看似不可实现的梦想,但当杨利伟坐着"神五"环游地球的时候,你却不得不感叹,如果没有持之以恒的梦想,今日世界将会怎样?亨利·福特在一百多年前说他的愿景是"使每一个人都拥有一辆汽车",让每个人都能够享受上帝赋予的美好时光,当时,有许多人认为他是一个疯子,但在今天的美国,他的梦想已经完全实现。微软的创始人比尔·盖茨说他的愿景是"让每张办公桌上和每个家庭里都有一台电脑"。这个当时看似疯狂的不可能实现的梦想,今天正在逐步实现。因此,人类因梦想而伟大。

特德·布兰查德是英国海军的一位将军,凭着他的资历和品格,他不但可以在军队一直待下去,而且可以晋升到上将,但他还是执意退休并离开了军队。他说:"虽然我不想说,但我不得不说我更喜欢战争时期的海军。不是因为我喜欢战争,而是在战争中,我们知道目的是什么,我们努力完成什么。和平时期海军的问题是没有人知道我们将要干什么。"

企业战略愿景又译企业远景,简称愿景(Vision),或译做远景、远见。愿景是指企业向往实现的未来景象,是企业将来期望达到的一种状态。它回答"企业在未来将成为什么样的企业"这一问题,也就是企业长期发展的方向、目标、目的、理想、愿望以及企业自我设定的社会责任和义务,明确指定公司在未来社会是什么样子。其"样子"主要通过企业对社会的影响力、在市场或行业的排位以及与客户、股东、员工、社会等利益相关者的关系来描述。一般来说,公司愿景包括三个基本要素,即成员愿意看到的(期望的)、成员愿意为之努力的(主动的)和通过努力可以步步接近的(可接受的)一个"胆大包天"的梦想。

愿景是"愿望"和"远景"的结合体,是用非常大胆的语言来清楚地说明公司想要实现的目标或追求。生动的未来前景是企业渴望创造和期待实现的东西,是需要企业全力以赴地发展、花大力气才能获得的东西。因此,愿景常常被人们表述为"BHAG",即"宏伟、惊险而大胆的目标"(BHAG 分别代表英文词 big、hairy、 audacious 和 goal 的首字母)。企业愿景明确回答了"我要到哪里去"或"追寻什么"的问题,体现企业的战略使命,并为企业发展提供动力。例如,腾讯公司的愿景是要成为"最受尊敬的互联网企业",使命确定为"通过互联网服务提升人类生活品质"。实现这一愿景意味着腾讯必须全力以赴,这正是愿景的用处。好的愿景陈述就是要用清楚的语言向公司提出挑战,用大胆而又可能实现的未来状态来激励各个层次的员工并推动企业的发展。

二、有效愿景的重要原则

彼得·德鲁克(Drucker,1954)认为,战略决策者必须经常回答以下三个经典问题:(1)我们的业务是什么?(2)我们的业务将是什么?(3)我们的业务应该是什么?对这三个问题的回答,在一定程度上有助于企业对下述三个问题的理解:(1)企业现在处于什么位置?(2)如不加以改变,1年、3年、5年或10年后企业将处于什么位置?结果可以接受吗?(3)如不能接受上述结果,管理层应该采取哪些特别措施?由此会带来哪些风险和回报?

这些问题进行思考,不仅有助于回答企业的现行使命,而且更适合于厘清企业必须建立的战略愿景和必须面对的战略变革。一个好的公司愿景必须具有前瞻性、想象力、震撼力和清晰度。

(1)公司愿景必须是未来的长远目标。人无远虑,必有近忧。愿景的制定必须具备相当的远见卓识。伟大的公司一定是长跑冠军的公司、做长线的公司、经营未来的公司、做百年老店的公司。因此,设定公司愿景必须站得高、看得远、想得深,必须具有前瞻性。制定的公司愿景应是若干年(通常是10~30年)后可实现的长期目标,如在某件事上做得最好或在某个方面做得最好。

(2)公司愿景必须简单清晰。战略愿景要成为吸引人、感召人、鼓舞人的一个口号,就必须简单、清晰、形象、生动。简单就是几个字、一句话概括,方便记忆;清晰就是不含糊、明确、突出要点;

形象就是看得见、摸得着、记得住,给人印象深刻;生动就是语言精美,振奋人心,让人相信,使人感动。

如索尼的"娱乐全人类"、联邦快递的"使命必达"、迪士尼的"生产快乐"、华为的"丰富人们的沟通和生活"、盛大的"网上迪士尼"和长江商学院的"中国CEO的西点军校"等,都是人们耳熟能详的愿景。

(3) 公司愿景必须激动人心。愿景是生命的旗帜、心灵的亮色、希望的呈现和命运的召唤,它能使你热血沸腾、热泪盈眶、彻夜难眠。它能激励人、打动人、震撼人、感召人。愿景是对实现目标后生动、形象、独特的描述,应当表现出高度的想象力,并能够给人们以巨大的鼓舞,让人们知道我们会变成什么。因此,它是有形的、激动人心的、令人向往的、鼓舞士气的,且又是易于理解的。

(4) 公司愿景必须是对未来真心诚意的承诺。愿景不是豪言壮语,不是陶醉的梦想,而是企业对未来真心诚意的承诺。成功的企业愿景既要超越企业发展现状却又不过分。因为不切实际的目标并不能说服企业的员工为之奋斗,反而会挫伤员工的积极性。

总之,愿景不是语言修辞;不是任务;不是计划;不是预言;更不是"贴在墙上的口号"。愿景是方向,如同一群大雁(组织)不断地克服阻力向前飞,领头的总是要间隔地替换,但方向始终不变。一个企业如果没有理想,没有大志,就无法做大、做强和做久。重要的是,股东、员工、客户、供应商和社会就是凭着公司愿景来认识公司的。

因此,愿景的意义不是"你能成为什么,所以你想成为什么",而是"你想成为什么,所以你能成为什么"。马丁·路德·金在"我的梦想"的演讲中就描绘了未来美国社会的愿景:一个"不再由皮肤的颜色,而是通过他们的品格修养来加评判"的自由的、平等的、受尊重的、珍惜兄弟情谊的美好世界!这就是一个美国黑人孩子的美国梦。

三、战略愿景的构成和类型

战略愿景就是对企业在可预见的未来希望成就的美好愿望的景象或蓝图,是经过客观审慎的论证或讨论,得到关键利益相关者的普遍认同,是一种集体的认知图像和心理模式。企业愿景通常应该包括或涉及如下几个方面的内容:

(1) 公司未来的发展方向或经营业务的范围。

(2) 公司将要满足哪些客户的需求,满足这些客户的需求将要开发或具备的能力等。

(3) 公司力求达到的产业或市场地位目标。地位目标常常与经营的地域范围定位相联系,如在某地区市场中的地位、国内市场中的地位或全球市场中的地位等。

如迪士尼公司的愿景是"成为全球的超级娱乐公司";西安杨森的愿景是"我们志在一如既往地保持在中国制药行业的领先地位";菲利普·莫里斯公司的愿景是"成为世界第一烟草公司";华为公司的愿景是"成为世界级的、领先的电讯设备供应商"。这些公司的愿景基本上都刻画了公司经营的业务领域、经营的地域范围、希望达到的产业地位、满足哪些客户的需求等内容。界定企业经营的业务领域与地域范围是愿景陈述的关键内容之一。对业务边界与地域边界宽窄的不同处理方式,形成以下四种组合,如图2-1所示。

图2-1 愿景陈述中的业务边界与地域边界组合矩阵

资料来源:刘学著.战略:从思维到行动[M].北京:北京大学出版社,2009.

(1) 组合Ⅰ：业务范围和地域范围都很窄，局限于特定区域市场的特定业务，成长空间较为有限。这类企业所有者的特点是：自得其乐，小富即安。

(2) 组合Ⅱ：偏安一隅，多元化经营，在特定的地域市场中开展广泛的多元化经营，进入很多业务领域。这种选择扩大了企业成长的空间，但需要对地区市场需求有深入独到的理解，并在政府关系等区域资源方面具有独特的优势。

(3) 组合Ⅲ：专注于某一比较狭窄的业务领域，但谋求新市场的拓展和跨地域的扩张。典型的企业如英特尔、麦当劳等。

(4) 组合Ⅳ：业务范围和地域范围都很宽，全方位扩展。这样的定位虽然成长空间巨大，但陷阱也同样巨大。如果没有足够的资源和核心能力来支撑，这样的企业是很难持久生存的。这类企业数量很少，通常都是具有悠久历史和很强控制能力的企业。即便像通用电气、拜耳这样的老牌企业，其业务虽然相对比较宽，但也是有明确的业务边界的。

四、战略愿景陈述

如同前述，战略愿景指的是全体成员希望共同创造的未来企业景象，愿景就是企业的梦想，它强调企业内在的一种追求。企业对其"未来景象"的描述主要是从企业对社会的影响力和贡献力、在市场或行业中的地位以及与关键利益相关者群体之间的关系来陈述的。恰当的愿景陈述应在具体和抽象之间、边界的窄和宽之间做出恰当的平衡——边界要窄到足以排除某些风险，宽到足以使企业能够适应变化，把握创造性增长的机会。表2-3是一些著名企业的战略愿景陈述。需要特别指出的是，在实际的商业实践中，使命和愿景基本上是同时陈述的。

表2-3 企业战略愿景陈述举例

不同的定位视角	愿 景 陈 述
量和质的视角	**通用汽车(GM)**：成为客户满意的行业领先者 **索尼**：成为全球最知名的企业，改变日本产品在世界上的劣质形象(20世纪50年代初) **波音**：在民用飞机领域成为举足轻重的角色,把世界带入喷气式时代(1950年) **迪士尼**：成为全球的超级娱乐公司 **麦当劳**：提供全球最优的快速餐饮服务
战胜竞争对手的视角	**菲利普·莫里斯**：击败RJR，成为世界第一烟草公司 **耐克**：粉碎阿迪达斯 **本田**：摧毁雅马哈
参照攀附定位的视角	**斯坦福大学**：成为西部的哈佛 **长江商学院**：中国CEO的西点军校 **盛大**：网上迪士尼
市场或行业地位的视角	**通用电气(GE)**：通过把大公司的优势和小公司的精干与灵敏结合起来,使公司成为所服务市场中的第一或第二位的公司 **AT&T**：我们立志成为全球最受推崇和最具价值的公司 **万科**：成为中国房地产行业的领跑者 **腾讯**：成为最受尊敬的互联网企业

资料来源：根据收集资料整理而成。

上述每一个愿景都给出了关于该企业的发展方向，都向顾客和员工传达了企业将往何处去的一个总体印象。对于这些公司来说，愿景为其提供了未来发展的一个清晰图景。许多企业在提出愿景时，还会对之加以生动形象的描述，使之形成一幅印入人们头脑中的立体图像。例如，亨利·福特用生动形象的描述给"使汽车大众化"这一愿景赋予了生命：

我要为大众生产一种汽车……它的价格如此之低,不会有人因为薪水不高而无法拥有它,人们可以和家人一起在上帝赐予的广阔无垠的大自然里陶醉于快乐的时光……当我使之实现时,每个人都能买得起它,每个人都将拥有它。马会从我们的马路上消失,汽车理所当然地取代了它……(我将会)给众多的人提供就业机会,而且报酬不薄。

索尼对其愿景的描述也同样引人入胜:

我们所生产的产品将分布于世界各地……我们将成为第一家打入美国市场的日本公司,并直接销售我们的产品……美国公司失败的技术创新项目,如半导体收音机,我们将会取得成功……50年后,我们的品牌在世界各地都是知名的。我们崇尚创新和质量,我们可以和任何一家最具创新精神的公司相媲美……"日本制造"将意味着精美细致,而不是粗制滥造。

索尼公司最初是第二次世界大战结束后由几个退伍军人合伙创办的一个小公司。一开始生产电子管收音机之类的产品,生意并不好,因为战后的日本一片萧条,人们的购买力很低。当时,索尼公司的创始人之一盛田昭夫希望能到美国打开市场,但他们的产品由于质量太差,被美国人奚落为"东洋垃圾"。索尼公司正是在这种背景下,开始发愤图强,知耻而后勇,确立了"成为全球最知名的企业,改变日本产品在世界上的劣质形象"的愿景。当时,日本产品在全世界臭名昭著,没有人相信索尼公司凭一己之力能够改变这种局面。但是,经过十几年的努力,索尼公司真的成为世界级的大公司,日本产品在全世界也真的成为高品质的象征。

五、成为愿景领导型企业

传统的管理通常应用的是"胡萝卜＋大棒",员工的梦想就是追求更大和更多的胡萝卜。其实,胡萝卜就是胡萝卜,胡萝卜不能代替一切。员工得到胡萝卜后,企业凭什么激励他们再往前走呢?显然,企业进入一个高层次发展阶段以后,"胡萝卜＋大棒"的管理就不够了。企业需要愿景来领导,愿景型领导就是通过高远的抱负目标来激发人的潜能,沿着充满野心的、似乎胆大妄为的理想不断地去前进。

当今的管理者必须认识到,"80"后、"90"后已经逐渐成为企业发展的骨干力量和关键支撑。他们多数人没有经历过物质高度匮乏的时代,他们的心灵也没有对穷困的深深恐惧。你不能指望仅仅靠提供合适数量的金钱就能获得他们的忠心耿耿,就能让他们为你的企业冲锋陷阵。他们既现实,又浪漫。对他们中的多数人来说,金钱是必需的,但除此之外,你还必须让他们发自内心地感受到,他们是在为比金钱更高尚和更有价值的东西而工作。

因此,社会呼唤这样的企业家,他们能够通过自己行为上的率先垂范,通过对企业道德良知的大胆解释,使员工从日常的自我中升华,让根植于他们内心深处的成就需要成为驱动力量,使企业和员工能够为更高的道德目的而生存和发展。

第三节　核心价值观

一、核心价值观的内涵

如果我们把人分为好人与能人两大类,公司如何去对待员工?原美国 GE 公司总裁杰克·韦尔奇认为:第一种人认同公司的核心价值观,又很有成绩,这种人一路飙升;第二种人认同公司的核心价值观,但能力不足,可以培养,换个岗位试试;第三种人不认同公司的核心价值观,又没成绩,很简单,让这种人离开企业;第四种人很有成绩,但是不认同公司的核心价值观,这种人比较麻烦,对待的办法是利用,但绝对不能容忍这种人动摇公司的核心价值观,否则,请他走人。"有德有才大用之,有德无才善用之,无德有才慎用之,无德无才弃用之。"企业应该以核心价值观来识人、选人和用人。

如果说企业使命要描述的是"我是谁"和"去干什么",愿景要描述的是"我要到哪里去",核心价值观要描述的就是如何去与靠什么实现使命和愿景。"我该怎么做"回答的是我们为什么只能这样做而不能那样做,即"我做事的原则是什么"。价值观是对好坏、善恶、美丑、成败、贵贱、贫富、是非、对错的一种基本价值信仰;是提倡什么、反对什么、弘扬什么、抑制什么、遵循什么的一种价值态度。这些问题是企业经营中每一个人始终要面临的问题,谁也不能回避,谁也不能含糊,因此,它是企业的基本问题。

依据《中国大百科全书》的解释,价值观是主体对客观事物按照其对自身及社会的意义或重要性进行评价和选择的标准。企业核心价值观(Core value)是企业在追求经营成功的过程中所推崇的基本信条和奉行的逻辑准则,是对生产经营、目标追求以及自身行为的根本看法和评价。核心价值观是企业哲学的重要组成部分,它是解决企业在发展中如何处理内外矛盾的一系列准则,表明企业对市场、对客户、对员工等的基本看法或态度,也是企业表明如何生存的主张。企业的核心价值观是成熟的公司文化形成的基石,是一家公司由内而外给人的印象以及在日常运营过程中的准则和氛围。"如何追寻"道出了企业核心价值观的形成。

二、核心价值观的特征

首先,核心价值观是公司价值观中独有的、不可替代的、具有永久性的价值观。从而有"买不来、偷不走、拆不开、带不走"的特点,也就是说它不是从外部学来的,而是内部长期积累起来的东西,它已融入企业的肌体和血液中。其次,它是企业本质的、起决定作用的价值观。据调查,《财富》100强中,55%的公司声称"诚信"是它们的核心价值观,44%的公司倡导"客户满意度",40%的公司信奉"团队精神"。最后,核心价值观看起来是"虚"的,其实是"实"的。它是为实现使命和愿景而提炼出来并予以倡导和指导公司员工共同行为的永恒准则;它是深藏在员工心中决定和影响员工行为并通过员工日复一日表现出来的处事态度。

核心价值观的表述不在多而在精,必须经得起时间的考验,一般企业不会多于5～6条,否则,不能真正起到核心的作用。通常可以选择以下四种基本类型。一是客户至上型,如恒生银行的"服务至上,客户第一,视员工为本行最重要的资产,取诸社会,用诸社会"和卡特彼勒公司的"追求卓越"等;二是以人为本型,如HP的"尊重个人价值"、3M的"决不扼杀一个主意,只能加以开导"等;三是普世价值型,如长虹公司的"以产业报国、民族昌盛为己任"和株洲车辆厂的"承载强国使命,运通天下财富"等;四是开拓创新型,如百度的"容忍失败,鼓励创新"、丰田公司的"开发创造,产业报国"以及GE的"坚持诚信,注重业绩,渴望变革"等。

如果根植在一个企业的核心价值观随着时间推移而变成不可动摇的"天条"或信念时,它就成为一种核心竞争力,成为一种最不可模仿、也最不可替代的能力,从而决定了企业未来的高下。成功的公司都有自己明确的核心价值观,表2-4是一些著名公司核心价值观的例子。

表 2-4 一些著名公司的核心价值观举例

公司名称	核心价值观
3M	决不扼杀一个主意,只能加以开导
HP	我们对人充分信任与尊重,我们追求高标准的贡献,我们将始终如一的情操与我们的事业融为一体,我们通过团队,通过鼓励灵活与创新来实现共同的目标——我们致力于科技的发展是为了增进人类的福利
GE	坚持诚信,注重业绩,渴望变革
通用汽车	客户热忱,持续改进,诚信正直,团队合作,创造性,对个人的尊重和责任感
格兰仕	努力,让客户感动
索尼	弘扬日本文化,提高国家地位; 成为时代先锋——不追随别人; 做看似不可能的事情; 尊重、鼓励每个人的能力和创造力
三星	人才第一,追求一流,引领变革,正道经营,共存共赢
同仁堂	药味虽贵,必不敢减物力; 炮制虽繁,必不敢省人工
海尔	着眼创新,注重品质,尊重个人,一切以顾客为中心
宝洁	领导才能、主人翁精神、诚实正直、积极求胜和信任
迪士尼	通过创造性、梦幻和大胆的想象不断取得进步; 培养和传播"充满生气的美国精神"; 执著地追求一致性和细致入微; 不玩世不恭; 严格控制、努力保持迪士尼的"魔力"形象
飞利浦	让我们做得更好
联想	成就客户,创业创新,诚信正直,多元共赢

资料来源:根据收集资料整理而成。

三、企业核心价值观对社会的意义

正如惠普公司共同创始人威廉·休利特所说的:"回顾一生辛苦,我最自豪的很可能是协助创设一家以价值观、做事方法和成就对世界各地企业管理方式产生深远影响的公司。"在当今企业竞争越来越激烈、股东回报压力越来越大的环境下,当价值观和赚取利润发生矛盾冲突的时候,是以牺牲利润捍卫价值观还是为了获得利润可以不择手段?不少企业家屈服于利润的压力,商业准则成为一纸空文。

中国处于社会转型阶段,经济发展速度快,市场机会比较多,投机行为和不规范操作可以使人一夜暴富,一些企业家急功近利,利欲熏心,一门心思地在运用功利主义的"谋略"、"帝王术"、"厚黑学"的招数去驭人、赚钱。

美国也频频爆发财务造假丑闻,安然、世通、施乐、美林、安达信、环球电讯等世界著名公司财务造假催生了《萨班斯法案》的诞生,通过强制的法律约束,在 CEO 和 CFO 身上重建企业的诚信体系。

小布什要求美国的 CEO 们在财务报表上签字时按着《圣经》起誓,在中国人看来似乎可笑。其实,对于美国商人来说,这是一件严重而且严肃的事情。CEO 们头上不仅有高悬的法律的达摩克利斯之剑,还要置于地狱之刀山火海的威胁之中。法律之剑再加上帝的目光,显然要比单纯的法律的作用更大。因此,康德说:"我所敬畏的是天上的星空和心中的道德。"

人不能没有信仰,企业也不能没有信仰。唯有敬畏,才能得救;唯有信仰,市场经济才有灵魂。我们不相信宗教,但一个成功的企业一定要有像宗教一样的信仰,企业家仅仅会赚钱,做一个成功商人是不够的,还必须成为一个布道的牧师和捍卫信仰的忠诚卫士。

第四节 使命、愿景与核心价值观的关系及功能

一、企业使命、愿景与核心价值观的关系

使命、愿景与核心价值观是三个不同层次的概念,其中,战略使命处于最高层次,战略愿景居第二层次,核心价值观在第三层次。使命统率和指导愿景,愿景应体现使命;反之,愿景源自使命,是使命的具体化;而核心价值观是企业完成使命与实现愿景的保障和手段。它们之间形成统率与被统率、指导与被指导、包含与被包含的关系。总之,使命、愿景与核心价值观三者之间是一种相互依存的关系,共同构成企业经营的基本理念。使命述说企业的目的,愿景使目的更具体、更明确。目的是抽象的,愿景是长期性的,因此,企业需要核心价值观来引导日常决策的方向,以确保使命完成和愿景实现。

战略使命是企业存在的终极目的和理由,是企业存在的宗旨,它强调企业对社会的价值体现,它回答了企业"我是谁"或"为何追寻"的问题;作为战略管理的第一步,使命陈述为所有计划活动指明了方向。战略愿景是企业期望达到的一种未来状态和景象,是企业要达到的目标(10~30年),它回答企业"我要到哪里去"或"追寻什么"的问题;核心价值观是企业在实现使命与达成愿景过程中行动的准则,它回答企业"我该怎么做"或"如何追寻"的问题。

下一节要讲的战略目标,则是根据企业愿景所制定的具体目标,是对愿景的明确化和具体化,是使命和愿景的具体体现。愿景必须以企业使命为基础,而其本身又指导战略目标的形成。战略目标是愿景的分解。公司的愿景刻画一个公司在可以预见的未来

要达到的图景。而企业的战略目标是在使命和愿景指导之下确定的关于企业在未来3~5年时间要达到水平的界定与描述。使命、愿景、核心价值观和战略目标是指导企业方向的灯塔、协调关键利益相关者关系的准则、评价新机会与诱惑的基准,因此,需要对其高度重视。使命、愿景、核心价值观以及战略目标四者之间的关系如图2-2所示。

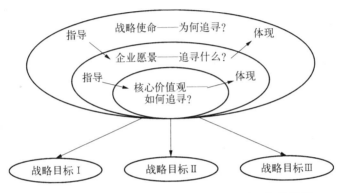

图2-2 企业使命、愿景、核心价值观与战略目标的关系

二、企业使命、愿景与核心价值观的功能

中国古语说:"志不同则道不合,道不合则不与谋。"如果你同你喜欢的人在同一条船上,这个船开到哪里都没有关系。"志同道合"就是拥有共同使命、愿景和核心价值观,这是企业基业长青的保证。国际知名大公司,经过百年历史之后,可以换股东、换员工、换产品,组织的创造者及其后来继任的伟大领袖也早已不在,但由公司使命、愿景和核心价值观所决定的公司名称及所代表的核心文化、制度、流程、管理则是永远不变的。使命、愿景和核心价值观就是贯穿于企业中的DNA。创业领导者最初的愿景或雄心以及基于这个愿景而选择的初始管理模式,构成了企

业文化的基础。而文化一旦形成,由于路径依赖,进一步变革的成本是极其巨大的。因此,创业者或企业家的使命和愿景是极其重要的。

日本有一句谚语:"有目标但没有行动,是白日梦;有行动但没有目标,是噩梦。"企业的使命和核心理念不再是装饰、时髦或外表,而是企业得以生存的本质。缺乏坚定道德信念的管理者可能由于缺乏应对道德观、价值观方面冲突的心理和方法准备而面临严峻挑战:对内无法形成有凝聚力的文化,对外无法得到客户和社会的认同。因此,构建科学的信仰系统是达成企业运行可控性的一种重要途径。信仰系统是企业文化的核心,而使命、愿景和核心价值观则是信仰系统的核心。真正决定企业文化的不是奖励什么"东西",而是奖励的内容和奖励的原因:什么人因为什么行为、什么贡献而得到奖励,奖励对象确定的标准和程序是否公正,这都是信仰系统应该清楚界定的内容。

企业的使命、愿景和核心价值观能否最终落实到企业的行为上去,真正在一个企业中生根、开花、结果,而不是仅仅停留在纸上的口号或贴在墙上的标语,必须将其融入与企业生存发展的一切行动——战略、结构、流程、模式、领导风格之中去;融入与员工有关的每一个程序——雇佣方法、业绩考评、晋升和奖励,甚至辞退政策之中去;使之成为可执行、可规范、可考核的东西。以公司使命、愿景和核心价值观为导向去招聘员工和管理者,请志同道合的人上船。新员工招聘来后要进行公司使命、愿景和核心价值观的"入模子"培训,让新员工尽快融入公司文化。

"你所倡导的,就必须你去推崇"!因此,要把企业的使命、愿景和核心价值观融入企业的肌体和血液。确定使命和愿景的重要目的之一,是引导企业方向、激发员工忠诚和规范员工行为。日本企业通过在公司每天上下班前的 20 分钟朝会和晚训,所有员工集中一起高唱社歌、背诵社训或检查自己的过失管理方法,来推行企业的使命、愿景和核心价值观的方式有其必要性。要由对员工的一种制度约束变为员工的一种自觉行为,就别忘了在每一个员工头上首先戴上"公司使命、愿景和核心价值观"。

第五节 战 略 目 标

一、战略目标的内涵

在完成公司战略使命、愿景和核心价值观的陈述之后,战略管理的下一项工作是明确主要战略目标。要制定正确的企业战略,仅有使命和愿景是不够的,还必须将使命和愿景转化为具体的战略目标。战略目标(Strategic goal)指的是考虑公司内外环境条件的可能性,在一定时期内意图实现的一种理想成效,是对企业愿景的明确化和具体化。因此,战略目标是愿景的分解,比愿景更明确、更具体。公司的愿景刻画一个公司在可以预见的未来要达到的图景。这个可以预见的未来,可能是10年、20年,甚至更长久。而企业的战略目标是在使命和愿景指导之下确定的关于企业在一定时期(一般为3~5年)内要达到水平的界定与描述。战略目标一般要回答以下三个基本问题:企业现在在哪里?企业要到哪里去?怎样才能从这里到那里?

确定具体的战略目标,有利于战略的制定和执行。战略目标可以是定性的,如在产业中的地位提高到何种层次、培育何种能力等;战略目标也可以定量的,定义得非常具体,如销售收入、利润、生产率、市场份额等达到多少。战略目标定量化、明晰化到何种程度以及战略目标定3年还是5年,主要取决于环境变化的速度与幅度。如果环境高度不稳定,如技术变化速度非常快、客户需求变化速度也非常快,而且经常发生革命性的变化(如IT、互联网等行业);或者政府政策经常调整,而且企业受政策影响很大的产业(如制药、房地产等),这时,战略目标应该相对短些、定性一些;反之,则可以长些、准确些。另外,也要考虑产业的生命周期以及产业结构的稳定性。如果产业处于生命周期的成熟阶段或者衰退阶段,或者产业结构高度不稳定,战略目标就应相对短些、定性一些,以便留出调整的空间。

二、战略目标的特征

基于战略目标涉及时间的长短,战略目标可以分为中长期和短期目标;基于所涉及的范围,战略目标又可以分为总体战略目标和经营单位战略目标。企业战略目标需要根据使命和愿景要求,选定目标参数,简要说明需要在什么时间内、以怎样的代价、由哪些人员完成什么工作并取得怎样的结果。建立战略目标时,要遵循"SMART"的要求,理查德(1986)认为好的战略目标应当包括以下四个特征。

(1)简明具体(specific)和可测量(measurable)。战略目标应该是具体的、可度量和可检测的,为经理们的工作提供考核标准和方向。

(2)既有挑战性又有现实性(achievable)。应当能够激励员工提高公司的绩效。过于容易实现的目标无法激励员工,而不现实的目标则可能导致放弃努力。因此,战略目标必须具有挑战性,但又是经过努力可以达到的,这样才能具有强大的激励作用。

(3)切中要害(relevant)。仅限于关键和重要的事项。用于评估公司绩效的主要目标的数目不能太多,否则,管理层无法专注于核心问题。

(4)时限的要求(timebound)。时限要求告诉员工实现目标的截止日期,它有助于激发紧迫感,本身就可以发挥激励作用。然而,并不是所有的目标都需要定下截止期限。

应该特别指出的是,所有的目标应是一致的,同时又有主次和轻重之分。此外,好的公司目标还应当提供评估绩效的方法。如平衡计分卡方法。

三、战略目标的功能

战略目标突出了企业的经营重点并激励员工为实现企业任务而努力工作,还为个人、群体、部门、分公司及整个企业的业绩评价提供了标准。战略目标为工作岗位和企业组织活动设计提供了基础,并明确了经营方向和促进了组织协同性。

没有战略目标,企业就像没有目标的航船一样漂向未知的目的地。很难想象一个没有明确目标的组织和个人会取得成功。成功很少是偶然得到的,它是为实现特定目标而努力工作的结果。

(1) 战略目标是企业战略的重要组成部分,是企业使命和愿景的具体体现,是制定、选择战略方案和战略实施控制的依据。正确合理的战略目标,对企业的经营行为具有重大的引导作用,它是企业制定战略的基本依据和出发点。战略目标明确了企业的努力方向,表明了企业的行动纲领;它是企业战略实施的指导原则,战略目标能够使企业的各项资源和能力集中起来,减少企业内部冲突和消耗,提高管理效率和经济效益;它还是企业战略控制的评价标准,以便对目标是否实现进行评价考核。

(2) 战略目标是企业资源配置的依据和指导原则。新年度计划时,一个不可回避的问题是:在各个事业部或业务中如何分配预算(资源)?资源分配的依据和标准是什么?很多企业采用的标准是按照业绩分配:哪个部门上年度对业绩目标(如销售额、利润)的贡献越大,哪个部门就可以得到越多的预算。如果是按照业绩来分配预算,波士顿矩阵中的哪种业务可能得到最多的资源支持?答案显然是金牛业务。但金牛是最需要投入资源的业务吗?显然不是。因此,资源分配的依据和标准应是公司战略。

(3)战略目标是企业评价新机会是否值得利用的关键标准。当创业企业家经过一段时间的艰苦努力并取得事业的巨大成功时,企业家的自信心和无所不能的欲望常常会高度膨胀,会被一种梦想成真的成就感所鼓舞:"既然我在这个领域能够梦想成真,还有什么领域能够不梦想成真呢?"同时,外部环境对企业家的态度会变得十分友好,能够为企业家提供的机会和诱惑大大增加,可供企业家支配的资源也大大增加。另外,距离产生美感,很多企业家常常觉得别人的业务有更大的吸引力。

在企业家觉得"对岸的景色更美"的情况下,很多企业贸然投资到新的业务领域。不少企业由于对客户需求的特点、竞争对手的实力、新产业领域成功的关键要素等没有深入理解,很难在预期的时间内取得回报,最后不得不咽下轻率的苦果。因此,在面对一个机会和一个诱惑时,你是否心动及是否为它所诱惑由什么来决定?是企业的战略目标。如果机会与战略目标一致,决策者才可以考虑利用还是放弃,否则,就不应该受到这个机会的诱惑。

四、战略目标的制定

企业战略目标是多元化的,既包括经济性目标,也包括非经济性目标。非经济目标主要涉及客户满意度、员工忠诚度、与生态的和谐度、核心竞争力、品牌影响力、员工的学习与成长、可持续发展能力和战略柔性等。彼得·德鲁克在《管理的实践》和B·M·格罗斯在《组织及其管理》的专著中,分别从不同的角度对组织目标进行了较为详细的概括。综合起来看,企业的战略决策者可以从盈利能力、市场地位、财务状况、研发水平、人才开发和社会责任六个方面来考虑建立企业的战略目标。

企业制定战略目标是为了将企业使命和愿景转换为明确且具

体的绩效目标,使企业战略具体化、数量化,从而使企业发展有一个可以测度的指标,为管理活动指明方向,为考核提供标准;同时,战略目标还能起到激励员工和凝聚员工的作用。战略目标不止一个,而是由若干个目标项目组成的多层次的目标体系。制定战略目标的有效方法,就是构造战略目标体系,使战略目标之间相互联合、相互制约,从而使战略目标整体优化,反映企业战略的整体要求。

在具体制定企业战略目标的内容时,应特别注意以下两点。

第一,遵循随机制宜的原则。战略目标会因企业使命和愿景的不同而不同,企业并不一定在以上所有方面都制定具体目标。以上这六项指标并没有把作为企业长期发展目标的全部内容都包括进来,因此,公司制定的战略目标也并不一定要局限于以上六个方面,例如,也可以考虑把卓越的品质、效率、创新和客户响应等作为战略目标。企业决策者应该根据企业的具体情况有重点地突出几项对企业未来发展具有关键作用的指标作为企业的战略目标,从而集中企业力量把要办的事情办好。

第二,把握好战略地位目标与财务目标的关系。许多企业为了实现短期的财务利益而不断放弃那种能够加强公司长期竞争地位的机会,这些企业就可能面临以下危险:竞争力降低,失去在市场上的锐气,损害企业能够抵挡来自那些雄心勃勃的挑战的能力。所以,即使是财务目标,也要更关注长期的财务目标,而不仅仅是短期盈利。企业的繁荣几乎总是来自这样一种管理行为:先考虑提高长期的经营业绩,然后再考虑提高短期的经营业绩。

五、战略目标体系构成

从纵向上看,企业战略目标体系一般由总体战略目标和主要的职能性战略目标组成。企业依据其使命和功能定位来制定企业总体战略目标时,为保证总战略目标的实现,必须将其层层分解,规定保证性职能战略目标,即总体战略目标是主目标,职能性战略目标是保证性的目标。

从横向上看,企业的战略目标大致可以分为以下两大类。

第一大类是用来满足企业生存与发展所需要的目标,这些目标又可以具体分解为财务目标、创新目标和能力目标三类。财务(业绩)目标主要包括收益性、成长性和稳定性三项定量指标。创新目标主要包括技术创新、管理创新和制度创新三项指标。能力目标主要包括企业综合能力、市场营销能力、人力资源开发、财务管理能力和生产能力等一些定性和定量指标。

第二大类是用来满足利益相关者要求的社会目标。与企业具有利益相关关系的主要有企业员工、股东、所在社区、客户、合作伙伴及其他社会群体。具体如表2-5所示。

表2-5 企业战略目标体系

分类	目标指标	目标指标具体构成
财务指标	收益性	资本利润率、销售利润率、资本周转率
	成长性	销售额增长率、市场占有率、利润增长率
	稳定性	自有资本比率、附加价值增长率、盈亏平衡点
能力指标	综合能力	战略决策能力、盈利模式、品牌管理、企业文化塑造
	营销能力	顾客满意度、客户服务水平、市场开发、推销能力
	人力资源	职工稳定率、职务安排合理性、技术与管理人员比率
	财务能力	资金筹措能力、资金运用效率
	生产能力	质量水平、成本控制能力、合同执行能力、生产能力
创新指标	技术创新	研发能力、新产品比率、专利数量
	管理创新	管理模式、管理风格手段、组织结构设计、经营思路
	制度创新	规则和程序设计能力、资源配置方式的创新

续表

分类	目标指标	目标指标具体构成
社会指标	股东	分红率、股票价格、股票收益率
	员工	工资水平、员工福利、能力开发、学习与成长
	社区	就业机会、企业形象、参与社区建设、慈善捐赠
	生态	环境保护、节能减排、绿色GDP、循环经济

资料来源：根据收集资料整理而成。

企业战略目标体系的构建不一定局限于上述的内容和方面，也可以从平衡计分卡(Balanced score card,BSC)的四个维度(财务、内部流程、学习与成长、客户)来进行。在实际中，由于企业的行业性质不同和企业发展阶段不同，战略目标体系中的目标重点可能会大相径庭。同一层次的战略目标之间必然有先导目标，以上分析为企业确立战略目标体系提供了参考。

【本章小结】

战略使命是企业之所以存在的理由和价值追求。即一个企业在社会中所产生价值贡献的基本定位，回答"我是谁"或"为何追寻"这一问题。战略使命决定了一个企业做什么和不做什么。愿景是"愿望"和"远景"的结合体，是指企业向往实现的未来景象，是企业将来期望达到的一种状态，即企业在未来将成为什么样的企业。企业愿景明确回答了"我要到哪里去"或"追寻什么"的问题。核心价值观是企业在追求经营成功的过程中所推崇的基本信条和奉行的逻辑准则。核心价值观是企业在实现使命与达成愿景过程中行动的准则，它回答了企业"我该怎么做"或"如何追寻"的问题。

如果说企业使命要描述的是"我是谁"和"去干什么"，愿景要描述的是"我要到哪里去"，核心价值观要描述的是"如何去"和"靠什么实现使命和愿景"。回答的是"我们为什么只能这样做而不能那样做",即"我做事的原则是什么"。需要特别指出的是,使命和愿景在商业实践中基本被企业同时陈述。战略目标指的是考虑企业内外部环境条件的可能性,是企业在一定时期内意图实现的一种理想成效,是对企业愿景的进一步明确化和具体化。战略目标不止一个,而是由若干个目标指标组成的多层次的目标体系。

【基本概念】

　　战略使命　使命陈述　企业愿景　愿景领导型企业　核心价值观　战略目标

【复习思考题】

　　1. 什么是企业的战略使命和战略愿景?
　　2. 企业应如何确定自己的使命和愿景?
　　3. 讨论企业使命、愿景、核心价值观与战略目标四者之间的关系。它们之间的区别和联系是什么?
　　4. 如何确定企业的总体战略目标并构建企业的战略目标体系?

【结尾案例】

沃尔玛历久不衰的真谛:使命与愿景

　　讨论企业文化离不开使命和愿景,但人们常犯以下两大错误:一是没有企业所从事的产业特征,如"振兴民族产业"过于宽泛,大家无从知道你是干什么的。二是以企业远大目标替代愿景,如"世界500强"、"行业老大"等,无法引起广大员工,特别是顾客或社会的共鸣。

　　让我们回顾一下沃尔玛(WAL-MART)的著名案例。

1945年,27岁的山姆·沃尔顿用从岳父那里借来的2万美元在美国的一个小镇开设了第一家杂货店,1962年正式启用沃尔玛企业名称。1970年,沃尔玛公司股票在纽约证券交易所挂牌上市。对7岁就开始卖报纸、送牛奶的沃尔顿来说,薄利多销才是商业成功的不二法门,"天天低价"成为公司的经营哲学。他的追求是:给普通百姓提供机会,使他们能买到与富人一样的东西。为此,他为公司制定了三条座右铭,即"顾客是上帝"、"尊重每一位员工"和"每天追求卓越"。

1989年,沃尔玛销售额为243亿美元,而主要竞争对手凯马特则为284亿美元。1990年,沃尔顿做出了沃尔玛10年发展规划:到2000年,公司的销售额达到1290亿美元,成为世界上最有实力的零售商。20世纪90年代,沃尔玛增长势头非常强劲。2000年,沃尔玛销售额达到2000亿美元,把凯马特远远抛在身后,并位居《财富》全球500强排行榜第二位(次年跃升第一)。

创始人沃尔顿的目标实现了,可他在1992年便离开了人世。请注意,支持山姆·沃尔顿的成功关键,不在于他提出了10年发展规划,而在于其愿景的朴实与伟大:让老百姓能买到与富人一样的东西!对沃尔玛而言,公司上市、赶超行业老大仅仅是发展目标,而真正促使和推动企业跨越式发展的却是使命和愿景。这一理念看似平凡,但非常伟大——伟大的企业往往有着平凡的抱负,即为大众民生谋福利。而且,上述使命和愿景体现了沃尔玛的产业特征——零售。要实现上述愿景,就必须"天天低价";而要做到"天天低价",就必须坚持"顾客是上帝"、"尊重每一位员工"和"每天追求卓越"等原则,并推行员工"持股分享计划"。

因此,沃尔玛的愿景无疑能最大限度地实现与客户分享并鼓舞人心,同时分解出可落地执行的"天天低价"策略及三大"座右铭"。沃尔玛的竞争对手凯马特的老板曾如是评价:"山姆可称得上本世纪最伟大的企业家,他所建立起来的沃尔玛企业文化是一切成功的关键,是无人可以比拟的。"

资料来源:裴中阳.使命与愿景——企业历久不衰的真谛[N].现代企业文化,2010(1-2).

思考讨论题:

1. 沃尔玛公司的企业愿景和使命是什么?
2. 企业竞争战略是如何在企业经营哲学中体现的?
3. 企业文化对企业战略的影响如何?

第二篇
战略分析

第三章 外部分析——识别机会与威胁

名人名言

能够生存者,不是那些最顽强的物种,也不是那些最有智慧的物种,而是那些能够对变化作出正确反应的物种。

——查尔斯·达尔文

在一个动荡的转折时期,洞察能力比分析能力更重要。

——彼得·德鲁克

【本章学习重点】

(1) 把握宏观整体趋势研判;
(2) 了解行业生命周期分析;
(3) 掌握波特行业五力模型;
(4) 理解钻石模型与制度分析;
(5) 掌握 CPM 和 EFE 矩阵。

【开篇案例】

可口可乐收购汇源果汁

一、可口可乐 179 亿港元收购汇源果汁

2008 年 9 月 3 日,汇源果汁(01886.HK)发布公告称,荷银将代表可口可乐公司全资附属公司 Atlantic Industries 以约 179.2 亿港元收购汇源果汁集团有限公司股本中的全部已发行股份及全部未行使可换股债券,可口可乐提出的每股现金作价为 12.2 港元。根据规定,如果此次交易完成,汇源果汁将成为 Atlantic

Industries 的全资附属公司,并将撤销汇源股份的上市地位。

据悉,公告所提及的全部收购建议均为可能收购建议,须待先决条件达成后方可作出。汇源控股、达能及 Gourmet Grace 各自已向 Atlantic Industries 作出不可撤回承诺。根据汇源控股作出的不可撤回承诺,汇源控股承诺于寄发综合文件后七天内就其持有的所有 610 000 000 股汇源股份(占汇源于最后交易日已发行股本约 41.53%)接纳股份收购建议。

公告称,倘收购建议完成,可口可乐公司有意让汇源继续经营其现有业务,并作出重大承诺,依靠汇源的现有品牌及业务模式壮大业务,提高其固定资产的利用率,并为汇源雇员提供更多发展空间。

二、国内企业欲联名上书反对可口可乐收购汇源

由于收购汇源受到网民及专家的一致声讨,在公关上一向长袖善舞的可口可乐也陷入了情绪焦虑。昨天,知情人士向记者透露,为了保证对汇源收购的平稳进行,可口可乐正尽力制造有利于收购的舆论,并且涉嫌压制反对声音。目前,已有反对者迫于压力"收声"。

此事已在网上演变为"封口门"事件,起因于 2008 年 9 月 5 日一位律师在一家门户网站的访谈。9 月 5 日,大成律师事务所钱卫清律师受一门户网站之邀,谈论可口可乐收购汇源一事。在访谈中,钱卫清表示,无论是从民意还是从《反垄断法》角度都"不看好这次收购","民意有民族感情在里面,如果反对声音过大,会直接或间接地影响到有关部门的决策",所以,要想"顺利通过商务部的审查难度很大"。

知情人士介绍,该访谈播出后,可口可乐立刻致电大成律师事务所,要求钱卫清撤回上述言论,并且强调,大成律师事务所有律师在可口可乐担任顾问,"哪个生意大,你们看着办!"

迫于压力,几小时后,钱卫清宣布撤回该言论。而昨天钱卫清

在接受记者采访时表示,"对收购案和此事均不方便发表评论"。

"这种操纵舆论的做法有点过了。"知情人士表示。而记者发现,除了打压业内专家的意见外,一些网站也开始陆续撤销反对观点及专家访谈,同时更换了原来的大讨论,最终呈现出一边倒的支持和"收购将带来巨大利好"的统一言论。

而上述知情人士更是怀疑汇源董事长朱新礼昨天的反常表态,其"企业就该当孩子养、当猪卖,平常心看待出售"的言论,很可能也是受到可口可乐的压力。该知情人士表示,此前他曾代表德隆就入股汇源进行过谈判,与朱新礼有很深入的接触,这完全不是朱新礼的做事方式和说话风格。

"大家都不反对,说不定这事儿就过去了。"一位公关人士表示,从公关角度看,如果反对声音过多,影响有关部门的决策是很正常的,可口可乐目前小心谨慎的做法完全符合他们的公关风格。

不过,尽管公关压力能抑制反对者的声音,但并不代表反对者会就此消失。据了解,目前已经有多家企业聚集商讨,准备联名上书商务部反对此次收购,理由是可口可乐和汇源合并之后,将垄断一半以上的渠道,加上可口可乐的财力支持,其他企业基本没有生存空间。

而在设想的替代方案中,这些企业提出,如果汇源确实要出售,应当将汇源果汁的品牌、净资产等分拆拍卖,由国内企业参与竞拍。"这回真的是唇亡齿寒了!"一位饮料行业老总表示。

三、商务部宣布禁止可口可乐收购汇源

2009年3月18日,中国商务部正式宣布,根据中国《反垄断法》,禁止可口可乐收购汇源。据悉,这是《反垄断法》自2008年实施以来首个未获通过的案例。

商务部具体阐述了未通过审查的三个原因:第一,如果收购成功,可口可乐有能力把其在碳酸饮料行业的支配地位传导到果

汁行业。第二,如果收购成功,可口可乐对果汁市场的控制力会明显增强,使其他企业没有能力再进入这个市场。第三,如果收购成功,会挤压国内中小企业的生存空间,抑制国内其他企业参与果汁市场的竞争。

资料来源：http://finance.sina.com.cn/focus1/klgqzhy.

第一节 外部环境分析概述

一、环境分析的目的和意义

为了使企业战略适应环境的特点,企业必须分析环境的状况。分析和评估环境的状况,一是看环境的复杂性;二是看环境的动态性或不稳定性。通过系统地了解并掌握外部环境对企业影响的各种因素,进而扬长避短,趋利避害。在当今社会,任何商业组织都无法脱离社会和市场环境而独立生存,环境始终是企业经营活动的背景和制约条件。在这样的条件下,企业首要的是适应环境和顺应环境。正如达尔文在进化论中所指出的那样,不是强者生存,而是适者生存。外部环境分析的另一个重要意义,是要揭示出外部环境对企业发展所构成的威胁,识别和评价超出企业控制能力的外部发展趋势与重大事件,以此作为制定战略目标和战略举措的出发点、依据和限制条件。

外部环境分析旨在通过对宏观环境的洞察,了解社会发展的趋势;通过对行业环境的判断,预测行业未来的发展态势;通过对产业结构的分析,掌握产业当前的竞争局势。企业管理者可以通过利用一系列的工具来分析外部环境,用以把握和利用关键机会,回避重大威胁。因此,外部环境分析的目的,就是要明确"我们可做什么"。具体而言,就是通过对外部环境的分析,明确客观条件可以做什么和利用客观条件能够做什么。在制定与实施企业战略时,首先,需要充分考虑并了解企业所处的外部环境,对其做出正确的判断;其次,通过调整相关策略来适应外部环境的变化,并通过对外部环境加以利用来获取竞争优势。

二、环境分析的层次与内容

外部环境分析包括对企业外部所有影响企业发展的因素进行分析,按照影响因素的作用范围和广度,可以将这些影响因素由外向内、由宏而微依次可分为宏观环境、行业环境和竞争环境三个层次。由此,外部环境分析主要包括如下内容。

1. 宏观环境分析

企业外部环境中涉及范围最广的因素是宏观环境因素,也称为一般环境因素,是对处于同一区域的所有企业或组织都会产生影响的环境因素,包括政治法律、经济、社会文化、技术因素等。需要注意的是,在宏观环境各因素中,同一特定因素对不同组织所产生的影响在范围、程度、作用上都可能不同,有时甚至大相径庭。有关更深入的宏观 PEST 分析讨论,将在本章的第二节中展开。

2. 行业环境分析

在对宏观环境有了初步了解之后,需要进一步认识比宏观环境更细分的一层,即行业环境。宏观环境是企业的间接环境,而行业环境则是企业所处的直接环境,会对企业行为和经营绩效产生直接影响。众所周知,行业是生产相同产品或提供相似服务的企业的集合,因此,行业环境是对处于同一行业的企业以及上下游的相关行业会产生影响的环境因素。行业当前所处的生命周期阶段、长期增长与盈利潜力都将影响企业的战略选择。有关更深入的行业生命周期分析讨论,将在本章的第三节中展开。

行业环境分析的基本目的就是要评价一个行业的总体吸引力,即潜在盈利水平。处于高吸引力行业的企业,其平均绩效将优于处在低吸引力行业的企业。此外,企业所处行业前景的变化相对于社会宏观大势变化而言,具有变化更迅速和对企业盈利影响更大的特点。因此,行业环境分析不仅要把握现状,还需要对行业前景进行预测,掌握行业未来发展态势。有关更深入的波特五力行业模型分析讨论,将在本章的第四节中展开。

3. 竞争环境分析

竞争环境分析涉及与企业形成直接竞争关系的对象以及与此相关的竞争利益和竞争强度的分析。其中,竞争对象既包括现有行业的直接竞争者和潜在竞争者,也包括行业之外的新的潜在竞争者。如今,市场遵从的规则已由原来的"零和博弈"转变为"双赢"或"多赢"。因此,在竞争环境分析中,要秉承"在合作中竞争,在竞争中合作"的理念,充分注意在多个行业中已经呈现的竞争合作局势。有关更深入的竞争环境分析(包括竞争态势矩阵)讨论,将在本章的第五节中展开。

第二节 宏观 PEST 分析

一般宏观环境包括那些围绕在企业周围的、难以控制的因素。以宏观环境会对企业产生什么影响作为出发点来考虑问题是非常重要的。企业必须适应周围的环境,即达到利益相关者的期望、遵循所在社会法律和道德准则的要求、成为对员工具有吸引力的公司等。宏观环境分析中的关键要素包括政治和法律因素(Political factors)、经济因素(Economical factors)、社会和文化因素(Social factors)和技术因素(Technological factors),这四个因素的英文第一个字母组合起来是 PEST,所以,宏观环境分析也被称为 PEST 分析。可用这种方法客观地分析企业所处的外部环境,强调对企业组织产生影响的关键因素,并识别企业组织所面临的机会及威胁。图3-1是对一般宏观环境因素的汇总。

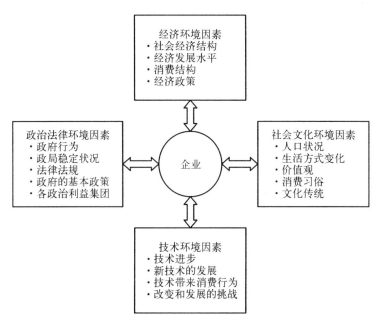

图 3-1 宏观环境因素 PEST 分析

一、政治法律环境分析

政治法律环境因素分析是指企业对其业务所涉及的国家或地区的政治体制、政治形势、方针政策以及法律法规等方面对企业战略的影响进行分析。政治法律环境是影响企业制定战略的重要宏观环境因素,包括政治环境和法律环境。政治环境引导着企业战略制定活动的方向,法律环境则为企业规定经营活动的行为准则。政治与法律相互联系,共同对企业的战略管理活动产生影响和发挥作用。

(一) 政治环境分析

政治环境是指企业战略管理活动的外部政治形势。政治环境主要表现为政府所制定的方针政策对企业战略管理活动带来的影响。具体来讲,政治环境分析包括以下四个方面。

(1) 企业所在国家和地区的政局稳定状况。企业在进行国际化战略扩张时,特别是在对外贸易活动中,一定要考虑东道国政局变动和社会稳定情况可能造成的影响。

(2) 政府行为对企业的影响。政府如何拥有国家土地、自然资源(如森林、矿山、土地等)及其储备都会影响一些企业战略。

(3) 政府所持的态度和推行的基本政策(如产业政策、税收政策、进出口限制等)以及这些政策的连续性和稳定性。政府要通过各种政策法规及其他一些旨在保护环境、调整产业结构与引导投资方向等措施来推行政策。

(4) 各政治利益集团对企业活动产生的影响。一方面,这些集团通过议员或代表来发挥自己的影响,政府的决策会去适应这些力量;另一方面,这些集团也可以对企业施加影响,如诉诸法律、利用传播媒介等。

因此,当企业进行跨国经营时,会存在一定的政治风险。相关的政治风险是指政治因素对企业环境或未来产生影响的可能性,其大致可分为所有权风险、经营风险和转移风险三大类。当然,跨国企业也可以采取一定的措施来降低风险,这些措施包括:在向某个国家投资前先进行详细的风险评估;与其他企业一起执行项目以分散风险;避免完全信赖某个国家;向本国政府寻求政治支持;与当地企业合作以提高项目的可承接性并寻求政治支持。

(二) 法律环境分析

法律环境是指国家或地方政府所颁布的各项法规、法令和条例等,它是企业战略管理活动的准则,企业只有依法进行各种活动,才能受到国家法律的有效保护。法律是政府管理企业的一种手段。一些政治因素对企业行为有直接的影响,但一般来说,政府主要是通过制定法律、法规来间接影响企业的活动。政治法律环境因素作为影响企业战略决策的因素,有不可测性、直接性和不可逆转性三个重要的特点。

近年来,为适应经济体制改革和对外开放的需要,我国陆续制订和颁布了一系列法律、法规,如《中华人民共和国产品质量法》、《企业法》、《经济合同法》、《涉外经济合同法》、《商标法》、《专利法》、《广告法》、《食品卫生法》、《环境保护法》、《反不正当竞争法》、《消费者权益保护法》、《进出口商品检验条例》等。企业的战略管理者必须熟知有关的法律条文,才能保证企业经营的合法性,并运用法律武器来保护企业与消费者的合法权益。

对从事国际战略管理活动的企业来说,不仅要遵守本国的法律制度,还要了解和遵守国外的法律制度和有关的国际法规、惯例和准则。例如,前一段时间,欧洲国家规定禁止销售不带安全保护装置的打火机,无疑限制了中国低价打火机的出口市场。日本政府也曾规定,任何外国公司进入日本市场,必须要找一个日本公司同它合伙,以此来限制外国资本的进入。只有了解和掌握这些国家的有关贸易政策,才能制定有效的战略管理对策,从而在国际化竞争中争取主动。

二、经济环境分析

经济环境是影响企业战略管理活动的主要环境因素,它包括收入因素、消费支出、产业结构、经济增长率、货币供应量、银行利率、政府支出等因素,其中,收入因素、消费结构对企业战略管理活动影响较大。

(一)消费者收入分析

收入因素是构成市场的重要因素,甚至是最为重要的因素。

因为市场规模的大小,归根结底取决于消费者的购买力大小,而消费者的购买力取决于他们收入的多少。企业必须从战略管理的角度来研究消费者收入,通常从以下四个方面进行分析。

(1) 国民生产总值。它是衡量一个国家经济实力与购买力的重要指标。国民生产总值增长越快,对商品的需求和购买力就越大;反之,就越小。

(2) 人均国民收入。这是用国民收入总量除以总人口的比值。这个指标大体反映了一个国家人民生活水平的高低,也在一定程度上决定商品需求的构成。一般来说,人均收入增长,对商品的需求和购买力就大;反之,就小。

(3) 个人可支配收入。指在个人收入中扣除消费者个人缴纳的各种税款和交给政府的非商业性开支后剩余的部分,即可用于消费或储蓄的那部分个人收入,它构成实际购买力。个人可支配收入是影响消费者购买生活必需品的决定性因素。

(4) 个人可任意支配收入。指在个人可支配收入中减去消费者用于购买生活必需品的费用支出(如房租、水电、食物、衣着等项开支)后剩余的部分。这部分收入是消费需求变化中最活跃的因素,也是企业开展营销活动时所要考虑的主要对象。这部分收入一般用于购买高档耐用消费品、娱乐、教育、旅游等。

(二) 消费结构分析

随着消费者收入的变化,消费者支出会发生相应变化,继而使一个国家或地区的消费结构也会发生变化。

(1) 消费结构。德国统计学家恩斯特·恩格尔于1857年发现了消费者收入变化与支出模式(即消费结构变化)之间的规律性。

(2) 恩格尔系数。恩格尔所揭示的这种消费结构的变化通常用恩格尔系数来表示,即:恩格尔系数=食品支出金额/家庭消费支出总金额恩格尔系数越小,食品支出所占比重越小,表明生活富裕,生活质量高;恩格尔系数越大,食品支出所占比重越高,表明生活贫困,生活质量低。恩格尔系数是衡量一个国家、地区、城市和家庭生活水平高低的重要参数。企业从恩格尔系数可以了解目前市场的消费水平,也可以推知今后消费变化的趋势及对企业战略管理活动的影响。

三、社会文化环境分析

社会文化环境因素的范围甚广,它们主要包括人口状况、社会流动性、消费心理、生活方式变化、文化传统和价值观等。任何企业都处于一定的社会文化环境中,企业战略管理活动必然受到所在社会文化环境的影响和制约。因此,企业应了解和分析社会文化环境,针对不同的文化环境制定不同的战略管理策略,组织不同的战略管理活动。企业战略管理对社会文化环境的研究一般从以下几个方面入手。

(一)人口状况分析

人口状况包括企业所在地居民的地理分布及密度、年龄、性别、职业、教育水平、婚姻状况等。人口数量直接决定市场规模和潜在容量,大型企业通常会利用人口统计数据来进行客户定位,并用于研究应如何开发产品。人口因素对企业战略的制定具有重大影响。例如,人口总数直接影响着社会生产总规模;人口的地理分布影响着企业的厂址选择;人口的性别比例和年龄结构在一定程度上决定了社会的需求结构,进而影响社会供给结构和企业生产结构;人口的教育文化水平直接影响着企业的人力资源状况;家庭户数及其结构的变化与耐用消费品的需求和变化趋势密切相关,因而也就影响到耐用消费品的生产规模等。

(二)生活方式变化

生活方式变化主要包括当前及新兴的生活方式与时尚趋势。

文化问题反映了一个事实,即国际交流使社会变得更加多元化、外部影响更加开放时,人们对物质的要求会越来越高。随着物质需求的提高,人们对社交、自尊、求知、审美的需要更加强烈,这也是企业当前及未来面临的挑战之一。

（三）价值观念分析

价值观是指社会公众评价各种行为的观念标准。不同国家和地区的人们的价值观各有差异,例如,西方国家的个人主义较强,而日本的企业则注重内部关系融洽。在不同文化背景下,人们的价值观念往往有着很大的差异,消费者对商品的色彩、标识、式样以及促销方式都有自己褒贬不同的意见和态度。企业战略管理必须根据消费者不同的价值观念设计产品和提供服务。

（四）消费习俗分析

消费习俗是指人们在长期经济与社会活动中所形成的一种消费习惯与文化传统。例如,中国的春节和西方的圣诞节就为某些行业带来商机。不同的消费习俗,具有不同的商品要求。研究消费习俗,了解目标市场消费者的禁忌、习惯、避讳等是企业进行战略管理的重要前提。

四、技术环境分析

科学技术是社会生产力中最活跃的因素,它影响着人类社会的历史进程和社会生活的方方面面,对企业战略管理活动的影响更是显而易见。市场或行业内部和外部的技术趋势及事件也会对企业战略产生重大影响。某个特定行业内的技术水平在很大程度上决定了应生产哪种产品或提供哪种服务、应使用哪些设备以及应如何进行经营管理。现代科学技术突飞猛进,科技发展对企业战略管理活动所产生的影响表现在以下几个方面。

（1）新技术的出现促使消费者购买行为的改变。随着多媒体和网络技术的发展,出现了电视购物、网上购物等新型购买方式。

人们还可以在家中通过网络系统订购车票、飞机票、戏票和球票。企业也可以利用这种系统进行广告宣传、调研和推销商品。随着新技术革命的进展，在家便捷购买和享受服务的方式还会继续发展。为此，要求企业不断分析科技新发展和创新战略管理活动，以适应外界环境的新变化。

（2）技术进步可带来产业结构的调整。例如，技术进步可以使企业利用新的生产方法，在不增加成本的情况下，提供更优质和更高性能的产品和服务。此外，每一种新技术的发现和推广都会给有些企业带来新的市场机会，导致新行业的出现。同时，也会给某些行业和企业造成威胁，使这些行业和企业受到冲击甚至被淘汰。例如，电脑的运用代替了传统的打字机，复印机的发明排挤了复写纸，数码相机的出现将夺走胶卷的大部分市场等。

（3）基本技术的进步使企业能对市场及客户进行更有效的分析。例如，使用各种统计软件或数据挖掘技术来获取数据，能够更加准确地进行分析。

（4）新技术的发展使企业可更多地关注环境保护、企业的社会责任以及可持续发展问题，也使生产越来越多地依赖于科技的进步。因此，科技的发展对企业战略管理人员也提出了更高要求，促使其更新观念，掌握现代化管理理论和方法，不断提高战略管理水平。

第三节　行业生命周期分析

一、行业生命周期理论的演化

行业通常是指生产同类产品的企业集合。行业生命周期（Industry life cycle）是指行业从出现到完全退出社会经济活动所经历的时间。行业生命周期理论旨在揭示行业从产生到衰亡所具有的阶段性特征以及类似于任何有机体一样所呈现出的生命周期的一些共同规律性。

由于行业的生命周期构成了企业外部环境的重要因素,因此,行业生命周期理论自诞生之日起就受到经济学和管理学研究者的极大兴趣,迈克尔·波特(1980)在《竞争战略》一书中论述了新兴行业、成熟行业和衰退行业中企业的竞争战略;John Londregan(1990)则构建了行业生命周期不同阶段企业竞争的理论模型。已有的研究成果中,从战略的角度研究行业生命周期主要集中在行业生命周期的阶段性变化对企业战略决策的影响以及生命周期不同阶段可供企业选择的战略决策。

二、行业生命周期的特征

每个行业都会经历一个对行业的当前业绩和未来前景产生影响的生命周期。行业生命周期理论表明,不同的行业从产生到衰落所经历的阶段尽管有所差别,但具有共同规律,即基本上都会经历一个与产品生命周期相似的生命周期,即起步期(导入期)、成长期、成熟期和衰退期(如图3-2所示)。但是,许多行业往往会通过使用新技术而得以更新或再成长,而不会像某些特定产品或服

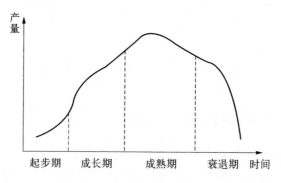

图3-2 行业生命周期

务那样走向衰退。在制定企业战略时,了解行业所处的生命周期属于哪个阶段是非常重要的一个考虑因素。识别行业生命周期所处阶段的主要标志有市场增长率、需求增长潜力、竞争者数量、市场占有率状况、产品品种数量、进入壁垒、技术革新以及用户购买行为等,各阶段的具体特征如下。

(一)起步期

在这一阶段,新行业刚刚诞生或初建不久,只有为数不多的创业公司投资于这个新兴的行业,由于起步阶段行业的创立投资和产品的研究开发费用较高,而产品市场需求狭小(因为大众对其尚缺乏了解),销售收入较低,因此,较高的产品成本和价格与较小的市场需求还使这些创业公司面临很大的投资风险。在起步期,企业的规模可能会非常小。

这一时期市场的技术变动较大,行业中各行业的用户主要致力于开辟新用户和占领市场,企业进入壁垒较低。在起步阶段后期,随着行业生产技术的提高、生产成本的降低和市场需求的扩大,新行业便逐步由高风险、低收益的起步期转向高风险、高收益的成长期。

(二)成长期

一旦一个行业已经形成并快速地发展,便进入了成长期。在成长阶段,新行业的产品经过广泛宣传和消费者的试用,逐渐以其自身的特点赢得大众的欢迎或偏好,市场需求开始上升,新行业也随之繁荣起来。由于市场前景良好,投资于新行业的厂商大量增加,将导致生产厂商通过提高生产技术、降低成本以及研发新产品的方法来争取竞争优势,以便战胜竞争对手和维持企业的生存。

这一时期的特点是:市场增长率很高,需求高速增长,技术渐趋定型,行业特点、行业竞争状况及用户特点已比较明朗,企业进入壁垒提高,产品品种及竞争者数量增多。大多数企业因为拥有高增长率而在行业中继续生存。

在成长阶段的后期,由于行业竞争优胜劣汰规律的作用,市场上生产厂商的数量在大幅度下降之后便开始稳定下来。由于市场需求基本饱和,产品的销售增长率减慢,迅速赚取利润的机会减少,整个行业开始进入稳定期。

(三)成熟期

当增长率降到较正常水平时,行业即进入了成熟期。这是一个相对稳定的阶段,各年销售量之间的变动较小,利润增长幅度也较小,但市场内的竞争变得更加激烈了。企业应重点关注效率、成本控制和市场细分。企业之间的竞争手段逐渐从价格手段转向各种非价格手段,如提高质量、改善性能和加强售后维修服务等。

行业的成熟阶段是一个相对较长的时期。这一时期的特征表现为:市场增长率不高,需求增长率不高,技术上已经成熟,行业特点、行业竞争状况及用户特点非常清楚和稳定,买方市场形成,行业盈利能力下降,新产品和产品的新用途开发更为困难,行业进入壁垒很高。

在成熟期的后期,该行业会进入动荡阶段。由于投资回报率不能令人满意,一些企业会从市场中退出。

(四)衰退期

这一时期出现在较长的稳定阶段后。由于新产品和大量替代品的出现,原行业的市场需求开始逐渐减少,产品的销售量也开始下降,某些厂商开始向其他更有利可图的行业转移资金。因此,原行业出现了厂商数目减少和利润下降的萧条景象。至此,整个行业便进入了生命周期的最后阶段。

这一时期的特征为:市场增长率下降,需求下降,产品品种及竞争者数目减少。行业的生命周期与产品的生命周期有所不同,因为行业的存在期比任何单一产品都要长。行业进入衰退期之后,会出现行业生产能力过剩,某一行业可能不复存在或被并入另一行业。

三、行业生命周期对企业战略的影响

研究和认识行业生命周期是当前培育具有国际竞争力的细分行业、实施行业创新和培育新行业的中心任务,对企业决策和政府行业政策的作用非常重大。对企业决策来讲,一个企业总是从事于某种行业,只有明确行业所处的生命周期阶段和企业在所处行业价值中的地位,才能作出明确的企业战略定位。处于不同的行业发展阶段,企业就具有不同的战略态势。只有对行业有足够的认识,认清行业未来发展的方向,才能更好地根据行业特征确定企业的发展战略。最积极的战略当然是引领未来行业的创新发展。对政府决策来讲,只有懂得行业生命发展周期,才能了解行业发展规律,并针对生命周期每个阶段的特征进行行业规划和制定行业政策。同时,行业生命周期规律也随着时代的变迁和全球化的发展而进一步深化。

要达到上述目的,需要从行业生命周期曲线、行业生命周期阶段、行业生命周期机制三个方面对行业生命周期进行研究,掌握行业生命周期规律,了解各种因素对行业生命周期的影响。只有正确判断行业所处阶段和认识行业在不同阶段的特征,才能作出正确的行业战略、区域战略和企业战略,实现真正的行业结构调整。能否抓住行业生命周期规律是一国经济能否稳定和快速发展的关键,也是企业能否发展壮大的关键。

第四节 波特五力模型分析

一、波特的五力模型

波特提出了最具影响力的行业分析模型——五力模型,用以确定企业在行业中的竞争优势和行业可能达到的盈利潜力。如图

3-3所示,这五种力量分别是:(1)行业新进入者的威胁;(2)供应商的议价能力;(3)购买商的议价能力;(4)替代产品的威胁;(5)同业竞争者的竞争强度。波特认为,这五种竞争驱动力决定了企业的最终盈利能力。

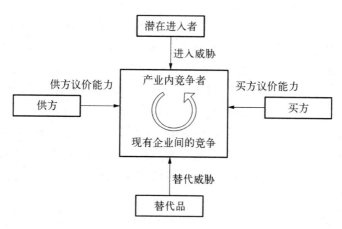

图 3-3 波特的五力分析模型

（一）行业新进入者的威胁

新进入者越容易进入行业市场,当前行业的获利能力就越容易被削弱。新进入行业的企业会对现有的竞争者构成威胁,削弱现有企业产生理想财务回报率的能力,分割市场份额并激化市场竞争。新进入者通常会采取降低产品价格、引入有特色的新产品或提高服务质量等策略来赢得市场份额。新进入者的威胁力度和数量很大程度上取决于各种进入壁垒的高度。决定进入壁垒高度的主要因素有以下几个方面。

1. 规模经济

规模经济表现为在一定时间内产品的单位成本随总产量的增加而降低。规模经济的作用迫使新进入者以较大生产规模进入行业,并冒着被现有企业强烈反击的风险;新进入者也可以以较小的生产规模进入,但要长期忍受产品高成本的劣势。这两者都不是新进入者所期望的。

2. 客户忠诚度

在市场上存在了很长时间或拥有良好形象而获得的信誉会提高消费者的忠诚度,从而使新进入者难以建立品牌知名度并以此获得新的市场份额。

3. 资本金投入

有些行业(如制药行业和科技行业)要求投入大量的资金来建立公司并进行研究和开发,因而与资金投入相关的投资风险就会阻碍新公司进入该行业。

4. 转换成本

如果消费者从一个供货商转向另一个供货商的成本较高,那么无论是从时间、金钱方面还是从便利性方面考虑,消费者改变购买意向的可能性都较低。

5. 对销售渠道的使用权

新进入者想通过已有渠道来销售其产品和服务可能会遇到困难,因为这些渠道已经被现有的竞争对手垄断。例如,超市会优先将货架提供给知名品牌,新进入者在货架上获得一席之地来摆放产品进行促销的机会就会大大减少。

6. 政府政策

政府可能会通过限制执照发放(如通讯、电视、广播行业)和限制外资的方式来限制某些公司进入某行业。

7. 现有产品的成本优势(与规模经济无关)

当现有公司对市场非常了解、拥有主要客户的信任、在基础设施方面投入了大量资金并且拥有专利产品技术、独占最优惠的资源、占据市场有利位置、获得政府补贴和经验曲线效应时,新进入者无论具有什么样的规模经济,都很难在市场中获得一席之地。

（二）供应商的议价能力

供应商是指那些向行业提供产品或服务的企业、群体或个人，也包括劳动力和资本的供应商。供应商的威胁手段有两类：一是提高供应价格；二是降低供应产品或服务的质量。这些手段可以使下游行业利润下降。许多因素会提高供应商在行业中的议价能力，从而降低公司在行业中的盈利性，这些因素包括以下方面。

(1) 市场中没有替代品，因而没有其他供应商。

(2) 该产品或服务是独一无二的，且转换成本非常高。

(3) 供应商所处的行业由少数几家公司主导并面向大多数客户销售，如软件行业。因为行业中可供选择的供应商只有少数几家，购买商与供应商在价格、质量的条件上进行谈判时就没有什么选择余地。

(4) 供应商的产品对于客户的生产业务很重要。

(5) 企业的采购量占供应商产量的比例很低。

(6) 供应商能够直接销售产品并与企业抢占市场。

（三）购买商的议价能力

购买商是指该行业的客户或客户群，包括该行业的客户和寻求低成本以提高其自身利润或获取更好货源的分销商，希望为其消费者获得更多好处的政府机构或其他非营利性组织，或希望以较低价格买入优质产品的个人消费者。购买商可能会要求降低产品价格、提高产品质量和获得更多的优质服务，其结果是使行业竞争更加激烈，导致行业利润率下降。

从本质上来说，购买商的议价能力与供应商的议价能力是相反的。在以下情况中，购买商处于有利的谈判地位。

(1) 购买商从卖方购买的产品占了卖方销售量的很大比例；

(2) 购买商所购买的产品对其生产经营来说不是很重要，而且该产品缺少唯一性，导致购买商不需要锁定一家供应商；

(3) 转换其他供应商购买的成本较低；

(4) 购买商所购买的产品或服务占其成本的比例较高,在这种情况下,购买商更有可能进行谈判以获得最佳价格；

(5) 购买商所购买的产品或服务容易被替代,在市场上充满供货商的竞争者；

(6) 购买商的采购人员具有高超的谈判技巧；

(7) 购买商有能力自行制造或提供供应商的产品或服务。

(四) 替代产品的威胁

替代产品是指可由其他企业生产的产品或提供的服务,它们具有的功能大致与现有产品或服务的功能相似,可满足消费者同样的需求。购买商所面临的替代产品越多,其议价能力就越强。因此,替代产品通过以下方面来影响一个行业的盈利性：设置价格上限(因为消费者可能轻易地转而购买可满足其相同需求的其他替代产品)、改变需求量和迫使企业投入更多资金并提高服务质量。例如,随着社会绿色文化意识的增强和小型电动汽车的面世,电动汽车将成为下一代车市中的新宠,因此,电动汽车就成为现有汽车的替代产品。

(五) 同业竞争者的竞争强度

同业竞争者的竞争强度是指行业现有竞争者之间的竞争程度。一个企业的行为可能会引来另一个竞争对手采取相应的行为。竞争也会令企业看到其需要改善地位的机会,以增强自身的竞争力。竞争强度取决于下列因素。

1. 竞争者的数量

市场中的竞争者越多,当中就必有一定数量的企业为了占有更大的市场份额和取得更高的利润而突破本行业约定俗成的一致行动的限制,作出排斥其他企业的竞争行为。因此,竞争者之间越难进行有效的合作,则竞争强度就越高。

2. 行业增长率

如果行业增长缓慢,而新进入者为了寻求发展,需要从其他竞争者那里争取市场份额,则竞争程度就会增强。此外,如果行业增长速度较为缓慢甚至停滞时,现有企业之间争夺既有市场份额的竞争就会变得激烈。

3. 行业的固定成本

如果行业的固定成本较高,企业唯有寻求降低单位产品的固定成本或增加产量,结果将导致企业在价格上互相竞争。

4. 产品的转换成本

如果产品缺乏差异性或具有标准化,购买商可轻易地转换供应商,则供应商之间就会相互竞争。

5. 不确定性

当一个企业不确定同行业中另一个企业会如何经营时,便可能会通过制定更具竞争力的战略来应对这种不确定性,如自愿降低产品的价格和提高服务方面的要求等。

6. 战略重要性

如果企业最重要的战略目标是获得成功,则企业可能会采取具有竞争力的行为来实现目标。

7. 退出壁垒

使现有供应商难以退出某个行业的障碍会令同业的竞争激烈化。例如,机器设备或资产在市场中十分独特以致难以收回对该机器设备或资产的高额初始投资,或人员的遣散成本过高。这样,即使该行业的投资回报率较低,企业也会仍然坚持竞争,从而令该行业的竞争强度加大。

总之,可以使用五力模型来识别影响企业的关键因素,从而确定可获得的机会和应考虑的威胁。在一个理想市场中,供应商及客户的议价能力低、无替代产品、进入壁垒高、竞争者之间的竞争程度弱,则很容易赚取利润。这种理想的状况可带来较高的行业盈利能力。但是,行业的高盈利能力并不意味着行业中所有的企业都会拥有相似的盈利能力。企业应该综合考虑和评估行业盈利能力之后,才能评估企业的盈利能力。

二、波特五力模型的局限性

波特五力模型认为行业中存在着决定竞争规模和程度的五种力量,这五种力量综合起来影响着行业的吸引力。五力模型是用来分析企业所在行业竞争特征的一种有效工具。因为决定企业盈利能力首要的和根本的因素是行业的吸引力,通过对行业进行五力分析,可以为企业制定竞争战略提供有力的实践工具。因此,波特五力模型在分析企业所面临的外部环境时是有效的,但它也存在着局限性,具体包括以下方面。

1. 忽略了另一种重要力量——互补品的存在。在行业竞争过程中,互补品对于企业竞争力以及战略制定行为正产生越来越重要的影响。互补品是指两种或两种以上商品在效用上互相补充配合,才能共同满足消费者的同一种消费功能。如果 A、B 两种商品为互补品时,当 B 商品价格上涨时,就会引起对 A 商品需求量的减少;反之,当 B 商品价格下跌时,就会引起对 A 商品需求量的增加。如电脑主机与显示器、眼镜框与镜片、汽车与汽车美容服务等都属于互补品。

在传统的五力模型中,对新加入者的威胁、客户的议价能力、替代品或服务的威胁、供货商的议价能力及既有竞争者进行了分析,从而推导出企业在行业中的竞争力或行业对新加入者的吸引力。这个分析过程忽略了互补品的存在,有可能导致对竞争态势分析的失效。如果生产的产品为某产品的互补品时,它的命运与该产品是息息相关的。尤其是在当代社会分工越来越细化的背景之下,互补品的存在越来越多,影响也越来越大。

对互补品而言,某商品的需求量会随另外一种商品的价格反方向变化,因此,在行业竞争态势分析时,可以充分考虑这种影响对企业将来发展的作用。例如,某企业的产品是另外一种商品的互补品,当预期到另外一种商品将大幅提价导致需求量降低时,该企业的产品需求量也会随之降低。这种影响的关联性对企业经营决策来说非常重要。

除了由于价格变化引起的需求量变化的关系之外,互补品的革新也将给企业经营策略分析提供一种全新的思路。美国早期的城市电车系统就是一个很好的例子:电车运营商们投入了庞大的资金来修建专门的道路网络。虽然电车在上下班的时候客流量很大,但高峰期之外却很少会有人搭乘电车。为了提高非高峰期的客流量,运营商们决定在市中心之外修建娱乐公园。这些公园不仅增加了电车的客流量,而且还提高了发电机的使用率,从而大大提高了电车运营商们的资本效率。在这里,娱乐设施作为电车市外交通线路的互补品(当然这种互补品关系建立在一种特定的历史环境下),当市外娱乐设施得到革新与发展时,就同步带动了电车本身经营效率的提高。生产互补品的企业可以充分发挥互补品的协同效用,从而可以实现品牌与价值链的共享。由于互补品往往出售给同一客户,因而经常会存在共享各种资源的机会。当可口可乐与麦当劳合作时,两家公司的良好声誉保证了由互补产品可口可乐与汉堡包相结合的套餐给顾客的可信度,也共享着相同的客户群体。同时,通过对互补品发展趋势的分析,也可以提前预知并规避风险。

2. 该模型低估了企业与供应商、客户或分销商、合资企业之间可能建立长期合作关系以消除替代产品威胁的可能性。在现实的商业世界中,同行之间、企业与上下游企业之间不一定完全是你死我活的竞争关系。强强联手或强弱联手有时可以创造更大的价值。

3. 该分析模型基本上是静态的。然而,现实中的竞争环境始终在动态变化。这些变化可能从高变低,也可能从低变高,其变化速度比模型所显示的要快得多。

第五节 竞争者与经营环境分析

一、竞争者分析

在波特五力模型中,企业最主要、最激烈的竞争来自企业的同行。它们与企业提供相同或相似的产品或服务,在同一个市场中争夺顾客,企业与竞争对手的相对实力决定了企业的盈利水平与发展空间。进入21世纪,最危险的对手还是行业内翘楚、业界霸主吗?不是。今天是产业交融的时代,再也不像20世纪工业化时期那样产业界限分明,产业内领先也不意味着是赢家。21世纪是一个行业交叉的时代,这对企业而言是更为严峻的挑战。当今的产业交融、交叉替代和异质淘汰现象,说明企业竞争已不再是局限在行业内,而是进入了泛竞争阶段。转型多在行业外,创新多在体制外。在这一场场泛竞争中,企业最危险的对手已不是同行对手,而是产业交融、交叉替代、异质淘汰的对手。美国学者将这样的对手称为"火星对手"。因此,参与泛竞争,以超越"火星对手"的创新战胜"火星对手"才是现实出路。

(一)竞争者的界定

在竞争者分析中,界定企业的主要竞争对手是一个十分重要的步骤。通常,直接竞争对手是指那些向相同的消费者销售基本相同的产品或提供相同的服务的竞争者。五力模型中的同业竞争因素提供了对竞争者的一般了解。但是,更重要的是,应当在企业所在行业内的主要市场中为每个主要竞争对手建立一个具体的档案。分析竞争对手的主要作用在于帮助企业建立自己的竞争优势。竞争优势涉及企业在市场中与对手竞争的每个方面,包括价格、产品范围、制造质量、服务水平等。

识别了所有的主要竞争对手之后,就会清楚并非所有的竞争对手之间都是直接互相竞争的。确切地讲,竞争对手主要是指目前或将来有可能与企业战略定位相同或类似的那些企业,即对企业自身战略能产生重大冲击或影响的竞争对手。因此,企业不仅要关注目前行业内的现有直接竞争者,还要密切关注来自行业之外的新的和潜在的进入者。企业界定的主要竞争对手不同,最终决定采取的主导战略就会有所不同。

(二) 竞争态势矩阵(CPM)

在竞争者分析中,在了解竞争者的优势与劣势的同时,往往可以找到本行业成功的某些关键因素,为企业自身的战略定位和能力培养提供重要的借鉴与指导作用。寻找行业关键成功因素的实用分析工具是竞争态势矩阵(Competitive Profile Matrix, CPM),这是目前流行的用于确认企业及主要竞争对手的优势、劣势和相对竞争地位的广泛使用的工具之一。CPM矩阵与EFE矩阵的权重和总加权分数的含义相同,编制矩阵的程序与方法也一样。但是,CPM矩阵中的因素包括外部和内部两个方面的问题,评分则表示优势和弱点。在CPM矩阵中,可以将竞争者的评分和总加权分数与企业自身的相应指标相比较,这一比较分析可提供重要的内部战略信息。

1. 竞争态势矩阵的建立步骤

(1) 确定行业竞争的关键成功因素。关键成功因素可能随不同行业及行业发展的不同阶段而有所不同。一般而言,管理人员首先要对所在行业有深入的了解,然后由内部高层管理人员和专家组通过讨论来确定关键成功因素,从中选出5~10项最重要的关键因素,以便分析之用。

(2) 根据每个因素对在该行业中成功经营的相对重要程度确定每个因素的权重。对于所选定的每一项关键成功因素,都赋予一个权重,其数值由0(不重要)到1(非常重要)。权重标志着该因素在该产业中获得成功的相对重要性,所有因素的权重总和为1。

(3) 筛选出关键竞争对手,评估竞争者与企业在各关键成功因素上的表现。针对每一关键成功因素,管理者需要通过给分的方式来评估企业与主要竞争者的表现,范围为1~4。其中,1表示最弱,2表示较弱,3表示较强,4表示最强。

(4) 将各评价值与相应的权重相乘,得出每个竞争者各因素的加权分值。针对每一关键成功因素,将竞争者的强弱评分乘上其权重,即得出竞争者的加权分数。由此表现各竞争者在该关键成功因素上的相对强弱程度。

(5) 加总得到企业的总加权分,在总体上判断企业的竞争力。将竞争者在各关键成功因素上的加权分数加总后,其总分可反映出企业与其他竞争者间的整体相对强弱表现。

2. 简单的CPM矩阵实例

根据前述各关键成功因素的加权分数,企业高管人员可以进一步得知竞争者在各关键成功因素上的强弱。竞争者的优势与劣势在某种程度上可转化为企业的威胁与机会。以下是一个简化的CPM矩阵实例,从表3-1中可以看出,竞争对手2的综合实力要高于被分析的公司,而竞争对手1的综合实力与被分析公司基本相同。从具体竞争因素看,竞争对手2的财务状况要好得多,竞争对手1的价格竞争力最好,而被分析公司的相对优势是产品质量与市场份额。

表3-1 竞争态势矩阵分析

关键因素	权重	被分析的公司		竞争对手1		竞争对手2	
		评分	加权分数	评分	加权分数	评分	加权分数
市场份额	0.2	3	0.6	2	0.4	2	0.4
价格竞争力	0.2	1	0.2	4	0.8	1	0.2
财务状况	0.4	2	0.8	1	0.4	4	1.6

续表

关键因素	权重	被分析的公司		竞争对手1		竞争对手2	
		评分	加权分数	评分	加权分数	评分	加权分数
产品质量	0.1	4	0.4	3	0.3	3	0.3
用户忠诚度	0.1	3	0.3	3	0.3	3	0.3
总计	1.0		2.3		2.2		2.8

评分值含义：1表示弱，2表示次弱，3表示次强，4表示强。

二、钻石模型分析

波特认为，过去的资源禀赋理论将国家竞争力定义为资源优势可能有一定道理，但现在那些没有资源优势的国家，却是最成功的贸易国。如德国、日本、瑞士、意大利和韩国这些自然资源有限或相对贫乏的国家，却取得了比那些资源富裕的国家更大的繁荣。因此，波特(1990)在《国家竞争优势》一书中，试图对能够加强国家在行业中的竞争优势的国家特征进行分析。他识别出了国家竞争优势的四个决定因素，并以钻石模型来显示(如图3-4所示)。

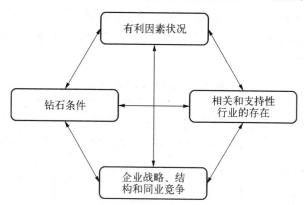

图3-4 国家竞争优势分析的钻石模型

(一)有利因素状况/要素禀赋

有利因素状况就是一个国家的要素禀赋(factor endowment),主要包括以下方面。

(1)自然资源,如土地、矿产和气候等;
(2)人力资源,如技能、激励、工资和劳资关系等;
(3)可用于投资的资金以及如何使用这些资金;
(4)可被有效使用的知识;
(5)基础设施,如交通、通讯和住房等。

在这些方面处于劣势的国家不得不通过创新来克服这些不足之处。这种创新已经成为竞争优势的基础。例如,经历过高能源成本的国家不得不开发节能产品和流程,而这些正是未来全世界都需要的。

(二)钻石条件/国内需求

钻石条件是指产品或服务必须有强劲的国内市场需求。这一点决定了行业如何感知购买者的需求并作出反应,并且形成一般刺激企业创新的压力。有利的国内市场也可能是一个不利因素,因为它不能促使行业创新或变得更加优秀。

(三)相关和支持性行业的存在

在一个行业中的成功往往会有助于企业在相关行业中获得成功。国内供应商比国外供应商更具有优势,因为早期管理和技术人员之间的相似性以及文化方面的相似性往往有助于进行自由而开放的信息交流。

(四)企业战略、结构和同业竞争

企业的目标可能取决于所有者结构。小型企业可能有稍长的时间来开展经营,因为其股票不像大型企业那样频繁交易,因而对资本回报率的要求也会有所不同,而同业竞争则取决于企业所处的竞争环境。

三、制度分析

（一）制度及其功能

1. 制度的定义及维度

基于"游戏规则"的比喻，诺贝尔经济学奖获得者道格拉斯·诺斯(Douglas North)给制度下的定义为："决定人们相互之间关系的人为约束。"著名社会学家理查德·斯科特(Richard Scott)将制度定为："受管制、规范和认知体系制约的结构与活动，这些结构与活动使社会趋于稳定，使社会行为产生意义。"一个制度框架(institution framework)由支配个人及企业行为的正式和非正式制度构成，并且这些制度依次由三个"支柱"支撑。表3-2介绍了这三个支柱，即管制、规范和认知，前者支撑正式制度，后两者支撑非正式制度。

表3-2 制度的范围和维度

正式的程度 （诺斯,1990）	示　　例	支撑的支柱 （斯科特,1995）
正式制度	法　律 规　章 规　则	管制的(强制的)
非正式制度	规　范 文　化 伦理道德	可规范的 可认知的

正式制度(formal institution)包括法律、规章和规则(如竞争及管制政策、知识产权制度、合同法及其实施)。其首要支柱——管制支柱(regulative pillar)是政府的强制性权力。例如，政府制定并强制执行《反不当竞争法》、《消费者权益保护法》等。非正式

制度(informal institution)包括规范、文化和伦理道德。它的两个主要支柱是规范支柱和认知支柱。由于"规范"定义了事情应该如何去做,所以,规范支柱(normative pillar)就是指其他相关参与者的价值观、信仰和规范如何影响个人和企业的行为。例如,个人主义成为美国人的竞争规则,而集体行动常常以企业集团的形式支撑着亚洲人的经济规范。认知支柱(cognitive pillar)是指引导个人和企业行为的、内部化的、习以为常的价值观和信仰。从本质上说,就是要求个人和企业去做正确的事。

2. 制度的功能——降低不确定性

制度的功能有很多,其关键功能是降低不确定性。具体来讲,制度通过发出什么行为是可以接受的、什么行为是不可以接受的信号来影响个人的决定。制度也通过限制可接受行为的范围来影响企业决策。因此,制度基本上界定了个人和企业行为合法的界限。不确定性具有潜在的破坏性,因此,减少不确定性相当重要。政治上的不确定性会使长期计划作废,经济上的不确定性(如对合同所列条款的违约)也会造成经济损失。

不确定环境下的经济交易会导致交易成本(transaction cost)的产生。交易成本就是与经济交易活动有关的费用,或者更宽泛地讲,就是商业活动的费用。交易成本的一个重要来源是机会主义(opportunism),就是用欺诈手段为自身牟利。机会主义包括交易活动中对其他有关方的误导、欺骗和混淆视听。为了减少这种非同寻常的交易成本,制度框架给出了商业交易的游戏规则,形成了有确定性的战略,从而导致背离行为(如合同纠纷)的减少(如正式的仲裁和法庭)。换句话说,制度框架提供了编制重要战略计划的前提。

没有稳定的制度框架,交易成本将会非常高,以至于无法达成某些交易。例如,缺少保护投资者的可靠制度框架,国内的投资者会选择去国外投资,而国外的投资者可以选择在其他投资者保护制度更为完善的国家进行投资。两种互补的基本制度——正式制度和非正式制度降低了经济交易的不确定性。第一种经济交易方式通常被称为关系交易,即非正式的、以关系为基础的个人交换。例如,在很多地方,朋友之间借钱时是不需要写借条的。第二种支配人们行为的制度模型是由第三方执行的、正式的、以规则为基础的非个人交换,通常称为公平交易。随着经济扩张,交易规模也会扩大,交易机会也会增多,这就需要第三方通过正式的、市场支持的制度来规范商业行为。总之,制度与企业之间的交互作用降低了交易成本,规范了经济活动。

(二)基于制度的战略观

过去的许多战略研究都是基于产业和基于资源的战略观,而忽略了企业战略选择和制度框架之间的关系。虽然"环境"的影响已经引起了人们的关注,但目前大多数战略研究的主流观点还仅仅局限于强调经济变量(如市场需求和技术变化)的"任务环境"观点。学者们逐渐认识到制度不仅仅是一种背景条件,而且一些学者持有这样的观点:"当企业尽力制定和执行战略并创造竞争优势时,制度直接决定了企业要做什么样的决策。"这在从政府计划经济逐步过渡到市场经济的转型经济国家(transitional economy)尤其重要。因为转型经济国家的制度不是静止不变的,而是正式和非正式的企业竞争游戏规则正在发生根本而全面的变化。在这样的转型过程中,管理者的战略选择必须考虑制度框架及其变化。

基于制度的战略观已与较为成熟的基于产业和基于资源的战略观共同形成了主流战略观的"三脚架",如图3-5所示。基于制度的战略观提出了两个核心假设。第一个假设是,高管人员和企业在制度约束下理性地追求他们的利益,并做出相应战略选择。新兴经济国家的许多企业都在追求假冒战略,这些山寨产品现象是令人吃惊的。理解这个战略的关键是要意识到,在缺少知识产权保护的制度环境中,企业拥有足够的制造和分销能力,他们这样做是理性的选择。第二个假设是,当正式和非正式的制度共同支配企业的行为时,在正式制度约束失效的情况下,非正式制度约束在降低不确定性及坚定管理者和企业的信心方面发挥了更重要的作用。以企业管理者和官员之间的个人关系及相互联系为基础的非正式制度的约束有效地帮助了许多创业企业发展。企业在产品市场上竞争的同时,也在以非正式关系为特征的政治市场上进行激烈的竞争,关系越紧密,收益越大。按照基于资源的战略观,政治资源是有价值的、稀缺的而且难以复制的重要资源。

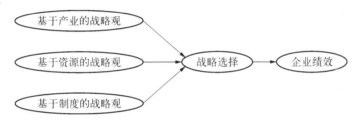

图3-5 决定企业战略选择和经营绩效的三因素整合框架

第六节 战略群组(集团)分析

一、战略群组的含义

介于产业组织理论中将行业作为整体分析和企业战略理论中将企业作为个体分析的两个极端之间,还存在着一个层次,即战略群组(strategic group)。

战略群组(集团)是指一个行业内执行同样或类似战略并具有类似战略特征的一组企业,即行业内在专业化程度、品牌、产品质量、技术领先性等战略维度上追求相似性的一组企业。在一个行业中,如果所有的企业都执行着基本相同的战略,则该行业中只有一个战略群组。如果每个企业都奉行与众不同的战略,则该行业中有多少企业便有多少战略群组。在同一战略群组内的企业除了广义的战略方面外,还在许多方面彼此非常相近。它们在类似的战略影响下,会对外部环境做出类似的反应,采取类似的竞争行动,占有大致相同的市场份额。

在企业的经营实践中,企业常常在分销渠道、市场定位、产品质量、技术领先、用户服务、价格政策、广告政策及促销等方面与其他企业存在诸多的不同。然而,在大多数行业内,根据企业基本战略或发展方向的异同,可以将行业内的企业划分成不同的群组,在同一群组内的企业的基本战略或发展方向都是相同与相似的。这种企业群组就是战略群组。它们具有相似的能力,满足相同细分市场的需求,提供具有同等质量的产品和服务。

二、战略群组的识别

波特在《竞争战略》一书中提出,要识别一个战略群组,一般要通过分析两、三组作为竞争基础的关键因素来进行。波特认为,这些考察的关键因素主要有产品或服务的多样化程度、销售渠道、地理覆盖程度、品牌数目、产品或服务的质量、技术领先程度、研究开发能力、成本地位、生产能力利用率、产品或服务的价格、所有制结构和组织规模等。这些因素中究竟哪些与某特定行业相关,需要根据该行业发展的历史及其发展现状、在现实环境中真正起作用的力量及企业的竞争活动等来辨别。

在识别战略群组时,首先要从以上变量中找出两到三个变量。出于分析的方便,通常是找出两个关键变量。常用的变量有价格或质量区间(高、中、低;豪华、中等、经济)、地区覆盖面、多元化程度、产品线宽度、分销渠道的应用、服务的程度等。然后按上述差别化特征将产业内所有的企业列于一张双因素变量图上。把大致落在相同战略空间的企业归于同一个战略群组，最后给每个战略群组画一个圆，使其半径与各战略群组所占整个行业销售收入的份额成正比。这样就可以得到一个双变量的战略群组图。

三、战略群组的稳定性

对于不同的行业来说，是否存在稳定的战略群组，主要是由以下三个关键因素决定的。

(1) 移动壁垒的强弱。不仅体现为企业核心资源与能力的复制难度，还表现在规模经济、政府政策准入性、品牌等其他组成移动壁垒要素的强弱。

(2) 目标市场的异质性。一个行业内的市场可以划分为若干个细分市场，每个市场的目标顾客群都具有自身的特征与偏好。

(3) 行业所处的生命周期。随着行业自身的发展，行业中移动壁垒的高低以及市场的可分割性会发生变化，进而对战略群组的存在性产生影响。

四、战略群组分析的价值

战略群组分析具有三个方面的价值：首先，有助于很好地理解战略群组间的竞争状况，了解某一群组与其他群组有何不同；其次，它提出了这样一个问题：一个企业怎么从一个群组转到另一个群组？群组间流动要考虑进入壁垒的大小和阻力的强弱；最后，利用战略群组分析图还可以预测市场变化或者发现市场机会。通过战略群组分析可以使企业的管理者以最接近竞争对手的绩效为标杆或基准，有针对性地对价格、产品或服务、品牌、顾客忠诚、盈利水平、市场份额等几个方面进行分析。

总之，战略群组作为一种分析工具，既不同于行业整体分析方法，也不同于单个企业的个别分析方法。它是从不同企业的战略管理中找出带有共性的事物,更准确地把握行业中竞争的方向和实质,避免以大代小或以小代大所造成的缺陷。需要强调的是,在勾画战略群组图时,必须选取少数战略变量作为图轴。用作图轴的最佳战略变量是那些对产业中战略群组的形成起决定作用的变量。对一个产业可以勾画数个战略群组图,利用战略的各种组合来认识最关键的竞争问题。

第七节 外部因素评价(EFE)矩阵

一、EFE 矩阵概述

外部因素评价矩阵(External Factor Evaluation Matrix, EFE 矩阵)是对企业的关键外部因素进行分析评价常用的工具与方法,它的主要元素有机会因素、威胁因素、权重、评分以及在此基础上形成的加权分数和总分数。最终得到的总分可以使企业知晓自身对外部环境和竞争所作出的反应是积极、卓有成效还是较差?当然,由此得出的判断具有相当的主观性,其评价可能会因专家的不同而存在差异,因为各种因素的重要程度及企业对其有效反应的指标具有相对性,并且是动态变化的。

二、EFE 矩阵分析步骤

外部因素评价矩阵归纳和评价经济、社会、文化、人口、环境、政治、政府、法律、技术及竞争等方面的企业外部环境信息。建立 EFE 矩阵的五个步骤如下所示。

(1) 列出在外部分析过程中关键的外部因素。因素总数在 10～20 个。因素包括影响企业和其所在产业的各种机会与威胁两大类。首先列举机会,然后列举威胁。要尽量具体,可能时要采用百分比、比率和对比数字。

(2) 赋予每个因素以权重,其数值由 0(不重要)到 1(非常重要)。权重标志着该因素对于企业在产业中取得成功的影响的相对大小。机会往往比威胁得到更高的权重,但当威胁因素特别严重时也可得到高权重。确定恰当权重的方法包括对成功的竞争者和不成功的竞争者进行比较以及通过集体讨论而达成共识。所有因素的权重总和必须等于 1。

(3) 按照企业现行战略对各关键因素的有效反应程度为各关键因素进行评分,范围为 1~4 分,4 表示反应很好,3 表示反应超过平均水平,2 表示反应为平均水平,而 1 则表示反应很差。评分反映了企业现行战略的有效性,因此,它是以企业为基准的,而步骤(2)中的权重则是以产业为基准的。

(4) 用每个因素的权重乘以它的评分,即得到每个因素的加权分。

(5) 将所有因素的加权分相加,以得到企业的总加权分。

无论 EFE 矩阵所包含的关键机会与威胁数量多少,一个企业所能得到的总加权分数最高为 4,最低为 1。平均总加权分数为 2.5。若总加权分数为 4,反映企业在整个产业中对现有机会与威胁作出了最出色的反应。换言之,企业的战略有效地利用了现有机会并将外部威胁的潜在不利影响降至最小。若总加权分数为 1,则说明公司的战略不能利用外部机会或回避外部威胁。

表 3-3 是某家电生产企业的 EFE 矩阵的例子。请注意"人均收入提高,高收入人群增加"是影响该产业的最重要因素,正如其权重 0.15 所显示的。本案例中的公司在家电下乡政策出台前就先于竞争对手部署了覆盖农村的销售体系,从而对家电下乡这一机会的评分是 4。总加权分数为 2.91,说明该公司在利用外部机会和回避外部威胁方面高于平均水平。

表 3-3　某家电企业的外部因素评价矩阵

关键外部因素	权重	评分	加权分
机　　会			
1. 中国对外贸易的持续增长	0.08	4	0.32
2. 中国经济持续发展,人均收入提高,高收入人群增加	0.15	3	0.45
3. 数字家电技术的发展	0.10	2	0.20
4. 家电业的规模效应明显	0.10	4	0.40
5. 年轻人追求个性、时尚化产品	0.12	2	0.24
6. 家电下乡政策	0.05	4	0.20
威　　胁			
1. 分销商讨价还价能力强	0.10	3	0.30
2. 国内厂家核心技术掌握不充分	0.10	3	0.30
3. 消费者对国内品牌的质量认同度较低	0.05	3	0.15
4. 原材料价格不断提高	0.05	2	0.10
5. 劳动力价格不断提高	0.05	2	0.10
6. 西方国家不断设置贸易和技术壁垒	0.05	3	0.15
合　　计	1.00		2.91

这里特别需要注意的很重要的一点是,透彻地理解 EFE 矩阵中所采用的关键因素比实际的权重和评分更为重要。

【本章小结】

要制定出适合本企业的战略,企业必须首先对自己所处的外部环境进行分析。外部环境分析是 SWOT 分析的重要组成部分,目的是为了明确外部环境中存在的威胁和机会。根据外部环境因素对企业生产经营活动影响的方式和程度,一般可将企业的外部环境分为宏观环境(PEST 分析)、行业环境(五力模型)以及竞争者与经营环境(CPM 矩阵、钻石模型和制度分析)三大类。在战略分析过程中,需要对这些外部环境关键因素建立 EFE 矩阵并进行解剖。

企业必须密切关注自己所处的行业环境。波特五力模型就是用以确定企业在行业中的竞争优势和行业可能达到的最终资本回报率的行业分析模型。这五种力量分别是:(1)行业新进入者的威胁;(2)供应商的议价能力;(3)购买商的议价能力;(4)替代产品的威胁;(5)同业竞争者的竞争强度。波特认为,这五种竞争驱动力决定了企业的最终盈利能力。

我们将一个产业内在某个战略方面采用相同或相似战略的各企业所组成的集团称为一个战略群组。企业要清楚地认识到自己在产业内所处的战略群组和相关战略的状况,并最终辨别出自己的竞争对手。至此,外部环境分析从一般宏观环境到中观行业环境逐渐过渡到第四章所要进行的微观环境——企业自身的资源与能力分析。

【基本概念】

PEST 分析　行业生命周期　波特五力模型　竞争态势矩阵(CPM)　钻石模型　制度分析　战略群组(集团)　外部因素评价矩阵(EFE)

【复习思考题】

1. 企业所处的宏观环境有哪些?企业应如何根据所处的宏观环境确立自身的战略?

2. 行业生命周期有哪几个阶段?企业应该采取什么样的策

略进行适应?

3. 分析讨论波特五力模型中行业新进入者的威胁、供应商的议价能力、购买商的议价能力、替代产品的威胁和同业竞争者的竞争强度间的联系。

4. 讨论进行钻石模型分析和制度分析对企业战略的重要性。

5. 举例说明如何建立竞争态势矩阵和外部因素评价矩阵?

【结尾案例】

传统家电连锁前景堪忧

国美日前公布的年报显示,尽管销售业绩达到598.21亿元(年报数据未含约600家非上市门店及大中电器门店),同比增长了17.5%,但净利率却下滑6.2%,由2010年的19.62亿元降至18.4亿元。尤其值得重视的是,国美单店平均业绩由2010年的0.61亿元降至0.55亿元,同比下滑了近10%。苏宁情况虽比国美较好,净利率增长了20.13%,达到48.2亿元,但单店平均业绩还是由0.58亿元降到了0.56亿元。

可见,销售疲软及单店效益下滑成为了集体困扰。更有意思的是,国美2011年新开店282家,苏宁新开398家,门店数和利润增长均为两位数以上,但单店产出却在下降,这个指标可以揭示更多问题,其中一点就是家电卖场依赖后台利润的现象有增无减。这可能是导致其未来致命的弱点:走过了近20年的家电连锁企业依然只能做着"二房东",靠"盘剥"供应商来生存,并没有形成自己的核心竞争力。而所谓的品牌和话语权,如果在经营模式上没有彻底革新,也会随着网络等新兴购物方式的颠覆而被逐渐淘汰。

道理非常简单:家电连锁卖场在中国市场的兴盛本就"异类"——产品由厂家提供、促销员或员工由厂家委派、送货由厂家或第三方负责,安装和售后服务由厂家提供,卖场除了提供场地,其他的服务基本可以忽略,自身管理上也非常粗放,精细化更无从谈起。从某种意义上说,这是一种非常畸形的商业模式,不过,连锁卖场带来的购物方式上的变化在近20年里让消费者对其大为垂青。

但这一切旧时的优势正在加速消亡。从发达国家的发展轨迹来看,家电类产品最终会集中在少数几个品牌上。家电卖场另一个与超市或百货等卖场不具可比性的劣势是,在家电类商品的购买上,消费者有着更明显的品牌倾向和清晰、理性的购买选择。

也就是说,当电子商务可以把现时传统家电卖场的服务和购物体验做得更好和更便利时,消费者会从哪个渠道购买已无悬念,要知道,这样的场面现在已在上演,有消费者去卖场详细咨询产品后,只需用手机轻轻一拍商品条码,网络就会自动查找包括电商在内的所有厂家里最优惠的价格。

从单店业绩的下降中,我们也已隐约看到其正在成为事实。这一点在有着传统渠道购物需求的年龄较大的消费者逐渐"退居二线"后会更明显。届时,传统家电卖场很可能会沦为一个仅仅是品牌展示的场所,更多地是在供消费者直观体验实物。而在很多门店,偌大的卖场里空空荡荡,员工比顾客多得多的情况司空见惯。不敢想象,在人力、房租、运营、物流等成本显著上升的情况下,传统家电卖场的未来又在哪里呢?

所以,当苏宁把投注下到苏宁易购上以及国美也把更多的赌注押给了国美商城和库巴并"牵手"当当时,莫非它们已经嗅到了传统家电卖场的末路为时不远矣?

资料来源:陈岳峰.传统家电连锁前景堪忧[N].《经济观察网》,2012-03-28.

思考讨论题：

1. 传统家电连锁企业的优势是什么？
2. 电子商务的发展给传统家电连锁企业带来什么样的影响？
3. 传统家电连锁企业应该如何应对电子商务的冲击进而形成自身的核心竞争力？

第四章 内部分析——竞争优势的本质

名人名言

认识你自己!

————苏格拉底

故曰:知己知彼,百战不殆;不知彼而知己,一胜一负;不知彼不知己,每战必殆。

————《孙子兵法·谋攻篇》

【本章学习重点】

(1) 熟悉企业资源与能力的内容及其意义;
(2) 理解企业价值链的构成和分析原理;
(3) 掌握企业核心竞争力的识别、培育与管理;
(4) 全面掌握企业竞争优势的基石及与创新的关系;
(5) 了解挑战企业持续竞争优势的内外部因素;
(6) 掌握内部因素评价(IFE)矩阵的分析方法。

【开篇案例】

腾讯公司的核心竞争力

据中国之声《新闻和报纸摘要》6时32分报道,2010年3月5日,腾讯QQ同时在线人数突破了一亿人。这是个令世界上任何一个互联网企业难以超越和足以眼红的数字。而就在5月31日的香港股市上,以收盘价计算,腾讯的市值超过2 750亿港元。也就是说,这一天的腾讯,相当于新浪、搜狐、网易三大门户网站加上百度四个公司的市值总和。

腾讯为什么这么能赚钱?它的核心竞争力在哪里?找到了这个问题的答案或许也就能为中国互联网企业的成长找到最具有典范意义的注脚。中国互联网信息中心互联网发展研究部主任刘冰说:"腾讯的核心竞争力应该是他的IM,就是即时通讯服务。这个服务本身并不赚什么钱,但为什么它是核心竞争力呢?就是因为这个服务它圈住了中国最大的网民群体,要比喻一下的话,腾讯自然而然地掌握了一个人流量最多的地铁口,或者说交通枢纽。"

数以亿计的用户数量自然是任何一家企业都会视为生命的财富源泉。但用过QQ的人都知道,这是一项并不收费的沟通方式。已经连续6年成为中国互联网老大的腾讯,利润从何而来?事实上这也是连续几年令互联网专家冥思苦想的命题。大多数人首先想到的可能是广告。但实际情况是,广告收入目前只占腾讯总收入的8%,一直以来这个数字也从未超过10%。而腾讯2009年12.8亿美元的营收中,有70%以上来自虚拟商品(主要是指无实物性质、网上发布时默认无法选择物流运输的商品,可由虚拟货币或现实货币交易买卖的虚拟商品或者虚拟社会服务等。目前,主要有:网络游戏点卡、网游装备、QQ号码、Q币等;移动、联通、小灵通充值卡;IP卡、网络电话、软件序列号;网店装修、图片储存空间等;电子书、网络软件;辅助论坛功能商品等)的销售。

原雅虎中国总经理、互联网资深专家谢文说:"最关键的就是很多年长期积累下来的强大的用户群和强大的粘性。它的扩展性可以附加任何具体的服务,不管它是新闻、电子商务、搜索、娱乐。可以在一个平台上把文章做得淋漓尽致。"

外界有人把腾讯的做法叫做跟随策略。这个策略的好处只有腾讯能把它最大化,也就是谢文所说的"淋漓尽致"。简单地说,QQ海量的免费用户相当于给自己打下了一个根基扎实的基础设施网,之后形成的每一项新业务就是网上的收费项目,腾讯不需要从头投入,所以,品种越多,成本也就越低。

登录QQ,看新闻、查邮箱、偷菜、写博客、上拍拍买东西,如果说当初QQ免费是不得已而为之,今天腾讯这些增值业务做到了每样都赚钱。

当年马化腾带着最初的几个员工把以色列人发明的ICQ转变成OICQ,差一点就因为找不到投资把QQ转让出去。因为没有收费渠道,在相当长的一段时间里,腾讯上千万的注册用户并没有让马化腾尝到赚钱的滋味。然而,到了2000年,当时中国移动推出"移动梦网"计划,通过手机可以收费,然后移动和腾讯"二八分账",恐怕连中国移动自己也没想到,它的计划从此打开了腾讯的盈利之路。腾讯依托"移动梦网"开始发展收费会员,逐渐进入到WAP、彩信、游戏等领域。很快,就成了"移动梦网"最大的黑马。

无论是先发优势还是长尾效应,腾讯人自己总结起核心竞争力,他们更看重的是企业自主研发的能力。腾讯新闻发言人郑小波表示:"核心竞争力就是创新,包括技术创新和用户体验创新。我们成立了研究院。我们现在有员工近万人,其中60%的员工为研发人员。今年上半年,公司授权的专利500多项,今年会突破1 000项,这在国际企业里面也会是领先地位。"

有人说"平台免费+多样化增值收费"让腾讯重写了互联网企业的盈利法则;也有人说腾讯的成功是因为马化腾一直以来的坚持,而这些都和腾讯的自主创新异曲同工。

资料来源:中国广播网,2010年6月3日。

第一节 内部分析的重要性

国内外企业发展的实践表明,同一产业内企业间竞争力的差异甚至比处于不同产业内的企业间竞争力的差异还要大,鲁梅尔特(Rumelt,1974,1984)的研究表明,产业内长期利润率的分散程度比产业间利润率的分散程度要大 3～5 倍。从这个意义上讲,企业利润率的源泉主要在于其内在的特殊性,而非产业间的相互关系。一个企业要取得战略上的成功,必须重视其内功的建设,而且要做到与众不同。企业的内功要做到与众不同,必须培育出企业内部独特的资源和能力,才能进一步建立企业竞争优势的基石(如图 4-1 所示)。

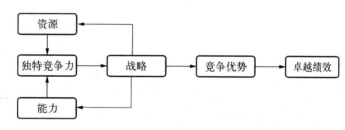

图 4-1 战略、资源、能力与企业竞争力的关系

企业内部分析的目的首先是掌握企业的历史和目前的状况,进一步明确企业所具有的优势和劣势,从它们的特性和对企业的作用上构建并获取企业的竞争优势。对企业的内部环境进行分析有助于企业制定有针对性的战略,有效地利用自身资源,发挥企业的优势,同时避免企业的劣势。例如,惠普能够基业长青,主要在于其著名的"惠普之道"(HP way)。1957 年,惠普公司上市,其创始人休利特和帕卡德(Hewlett & Packard)就确立了公司的宗旨与核心价值观。宗旨的基本核心是"客户第一,重视个人,争取利润",并依据它制定出一系列的具体规划和实施办法,最终形成了被业界誉为"惠普之道"的惠普文化,成为惠普能够持续发展的源泉。再如,本田、索尼、日产等公司的企业家资源也是推动企业持续成长的关键因素。

许多成功企业的案例说明,企业若想取得良好的战略绩效,简单的产业选择和产业定位是不够的,尽管产业结构分析及其特征演变是企业制定竞争战略的主要依据之一,但根据战略的本质内涵要求,战略应是一个企业"可以做的"(即外部的机会和威胁)和"能够做的"(即内部的优势和弱势)之间的有效匹配。波特在 S-C-P 模型基础上的经典论述已经对"可以做的"产业选择进行了详尽分析,但对于企业"能够做的"却较少涉及。20 世纪 80 年代后期及 90 年代以来,不少战略管理学者越来越注重对企业内部资源与能力的分析,逐渐形成了基于企业的资源基础观(Resource-Based View,RBV)。

第二节 资源与能力分析

在日趋激烈的市场竞争环境中,顾客选择偏好、购买行为和价值取向等都在迅速地变化。为形成有效的和方向一致的长期战略,企业的资源和能力在保持一定机动性的同时,也要有相当的稳定性。换句话说,企业应该明确它能做什么,而不是一味地追求应该满足哪些要求。大量的研究发现,一个企业试图同时满足其顾客的更多需求常常是困难的,国内外有很多企业试图向顾客提供"一条龙"服务,结果都失败了。相反,更多地关注开发内部资源和能力,并以此为基础来确定其战略的公司比较容易适应外部条件的变化。例如,日本的本田公司自 1948 年创立以来,其战略特点之一就是充分利用其在发动机设计和制造方面的专长,这使它成功地从摩托车市场扩大到其他汽油发动机产品市场。再如,美国的 3M 公司在薄膜技术上的专长使它可以通过多角化战略来拓宽其产品范围。

正是由于以上一些原因,从 20 世纪 80 年代后期开始,人们将注意力更多地集中在企业的资源和能力上,并研究其作为战略基础的重要作用,认为企业本身的资源和能力才是决定其获利能力的主要因素。

专栏 4-1

企业资源基础观(RBV)

1984年,沃纳菲尔特(Birger Wernerfelt)在《战略管理杂志》上发表的"企业资源基础论"(A Resource-based perspective)是一篇里程碑式的论文,标志着 Resource-based 这一名词的诞生和资源基础学派的再度兴起。

资源基础学派由跨越10年内的4篇文章共同组成,每一篇文章重视了问题的一个方面。第一篇是沃纳菲尔特的"资源基础的观点",聚焦于资源异质性在公司层面的含义;第二篇是巴尼在1986年发表的文章"战略要素市场",该文重视竞争优势的创造与资源的价值;第三篇是1991年的论文"企业资源和可持续竞争优势",该文重视竞争优势和价值的可持续;第四篇是彼得瑞夫(Margaret A. Perteraf)的"竞争优势基石:基于资源的观点",该文把所有部分整合在一个点的框架中,包括竞争优势在业务和公司层面如何被创造和如何可持续等问题。

一、企业资源与能力分析的必要性

在上一章中,我们讨论了企业的外部环境分析,那是企业制定战略的基础。但是,外部环境中的某些因素及其变化对不同企业的影响却并不是一样的。也就是说,某一种环境因素对某个企业是机会,对其他企业则不一定是机会,甚至还可能是威胁,这是因为不同的企业拥有不相同的资源与能力。即使外部环境的变化给每个企业都带来了可以利用的机会,也只有那些具备了与此相适应的资源和能力的企业,才能真正抓住机会。

每个企业都拥有或可以拥有一定的资源以及有效地协调这些资源以满足特定市场需求的能力,即每个企业都是资源和能力的结合体,这一结合体形成了战略的另一个基础。不明晰企业的资源和利用资源的能力,就无法正确地制定战略。企业资源的差异性和企业利用这些资源的独特方式是企业获取竞争优势最重要的来源。企业的资源并不限于它所"拥有"的资源,企业外的资源也是产品或服务的设计、生产、营销到客户等一系列行为不可缺少的一部分,它会极大地影响企业的战略能力。

二、企业的资源和能力分析

事实上,无论企业大小,都有多种资源,这些资源各有不同的特点和作用,不同行业的企业资源构成也有很大的差异。这些资源能否产生竞争优势,取决于它们能否形成一种综合能力。

(一)企业资源分析

企业内部资源对战略的作用最终产生了资源学派。从理论上来看,经济学讲究资源配置(降低交易成本),管理学讲究明确目标、明确职责和提高效率。战略则是合理配置资源。配置的途径就是整合资源和成就企业战略。

资源的内涵是指企业在生产经营过程中所投入的各种要素。就资源的本身而言,它没有任何生产能力,是生产活动要求资源进行整合和协调。从一般意义上分析,可以将资源分为两类五种,即有形资源和无形资源,具体包括物质资源、财务资源、人力资源、组织资源和产权资源。

1. 有形资源和无形资源

有形资源是比较容易确认和评估的一类资源,可以从企业的财务报表上查到,可以从市场上直接获得,可以用货币加以直接度量,并可以直接转化为货币。但从战略的角度看,资产负债表上所反映的资产价值是模糊的,有时甚至是一种错误的指示,这是因为过去所做的成本报价并不能真实地反映某项资产的市场价值。当考虑某项有形资产的战略价值时,不仅要看到会计科目上的数目,而且要注意评价其产生竞争优势的潜力。换句话说,一项账面价值很高的实物资源,其战略价值可能并不大。实物资源的战略价值不仅与其账面价值有关,而且取决于公司的地理位置和能力、设备的先进程度和类型以及它们能否适应产品和输入要素的变化。

无形资源是企业不可能从市场上直接获得、不能用货币直接度量、也不能直接转化为货币的那一类经营资产,如企业的经营能力、技术诀窍和企业形象等。无形资产是企业在长期的经营实践中逐步积累起来的,虽然不能直接转化为货币,但却同样能给企业带来效益。由于无形资源的不可见性及其隐蔽性,人们往往忽略其战略价值。例如,在产品质量和服务对潜在的顾客利益的影响并不明显的行业,企业信誉和知名度往往是最重要的资源。例如,在软饮料行业,可口可乐和百事可乐是世界上信誉和知名度很高的两家公司,这种巨大的无形资源已成为它们最重要的竞争资源。医疗、教育等行业都是更多地依赖于信誉和知名度的行业。

2. 物质资源、财务资源、人力资源、组织资源和产权资源

(1) 物质资源。物质资源属于有形资源,指企业使用的所有有形技术,包括企业的车间和设备、所处的地理位置及原材料供应渠道等。它是企业生产能力的重要衡量标准。物质资源的多少决定着企业的规模、技术水平、原料的占有数量等。在对公司物质资源评估时,还要对设备的寿命、固定资产变现价值、固定资产用途转换的可能性进行分析。从用途考虑,物质资源要比其他资源在灵活性方面受到的限制更多一些。例如,作为一种物质资源,地理位置对于景德镇的陶瓷厂和沃尔玛大卖场等企业的成功是非常重要的。

(2) 财务资源。财务资源在所有的资源中最具有弹性,因为它可以用作购买其他资源,是指企业从各种渠道获得的、可用于构造并实施其战略的所有资金,包括创业者的自有资金、股票融资、

债券融资、银行贷款及企业的留存收益等。财务资源反映企业资本的来源和使用的能力,如贷款能力和内部资金的再生能力等。财务资源的多少决定着企业进行规模扩张和资本扩张的投资能力,如资产负债率、可支配现金总量等。

(3) 人力资源。人力资源包括企业管理者和员工的个人经验、判断力、才智、关系以及洞察力等。根据巴尼(1991)的论述,企业资源中的人力资源包括人力资源的数量、人员类型和人员结构,具体包括人员的培训、经验、关系及视察能力。人力资源具有较大的可开发潜力,对企业寻求持续竞争优势具有决定性的作用。例如,任正非(华为)、张瑞敏(海尔)、比尔·盖茨(微软)等知名企业家对企业今天成就的贡献是毋庸置疑的。在技术飞速发展和信息化加快的知识经济时代,人力资源在组织中的作用也越来越突出。但是,有价值的人力资源并非局限于企业家和高级管理者,对于很多企业而言,即使是最基层、最普通的员工,对企业成败也有着重要影响。

(4) 组织资源。与人力资源所强调的个体特性不同,组织资源强调的是组织整体的特性,包括保证公司有序运作的方式方法,具体表现为组织结构及类型、各种规章制度、计划和控制协调系统、组织文化、企业内部和企业与环境之间的非正式关系。例如,在美国西南航空,为使航班能按时起飞,机组人员甚至飞行员都可以帮助装运行李,这类合作及工作分担显示出员工对企业极高的忠诚度,使个体资源之间的关系成为企业的一种重要组织资源。

(5) 产权资源。产权资源属于无形资源的范畴,主要包括专利、专有技术、商业秘密、商标、品牌、声誉等(豪尔,1992,1993)。无形资产具有极强的独享性和扩散效应,其价值增值的速度要高于其他任何资源。

任何企业由于其所在的产业、市场、发展阶段和自身的能力与特点不同,资源的多少和资源的水平不同,对企业战略的影响程度也不相同。因此,对不同企业来说,企业资源的重要程度就有所差异。

(二)企业内部能力分析

企业能力是指公司协调整合资源以完成预期的任务和目标的技能,简称能力。这些技能存在于公司的日常活动中,这就是说,存在于公司做决策和管理其内部过程以达到公司目标的方式中。概括起来说,企业的能力是组织结构和控制系统的产物。这些系统规定了在公司内部如何做出决策、在哪儿做决策、公司要奖惩的行为以及公司的文化和价值等。根据定义,企业能力也是企业的无形资源,但企业能力不存在于公司中的单个人员身上,而更多地体现于在公司范围内个人之间相互作用、相互配合和做出决策的方式上。如果没有能力,资源很难发挥作用,也很难增值。但能力本身并不能确保企业能有效地构造和实施一个战略,只是它能使企业借助其他资源来实现战略的构造与实施。能力包括企业管理层的管理技能和团队及协作等。在华为,技术和市场部门之间的协作即是企业能力的一种体现。能力的基础是企业的人力资本。企业的能力(如表4-1所示)通常表现为职能方面,另外一些能力具有跨职能和综合性的特点。

表4-1 企业能力类型汇总表

企业能力类型		举 例
职能管理能力	财务管理能力	盈利能力、偿债能力、运营能力
	人力资源管理能力	有效的激励体系、吸引人才的能力
业务管理能力	研发能力	快速的产品革新、独到的工艺、较强的基础研究
	市场开发能力	敏锐的市场意识、准确的市场定位和恰当的促销、有效的分销和物流体系

续表

企业能力类型		举 例
业务管理能力	制造能力	敏捷制造、精密制造、复杂制造
	项目管理能力	完整的信息管理体系、信息分析和加工、商务电子化的能力
跨职能综合能力	学习能力	良好的学习氛围、企业通过实践进行学习的能力
	创新能力	鼓励创新的氛围、有效的创新组织和管理
	战略整合能力	与上下游之间的良好关系、有效的战略联盟、有效的组织结构、健康的企业文化和企业变革能力

在当今的竞争格局中，传统的资源条件(如劳动力、资金、原材料)仍然是企业获取竞争优势的来源，但相对于过去而言，它们对竞争优势的贡献度已经减少了许多，一个重要的原因在于，与这些资源相关的竞争优势(如成本、速度、品质等)会被要素的国际化流动所部分地抵消。在这个背景下，企业的内功要做到与众不同，必须考虑发展出一些不同的资源整合与转换能力，这些能力不应该被对手广泛地占有，也不应该便利地被对手所模仿，当然，也不能简单地被对手转移走。看似困难的任务，却被不少的企业完成了，正因如此，它们获得了强有力的竞争优势。例如，肯德基在世界上80多个国家开设有14 000多家肯德基餐厅，每天接待1 200多万名顾客。1987年进入中国，20多年时间肯德基已有3 000多家连锁餐厅，而很多中国餐饮企业开到5家分店时就无法做到规范管理。这就是企业的内部能力，就是做到竞争对手不可想象和无法做到的事情。

事实上，每个企业都有某些超过其他企业的价值活动。美国联邦快递公司的优势在于其工作系统可以保证在第二天将用户的包裹递送到美国的任何地方；麦当劳的独特能力是其遍布世界各地的几千家店可以向用户提供几十亿个质量和口味相同的汉堡包；长虹集团的能力体现在其产品有一个很高的性价比，而海尔的优势与其服务网络和质量有密切的联系。这些公司之所以成功就在于它们认识到自己能做什么，并因而确定了相应的战略。同样，世界上也有很多不成功的公司，一个共同的原因并不是这些公司缺少相应的资源与能力，而是它们难以认识到这种资源与能力并有效地加以利用。

第三节 企业价值链分析

资源利用效率很大程度上取决于企业将它们整合的能力，这种能力是指在整个价值链活动中使资源不断增值的能力。而价值链分析是从企业内部环境条件出发，把企业经营活动的价值创造、成本构成同企业自身的竞争能力相结合，与竞争对手经营活动相比较，从而发现企业目前及潜在优势与劣势的分析方法，它是指导企业战略制定与实施活动的有力分析工具。

一、价值链模型的基本原理

在确认由企业控制的、具有潜在有价值的资源和能力时，一种可行的方法是研究其价值链。价值链分析的关键是认识企业不是人、资金、设备等资源的随机组合，如果不将这些资源组织进入生产经营中来，保证生产出最终顾客认为有价值的产品或服务，这些资源将毫无价值。迈克尔·波特认为，企业每项生产经营活动都是其为顾客创造价值的经济活动，企业所有的互不相同但又相互关联的价值创造活动叠加在一起，便构成创造价值的一个动态过程，即价值链。企业价值链中的每一环节需要不同资源和能力的运用与融合，由于不同企业对可采用的价值链活动存在多种选择，因此,它们最终可能开发出不同的资源和能力。从这个意义上讲,价值链反映出企业生产经营活动的历史、重点、战略及实施战略的方法,可以揭示企业活动给社会带来的影响。

研究企业的价值链将促使我们从更微观的层面考虑企业的资源和能力。通常情况下,考察每个企业所从事的具体活动,对于我们理解企业的财务、物质、人力及组织资源的类型更有帮助。更具体地讲,价值链分析可以帮助企业更详细地理解基于资源的竞争优势来源。企业所创造的价值如果超过其成本,就能盈利;如果超过竞争对手所创造的价值,就会拥有更多的竞争优势。总之,企业是通过比竞争对手更廉价或更出色地开展价值创造活动来获得竞争优势的。

二、价值链模型概述

由于价值链分析有助于确认企业拥有的资源及能力,在过去几十年间,众多学者纷纷致力于开发价值链模型,目前,已形成了几个得到广泛应用的价值链模型,其中,麦肯锡管理咨询公司及波特发展的价值链框架是比较有代表性的。

(一) 麦肯锡公司价值链模型

为了评价企业的能力,麦肯锡公司对组织活动的顺序进行分类,如图4-2所示,包括技术开发、产品设计、制造、营销、分销及服务六种不同的行为。公司能够从一种或各种组合行为来开发其不同的能力。

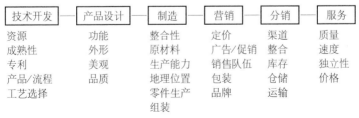

图4-2 麦肯锡公司价值链模型

应该指出的是，上述这种活动顺序基本上反映了企业资源增值的过程。但不同行业在不同阶段增值的幅度可能有很大差异。一些行业在产品设计阶段的增值比较明显，如计算机软件业；而另外一些行业可能在营销和分销阶段增值较多，如软饮料行业。企业必须根据行业的特点和本身的条件来完成资源增值过程。

（二）波特的价值链模型

迈克尔·波特在《竞争优势》一书中，在分析企业如何寻求竞争优势时认为，竞争优势来源于企业在设计、生产、营销、发货等过程及辅助过程中所进行的许多相互分离的活动。这些活动的集合所形成的价值创造的动态过程就是价值链（如图4-3）。价值链将一个企业分解为战略性相关的许多活动，并且通过比其竞争对手更廉价或更出色地开展这些战略活动来赢得竞争优势。

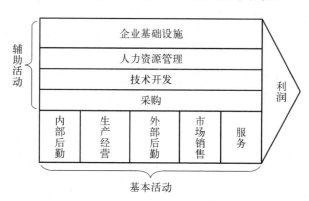

图4-3 波特提出的价值链

资料来源：[美]迈克尔·波特. 竞争优势[M]. 北京：华夏出版社，1997.

1. 价值链活动识别

波特把企业的活动分为两类：一类是基本活动，指生产经营的实质性活动，这些活动直接与商品实体的加工流转有关，是企业的基本性增值活动,每一种活动又可以根据具体产业和企业的特性进一步细化为若干项活动;另一类是辅助活动,指用以支持基本活动而且内部又相互关联的活动,主要体现为一种内部过程,如图4-3所示。

基本活动主要包括以下五类活动。

(1) 内部后勤。指与产品投入的进货、仓储和分配有关的活动,如原材料的装卸、入库、盘存、运输以及退货等。

(2) 生产运营。将投入转化为最终产品的活动,如加工、装配、包装、设备维修、检测等。

(3) 外部后勤。指与产品的库存、配送给购买者相关的活动,如最终产品的入库、接受订单、送货等。

(4) 市场销售。指促进和引导购买者购买最终产品的活动,如广告、定价、销售渠道等。

(5) 服务。指与保持和提高产品价值有关的活动,如培训、维修、零部件的供应和产品调试等。

行业不同,每项基本活动所体现的竞争优势也不同,各类主体活动都会在不同程度上体现出企业的竞争实力。

辅助活动一般可以分为以下四种活动。

(1) 基础设施。是指企业的组织结构、控制系统以及文化等活动。由于企业高层管理人员能在企业的这些方面发挥重要的影响,因此,高层管理人员往往也被视作基础设施的一部分。企业的基础设施与其他的支持活动有所不同,一般是用来支持整个价值链的运行,即所有其他的价值创造活动都在基础设施中进行。

(2) 人力资源管理。是指企业职工的招聘、雇用、培训、提拔和退休等各项管理活动。这些活动在调动职工生产经营的积极性上起着重要的作用,影响着企业的竞争实力,这些活动支持着企业中每项基础活动及整个价值链。

(3) 技术开发。指可以改进企业产品与流程效率的一系列技术活动,既包括生产性技术,也包括非生产性技术,它们不仅与企业最终产品直接相关,也支持着企业的全部活动,成为判断企业竞争实力的一个重要因素。

(4)采购。是指采购企业所需投入品的职能,既包括生产原材料的采购,也包括其他资源投入的管理。企业的采购部门是为企业整体服务的,它的采购政策也适用于整个企业,但某项具体的采购活动一般是与某项具体活动或支持活动有关。采购活动的费用在总成本中可能只占很少的比重,但它对企业采取低成本战略或产品差别化战略起着重要的作用。

2. 价值链系统

从图4-3中我们可以看出,企业价值链不是独立价值活动的集合,而是由相互依存的活动构成的一个系统。在这个系统中,主体活动之间、主体活动与支持活动之间以及支持活动之间相互关联,共同成为企业竞争优势的潜在源泉。

从更广的角度讲,在大多数产业中,很少有哪一个企业能单独完成从产品设计到分销的全部价值活动,除非企业具有非常充分的资金和十分全面的能力。一个企业的价值链往往是产业价值链的一部分,它同供应商价值链、分销商价值链、客户价值链一起构成价值链体系,如图4-4所示。

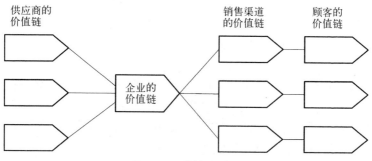

图4-4 价值链系统

对一个企业而言,向最终顾客提供低价格的产品,可能是由销售商较低的加价来支持的;而向最终顾客提供高质量的产品,也必然离不开供应商提供的高质量的零部件。所以,对任何企业的价值链分析应该放在产业价值活动的系统中进行。

三、构造企业价值链

为了诊断和分析竞争优势,企业有必要根据价值链的一般模型构造具有企业自身特色的价值链。

企业在构造价值链时,需要根据利用价值链分析的目的以及自己的生产经营特点,将每一项活动进行分解。分解的适宜程度取决于以下三点:有不同的经济含义;对差异化有巨大的潜在影响;在成本上表现为一个较大的份额或一个不断增长的份额。企业应该将可以充分说明企业竞争优势或劣势的子活动单独列出来,以供分析使用。对那些不重要的活动,则可以归纳在一起进行分析。活动的顺序一般按照工艺流程进行,也可以根据需要进行安排。无论怎样的顺序,企业的管理人员都应从价值链的分类中得到直观的判断。

一旦确定了价值链的主要因素之后,就可以进行战略成本分析工作,即将公司的部门成本会计数据分解成各项具体活动的成本。

四、资源有效配置与价值链模型分析

价值链分析不只是研究企业价值形成的过程,更重要的是通过对价值形成过程分析,选择有效的配置企业资源的措施和方法,寻求资源的战略作用。价值链上各项活动的存在和它们之间的联系是有效配置资源的前提和基础。因此,要分析资源配置和价值链活动的关系,重点应从三个方面进行。

(一)识别和判定形成企业竞争优势的关键性活动,实施标杆学习

价值链中的每项活动都是企业成功必不可少的重要环节,但

在某个战略时段和某种目标前提下,它们对组织竞争优势的贡献率是不同的。此外,对不同的行业或者当企业采用不同的战略时,各种价值活动的重要性次序可能发生变化,这是企业必须密切加以关注的。因此,必须确认那些维持企业竞争优势的关键价值活动,并在此基础上建立和强化这种优势,对企业获得差异性竞争优势和战略目标的实现具有重要作用。

当今的许多企业都将自己某项特定活动的实际状况与竞争对手的状况进行比较定位,或者同另一个行业中能够高效地开展相同活动的非竞争对手的状况进行比较定位,这称为标杆学习。标杆学习的核心是比较各个企业开展其价值链中一些基本的活动和职能的优劣程度,如如何采购原材料、如何培训员工、如何处理企业的分销、企业推出新产品的速度如何、质量控制开展得怎样、如何处理客户的订单、如何为客户服务等。标杆学习的目标是理解开展某项活动的最佳做法,学习怎样才能取得竞争优势。

专栏 4-2

施乐公司的标杆学习

施乐公司是标杆学习的典范。1976年前后,一直保持着世界复印机市场实际垄断地位的施乐公司遇到了来自国内外,特别是日本竞争者的挑战。1979年,日本的制造商在美国以施乐的成本销售其复印机仍能获利,而产品开发周期、研发人员则比施乐短或少50%。面对竞争的威胁,施乐公司派了一个考察团到日本去学习竞争对手的业务流程和成本。该考察团发现,施乐公司的成本太高,其原因是在公司的制造过程和业务管理中存在严重的低效率问题。后来,施乐公司推出了一个长期的标杆学习计划,将公司67个关键工作流程同那些被认为这些过程"做得最好"的公司进行标杆学习。最后,施乐公司的产品恢复了竞争力。

(二)分析企业价值链内的各种活动之间的联系,提高价值创造

价值链中的基本活动之间、基本活动与辅助性活动之间以及辅助性活动之间存在的各种联系的选择和形成,对企业提高价值创造活动和寻求竞争优势及配置企业资源的能力是十分重要的。价值链是一个由相互依存的活动构成的系统,这些活动是由价值链内部联系联结起来。

价值链中的联系反映的是为了实现企业战略目标的各种活动之间的资源平衡。例如,在基本活动之间,内部后勤活动管理水平提高就会在库存的进货数量、及时程度方面有利于生产经营活动进行,从而有利于适应市场开发和满足顾客需求。但是,在内部后勤活动组织水平提高的同时,也增加了组织和管理成本,这就要具体判断提高内部后勤管理水平成本增加和价值增加的关系。辅助活动之间的不同联系方式也会影响到资源的有效利用和价值创造。例如,人力资源和新产品研发的产业化的协调程度会直接影响新产品的竞争力。因此,在分析企业的价值活动时,还需要评估整个价值体系内局部最优化的程度。

(三)分析价值系统内各项价值活动之间的联系,维持企业的竞争优势

前面已经分析了价值链系统的内容,即价值活动的联系不仅仅是在企业内部的价值链中存在,而且存在于产业的价值链系统之中。在战略资源分析时,还要对产业价值链中的上、下游环节上的企业与企业之间的联系进行分析,从而确定企业在价值创造过程中选择什么样的方式与供应商、分销商和顾客的联系方式,以提高企业的长期竞争优势。一般来说,竞争对手很容易模仿组织的某项价值活动,但却很难抄袭到价值链之间的这些联系。这正是一体化程度很高的大型企业更具竞争优势和竞争对手难以仿效的原因。

专栏 4-3

沃尔玛的价值链系统

世界零售业巨头沃尔玛与其供应商的联系会给很多企业带来启示。一方面,它充分利用其规模优势,对供应商进行强有力的讨价还价,尽力获得最低价格;另一方面,它又与供应商结成长期伙伴关系,帮助供应商改善管理。例如,沃尔玛与它的主要供应商宝洁公司的计算机系统相连接,从而建立一个及时订货和传送系统。当沃尔玛的库存到了订货点时,计算机就通过卫星向最近的宝洁工厂发出订单,这些工厂就将其商品送到沃尔玛的分销中心或直接运送到商店。通过双方价值链的联结和协调,宝洁公司能够有效地制定出生产计划,进行直线分销,降低了成本。宝洁公司又可以将节约的一部分成本让利给沃尔玛,形成一种双赢的局面。

第四节 核心竞争力分析

企业在寻求竞争优势的过程中,主要竞争力的形成就是能力和资源的有效结合。在现代市场竞争中,企业发展单独依靠哪一种因素都很难形成持久的竞争力,企业竞争优势的形成是依靠企业核心竞争力实现的。

一、核心竞争力的内涵与特征

核心竞争力的概念最早起源于美国管理学家普拉哈德拉和哈默(Prahalad and Hamel)1990 年在《哈佛商业评论》上发表的"企

业核心竞争力"一文。至此,企业核心竞争力的理论在欧美管理学界和企业界迅速成长为战略管理的主流,流行至今依然强势不衰。

（一）核心竞争力的含义

核心竞争力(Core competence)也称核心能力或核心专长,由于这一概念往往是一个企业与其竞争对手相比较而言的,因此,用核心竞争力更为贴切。所谓核心竞争力,是某一企业内部一系列互补的技能和知识的组合,它是企业独特拥有的、为消费者带来特殊效用、使企业在某一市场上长期具有竞争优势、获得稳定超额利润的内在能力资源。它一般以企业的核心技术能力为基础,是企业在其发展过程中建立与发展起来的一种资产与知识的互补体系。这些技术和知识的结合方式决定着核心竞争力的强弱,决定着企业开发新产品、服务市场和挖掘新的市场机会的潜力,体现着竞争优势。当今世界 500 强几乎无一不在技术诀窍、创新能力、管理模式、市场网络、品牌形象和顾客服务等方面具有独特专长。这些公司的成长过程,也就是其核心竞争力培育和发展的过程。

专栏 4-4

核心竞争力理论

1989 年,哈默、都斯和普拉哈拉德在《哈佛商业评论》第一期上发表了"成功——与竞争对手合作"一文,文章指出,就短期而言,公司产品的质量和性能决定了公司的竞争力,但长期而言,起决定作用的是造就和增强公司的核心竞争能力——孕育新一代产品的独特技巧。1990 年,普拉哈拉德和哈默在《哈佛商业评论》上发表"企业核心竞争力"一文,标志着核心竞争力理论的正式提出。他们指出,所谓核心竞争力,是"组织中的积累性学识,特别是关于如何协调不同生产技能和有机结合多种技术流的学识"。核心竞争力是一组技能和技术的集合体,而不是某一单个的技术和技能。按照他们的核心竞争力的概念,企业是由:(1)核心竞争力;(2)核心产品;(3)最终产品等结构组成,核心竞争力是企业增强竞争力和获取竞争优势的关键。由于核心竞争力理论较好地解释了成功企业长期竞争优势存在的原因,同时能为其他企业的发展指出一条明路,因此,20世纪90年代以来,企业核心竞争力的研究热潮得以兴起。

(二)核心竞争力的特征

1. 价值性

核心竞争力应当是有价值的,必须以实现用户看重的价值为最终目标。只有那些能够真正为用户提供根本性好处和帮助企业为用户创造更多价值的能力才能成为企业的核心竞争力。

2. 异质性

一个企业拥有的核心竞争力应该是企业独有的、与其他企业不同的。核心竞争力的异质性决定了企业之间的异质性和效率的差异是企业成功的关键因素。

3. 延展性

企业的核心竞争力犹如一个"技能源",通过其发散作用,将能量不断扩展到终端产品上,从而为消费者源源不断地提供创新产品。例如,佳能公司利用其在光学镜片、成像技术和微处理控制技术方面的核心竞争力,成功地进入了复印机、激光打印机、照相机、成像扫描仪、传真机等20多个市场领域。

4. 不可模仿性

核心竞争力应具有企业特点,其内容和方式是不可模仿的,从而形成竞争的屏障来保护自己。为了阻止仿效,企业最有效的抵御战略就是核心竞争力的形成,必须要与资源的特殊化相关或者通过有效的战略来保护有价值的资源。

5. 不可交易性

核心竞争力是与特定的企业相伴生的,是在企业发展的过程中不断形成的,是一种"积累的学识",它需要企业的长期培育,进而与企业形成共同体。核心竞争力无法像其他生产要素一样通过市场交易进行买卖。

6. 不可分离性

核心竞争力是与企业的组织结构高度复合的,它不仅由技术因素决定,而且与企业的组织结构产生的系统相适应。因此,它难以从企业主体中分离出来,一旦拥有,会具有较强的稳定性,和竞争对手之间形成质的差别。

7. 动态性

企业的核心竞争力不是一成不变的,某个企业的核心竞争力可能最终被竞争对手所成功模仿,并随着时间的推移而逐渐成为行业内的一种基本技能。企业应该以动态的观点看待自己的核心竞争力,随时对自身的能力与外界(如竞争对手和行业水平)进行比较和评估,通过创新不断加强自己的优势,以保持持久的核心竞争力。

二、核心竞争力的识别

巴尼(Jay B. Barney,1991)提出用 VRIO 模型来判断核心竞争力。所谓 VRIO 模型,就是指价值性、稀缺性、难以模仿性和难以替代性。因此,核心竞争力的判别标准由四个方面组成(如表 4-2 所示),这些标准被用来判别哪些资源和能力是核心竞争力。不能满足这四种标准的能力就不是核心竞争力。在实际操作中,一种能力要想成为核心竞争力,必须是"从客户的角度出发,是有价值并不可替代的;从竞争者的角度出发,是独特并不可模仿的"。

表 4-2 核心竞争力的四个标准

有价值的能力	帮助企业减少威胁及利用机会
难于模仿的能力	● 历史的：独特而有价值的组织文化和品牌； ● 模糊性因素：竞争能力的原因和应用不清楚； ● 社会复杂性：经理之间、供应商及客户间的人际关系、信任和友谊
稀缺的能力	不被他人拥有
不可替代的能力	不具有战略对等的资源

因此，对企业所拥有的资源和能力用上述四个判断标准进行分析，使企业对核心竞争力作出准确的识别和分析，通过深入挖掘核心竞争力并适应全球竞争的需求，将有助于企业增强竞争优势。

三、核心竞争力的培育

（一）核心竞争力培育的阶段

对于企业而言，企业核心竞争力的培育是一个复杂的系统工程，因为它包含多个层面的能力，企业培育核心竞争力的前提是企业的管理者充分意识到核心竞争力在企业生存和发展中的重要作用。具体需要经过以下三个阶段。

(1) 认知、挖掘阶段。首先，从最高管理者到最基层的每一个成员都应认知企业核心竞争力战略在市场竞争中的作用，重视和关心企业核心竞争力的培养；其次，企业要善于寻找、挖掘现有的技术和非技术优势，通过层层分析、总结、归纳出企业现有的核心竞争能力并加以培养。

(2) 运用、整合阶段。在上一阶段充分认知的基础上，积极利用现有的知识积累、人才资源和管理能力，将核心竞争力运用于企业的各项经营活动中，并不断地进行总结、分析、学习和创新，建立一个学习型组织，然后，将这种初步形成的核心竞争力部署到企业的各环节,主要是通过对学习型组织的人力资源的组织和分配来达到核心竞争力的部署要求,从而产生整体效应。

(3)保持、创新阶段。核心竞争力具有阶段性和动态性:阶段性是指核心竞争力总是与企业成长阶段相联系的,即不同阶段有不同内容和形式的核心竞争力;动态性是指在竞争范围扩大过程中,原有核心竞争力难以适应其市场竞争的需要,因此需要及时地创新和发展。当企业的核心竞争力已经形成的时候,应该充分利用并保持其在企业中的地位和作用,创造出更多的最终产品和服务。当企业的竞争范围发生变化时,应该及时调整,进入新一轮挖掘、培养、创新企业核心竞争力。

(二)建立核心竞争力的资源

核心竞争力是指能为企业带来相对于竞争对手的竞争优势的资源和能力。企业具备多种资源,但并不是所有的资源都能形成核心竞争力,相反,有的可能会削弱企业的竞争能力。战略分析的一个重点是识别哪些资源可以形成企业的核心竞争力。企业只有深度挖掘自身的有利资源和能力,才能建立起独特的竞争优势。

专栏 4-5

寓言:动物学校

在新老世纪交替时刻,为了迎接日趋恶化的生存环境的挑战,动物们决定开办自己的学校,以增强动物们的环境适应能力。考虑到许多动物正面临物种逐渐消亡的威胁,原先由许多动物共同承担的功能将可能会由剩余的少量动物来承担。所以,动物学校的课程设置比较全面,每种动物都必须参加跑步、爬行、游泳及飞行四种课程的学习,只有通过所有课程考试并取得合格成绩者才能拿到毕业证书。当然,这种要求只适用于希望上学拿证书的动物,其他动物可以根本不管这些规定。

动物学校的这种运作模式标准统一，管理方便，但运行一段时间后发现效果很不理想。例如，鸭子原来在游泳上表现突出，飞行方面刚好及格，跑步则很差。进动物学校后，它每天放学后都放弃游泳及飞行训练，重点练习跑步，以致将它那双有蹼的脚都磨破了。一个学期下来，最后只取得游泳一项及格的成绩。再如，松鼠在爬行课程上表现优异，但有次上飞行课时，老师要求它从地面起飞来取代它习惯上的从树梢滑落，结果屡试屡败，在心理上留下了极大的阴影。后来终因心理挫折及运动过度导致肢体痉挛，学习效率急剧下降，最终在爬行上只得68分，而跑步的成绩才勉强及格。

起初，兔子的跑步成绩一直名列全班前茅。但参加游泳课程学习后，便由于每次下水前必须进行的频繁化妆而患上了神经衰弱症，不得不退学回家休息。最终却阴差阳错、因祸得福，当上了校外动物王国奥运会的跑步冠军。最后，老鹰作为问题学员受到了严厉的惩罚。例如，它在爬行课程中，就是不用老师所教的方法而坚持采用自己的做法。尽管它最终打败了其他学员最先到这树顶，但却因为固执己见、不思悔改而受到了学校的留校察看处分。

在动物学校创建一周年总结表彰会上，一只经过一学年学习后，在游泳、跑步、爬行各方面表现都不错，而且稍具飞行能力的奇特鳗鱼，因为各门课程都及格、且平均成绩最高而被评为优秀学员，获得了动物学校的毕业证书。穿山甲认为学校课程设置不合理，特别是没有将掘土、挖洞等项目列入课程教学计划，拒绝入学并反对花钱办这样的学校。它们将自己的小孩送到了獾那里学习，后来土拨鼠、地鼠等也纷纷加入，并且开办了一所非常成功的私立职业学校。

―――――――

资料来源：项保华著.战略管理——艺术与实务[M].北京：华夏出版社,2006.

建立竞争优势的资源、稀缺资源、不可模仿的资源、不可替代的资源、持久的资源。

一般来说,企业只有运用那些能够建立竞争优势、稀缺的、不可模仿的、不可替代的和持久的资源,才能形成自己的核心竞争力,从而持久地获取有利的竞争地位。企业在进行战略分析时,应当排除那些缺乏独特机制、并非稀有、能够模仿、存在替代品和贬值较快的资源,而将注意力集中在那些能够建立企业核心竞争力的资源上。

四、核心竞争力的管理

企业应把核心竞争力的管理放到战略的高度来考虑。要在一个企业里牢固建立核心竞争力的观念,需要全体人员积极参与以下五项关键的核心竞争力管理工作。

1. 识别现有的核心竞争力

实施核心竞争力管理的第一步就是对核心竞争力的识别,以使企业中的人员对本企业核心竞争力的构成达成共识,从而设法积极管理这些核心竞争力。

2. 制定获取核心竞争力的方案

根据企业的战略发展思路,确认企业现有能力与有待获取的能力,部署企业各项资源,开发新的产品与服务,确立核心竞争力在未来市场竞争中的获取目标与行动计划。

3. 培养新的核心竞争力

培养新的核心竞争力的主要途径一是通过外部联盟或联合;二是内部挖潜;三是企业兼并。

4. 拓展新的核心竞争力

将核心竞争力在企业内部进行扩散和重新部署,将注意力集中在能发挥核心竞争力作用和增强核心竞争力上来,促使一项核心竞争力在多种业务或者新市场上发挥作用。

5. 巩固新的核心竞争力

企业要不断追求创新,高度关注企业中核心竞争力的携带者,避免流失,从而在加强核心竞争力培育的同时巩固企业的核心竞争力。

第五节 竞争优势与企业创新

一、竞争优势及其重要性

战略管理过程的最终目标是使企业选择并实施一个能够带来竞争优势的战略。什么是竞争优势呢?迈克尔·波特在其《竞争优势》一书中提出,竞争优势归根结底出自于一个企业能够为其客户创造的价值,所采取的形式或是以低于其竞争厂商的价格而提供相等的收益,或是所提供的非同一般的受益足以抵消其高出的部分价格。严格来说,企业的竞争优势来源于企业为顾客创造的超过其成本的价值,一个企业的竞争优势用价值成本之比来衡量,即价值/成本(Value/Cost,简称 V/C)。竞争优势的大小即为企业与竞争对手在经济价值创造上的差异。通俗地讲,竞争优势是指企业经过多年的努力,在具有战略意义的经营资源或经营要素方面所拥有的超过竞争对手的优势。它可以表现在多个方面,如技术优势、产品优势、资源优势、人才优势、管理优势、企业文化优势等。它是企业在激烈竞争中夺取胜利的有力武器,是企业经营成功的决定性因素。

企业要想拥有优势,并不需要在生产经营活动中的各个方面都处于明显的领先地位,只需要在一、两个关键功能上能够超过竞争对手即可。这里所说的关键功能,通常情况下就是行业成功的关键因素。不同的企业由于处在不同的行业和不同的竞争环境之中,需要建立和突出的优势也不同,企业应当根据环境的特点和自身的特点,建立不同类型的优势如技术优势、成本优势、资源优势、品牌优势、声誉优势等。企业建立并维持优势,不是一朝一夕就能完成的,需要经历一个长期的艰苦奋斗的过程,需要经过多年的努力和积累才能完成。企业的优势一旦形成,就应该充分发挥它的作用,并应不断地保持和创新,实现企业的优势运行。

二、企业竞争优势的基石

企业的竞争优势是蕴涵在企业内的一种性质,它一般是隐藏的,不易被察觉的,但确实是企业所能拥有的、实实在在的、能为企业带来显性利益的且优于其他竞争对手的一种力量。企业内部的分析就是要弄清企业竞争优势的来龙去脉,既要构建好竞争优势的基石,增强企业的竞争优势,又要发挥竞争优势的作用,促使企业获得稳定的利润和持续成长。企业竞争优势的基石主要有卓越的效率、卓越的品质、卓越的创新和卓越的客户响应,如图 4-5 所示。

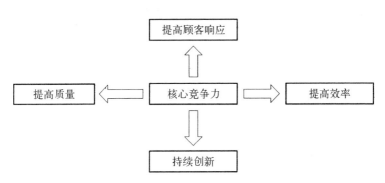

图 4-5 企业竞争优势的一般性基石

竞争优势的这些基石不是与生俱有的,而是企业在日常生产经营活动中练就和积累起来的。随着企业之间竞争程度的加剧,高度发达的知识和科技水平使企业具有学习潜能和相互模仿的潜能,企业之间没有绝对的优势,只有短期存在的相对竞争优势。企业的竞争优势必须有稳固的基石作支撑,否则,已有的竞争优势在激烈的竞争中将会荡然无存。能达到竞争优势的企业,一般都擅长于上述四个基石或其中的至少一个。也就是说,这些基石是企业的竞争力、资源、运用资源的潜能等的产物。企业要想在竞争中取胜,必须在某些方面独具特色,拥有强大的战略优势,才能在竞争中稳操胜券。

三、企业创新及其重要性

(一) 创新的内涵

创新的概念最早由经济学家约瑟夫·熊彼特 1912 年在《经济发展理论》一书中提出,他所讲的创新是广泛意义上的企业创新,包括技术创新、市场创新和组织创新。后来的学者又增加了制度创新和管理创新。其中,技术创新是核心要素,其他非技术创新是保障要素和基础要素。创新(以技术创新为主)是一种创造性活动过程。它是企业在具有灵敏的环境分析能力和卓越的技术开发过程的条件下,运用先进的开发工具和方法,以领先于其他竞争者的速度进行创新,并以最快的速度将创新产品投入市场的过程。

(二) 创新是企业竞争优势的本源

在经济全球化和科技迅猛发展的今天,对一个企业而言,缺乏持续创新能力就失去了持续发展的根基。国内外已有的研究表明,企业持续竞争能力的动力来自企业所拥有的创新能力。一个企业要具有竞争优势,必须把创新当作一个与企业发展同步的发展过程,以保证其可持续发展。

1. 创新是企业在动态竞争中持续发展的动力

在全球经济迅速一体化及信息技术的飞速发展与普遍应用的

形势下,消费者的需求偏好变化日益加快,企业所面临的市场竞争环境已由相对简单和稳定转变为复杂和动荡。每一个竞争对手都在不断地建立自己的竞争优势和设法削弱对手的竞争优势,而且任何竞争优势都是暂时的,不是可以长期保持的。因此,在动态环境中,企业要想有长远的发展,管理者应该动态地考虑如何创造一系列暂时的优势,从而获取持续的竞争优势,而不是静态地考虑如何维持某一竞争优势。

2. 创新可以帮助企业占领并巩固市场占有率,赢得利润

企业进入市场的先后与市场占有率关系极大,最先进入市场的产品,获得并保持大的市场份额的机会最大。在动态竞争环境下,顾客价值也呈现出动态性变化,而且变化速度越来越快,企业要想持续赢得顾客和市场,必须以顾客价值为导向,对顾客的需求偏好变化作出快速的响应,对原有产品技术进行渐进式或革命式的创新,并以最快的速度推向市场,以满足顾客变化了的需求。只有这样,企业才能持续地赢得市场。例如,在个人计算机操作系统中,微软的Windows系统几乎占据了世界市场90%的份额。微软之所以能做到这一点,是因为微软公司能够以顾客价值为导向,在原有操作系统之上不断进行渐进性的创新,而且速度越来越快,所以,微软牢牢地掌握了市场主动权,雄居PC机操作系统市场的霸主地位。

3. 创新有利于企业拥有掌握知识产权的核心技术,确立行业技术标准

企业既是创新的主体,也是国家经济实力的基础和支柱。在创新的全过程中,核心技术扮演着非常重要的角色。关键技术或核心技术在整个产品系统中起到决定性作用,它们对产品功能的实现影响最大,直接制约着产品的整体设计,因而附加值也最高。如汽车的发动机、计算机的CPU、数码相机的CCD芯片等,就是产品的关键技术部件。没有核心技术,只有产品方案和外围技术

的企业,随时可能受制于人,当企业拥有了核心技术之后,可以努力将自己的技术建立为行业标准,这对企业的长期竞争地位及成功具有决定性的作用。当企业的技术标准成为所在行业的通用标准时,这一标准将是企业竞争优势的重要因素。

4. 创新支撑企业品牌塑造,持续赢得市场竞争

品牌是企业进入市场的敲门砖,一个好的品牌能将企业、产品与文化内涵都展现在消费者面前,更能得到市场消费者的认同。曾有业内人士说,要想把消费者从 IBM 产品上吸引过来,至少得让出 30% 的差价。由此可见 IBM 品牌的巨大吸引力。

因此,企业要想拥有自己的强大品牌,必须要有创新能力,保持产品领先,靠不断地创新来支撑品牌。

第六节 持续竞争优势及其挑战

从 20 世纪 80 年代风靡一时的《追求卓越》,到 90 年代声名鹊起的《基业长青》,直至当今仍在流行的《从优秀到卓越》等,商业领域的畅销书帮助造就了无数的成功神话。然而,不过 10 多年,当年那些备受景仰的成功企业中很多都在困难中挣扎。据统计,30 年前跻身世界财富 100 强的企业已有三分之一被淘汰出局。这些卓越企业竞争优势的消失殆尽,究竟是环境变化作祟还是不幸厄运为怪? 是这些企业内部自身行为和举措不当导致它们风光不再还是别的外在力量和因素摧毁了原来强势企业的竞争优势? 无论是畅销书还是在学术文献中,都没有对这些问题作专门的回答。在战略管理文献中,竞争优势的获取和起因已经从多个视角被全面地考察和研究。企业界和学术界都对持续竞争优势有着近乎疯狂的渴望和憧憬。要使企业应对持续竞争优势的挑战,就必须对导致竞争优势衰败消亡的势力和因素作出专门的探讨和研究。

专栏 4-6

竞争优势有多长的持续性

一段时间以来,企业能够在多长时间内维持其竞争优势这一问题引起了经济学家的巨大兴趣。最先对此问题进行检验的学者是穆勒(Dennis Mueller)。在他的研究中,穆勒把 472 家样本企业依据它们在 1949 年的绩效水平划分为 8 类,检验了企业的初始绩效对后续绩效的影响。传统经济理论认为,经过一段时间后,样本中所有企业的绩效会趋于一致,但事实并非如此,穆勒的研究发现,前期绩效良好的企业在后期依然表现良好;同样地,前期绩效不好的企业在后期也仍然表现欠佳。

在穆勒的基础上,沃林(Geoffrey Waring)进行了更深入的研究,他尝试解释为什么竞争优势在某些产业持续时间较长,而在其他产业则持续较短。沃林发现,在满足某些特征的产业中,企业更有可能获得持续竞争优势,这些特征包括:(1) 信息表现为高度的复杂性;(2) 客户为使用产品需要知道很多信息;(3) 需要大量的研究和开发;(4) 存在显著的规模经济。相反,对不具备上述特性的产业的企业而言,它们获得持续竞争优势的可能性将大大降低。此外,罗伯茨(Peter Roberts)对美国制药业这一特定产业的盈利能力的持续性进行了研究,他发现,这一产业中的企业能够获得持续竞争优势,而这种竞争优势完全可归因于企业开发新药物的能力。

传统经济理论与战略管理研究的差别在于,前者尝试解释竞争优势为什么不能长期维持,而后者则尝试解释竞争优势为什么能够长期维持。迄今为止,多数实证研究表明,至少在一定的条件下,企业是能够获得竞争优势的。

一、持续竞争优势及其挑战

由于在激烈的市场竞争环境中,一个企业的竞争优势只能维持到竞争对手能够成功模仿、学习或超越之前的一段时间。因此，竞争优势的持续性虽然表现为一段很长的日历时间，但这段时间的长短是由竞争对手的学习复制速度决定的。巴尼强调，竞争优势的持续性本质上既不是一个日历时间，也不意味着竞争优势将永远存在，而只是由于某些原因使这些优势在相当长一段时期内不能够被其他企业所复制。巴尼还强调了资源与企业持续竞争优势的关系，他认为企业拥有了稀缺的、有价值的、不可模仿和无法替代的内部资源时，就会拥有可持续的竞争优势。

竞争优势可持续性的挑战就是对破坏和削弱竞争优势的各种势力和因素的防范和打击。正如企业竞争优势的起因有企业内部的也有企业外部的，促使竞争优势衰败与消亡的因素和势力既可以是企业外部的，也可以是企业内部的。同样，这些因素和势力既可以是随机的，也可以是由预谋的（见表4-3）。各种势力和因素或单独作用，或共同影响，可以导致强势企业竞争优势的丧失和消亡。对上述因素和势力的单独作用和共同作用的考察，可以帮助战略管理的实践者更好地应对竞争优势可持续性的挑战。

表4-3 挑战持续竞争优势的内外部因素和势力

内部势力和因素	外部势力和因素
● 核心能力刚性的生成	● 竞争对手的"创造性模仿"
● 企业知识优势的消散	● 熊彼特冲击导致的"创造性破坏"
● 心智模式僵化与企业惰性	● 外部环境的变化
● 企业高层管理者的失算	● 竞争对手的替代

二、持续竞争优势的内部挑战

（一）核心能力刚性的生成

在管理理论研究和实践中有一种倾向：核心能力仿佛成了企

业经营的"万能钥匙",只要一味地强调核心能力,并加以坚持不懈地开发管理,企业就能取得市场的成功。但是,在复杂动态的环境下,企业已有的专有、核心技术及资源由于其"相对粘性"而往往成为企业进化过程中的绊脚石。核心能力具有的路径依赖性往往使企业难以发展出适应新环境的企业能力,陷入"惯性陷阱"或核心刚性。由于知识与技术选择的限制、企业成长过程中的路径依赖、专用性投资的限制、企业文化的刚性特征、忽视动态效率、片面强化静态效率的实现和企业家与员工行为的有限理性等因素也造成了企业容易形成核心能力刚性。而核心刚性一旦形成,它就会制约着企业的变革,影响企业在市场竞争中的表现,并最终导致企业绩效的不断恶化,进而成为企业持续竞争优势的障碍。

哈佛大学的巴顿教授认为:"核心能力容易形成核心刚性,其中,最普遍但也是最不被人意识到的原因之一是过分强调目标。"因此,核心刚性的实质在于企业对内部风俗、习惯或惯例的过分遵循。人们总是习惯于固守自身的优势,做他一直在做的,而且力求把它做得更好。过分强调目标会形成简单化和模式化的阻碍因素,这不利于企业创新和全面发展。例如,福特汽车在20世纪第一个25年内具有独到的竞争力,没有哪家企业能够和福特汽车相抗衡。老福特觉得自己是市场上唯一的霸主,他不根据顾客的需求,坚持只生产黑色T型汽车。福特汽车公司当年对T型车的疯狂迷恋和对生产该车的技术及组织设计宗教般的推崇,这就是核心刚性的明显反应,最后导致被克莱斯勒和通用超了过去。正如丹尼·米勒指出:"这种成功带来了专门化和进一步的扩张,但也带来了自信和自满,带来了教条和礼仪。"

(二)企业知识优势的消散

企业知识优势与其他企业的竞争优势一样,也具有一个从显现、增强、维持到衰竭的过程。这一过程体现为知识优势的生命周期。知识优势是企业核心知识能力的外化,它必然要通过某种产品或服务的形式表现出来。当企业具有一种特定的知识优势后,它就会通过某种产品或服务的载体推向市场。而当市场因挑战者的侵蚀或其他原因而改变时,企业的知识优势进入衰竭阶段,直至最终消失。企业知识优势的消散,源于知识的固有特征及外部环境变化,其主要原因在于知识的漏斗效应与知识溢出效应。

企业的知识优势源于企业的异质化知识,这些知识是企业所特有的,并构成了企业优越市场位势的基础。但是,由于知识的易复制性、扩散性和共享性等特征,任何企业都难以长期将这种知识保存于企业内部而不为外界所知。知识的这种特点,使知识具有一种漏斗效应并导致知识溢出。企业的知识溢出可通过以下几个途径产生:(1)通过竞争者模仿企业的创新产品而产生外溢;(2)通过企业内部人员与外界的交流而导致知识外溢;(3)因专业技术人员和管理人员的流失而导致核心知识外溢;(4)因专利保护期限的结束而导致知识外溢,从而导致企业原有知识优势的消失。

(三)心智模式僵化与企业惰性

企业的心智模式会影响企业的自身及其所处环境的认识,进而在很大程度上影响企业的战略选择。成功的企业往往尊崇自己特定的行为范式,这种由管理者自满与傲慢的僵化心智模式导致企业管理的"盲区",使管理层对外界环境的某些威胁视而不见或者置若罔闻,并逐渐形成"企业惰性"。例如,20世纪70年代,IBM在大型计算机市场的绝对领先地位曾使它对PC的威胁不屑一顾,直到它意识到PC对其大型计算机的威胁的严重性。曾经为企业带来辉煌的主导竞争优势可能变成企业发展的包袱和绊脚石,导致企业僵化和短视。由于一些外部事件,如竞争者开发出一种新工艺、新产品、新技术或者新的管理方法,或者企业的外部环境发生了变化,使企业已有的竞争优势显现出某种局限性。如果企业面对变化或挑战视而不见,就会逐渐走上困境。

强势企业的成功及其管理者的傲慢常常使它们产生无往而不胜的幻觉。对于一些大型的、有成功历史的公司,其高层管理者之所以对环境的巨大变化感觉迟钝,是因为其僵化的心智模式与"企业惰性",认为无人有能力向"巨人"挑战。例如,当年本田摩托车进入美国市场时,戴维森等一些老牌劲旅根本不把它当作竞争对手,这种傲慢和偏见让他们付出了沉重的代价。又如,格力与国美冲突的主要原因是格力的"渠道惰性",没有意识到发展壮大后的国美会与其争夺"渠道领袖"的位置。

(四)企业高层管理者的失算

对自身品牌的缺乏欣赏抑或定位失误也会导致企业竞争优势的丧失。第二次世界大战之前,美国的豪华车并非凯迪拉克而是派卡德。派卡德曾是全球最尊贵的名车,是罗斯福总统的座驾。派卡德在30年代中期推出被称为"快马"的中等价位车型,尽管销路极好,但派卡德的王者之风渐失,高贵形象不复存在,从此走向衰退。又如,早年美国的派克牌钢笔质优价高,是身份和地位的标志,许多上层人物都喜欢带一支派克笔。1982年,新总经理上任后,盲目地把派克品牌延伸到低档笔领域,损害了派克在消费者心中的高贵形象,而其竞争对手克罗斯公司则趁机侵入高档笔市场。

企业还可能由于无法在事前获取完全的信息来排除所有的不确定性,造成对某种竞争优势的判断失误。许多企业为了做大做强而进行大规模的兼并和收购,他们往往只考虑兼并对象在经济上或技术上潜在的协同作用或范围经济,而通常会忽略企业间文化是否冲突与契合。AT&T在20世纪90年代对NCR的收购,就由于两个企业的文化冲突导致双方最终不欢而散。NCR固有的保守的、等级森严的风格与AT&T比较开明放松的工作氛围,可谓是水火难容。

三、持续竞争优势的外部挑战

（一）竞争对手的"创造性模仿"

"创造性模仿"这个词最先由哈佛大学的莱维特教授创造。企业的知识创新成果通过产品等载体面世后，必然会引起竞争对手的关注，继而模仿。竞争对手的模仿是降低领先企业竞争优势的一大杀手。模仿可以降低领先企业和后动模仿企业之间在技术、产品和成本等方面的差距，从而削弱领先企业的竞争优势。除了企业文化难以模仿之外，仅从技术层面看，随着技术创新手段的进步，今日世界几乎没有什么新技术是不可模仿和超越的。可口可乐的配方一直被誉为保守最好的秘密，但是从技术的角度看，百事可乐的口味与之相比并不逊色。虽然英特尔发明了 PC 记忆储存装置，但日本企业的快速模仿使英特尔的竞争优势消失殆尽，不得不主动出局，另谋生路。苹果计算机的用户亲和力来自对施乐图形用户界面技术的模仿，而微软的进一步"模仿和超越"使图形界面终于成为公认的行业标准，大大抵消了苹果在这一领域的先动优势。

创造性模仿可以使后来者居上，享用后发优势。例如，三星在很多技术和产品领域已经赶超索尼，成为世界公认的先锋创新型企业。我国市场上的第一台 VCD 是由万燕企业所创的。但是，后来者如爱多、新科等企业几乎不费吹灰之力就迅速超越万燕而成为 VCD 市场上的新宠。实际上，许多后来的仿制品甚至可大大胜过原始产品。

（二）"熊彼特冲击"导致的"创造性破坏"

"熊彼特冲击"是指由于创新而导致的产业突变。产业突变的实质是原材料和生产力的新组合，它主要包括一种新产品的引入、一种新生产方式的采用、一个新市场的开辟、一个产业新组织的实现等。由此引发的"创造性破坏"将重新定义企业原有的竞争优势，使企业原有的知识优势在一个很短的时期内受到严重削弱甚至完全丧失。例如,晶体管代替真空管以及后来被集成电路所替代;成像技术从银版照相到锡版照相、湿版照相、干版照相、流动胶卷、电子成像,再到现在的数字电子成像。每一次创新都改写了市场,同时发展许多新兴企业和淘汰一大批保守企业。

竞争对手的蓄意破坏也会使先锋企业的优势丧失。道高一尺,魔高一丈。知识密集型企业(如制药厂家和软件开发公司等)每天都面临专利侵权和其他知识产权受侵犯的威胁。此外,违反行业规范的恶性竞争和蓄意破坏,不管道德与否,也会对强势企业的竞争优势构成威胁。微软就曾以捆绑销售的"破坏"手段大举进攻网景主导的互联网浏览器市场,从而摧毁了单一产品的网景近乎垄断的强势地位。

(三)外部竞争环境的变化

环境的变化可以在骤然间使某些企业的竞争优势消失。具体而言,社会文化趋势的改变、技术突飞猛进的发展以及政府法规与管制政策的松紧都会削弱甚至使某些企业的竞争优势完全消失。例如,文化环境的变化可以改变消费者的需求偏好和对不同企业产品的认知及心理定位。在健康风潮席卷下的我国消费品市场,随着环境的变化和消费者生活水平的提高,人们更加青睐绿色、环保、纯天然的产品。另外,随着消费者生活收入水平的提高,消费者的消费层次从功能消费转向差异化消费,个性化与多样化消费成为现代消费者的消费祈求。消费者需求偏好的改变,导致受市场欢迎的产品属性发生变化,由此将改写产品或产业的内容和规则,从而重新确认企业的知识优势。

环境的变化也可以表现为某些企业的惨遭厄运甚至是灭顶之灾,如何在意外事件中减少企业竞争优势的丧失和削弱,应该是企业危机管理的一大功课。在市场经济高度发达、信息高速传播的今天,处在动态环境之中的企业,如果不能很好地适应环境的变化,甚至一个小小的疏忽都可能引发危机。一些国际知名大品牌

(如可口可乐、百事可乐、奔驰、强生、三菱等)都曾遭受过不同程度的危机,而我国的某些知名品牌(如三株、巨人、爱多、秦池等)均是因为没有很好地处理危机而走向衰落的。

(四)竞争对手的替代

竞争对手的替代行为可以发生在产品层面,也可以发生在技术层面,竞争性替代通常比直接的竞争性模仿更加难以察觉和发现。首先,对手可以通过提供替代产品来抵消某个企业的产品优势。这些替代产品足以达到或超过现有产品的质量和功能,或者能够使现有产品的独特性化为泡影。其次,一个新兴企业可以通过技术替代来超越或绕过那些保护现有强势企业的技术优势和进入壁垒。

网络时代使电子商务成为可能。亚马逊网上书城对传统的图书零售企业的替代性竞争,无论技术支持、书目总数、客户界面等哪一个方面都更具有竞争优势。通过先动为主和不断改善提高电子商务的经营和操作能力,亚马逊后来居上,成为时尚,在很大程度上改变了美国和英国等国家民众的购书习惯,成为他们购书的首选途径。我国的当当网和卓越网也由于其良好的经营能力对购书者越来越具有吸引力。

四、成功企业应对持续竞争优势的挑战

强势企业失身落马,败在竞争优势可持续性的挑战中,这种现象在各种行业和市场中比比皆是。但在一个多世纪的时间里,柯达公司一直是照相技术的领先者和成功典范。近年来,在数码成像技术迅猛发展之际,由于柯达对数码成像技术最初的无动于衷及随后管理层的疏忽和错误判断,它僵化的心智模式、技术革命的迅速扩张、佳能与索尼等强势竞争对手的进入以及消费者喜好的逐渐转移等诸多挑战,使柯达作为一个行业先锋而黯然失色,并最后导致破产倒闭。

想一想巨人集团的崛起和倒下,看看三株企业的来去匆匆。竞争优势的持续性要面对如此之多的挑战,缺乏的恰恰是管理者对各种挑战的关注。与此同时,企业内外各种预警系统往往又如此薄弱,加之各种挑战因素的综合作用,使战略管理者在保持企业持续竞争优势时步履维艰。因此,英特尔前总裁格鲁夫声称:"只有偏执狂才能生存。"CNN老板特纳则认为:"或许保持安全的唯一手段就是永远不要感到安全。"

昔日强势的优胜企业不能够保持其竞争优势持续性的根本原因在于未能有效地平衡"利用与探索"。影像业的霸主柯达公司由于不能很好地平衡利用与创新,导致现在处于破产的边缘挣扎。苹果公司曾经一度陷入经营困境,斯蒂夫·乔布斯凭借其对消费者未来需求的深刻洞察,不仅成功地挽救了苹果,而且通过不断探索无形新大陆和第二曲线而成功探索出新的核心竞争力,开拓并主导了 iPod、iPhone、iPad 三个蓝海领域,一跃成为当今全球市值最高的公司,Apple 成为创新和时尚的代名词。再看手机的缔造者摩托罗拉公司,由于探索创新不足而被苹果、诺基亚、三星公司远远抛在后面并日渐衰落。竞争优势持续性的各种挑战和它们的独立和综合作用,对成功的强势企业具有现实而深远的警示意义。"成功是失败之母"、"居危思危"或许是成功的强势企业应该具备的良性心态。

第七节 内部因素评价(IFE)矩阵

一、IFE 矩阵概述

确定企业竞争地位的一个有效途径,是用量化的方法来评估企业在每一个行业的成功因素和在每一个重要的竞争优势指标上相对于竞争对手的优势和劣势。评价竞争优势和劣势的大部分信息来自本章前面几节对企业内部资源和能力、核心竞争力与竞争优势的分析。企业可以通过运用内部因素评价矩阵(Internal Factor Evaluation Matrix,IFE)对企业内部各个职能领域的主要优势与劣势进行综合评价,以帮助企业决策者制定有效的战略。

内部环境分析的主要框架是遵循资源、能力、核心竞争力和战略的逻辑。IFE 矩阵可以较好地总结和评价企业在各职能领域的主要优势与劣势,同时还可以为识别和评价各个职能领域之间的关系奠定基础。在建立 IFE 矩阵的过程中,对矩阵中包含的各个因素的透彻理解往往比其中的实际数字更为重要。因此,企业应将数据分析与直觉判断进行适当结合。

二、IFE 矩阵分析步骤

企业可以按照下面五个步骤建立 IFE 矩阵。

(1) 列出通过内部分析确定的关键因素。选择 10~20 个内部因素,包括优势和劣势两方面的因素。先列优势因素,后列劣势因素。尽可能具体,并使用百分比、比率和可比较的数字。

(2) 给出每个因素的权数。权数从 0(不重要)到 1(非常重要)。权数表明企业在某一产业取得成功过程中各种因素的相对重要性。无论一项关键因素是内部优势还是劣势,只要对企业绩效有较大的影响,就应当给出较高的权数。所有权数之和等于 1。

(3) 对各因素给出 1~4 分的评分。1 分代表重要劣势,2 分代表次要劣势,3 分代表次要优势,4 分代表重要优势。评分基于企业,而步骤 2 中的权数则基于产业。

(4) 以每个因素的权数乘以其评分,得到每个因素的加权分数。

(5) 将所有因素的加权分数相加,得到企业的总加权分数。

无论一个 IFE 矩阵包含多少因素,总加权分数落在 1 和 4 之间,平均值为 2.5。总加权分数大大低于 2.5 的企业,其内部条件处于弱势地位,而总加权分数大大超过2.5的企业,其内部条件处于强势。

如果一项关键内部因素既是优势又是劣势,就应该在IFE矩阵中出现两次,且分别对其给出相应的权数和评分。例如,《花花公子》(Playboy)的标识语在提升公司形象的同时也造成了一定的损害,它一方面帮助《花花公子》杂志吸引了一些读者,但同时也使花花公子有线电视频道被许多市场拒绝。在描述这些因素的时候要尽可能地定量,尽量用数字和比率。

表 4-4 某西部家电企业的 IFE 矩阵

关键内部因素	权重	评分	加权分数
优 势			
1. 西部地区最大的家电生产企业	0.10	3	0.30
2. 新技术推广和应用反应良好	0.15	4	0.60
3. 利润同比增加10%	0.05	3	0.15
4. 新股东注资,资本金增加	0.12	4	0.48
5. 改善公司原有管理流程,提高了效率	0.05	3	0.15
6. 强有力的管理团队	0.06	4	0.24
劣 势			
1. 地理位置导致企业声誉的局限性	0.15	2	0.30
2. 库存周转率低于行业平均水平	0.10	1	0.10
3. 售后服务网络不完善	0.12	1	0.12
4. 产品种类少	0.10	2	0.20
合 计	1.00		2.64

注:评分含义:1表示重要劣势,2表示次要劣势,3表示次要优势,4表示重要优势。

表 4-4 给出了某西部家电企业的 IFE 矩阵实例。公司的主要优势是新技术的推广和应用反应良好,这个因素对在产业中取得成功很重要,从而权重给予了 0.15。公司的主要劣势是库存周转率低和售后服务网络不完善。总加权分数为 2.64,说明该企业内部总体力量高于平均水平。

在多业务企业中,每个自主经营的业务分部或战略事业单位都应当建立各自的 IFE 矩阵。各业务分部矩阵组合起来便构成了公司的总体 IFE 矩阵。

【本章小结】

企业战略目标的制定及战略选择不但要知彼,即客观地分析企业的外部环境,而且要知己,即对企业自身的内部条件和能力加以正确地估计。理论和实践均证明,不同的企业拥有不同的资源和能力,资源和能力使企业选择并实施能创造价值的战略,形成竞争优势。企业内部分析的目的就是通过对企业资源和能力的分析,找准自身的优势和弱点,特别是明确作为企业竞争优势根源和基础的特异能力。因此,企业内部的资源能力或条件是企业经营的基础,是制定战略的出发点、依据和条件,是竞争取胜的根本。

企业资源是指企业在生产经营过程中所投入的各种要素。从一般意义上分析,可以将资源分为有形资源和无形资源两类。企业能力也是企业的无形资源,是指公司协调整合资源以完成预期的任务和目标的技能。核心竞争力是某一企业内部一系列互补的技能和知识的组合,它是企业独特拥有的、为消费者带来特殊效用、使企业在某一市场上长期具有竞争优势、获得稳定超额利润的内在能力资源。核心竞争力具有价值性、异质性、延展性、不可模仿性、不可交易性、不可分离性、动态性。对企业的核心竞争力应通过科学的评价,从而进行有效的培育与管理。

【基本概念】

  价值链　企业资源　企业能力　核心竞争力　竞争优势　创新　核心刚性　持续竞争优势　战略竞争力　IFE 矩阵

【复习思考题】

  1. 企业价值链是什么？其主要构成有哪些？
  2. 企业资源观和能力观对企业战略制定有什么意义？
  3. 企业核心竞争力的内涵和特征是什么？如何进行核心竞争力的识别、培育和管理？
  4. 企业竞争优势的基石是什么？评述企业创新与竞争优势的关系。
  5. 挑战企业持续竞争优势的内外部因素有哪些？
  6. 如何建立企业内部因素评价(IFE)矩阵？并举例说明。

【结尾案例】

从模仿到创新超越——韩国三星的启示

  众所周知，苹果和三星在市场份额、营业收入、利润上均已成全球智能手机和平板电脑市场的主宰。很多人都认为，任何模仿苹果产品策略的厂商都很难成功，原因很简单，因为对手是苹果。于是乎，对手们又将竞争矛头指向了三星，似乎认为三星较苹果更容易被模仿和挑战。因为在对手的眼中，三星不过是靠模仿苹果和"机海战术"获得今天的位置。但综合多种因素(如模仿、创新、营销、供应链、品牌等)，模仿三星的难度并不小于苹果，甚至更难以复制。

  模仿＋创新。业内一直认为，三星在智能手机市场发展初期是靠模仿苹果，甚至是抄袭苹果 iPhone，尤其是之前三星在与苹果专利官司中的败诉为这种认识提供了有力的佐证。不否认三星对苹果的模仿或者是抄袭(毕竟侵犯了苹果的相关专利)，但这并不代表三星今天的位置就完全是模仿或者抄袭苹果获得的。原因很简单,在咨询公司Booz发布的《全球创新1000》报告中,三星排在2012年全球最具创新力企业的第4位,仅次于苹果和谷歌。提及创新,Galaxy Note是三星把握市场需求并典型跨界创新的表现。创新再好,也要付诸产品和市场。Galaxy系列的热销无疑是三星从模仿到创新超越的典范。三星最成功的产品莫过于跨界智能手机和平板,也就是业内称为Phablet的Galaxy Note。这款当初并不被业内和市场看好的跨界产品大获成功。目前,其二代产品Galaxy Note Ⅱ上市仅37天,全球销量就突破了300万部。虽然现在业内也有厂商推出类似的产品,但三星无疑是开拓这一跨界产品的先锋,且始终占据着优势。

连续三年全球最具创新力企业排名的上升,绝非是简单抄袭就可以得来的。为此,Booz将三星列为市场阅读型(Market readers)创新模式的代表之一。典型的快速追随者并不一定要在技术上取得颠覆性的效果(苹果正好相反),但他们会观察创新之处,迅速推出自己的版本并抓取市场份额。这是一种基于竞争理念和典型的前沿市场活动研究进行的创新。这种创新模式与三星在智能手机市场发展中给业内的直观感觉是一致的,不过,多数业内观察人士和对手只看到了表面(模仿),而未能看到背后的创新因素。其实,还有一种更容易理解的解释是三星具有创新性,那就是年投入90亿美元的研发费用,其研发投入占销售百分比高达6%,排名全球第6,仅次于科技企业中的微软。

供应链自给自足。除了创新和产品外,在供应链上,三星也具有自己独到的优势,甚至超越了苹果。例如,Galaxy S、Galaxy S Ⅱ以及Galaxy S Ⅲ中有很多零部件都是三星自己生产的,包括处理器、AMOLED显示屏、闪存等。不要小看这些,这令三星无论是运用"机海战术"控制和降低成本还是高端单品精品化上都占有优势。重要的是,部分拥有自己的供应链,可以避免像苹果那样有产品而无货尴尬的出现,利于抢占市场机会。而这是目前想要模仿和复制三星的对手们所不具备的。包括处理器、AMOLED显示屏、闪存等供应链的自给自足,使三星在成本和产品策略上拥有很大空间。

高效率的营销和投入。有了创新的好产品和背后可以自控的供应链,最不可或缺的就是营销。尤其是在当前"酒香也怕巷子深"的商场竞争中。在智能手机市场,三星针对苹果iPhone的广告每每都会打动用户。可以说,三星在竞争最为激烈且iPhone占有绝对优势的美国智能手机市场的成功与其高效的营销密不可分。据瑞银近期公布的第三次移动设备和移动操作系统年度调查报告显示,三星在移动设备市场的地位正在上升,具体表现在三星的保留率在过去12个月中出现了明显上升。尽管仍低于苹果,但也已达到45%,远高于2011年时的28%。这除了过去一年中三星发布了强大的产品,如Galaxy SⅡ和Galaxy SⅢ之外,三星今年在营销上的巨大投入宣传也功不可没。据统计,今年三星在美国市场的营销费用大幅增加,仅在今年的1~6月,三星在美国市场的营销费用就达到了1亿美元,而去年同期,三星的营销费用仅为700万美元。即使输掉与苹果的专利官司,但三星的品牌知名度却不减反增,除了创新产品外,高效的营销至关重要。

资料来源:孙永杰.谁说苹果难?人家三星才难被复制[J].《商业评论网》,2012(11).

思考讨论题:

1. 三星如何通过内外部环境分析制定企业战略?
2. 相对于苹果,三星的竞争优势表现在哪些方面?
3. 三星的核心竞争力是什么?三星如何构建其可持续的竞争优势?

第五章 战略分析与决策工具

名人名言

　　运用传统的市场研究和战略分析方法……或许可以有效地了解所面临的形势……（但）不能形成伟大的创意和强有力的解决方案。

——B·H·施米特

　　战略管理不是一个魔术盒,也不只是一套技术。战略管理是分析式思维,是对资源的有效配置。计划不只是一堆数字。战略管理中最为重要的问题是根本不能被数量化的。

——彼得·德鲁克

【本章学习重点】

　　（1）掌握 SWOT 矩阵在战略选择中的应用；
　　（2）掌握 BCG、GE 矩阵分析法的含义及应用；
　　（3）描述 SPACE 矩阵中的战略类型；
　　（4）了解行业生命周期矩阵的特点及各阶段的战略选择；
　　（5）理解 QSPM 矩阵的构建及其优缺点；

【开篇案例】

360 用组合拳打败行业巨头

　　2012 年 5 月,周鸿祎突然高调宣布推出 360 特供手机,和小米手机正面对抗,引来无数关注；而到了 8 月,周鸿祎一反平时的高调作风,悄悄地推出自己的搜索引擎,同样引起业界震动,几天之内即令百度市值急速下跌几十亿美元。要知道,几年前,周鸿祎的奇虎360公司(简称360公司)还只是互联网行业的一个轻量级选手,何以短短几年获得如此大的动能?

普通用户知道周鸿祎及奇虎360公司,大多源于电脑上安装的360安全软件。但是,当2006年7月360公司第一次推出360安全卫士时,在安全软件领域里只是一个新来的陌生者。当时,中国最早的几大安全巨头,如瑞星公司(1998年成立)、金山软件(1997年进入安全领域)和江民科技(1996年创建),已经在这个行业深耕多年,早已形成了各自的竞争格局。360公司只用了不到三年的时间就横扫这一市场,并且迅速转身进入浏览器行业,之后又在2010年发起360与腾讯QQ大战,赚足了眼球。2012年在手机和搜索领域发动的奇袭,再次令人眼花缭乱。

周鸿祎究竟是怎么做到的呢?周鸿祎善用战略组合拳来对抗行业巨头,多次取得互联网行业以弱胜强的战绩,值得各类企业学习借鉴。

360公司的组合拳谱中有几个关键招式。

第一,尊重用户体验。就如何处理与用户的关系,周鸿祎的态度曾有180°大转弯。在3721时,周鸿祎不惜牺牲用户体验以战胜竞争对手,从而失去了民心。周鸿祎再次创业时,吸取了教训,在产品设计上强调从用户角度出发。360公司重视用户体验,将以前的高科技产品做成了一个大众消费品。

第二,进行微创新与颠覆式创新。周鸿祎认为,决定互联网应用是否受欢迎的关键因素是基于用户体验的创新,每次解决好用户看重的一个问题即可,这种单点突破即为"微创新"。而持续的"微创新"有可能形成挑战整个行业的"颠覆式创新"。360公司在用户体验和技术方面进行了一系列创新。2009年10月,永久免费的360杀毒1.0正式版发布。2011年1月,360杀毒的活跃用户数量占到了中国网络用户的63.5%。到了2012年3月,360杀毒的月度覆盖人数比例已经达到82.2%。

第三,运用柔道战略。柔道战略主张弱小企业避开对手锋芒,将对手的力量为己所用,以巧取胜。柔道战略有移动原则、平衡原则和杠杆借力原则三大原则。360公司曾多次运用柔道技巧来对抗行业巨头。其中,杠杆借力是360公司使用最娴熟的一招。360公司运用杠杆借力的原则,使瑞星等竞争对手的庞大软件收入成为对手的沉重包袱,让它们不得不面对是否割舍收入进行反击的艰难选择。同时,360公司通过利用其搜索技术优势,绕开了在传统杀毒技术上的积累不足,既避免了在技术上与瑞星等直接碰撞,又通过弯道超车成为云安全技术的领跑者。

资料来源:滕斌圣,杨谷川.360用组合拳打败行业巨头[J].《商业评论》,2012(10).

战略选择不是一种精密和纯粹的科学,需要以往的经验、判断和感觉,在具有很大不确定性或所做的事情没有先例的情况下,直觉和洞察力对决策尤为重要。然而,在很多情况下,大多数组织并不是依靠决策者天才的直觉才得以生存和发展,而是将直觉与分析结合起来进行战略选择。对战略方案的选择,一般采用定性分析和定量分析相结合的办法。通常条件下,定性选择的方法主要包括召开座谈会、专家评议、类比法等;而定量选择的方法主要是数量模型评价法,如SWOT矩阵法、BCG矩阵法、GE矩阵法、SPACE矩阵法、生命周期矩阵法、定量战略计划矩阵法等。本章主要介绍战略选择中的定量分析方法。

第一节 SWOT 分析矩阵

一、SWOT 矩阵概述

SWOT 矩阵分析法通过综合考虑企业所面临的外部环境因素和内部资源能力因素,得出企业的优势(Strength)、劣势(Weakness)及其所面临的机会(Opportunity)和威胁(Threat)后,将外部因素和内部因素相匹配得出战略行动备选方案。其中,优劣势分析主要将注意力放在企业自身的实力及其与竞争对手的比较上,而机会和威胁分析则主要着眼于外部环境的变化或对企业自身的影响。SWOT 分析法不仅在战略分析中有着广泛的应用,还可以推而广之地应用到其他决策之中。

SWOT 分析法是建立在企业的资源能力和外部环境良好匹配的基础上的。因此,SWOT 分析法的核心就在于战略的匹配,即根据企业的优势、劣势及机会、威胁匹配设计出 SO 战略、WO 战略、ST 战略和 WT 战略,以此来获取独特的竞争优势,使企业在行业中取得有利的地位。

(1) 优势—机会(SO)战略是一种发挥企业内部优势同时注重把握企业外部机会的战略。例如,一个资源雄厚(内在优势)的企业发现某一国际市场未曾饱和(外在机会),它就可以采取 SO 战略去开拓这一国际市场。

(2) 劣势—机会(WO)战略是通过利用外部机会来弥补企业的不足或者通过改变自己的劣势从而提高把握外部机会能力的一种战略。例如,一个面对计算机服务需求增长的企业(外在机会),却十分缺乏技术专家(内在劣势),就应该采用 WO 战略培养和招聘技术专家,或购入一个高技术的计算机公司。

(3) 优势—威胁(ST)战略是利用本企业的优势回避或减少外

部威胁的一种战略。例如,一个企业的销售渠道很多(内在优势),但由于各种限制又不允许它经营其他商品(外在威胁),就应该走相关多元化的道路。

(4) 劣势—威胁(WT)战略是努力弥补内部劣势并规避外部环境威胁的一种防御性战略。例如,一个商品质量差(内在劣势)、供应渠道不可靠(外在威胁)的企业应该采取 WT 战略,强化企业管理,提高产品质量,稳定供应渠道,或走联合、合并之路以谋生存和发展。

二、SWOT 矩阵的建立步骤与实例

建立 SWOT 矩阵通常包括以下八个步骤。
(1) 列出公司的关键外部机会;
(2) 列出公司的关键外部威胁;
(3) 列出公司的关键内部优势;
(4) 列出公司的关键内部劣势;
(5) 将内部优势与外部机会相匹配,把结果填入 SO 的格子中;
(6) 将内部劣势与外部机会相匹配,把结果填入 WO 的格子中;
(7) 将内部优势与外部威胁相匹配,把结果填入 ST 的格子中;
(8) 将内部劣势与外部威胁相匹配,把结果填入 WT 的格子中。

其中,前四个步骤是信息输入工作,即将企业内外部环境分析环节中的结果输入到相应的分析框架内,后四个步骤则是进行战略的匹配阶段。

现以邮政物流项目为例,来具体说明 SWOT 矩阵的分析方法。矩阵由 9 个格子组成,其中,有 4 个因素格和 4 个战略格,左上角永远是空白的单元格。4 个战略单元格分别标记 SO、WO、ST 和 WT 战略。如表 5-1 所示。

表 5-1　邮政物流项目 SWOT 分析

	优势(S)	劣势(W)
	(1) 作为国有企业,拥有公众的信任 (2) 顾客对邮政服务的高度亲近感 (3) 拥有全国范围内的物流网 (4) 具有众多的人力资源 (5) 具有物流和金融的协同功能优势	(1) 与上门取件相关的人力及车辆不足 (2) 市场及物流专家不足 (3) 组织、预算、费用等方面的灵活性不足 (4) 包裹破损的可能性很大 (5) 追踪查询服务不够完善
机会(O) (1) 随着电子商务的普及,对寄件需求增加(年均增长38%) (2) 物流及IT等关键技术的飞跃性发展	SO 战略 -以邮政网络为基础,积极进入宅送市场 S_1、$_3O_1$ -开发灵活运用关键技术的多样化邮政服务 S_2、$_5O_2$	WO 战略 -建立邮寄包裹服务的专门部门 W_1、$_3O_1$ -建立实物实时追踪及物流控制系统 W_5O_2 -设计差异化服务和差别定价体系 W_4、$_5O_2$ -引进市场及物流专家 W_2O_1
威胁(T) (1) 随着通信的发展,对信函等邮政服务需求减少 (2) 现有宅送企业的设备投资及代理增多 (3) WTO造成的邮政服务市场开放的压力 (4) 国外宅送企业进入国内市场造成的极大竞争压力	ST 战略 -灵活运用范围宽广的邮政网络,树立积极的市场战略 S_1、$_3T_1$ -与全球性的物流企业建立战略联盟 S_1、$_3T_4$ -提高国外邮件的服务和收益 S_5T_3	WT 战略 -根据服务的特性,对包裹详情单和包裹运送网分开运营 W_4、$_5T_1$ -提高邮政物流网效率,提高市场竞争力 W_3、$_4T_3$

资料来源:王成、刘志广. 高级咨询顾问专业必备工具大全[M]. 北京:机械工业出版社,2004,p.48.

SWOT矩阵分析方法具有应用灵活、分析系统和表述清晰等特点,在实际工作中有着极强的应用价值。但是,它也有自身的局限。

首先,这个矩阵没有给出如何形成竞争优势的解决方案,所以,这一分析过程的结束并不代表着战略制定过程的终结。这一矩阵应当作为讨论如何执行所提出的战略及如何估计对竞争优势起决定作用的成本效益的起点。其次,这一矩阵是一个静态的断面分析,就像看电影中的某一个单独画面,可以看到主要演员和一个时间点的背景,却看不出故事的线索。当环境、能力、威胁和战略改变的时候,竞争环境的动态性是不会在这个矩阵中显示出来的。再次,这个矩阵分析会使公司在战略制定中过分强调某些单独的内在和外在因素,而忽视了这些内在和外在因素之间可能的关系,事实上,它们之间的关系对战略的制定有时候非常重要。

需要注意的是,每一种匹配阶段的工具都是为了拟定可行的备选战略方案,而不是为了选择或者决定哪一个战略是最佳选择,因此,并非在SWOT矩阵中所产生的所有方案都要被企业选择和实施。

第二节 波士顿咨询集团(BCG)矩阵

波士顿咨询集团公司(Boston Consulting Group,BCG)成立于1963年,是一家从事全方位企业管理策略的咨询公司,创始人为亨德森。作为一家著名的企业管理咨询公司,BCG在战略管理咨询领域被公认为先驱。该公司在全球与各个主要行业里的重点企业合作,发展并实施管理战略,实现竞争优势。1970年,公司创立并推广了市场增长率—占有率矩阵法,广泛应用于战略规划中并得到发展,也被称为波士顿矩阵(BCG)法。

一、BCG 矩阵法的基本特征

BCG 矩阵法特别适用于多元化公司在规划其各种业务结构时分析各业务的地位及其相互关系。这种方法是把企业生产经营的全部产品或业务的组合作为一个整体进行分析,常常用来分析企业相关经营业务之间现金流量的平衡问题。通过这种方法,企业能够了解哪些业务单位可以产生现金等所需资源,并明白这些资源应该被用于支持哪些业务单位才会产生最佳的使用效益。

BCG 矩阵法主要包括波士顿咨询公司设计的一个具有四个象限的矩阵图,如图 5-1 所示。横轴是经营单位相对于其主要竞争对手的市场占有率,代表经营单位的相对竞争地位;纵轴是市场增长率。这两个基本参数决定了整个经营组合中每一经营单位应当选择何种战略。通过矩阵图可以看出 BCG 矩阵法的 3 个基本特征。

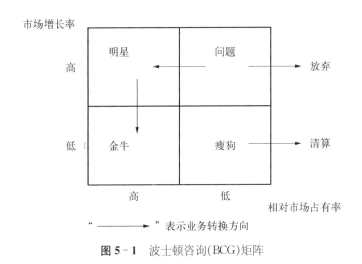

图 5-1 波士顿咨询(BCG)矩阵

1. 重视市场,始终把企业的产品放在一个开放的环境中去研究和把握

判断一个企业的产品结构是否合理,封闭式的研究无法认清问题的实质。因为产品结构合理就是指企业生产或经营的全部产品线、产品项目的配备和组合具有市场优势,离开市场也就无所谓优势和劣势,也就失去了评价和调整的基础。

2. 科学地选择评价指标

BCG矩阵图并没有采用利润、销售额等绝对值指标来判断产品的市场竞争力,而是选用了市场增长率指标和相对市场占有率指标。这样,就能较准确地反映企业的经营业绩和市场地位。

3. 根据二维指标形成的四个象限,把业务分别归类研究

二维指标构成的矩阵形成了金牛类、明星类、问题类和瘦狗类四个象限,这也是经营单位的四种类型。

二、经营单位的业务分类

如上所述,BCG矩阵法将一个公司的业务分成金牛类、明星类、问题类和瘦狗类四种类型,各种类型的业务各自具有不同的特点。

(一)金牛类业务

金牛类业务又称现金牛业务,是指有较低的市场增长率和较高的相对市场占有率的业务。较高的相对市场占有率带来高额利润和现金,而较低的市场增长率只需要少量的现金投入。因此,金牛类业务通常产生出大量的现金余额。这样,金牛就可提供现金去满足整个公司的需要,支持其他需要现金的经营单位。对金牛类的经营单位,应采取维护现有市场占有率和保持经营单位地位的维护战略;或采取抽资转向战略,以获得更多的现金收入。

(二)明星类业务

明星类业务是指市场增长率和相对市场占有率都较高,因而

所需要的和所产生的现金流量都很大的业务。明星通常代表着最优的利润增长率和最佳的投资机会。显而易见,最佳战略是对明星进行必要的投资,从而维护或改进其有利的竞争地位。

（三）问题类业务

问题类业务是指那些相对市场占有率较低而市场增长率却较高的业务。高速的市场增长需要大量投资,而相对市场占有率低却只能产生少量的现金。对问题业务而言,因增长率高,一个战略是对其进行必要的投资,以扩大市场占有率使其转变成明星。当市场增长率降低以后,这颗明星就转变为金牛。如果认为某些问题业务不可能转变成明星类业务,那就应当采取放弃战略。

（四）瘦狗类业务

瘦狗类业务是指那些相对市场占有率和市场增长率都较低的业务。较低的相对市场占有率一般意味着少量的利润。此外,由于增长率低,用追加投资来扩大市场占有率的办法往往是不可取的。因为用于维持竞争地位所需的资金经常超过它们的现金收入。因此,瘦狗类业务常常成为资金的陷阱。一般采用的战略是清算战略或放弃战略。

三、应用 BCG 矩阵法的战略选择

BCG 矩阵法关注企业多元化业务组合的问题,通过考察各个经营单位对其他竞争者经营单位的相对市场份额地位和产业增长速度,来分析一个公司的投资业务组合是否合理,并作出相应的战略选择。对于不同地位的业务单位,一般来说,有四种可供选择的战略方案：一是扩大发展,继续大量投资,扩大战略业务单位的市场份额;二是积极维护,投资维持现状,保持业务单位现有的市场份额;三是获取收入,在短期内尽可能地得到最大限度的现金收入;四是清算放弃,出售和清理某些业务,将资源转移到更有利的领域。

(一)针对业务特点的战略选择

针对不同种类经营单位的特点,组织在战略选择时也要采取不同的战略方案,见表5-2。

表5-2 应用BCG矩阵的战略选择

象限	战略选择	经营单位盈利性	所需投资	现金流量
明星	维护或扩大市场占有率	高	多	几乎为零或负值
金牛	维护或抽资转向战略	高	少	极大剩余
问题	扩大市场占有率或放弃或抽资转向战略	低或为负值	非常多或不投资	负值或剩余
瘦狗	放弃或清算战略	低或为负值	不投资	剩余

由上表可知,针对经营单位的不同状况,需要做出相应不同的战略选择。同时,由于经营环境的变化,业务单位在矩阵中的位置会随时间的变化而变化。一般来说,业务单位都要经历一个生命周期,即从问题类业务开始,继而成为明星类业务,然后成为金牛类业务,最后变成瘦狗类业务乃至生命周期的终点。正因为如此,企业经营者不仅要考察其各项业务在矩阵中的现有位置,还要以运动的观点看问题,不断检查其动态位置。决策者不但要立足每项业务过去的情况,还要观察其未来可能的发展趋势,并根据发展方向的新态势,进行新的战略选择。

(二)战略选择中易出现的错误

由上述分析可知,组织中各个业务单位具有不同的盈利现状和发展潜力,决策者应根据各业务单位的具体情况选择具有针对性的战略方案。现实中,决策者在进行战略选择时容易出现一些错误。主要表现为:一是要求所有的战略业务单位都达到同样的增长率或利润回报水平,或者忽视了各项业务不同的发展潜力和对不同的市场目标的把握;二是决策者留给金牛类业务的资金过多,致使公司无法向新增长的业务投入足够的资金,或对金牛类业务投入过少,从而造成该业务发展乏力;三是保留了太多的问题类业务,使公司发展前景不明朗,并且对每项业务都投资不足;四是在瘦狗类业务上投入大量资金,寄希望于扭转乾坤,但每次都失败。

可见,只有通过认真分析组织各业务单位的类型,做出与业务单位特点相适应的战略选择,才会使公司现金流量保持平衡,使资源得到充分利用。

四、BCG新矩阵及其在战略选择中的运用

BCG矩阵法以两个具体指标的量化分析来反映企业的外部环境与内部条件,有利于加强业务单位和企业管理人员之间的沟通,及时调整企业的业务投资组合。但该分析方法也存在一些局限性。例如,以市场增长率和相对市场占有率来决定经营单位的地位及其战略过于简单,往往不能全面反映一个经营单位的竞争状况;计算相对市场占有率时只考虑了最大的竞争对手,而忽视了那些市场占有率在迅速增长的较小的竞争者;有些综合性行业的市场占有率难以准确确定;对瘦狗的处理方法是清算或放弃,但实际中,很多瘦狗经营单位的存在往往可以为明星或金牛单位的发展提供发展经验和分摊固定成本等。为此,波士顿咨询公司于1983年设计出新的矩阵图,见图5-2。

在BCG新矩阵中,横轴表示经营单位所具备竞争优势的大小,而纵轴表示在行业中取得竞争优势途径的数量。BCG新矩阵也有四个象限,分别对应四种不同的经营单位类型(A、B、C、D)及战略。

（一）A 类经营单位

具有较大的竞争优势,但取得竞争优势的途径较少。这些行业中存在着规模经济和经验效益;行业内的竞争者为数不多;竞争对手的生产活动大致相同。根据这些特点,最适宜的经营战略是以大量生产为基础的成本领先战略。

（二）B 类经营单位

具有较大的竞争优势和较多取得这些优势的途径。所处行业具有多种不同类型的经营活动,在每一专业化的活动中有许多竞争者,但存在一个主导地位的竞争者。对这类经营单位所采取的战略主张在每一活动中进行专门化生产,类似波特的差异化战略。

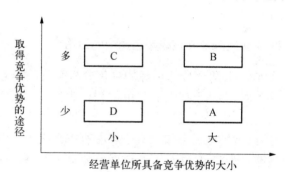

图 5-2 BCG 新矩阵图

（三）C 类经营单位

具有较少的竞争优势,但具有较多获得竞争优势的途径,C 类经营单位所处的行业一般不存在规模经济;进入和退出行业的障碍较低;在产品和市场中存在较多的可区分开的活动。根据这类单位的特点和所处行业的特点,最适宜实施集中化战略。

（四）D 类经营单位

既没有较多的竞争优势,又缺乏获得竞争优势的途径。这些行业具有如下特征:规模无法影响成本;行业中有许多竞争者进行竞争;进入行业的障碍很低,但退出该行业的障碍却很高;对所有企业盈利性都很低。处于这种地位的经营单位必须进行战略上的转变才能摆脱困境。

第三节 行业吸引力—竞争能力(GE)矩阵

20世纪70年代,美国通用电气公司(GE)与麦肯锡咨询公司共同开发了新的投资组合分析方法,即行业吸引力—竞争能力分析法。相对于BCG矩阵分析法,行业吸引力—竞争能力矩阵(也称为GE矩阵)法有了很大的改进,在两个坐标轴上都增加了中间等级,增多了战略的变量,用更多的因素来衡量行业吸引力和企业竞争地位。这不仅适用于BCG矩阵法所能适用的范围,也可以通过增减某些因素或改变它们的重点所在,使GE矩阵适应决策者的具体意向或某产业的特殊要求。

一、GE矩阵结构

如图5-3所示,GE矩阵包含两个变量,横轴是行业吸引力,

		行业吸引力		
		高	中	低
经营单位的竞争能力	高	A	B	D
	中	C	E	G
	低	F	H	I

图5-3 行业吸引力——竞争能力矩阵

考察的是企业所处的外部环境;纵轴是经营单位的竞争能力,考察的是企业内部实力。从图 5-3 可以看出,横轴的行业吸引力划分为高、中、低三个档次,企业应找出影响行业吸引力高低的若干关键外部环境因素,并以此来评价行业吸引力。纵轴的经营单位的竞争能力也划分为高、中、低三个档次,企业应找出影响企业竞争能力的若干关键内部可控因素,并以此与主要竞争对手相比较来评价企业实力。

评价行业吸引力和竞争能力的因素有许多,其中,评价经营单位所处行业吸引力强度的因素一般有行业规模、市场增长速度、产品价格的稳定性、市场的分散程度、行业内的竞争结构、行业利润、行业技术环境、社会因素、环境因素、法律因素、人文因素等。而评价经营单位竞争能力的因素一般有生产规模、增长情况、市场占有率、盈利性、技术地位、产品线宽度、产品质量及可靠性、单位形象、造成污染的情况、人员情况等。

二、评价行业吸引力和竞争能力的步骤

影响行业吸引力和竞争力的诸多因素具有不同的重要程度,一般来说,选用具有五个等级的李克特(Likert)等级度量法来对各个因素进行赋值,以显示其重要性(如表 5-3 所示)。然后,对每一等级赋予一定的分值。如某一因素很不吸引人,可以给予 1 分的值;而很吸引人的因素就赋值 5 分。

表 5-3 李克特等级及赋值

等级	很不吸引人	有些不吸引人	一般	有些吸引人	很吸引人
赋值	1	2	3	4	5

由于每个因素的地位和重要程度对不同的经营单位来说是不一样的,因此,在赋予各因素级数值的基础上,还要赋予每个因素

一个权数,且权数之和等于1。然后,用权数乘以级数,就可以得出每个因素的加权数。将各个因素的加权值汇总,就得出整个行业吸引力和企业竞争能力的加权值。最后,根据行业吸引力和竞争能力的总分值来确定经营单位的位置。

三、GE矩阵分析法在战略选择中的运用

行业吸引力的三个等级与经营单位竞争能力的三个等级构成一个具有九象限的矩阵,公司中的每一经营单位都可放置于矩阵中的某一位置。根据所处象限的位置不同,决策者在战略选择时对各经营单位应选取不同的战略方案。

（一）发展类的战略选择

这类包括处于A、B和C位置的经营单位。对于这一类经营单位,公司要采取发展战略,即要多投资以促进其快速发展。因为这类行业很有前途,经营单位又具有较强的竞争地位,应该多投资,以便巩固经营单位在行业中的地位。

（二）选择性投资类的战略选择

这类包括处于D、E和F位置的经营单位。对这类单位,公司的投资要有选择性,选择其中条件较好的单位进行投资。应采取维持战略,即通过市场细分、选择性投资和纵向一体化等努力维持现有市场地位。

（三）抽资转向或放弃类的战略选择

这类包括处于G、H和I位置的经营单位。这类单位的行业吸引力和经营单位实力都较低,应采取不发展战略。对一些目前还有利润的经营单位,采取逐步回收资金的抽资转向战略;而对不盈利又占用资金的单位,则采取放弃战略。

四、政策指导矩阵法与战略选择

荷兰皇家壳牌公司在GE矩阵分析法的基础上,以"行业前

景"代替"行业吸引力",创立了政策指导矩阵。具体来说,从行业前景和竞争能力两个角度来分析企业各个经营单位的现状和特征,并把它们表示在矩阵上,据此指导企业战略方案的选择。行业前景取决于盈利能力、市场增长率、市场质量和法规限制等因素,分为强、中、弱三等;相对竞争能力取决于经营单位在市场上的地位、生产能力、产品研究和开发等因素,同样分为强、中、弱三等,从而把企业的经营单位分成九大类,见图5-4。

	行业前景		
经营单位的竞争能力	弱	中	强
弱	不再投资	分期撤退	加速发展或撤退
中	分期撤退	密切关注	不断强化
强	资金源泉	发展领先地位	领先地位

图 5-4 政策指导矩阵

由图 5-4 可知,在战略选择时,利用政策指导矩阵可以对不同类型的经营单位采取不同的战略方案。

(一)不再投资

对这一区域的经营单位,应采取放弃战略,将拍卖资产所得的资金投入到更有利的经营单位中。

(二)分期(分散)撤退

对这些区域的经营单位,应采取的战略是缓慢地退出,以收回尽可能多的资金和投入盈利更大的经营单位。

(三)加速发展或撤退

该区域经营单位所处行业前景好,但企业竞争能力较弱,公司应选择其中最有前途的少数经营单位加速发展,对余下者采取放弃战略。

（四）密切关注

该区域经营单位通常都有为数众多的竞争者。可采取的战略是使其带来最大限度的现金收入，停止进一步投资。

（五）不断强化

应通过分配更多的资源，努力使该区域经营单位向下一个区域(领先地位区)移动。

（六）资金源泉

对这一区域的经营单位，应投入少量资金以求其未来的扩展，而将它作为其他快速发展的经营单位的资金源泉。

（七）发展领先地位

这个区域中的经营单位一般会遇到少数几个强有力的竞争对手，很难处于领先地位。可采取的战略是分配足够的资源，使之能随着市场的发展而发展。

（八）领先地位

应优先保证该区域经营单位需要的一切资源，以维持其有利的市场地位。

第四节 战略地位与行动评价(SPACE)矩阵

战略地位与行动评价矩阵(Strategic Position and Action Evaluation Matrix,简称 SPACE 矩阵)主要分析企业外部环境及企业应该采用的战略组合。SPACE 矩阵的两个数轴分别代表了企业的两个内部因素——财务实力(FS)和竞争优势(CA)以及两个外部因素——环境稳定性(ES)和产业实力(IS)。矩阵的四个象限分别表示进攻、保守、防御和竞争四种战略模式。矩阵数轴所代表的四个因素对企业的战略选择具有重要作用。

一、SPACE 矩阵的构建

建立 SPACE 矩阵主要包括以下几个主要步骤。

(一) 列出优势要素

列出企业在财务实力、竞争优势、环境稳定性、产业实力四个方面中具有优势的要素。一般来说,每一方面的要素一般不超过八个。

例如,财务实力可以用投资回报、杠杆比率、偿债能力、流动资金、现金流动、商业风险、退出成本等指标来衡量;竞争优势可以从市场份额、产品质量、产品生命周期、顾客忠诚度、竞争能力利用率、专有技术知识以及对供应商和经销商的控制程度等方面来评价;环境稳定性可以从技术变革、通货膨胀率、需求变化、竞争压力、需求价格弹性、竞争产品的价格范围和市场进入壁垒等方面来考虑;产业实力可以用发展潜力、利润潜力、财务稳定性、可供资源、市场进入难易、生产效率和生产能力利用率等指标来评价。

(二) 对关键要素进行赋值

财务实力和产业实力方面的要素分数从 1(最差)到 6(最好);环境稳定性和竞争优势方面的要素分数从 -1(最好)到 -6(最差)。

(三) 计算企业的战略定位数值

将产业实力和竞争优势的分数相加除以关键要素的个数,得出 X 值;将财务实力和环境稳定性的分数相加除以关键要素的个数,得出 Y 值。

(四) 绘制一个直角坐标系

横坐标轴的右端表示产业实力,左端表示竞争优势;纵坐标轴的上端代表财务实力,下端代表环境稳定性;坐标轴以 1 为单位,在 $-6\sim6$ 范围内进行刻度,见图 5-5。

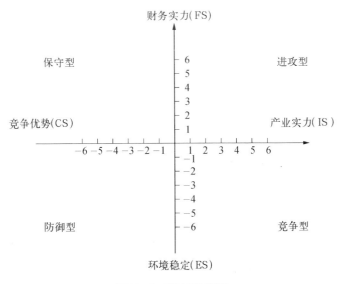

图 5-5 SPACE 矩阵

(五)寻找战略类型

在坐标轴上标记点(X,Y)。自 SPACE 矩阵原点到(X,Y)点画一条向量,这一条向量就表示企业可以采取的战略类型。

二、SPACE 矩阵中的战略类型

如图 5-5,SPACE 矩阵的四个象限分别代表四种战略类型,即进攻型、竞争型、防御型或保守型。这里有以下几种情况。

(一)向量出现在第一象限

此时,说明企业所处产业实力较强,拥有竞争优势,但财力有待进一步提升,见图 5-6;或者表示该企业所处产业优势不突出,但环境非常稳定,且拥有雄厚的财务能力,见图 5-7。

采取进攻型战略的企业所在行业的吸引力强,环境不确定因素小,公司有一定的竞争优势,并可以用财务实力加以保护。

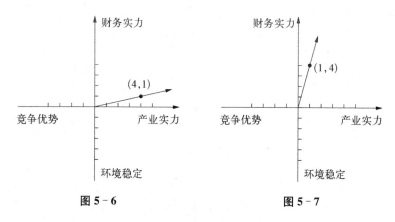

图 5-6　　　　　　　图 5-7

（二）向量出现在第二象限

此时，表明公司处在一个稳定的行业里，拥有很强的财力，但没有很强的竞争优势，见图5-8；或者表示公司处于竞争劣势，财务实力较弱，所在行业虽然稳定，但处于衰退中，见图5-9。企业应该选择保守型战略。

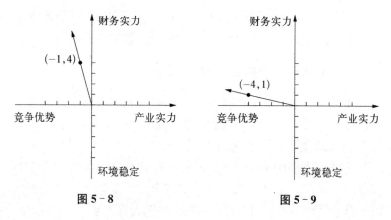

图 5-8　　　　　　　图 5-9

采取保守型战略的企业一般处于相对稳定而增长缓慢的市场里，企业应当提高自己财务方面的稳定性，并尽力解决这一核心问题。

处于这种地位的企业应该削减其产品系列,进入利润更高的市场。

(三)向量出现在第三象限

此时,表示企业要么在稳定而停止增长的行业中处于绝对的竞争劣势,见图5-10;要么表示企业财务困难,行业不稳定,见图5-11。企业应该选择防御型战略,也就是应集中精力克服内部弱点并回避外部威胁。

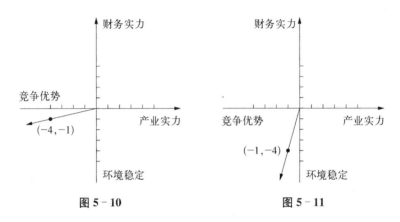

图5-10　　　　　　　图5-11

采取防御型战略的企业处于日趋衰退且不稳定的环境中,企业本身又缺乏竞争性产品,而且财务能力不强,此时,企业需要准备从现有的市场中随时撤退,或者是减少自己的投入,逐步退出该行业。

(四)向量出现在第四象限

此时,企业所处行业发展迅速,企业竞争力强,见图5-12;或者表示企业处于不稳定的环境中,企业表现中庸,见图5-13。企业应该选择竞争型战略。

采取竞争型战略的企业所处行业竞争力强,但环境相对处于不稳定状况,公司拥有竞争优势,但缺乏财务实力,在这种情况下,企业应该寻求财务资源以提高市场占有率,并需要增强自己的销售力量来拓展自己现有的市场。

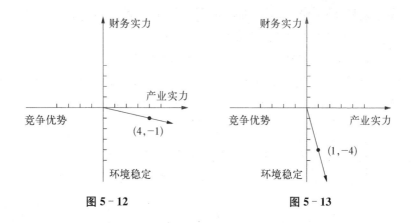

图 5－12　　　　　　　　图 5－13

三、SPACE 矩阵在战略选择中的运用

现以某航空公司为例来具体说明 SPACE 矩阵的运用。按照构建 SPACE 矩阵的步骤,首先选定构成财务实力等四个要素的影响因素,并对各变量赋值,见表 5－4。

表 5－4　某航空公司 SPACE 矩阵的评分表

	评　分　人				平均得分
	总经理	人力总监	财务总监	营销总监	
财务优势(FS)					
投资收益	4	3	4	3	3.5
偿债能力	2	2	2	3	2.25
现金流动	3	4	3	3	3.25
退出市场	2	3	2	3	2.5
业务风险	4	5	4	4	4.25
合　　计					15.75

续表

	评分人				平均得分
	总经理	人力总监	财务总监	营销总监	
竞争优势(CA)					
市场份额	−3	−3	−2	−2	−2.5
产品质量	−2	−3	−2	−3	−2.5
用户忠诚	−3	−3	−4	−4	−3.5
专有技术	−5	−5	−5	−4	−4.75
控制	−5	−6	−6	−5	−5.5
合计					−18.75
环境稳定性(ES)					
竞争压力	−4	−3	−4	−4	−3.75
进入障碍	−3	−3	−2	−2	−2.5
需求弹性	−2	−3	−3	−3	−2.75
通货膨胀	−1	−1	−1	−1	−1
技术变化	−1	−2	−2	−2	−1.75
合计					−11.75
产业优势(IS)					
资金密集	5	5	5	4	4.75
财务稳定	4	5	4	5	4.5
增长潜力	5	6	5	5	5.25
利润潜力	5	5	5	5	5
技术诀窍	4	5	4	5	4.5
合计					24

分别将各要素的变量平均得分相加,再分别除以变量的个数,从而得出各要素的平均分数。然后分别把 CA 和 IS 的平均分相加得出 x 值,把 FS 和 ES 的平均分相加得出 y 值,从而找出要求的坐标点(x,y)。经计算得出 x 的值为 1.05,y 的值为 0.8,从而坐标点是(1.05,0.8)。在 SPACE 矩阵中自原点至点(1.05,0.8)画一条向量,如图 5-14。

从图 5-14 可以看出,向量处于第一象限中,因此,在战略选择中,该航空公司的决策者应该采取进攻型的战略。

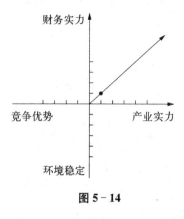

图 5-14

第五节 行业生命周期(ILC)矩阵

生命周期法由亚瑟·利特尔咨询公司提出,该方法以两个参数(即行业成熟度和战略竞争地位)来确定公司中各个经营单位所处的位置。生命周期分析法运用生命周期分析矩阵,根据企业的实力和产业的发展阶段来分析评价备选战略。该方法有助于决策者缩小战略选择的范围,从而在决策过程中做到有的放矢。

一、行业生命周期矩阵的特点

行业生命周期(Industry Life Cycle)是指行业从出现到完全退出社会经济活动所经历的时间,一个行业或行业内部的某个环节一般会遵循四个发展阶段,即孕育阶段、成长阶段、成熟阶段和衰退阶段。行业生命周期矩阵以行业生命周期的四个阶段为横坐标,以企业的竞争地位为纵坐标。一般来说,一个经营单位的战略竞争地位可划分主导地位、强劲地位、有利地位、可维持地位和软弱地位。这样整个矩阵就形成了20个单元,见图5-15。根据企业各经营单位在矩阵中所处的不同位置,决策者在战略选择时就可以采取不同的战略方案。总体看来,战略选择的方案也集中为四种,即发展战略、重点的发展战略、调整战略和退出战略。

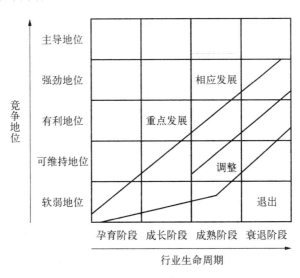

图 5-15　行业生命周期矩阵

企业所处行业的成熟度由一系列因素综合决定,如增长率、增长潜力、产品范围、竞争者数目、市场占有率分布、市场占有率的稳定性、顾客稳定性、进入行业的难易程度、技术等。这些因素在行业的不同阶段表现出不同的特点,见表5-5。

一个经营单位的战略竞争地位需要一定的定性判断,一般也基于多项指标,如产品范围、市场占有率的分布、市场占有率的变动以及技术的改变等。一个经营单位的战略竞争地位大致可划分为五种类型,这五种类型各自具有不同的特点。

表 5-5 行业生命周期各阶段的特点

因素	孕育阶段	成长阶段	成熟阶段	衰退阶段
增长率	较 GDP 增长更快	高于 GDP	等于或低于 GDP	零或负增长
增长潜力	消费者基本不满意或产品相对不知晓	消费者部分满意或产品相对不知晓	消费者一般满意或产品被知晓	消费者满意或产品早已被知晓
产品范围	窄,很少品种	宽,多样化	宽,标准化	窄,若行业分散则较少
竞争者数目	竞争无统一规律;通常增加	最多;后开始减少	稳定或下降	最少
市场占有率分布	无统一规律;通常很分散	逐渐地(或快速地)集中	稳定	集中化或很分散
市场占有率稳定性	不稳定	逐渐地稳定	基本稳定	非常稳定
顾客稳定性	不稳定	逐渐地稳定	稳定	非常稳定
进入行业的难易	容易	比较困难	非常困难	无吸引力
技术	快速发展,已知技术很少	变化中	已知晓;容易获取	已知晓;容易获取

(1) 主导地位。能够控制竞争者的行为;具有较广的战略选择,且战略能独立于竞争者而做出。

(2) 强劲地位。能够遵循自己的战略和政策,而不会危及长期的地位。

(3)有利地位。可能具有一定的战略优势;有能够保持其长期地位的好机会。

(4)可维持地位。具有证明其运营可继续存在的满意的经营绩效;通常以忍耐来抵御最重要的竞争对手;有能够维持其长期地位的一般机会。

(5)软弱地位。令人不满意的经营绩效,但有改进的可能;可能具备较好地位的特点,但有主要的弱点;短期内能够生存,但想要长期生存下去则必须改进其地位。

二、行业生命周期各阶段的战略选择

企业在行业生命周期的不同阶段,应选择不同的发展战略。具体来说,可以在客户战略、研发战略、产业链和竞争重点、营销战略和竞争者战略等方面进行战略选择,见表5-6。

表5-6 行业生命周期各阶段的战略选择

	孕育阶段	成长阶段	成熟阶段	衰退阶段
客户战略	早期的客户可能会试用产品并接受某些不可靠性,需要解释产品特征	客户迅速增加;质量和可靠性非常重要;强化信用管理职能	大众市场;少量新产品或服务的试验;品牌转移	客户非常了解产品;主要根据价格选择产品
研发战略	新产品研发,开发技术能力,强调必要的、基本的功能,核心技术不够明确	核心技术初步形成,改进产品质量与功能,设计标准化	稳定现有产品,增加附加功能,着眼新产品和新技术的开发	改进现有产品的外观;及时引入新产品,着眼解决新产品引入中的技术问题

续表

	孕育阶段	成长阶段	成熟阶段	衰退阶段
产业链和竞争重点	垂直一体化;寻求目标市场;研发与生产尤其重要	垂直一体化;寻求市场主导地位;重视竞争对手的反应;营销支出增加	垂直分离;维持市场份额较难;寻求降低成本	垂直分离;成本控制很重要
营销战略	高价格,但可能亏损	销售量和利润增加,价格可能下降;抢占主导市场	增加投资、增加分销商;加强售后服务和广告营销	价格竞争和低增长可能减少盈利,需要大幅度降低成本
竞争者战略	关注新产品;尝试生产新产品	进入该市场;试图模仿和革新产品;追加投资以扩大规模	竞争集中于广告、品牌和质量方面;产品变化少,产品本身差异小	竞争主要集中于价格;某些企业退出该产业

第六节 定量战略计划(QSPM)矩阵

定量战略计划矩阵(Quantitative Strategic Planning Matrix, QSPM矩阵)是战略决策阶段的重要分析工具。该分析工具对备选方案的战略行动的相对吸引力做出评价,从定量的角度来评判其战略备选方案的优劣程度,从而能够客观地指出哪一种战略是最佳的。QSPM矩阵法的分析原理是:将备选的各种战略方案通过专家小组讨论的形式分别进行评分,评分的依据为各战略是否能使企业更充分地利用外部机会和内部优势及尽量避免外部威胁和减少内部弱点四个方面,得分的高低反映战略的最优程度。

一、QSPM 矩阵及其构建

QSPM 矩阵是基于事先确认的外部及内部因素来客观评价备选战略的工具,同时,良好的直觉判断对 QSPM 矩阵法的运用也极为重要。决策者首先要运用良好的直觉以及对行业的丰富经验剔除一些明显不可行的战略选择,只将最具吸引力的战略列入 QSPM 矩阵。反映各战略差异的是战略的最优程度,它是根据各战略对外部和内部因素的利用和改进程度而确定的。QSPM 矩阵中包括的备选战略的数量和战略组合的数量均不限,分析的结果并不是非此即彼的战略取舍,而是一张按重要性和最优程度排序的战略清单。

建立一个 QSPM 矩阵(如表 5-7 所示),首先要在矩阵的左栏列出公司的关键外部机会与威胁、内部优势与劣势,且至少应包括 10 个外部和 10 个内部关键因素;然后在第二栏给每个外部及内部关键因素赋予权重;在矩阵的顶行列出经过筛选的备选战略方案;分析各个战略的相对吸引力,用吸引力分数(Attractiveness Scores,AS)标出其数值;接着计算吸引力总分(Total Attractiveness Scores,TAS),即用权重乘以吸引力分数;最后,把吸引力总分加总得出吸引力总分和,它表明在各组供选择的战略中,哪种战略最具吸引力。备选战略组中各战略吸引力总分和之差表明各战略相对于其他战略的可取性。

表 5-7 QSPM 矩阵的基本模型

关键因素		权重	战略一	战略二	战略三
机会	1. 2. …				

续表

关键因素		权重	战略一	战略二	战略三
威胁	…				
	总计	1.0			
优势	…				
劣势	…				
	总计	1.0			

二、QSPM 矩阵在战略选择中的运用

表 5-8 以某房地产公司为例,来具体说明 QSPM 矩阵的应用。

表 5-8　某房地产公司定量战略计划矩阵表

关键因素		权重	市场开发		战略联盟		差异化	
			AS	TAS	AS	TAS	AS	TAS
机会	经济发展增加了房产需求	0.11	4	0.44	4	0.44	4	0.44
	"十一五"规划的实施	0.13	3	0.39	5	0.65	3.5	0.455
	住房消费信贷业务发展迅速	0.12	3	0.36	4	0.48	4	0.48
	商品房住宅存在大量需求缺口	0.11	4	0.44	3.5	0.385	4	0.44
	国外资金提供了多种融资渠道	0.08	2	0.16	4	0.32	3	0.24

续表

	关键因素	权重	市场开发		战略联盟		差异化	
			AS	TAS	AS	TAS	AS	TAS
威胁	房地产市场竞争加剧	0.09	3	0.27	4	0.36	4	0.36
	消费者品位提高	0.07	4	0.28	4	0.28	4	0.28
	央行提高第二套房房贷首付	0.13	3	0.39	5	0.65	3	0.39
	外来开发商进入	0.07	3	0.21	4.5	0.315	4	0.28
	人民币汇率提高增加了建筑成本	0.09	3	0.27	4	0.36	4	0.36
	总　　计	1.0						
优势	灵活的反应机制	0.1	5	0.5	4	0.4	3.5	0.35
	较强的资源整合能力	0.15	4	0.6	4	0.6	4	0.6
	准确把握客户心理	0.08	4	0.32	3	0.24	4	0.32
	较好的盈利能力	0.11	4	0.44	3	0.33	3.5	0.385
	人才众多	0.09	4	0.36	3.5	0.315	3.5	0.315
劣势	规模较小，融资困难	0.2	3	0.6	4	0.8	4	0.8
	研发经费投入不足	0.07	2	0.14	4	0.28	4	0.28
	内部管理制度不很完善	0.07	2	0.14	3	0.21	3	0.21
	管理提升未落实	0.06	3	0.18	3	0.18	4	0.24
	内部凝聚力不高	0.07	3	0.21	3.5	0.245	3.5	0.245
	总　　计	1.0		6.7		7.84		7.47

从表5-8可以看出,各战略方案的优劣排序为战略联盟(7.84)、差异化战略(7.47)和市场开发(6.7)。这表明战略联盟战略具有较大的吸引力,决策者应考虑选择该战略。在这里,由于外部因素和内部因素的总权重都为1,可以看作外部因素和内部因素同等重要,这是一种风险中性的反映。决策者可以根据风险偏好,通过调整权重的大小来调整内、外部因素的关系。如果企业集团倾向于进取型,就可以将外部因素的权重设置得高一些;相反,如果企业内部倾向于稳重型,则可以将内部因素的权重设置得高一些。

三、QSPM矩阵法的优点和局限性

QSPM矩阵可以相继或同时考察一组战略。例如,可以相继评价公司层战略、业务层战略和职能层战略,并且同时评价的战略或战略组数量不受限制。另一方面,QSPM矩阵要求决策者在战略选择过程中将有关的外部和内部因素结合起来考虑,使决策者注意到影响战略决策的各种重要关系,避免关键因素不适当地被忽视或偏重。而且,QSPM矩阵经过适当修改便可运用于大型和小型的营利和非营利性的组织,它实际上可以被应用于任何类型的组织。尤其是,QSPM矩阵可以提高跨国公司的战略决策水平,因为它可以同时考察很多关键性因素和战略。此外,QSPM把战略决策者的主观判断定量化,使各方观点和判断都在一个平台上完好地呈现出来,更有助于决策者进行战略选择。

但QSPM矩阵也有一些局限性。例如,QSPM矩阵总是要求直觉性判断和经验性假设。权重和最优程度分数的确定都要依靠主观判断。尽管这些判断所依据的是客观信息,但不同的战略选择者可能在相同的方法下却得出了不同的结论,这种差别就是由于他们的经验和微妙的直觉不同所造成的。另外,QSPM矩阵分析结果的科学性还要取决于它所基于的信息和匹

配分析的质量。

【本章小结】

战略制定的核心思想是趋利避害、扬长避短。工欲善其事,必先利其器。本章介绍了战略分析和决策中常用的一些工具,包括SWOT矩阵、SPACE矩阵、BCG矩阵、GE矩阵以及QSPM矩阵等。需要注意的是,这些工具不是万能的,工具使用的效果很大程度上取决于使用工具的企业决策人员的直觉、常识和智慧。利用这些工具制定目标与战略,可以帮助企业选择做正确的事情和更有效地做事情。

【基本概念】

SWOT矩阵 波士顿矩阵 行业吸引力—竞争能力矩阵 战略地位与行动评价矩阵 行业生命周期矩阵 定量战略计划矩阵

【复习思考题】

1. 如何运用SWOT矩阵法进行战略选择?
2. 简述BCG矩阵法的基本特征。如何运用BCG矩阵法进行战略选择?
3. 如何运用GE矩阵分析法和政策指导矩阵法进行战略选择?
4. 简述SPACE矩阵中的战略类型。
5. 简述行业生命周期矩阵的特点及各阶段的战略选择。
6. 简述QSPM矩阵的构建及其优缺点。

【结尾案例】

谭木匠的发展之道

1965年,谭传华18岁时,下河捞鱼被雷管不慎炸掉右手。在那个年月,一个残疾人在农村就是一个失去劳动力的人。不过,要强的他很快走出身体残疾的阴影,跟着从部队回来的二哥学得一手好画,并成为一名小学老师。谭传华23岁时带着父母给的50元钱"游历"了大半个中国,卖过魔芋,卖过红橘,卖过塑料花,开过预制板厂,饱尝人间冷暖。两年之后,一场大病让谭传华最终选择了回到老家娶妻生子,并创办了三峡民间工艺美术厂。辛苦半年,雕出了堆积如山的笔筒、拐杖和各种各样的神鬼人物造型,谭传华带着精心挑选的产品去广州参加一个全国性的工艺博览会时,却发现众多同类产品的价格比自己的成本还低,这让兴冲冲的谭传华一下子沮丧到了极点。

1993年年初,一直苦于做木雕生意冷清的谭传华,偶然在深圳商店买到一把木梳,由于当时在市场上主要以塑料梳子为主,木质的梳子还不多见,这给了他很大启发,拿着买回来的木梳,谭传华仔细端详,他感到这木梳中蕴含着巨大的商机。回到重庆后,谭传华拜访了一位老制梳人,去讨教木梳的制作。老人漫不经心地从嘴里唱出一段巴蜀歌谣:"文要当相,武要封侯,黄杨木梳尽了头",谭传华一听之间,顿时感到醍醐灌顶。木梳消费是最普通的日用品之一,但它的普通性恰恰注定了使用的广泛性,中国十几亿人,有一亿人用他的梳子,就够忙一辈子了。当下,谭传华即决定带领木雕工匠改做木梳。当时30多个工人都不知道梳子怎么做,用半年时间研究,终于做了出来。木梳做出来之后,起名三峡牌,在市场上推广。然而,没想到的是,当木梳做出来之后,市场却反应非常平淡:第一天赚了2元钱,第二天只赚了16元钱。一直到1995年,公司才刚刚有所起色。

1996年,谭传华把三峡牌木梳更名为"谭木匠",奠定了事业发展的基础。1996年除夕,在家里看春节晚会时,赵丽蓉表演的一个小品提醒了他,小品中的"玛丽吉丝"被赵丽蓉改成了"麻辣鸡丝",谭传华心想怎么不把自己的梳子改成"谭木匠"呢。"木匠"是中国传统木工手艺人的称呼,本身就有一股浓浓的乡土味,是勤劳与智慧的象征,给人以联想性,传达出专门行业、专业师傅、专有技术、专项产品的信息和积极意义。"木匠"前冠以"谭"字,符合中国传统商号的取名习惯,念出来就给人一种沧桑厚实的历史感。同时,檀木在中国民间是吉利的象征物,有避邪和驱邪的功用,"谭"与"檀"谐音,正好兼取此意。这样既有地道的中国味道,也符合自己的身份,干脆就注册了这个商标。1997年3月,谭木匠商标注册成立。"谭木匠"三个字的造型也称得上匠心独运,"谭"用隶书,"木"是几块木板搭成,"匠"则配以木工作坊劳作图,极具中国传统文化特色。

  1997年,"谭木匠"小木梳终于获得了较好的市场知名度。正在谭传华准备大干一场的时候,一个意外的难关挡在了面前:由于没有固定资产作抵押,银行不愿意贷款给这个靠生产梳子为生的小企业。提起那段经历,谭传华讲道:"银行认为梳子行业做不大,不看好,担心我的贷款还不上。我一怒之下,就在媒体上发广告,招聘银行。"1997年8月19日,在重庆一家报纸上打出整版广告:谭木匠工艺品有限公司招聘银行。在当时的中国,民营企业招聘银行是一件国内外轰动的稀奇事,全国乃至全球1 000多家媒体蜂拥而至,争相报道"谭木匠招聘银行现象",并随后在金融界、企业界引发了一系列关于银企关系的大讨论。招聘银行的新闻无疑给谭木匠很大帮助,很快有银行主动找上门来,谭木匠又渡过一个小难关。1998年春节,他又出人意料地将从建设银行获得的100万贷款拿到中央电视台打广告,并借机大开专卖店。这些令竞争对手始料不及的招数,使谭木匠稳稳地坐上了中国梳子第一品牌的宝座。至2005年年底,谭木匠公司已经连续9年经营业绩持续增长,2002年以来公司平均销售增长达39%,平均净利润增长也高达36%。2008年底谭木匠加盟店数量达到720家,POS销售额达2.4亿。

迅速成长的谭木匠执著于产品的推陈出新。公司除了自己的设计团队以外，还积极寻求与专业网站、《设计之窗》等艺术类杂志、公司、四川美术学院等院校合作，整合国内的设计团队，还与德国、意大利、法国等国际设计师事务所建立了合作伙伴关系，邀请路易威登等国际知名奢侈品品牌的设计大师作指导。谭木匠产品设计思路广泛，每年推出新品200多款。至2007年年底，已自主研发产品2 400余种，拥有专利15项。

谭木匠坚持手工特色，坚持将中国古典文化贩卖到底。谭木匠围绕"亲情、友情、爱情、风土人情"等主题。谭木匠在产品包装上也别具特色：高档木梳有礼品盒包装；普通的木梳的外包装是黑色或蓝底白花的中式小布口袋，非常富有中国传统特色。礼品袋和礼品盒的设计使谭木匠的产品不仅有实用价值，还成为馈赠佳品。"谭木匠"被评为"重庆市著名商标"、"中国名牌产品"、"中国驰名商标"。谭木匠秉承中国传统手工艺精华，奉行"好木沉香、我善治木"的质量方针，历经二十余年的发展，现已发展成为集家具、梳理用品、饰品于一体的专业化公司。

"谭木匠公司有秘密吗？没有！"谭传华指着公司大门的文化墙说，"要说一定有秘密，这个秘密是写在脸上的'诚实、劳动、快乐'。这是公司的企业文化核心，也是最不容易被人模仿的企业灵魂。"谭木匠还办起了《谭木匠报》、《快乐的谭木匠》等内部刊物。谭传华认为加快新品的推出，必须靠创新来支撑，包括与创新战略相匹配的企业文化及体系。管理层包容创新的态度，可以让建议或疑问在真正开放的环境里得到讨论。除了宽松的创新氛围，谭木匠建立有效的制度，激励全体员工和加盟商提出有效、独特的合理化建议体系，并每个月在《谭木匠》杂志中展示，鼓励全员创新。在2008年，公司共收集2 000多条建议，767条建议被采纳。

资料来源：改编自：江积海,周长辉. 谭木匠：我善治木[J].《管理案例

研究与评论》,2011.01.

思考讨论题:

1. 谭木匠公司成功的秘诀在哪里?
2. 谭木匠公司在成长过程中采取了什么发展战略?
3. 谭木匠公司在未来将面临哪些挑战和风险?

第三篇
战略选择

第六章 战略选择的原理与因素

名人名言

胜兵先胜而后求战,败兵先战而后求胜。

——《孙子兵法·军行篇》

战略性思考是从对某一事业最深的本质和这一本质带来的挑战的思考开始的。

——彼得·圣吉

【本章学习重点】

(1) 理解战略选择的内涵、原理与过程;
(2) 理解影响战略选择的行为、制度与文化因素;
(3) 掌握战略直觉的内涵及其应用;
(4) 掌握如何利用战略洞察力进行战略决策;
(5) 掌握情景规划的实现过程及其作用。

【开篇案例】

春兰退市与多元化经营

对于那些希望能够在多个业务领域有所作为的企业来说,把握多元化节奏是个关键的命题。把鸡蛋放到多个篮子里不是错,但是如果把鸡蛋放到几个破篮子里,或者是在找到好篮子之前不注意维护现有的篮子,那就错了。春兰从一个昔日王者发展到今天的连年亏损退市,虽然不能完全将其陨落归罪于陶建幸的多元化实践,但是春兰的多元化经营的确是造成春兰从明星股到退市的主要原因。春兰发布的公告将企业经营不善归结于销售制度转变带来的阵痛,其实是顾左右而言他。而结合春兰来探讨企业多元化经营的两面性,对于中国的企业家来说则有着更大的意义。

行业研判与多元化的时机选择

在 20 世纪 80 年代到 90 年代初,春兰空调可以说是中国空调行业的象征,一如今天的格力和美的。1994 年春兰空调成为中国最大的空调生产基地,跻身世界七强。但是在春兰空调占据中国空调业龙头老大高位的时候,陶建幸却对中国的空调业有了自己的看法,在他看来,中国的家电行业必然是以多元化经营为发展方向的,专注于某一个领域的结果要么是倒闭灭亡,要么是苟延残喘艰难度日。基于这样的一个判断,陶建幸带领春兰走上了多元化经营之路,从 1995 年春兰推出第一个五年计划开始,就高举多元化大旗,立足空调产业进行产业扩张,经营触角延伸到冰箱、摩托车、卡车、高能电池等多个行业。

如果单纯从陶建幸的战略思考逻辑来看,春兰的多元化是没有问题的。但问题的关键在于企业要多元化必须基于对行业的正确判断和多元化时机地选择。从今天来看,陶建幸对于中国家电行业大势的判断是错误的。在春兰走上多元化道路之后的 10 多年里,格力专注于空调事业并取代了当初春兰的霸主地位,美的也在家电领域形成了多个产品类别和系列,并且在自己的核心领域取得了相对优势。这些企业并没有出现陶建幸所欲言的倒闭灭亡,甚至连艰难度日都没有;相反,倒下的却是春兰。从战略管理的角度来看,系统分析行业发展的趋势和前景,对于企业战略决策至关重要。只有正确地看到了行业发展的前景,才能带领企业走上正确的道路。对行业发展的误判直接导致了陶建幸的战略选择,间接带来了春兰今天的窘境。

多元化经营的重心和资源配置

正是由于对家电行业的趋势判断使得陶建幸不再看好春兰空

调的前景,而摩托车、卡车都业务显然是他看好的业务领域。这种判断直接决定了春兰内部各项业务之间的资源配置,而资源配置显然是多元化企业经营取得成功的关键所在。春兰对各项业务前景的把握使之对春兰空调的支持力度骤然减弱,从这个意义上说,陶建幸在寻找其他篮子的同时并没有继续采取措施加固现有的篮子。春兰空调在渠道管理、销售模式等方面的问题甚至高管激励都不是春兰空调陨落的关键因素,问题的关键在于多元化后的春兰并没有给予春兰空调更多的支持。按照波士顿矩阵对于公司业务组合的说法,春兰将空调业务看作是金牛业务,但没有给这头牛喂足草料。陶建幸在不断发展多元化业务的同时,没有向空调业务提供足够的支持,不仅如此,春兰多元化经营的大量资源均来自空调业务这头奶牛。奶牛不停地产奶,但却始终填不饱肚子,其结果可想而知。

因此,对于多元化企业来说,必须审慎地设计各项不同业务之间的资源配置,在各项业务之间要有侧重,在新业务尚未形成核心竞争能力和优势的情况下,一定要对现有业务进行巩固提高,战略培育和战略转型不能同时进行。如果春兰能够在稳固发展空调业务的基础上再尝试多元化,或许就不会出现如今的结局。因为企业必须在自己的业务组合当中找到明星业务和金牛业务,而不能为了培育新业务而忽略了明星业务和金牛业务所需要的巩固和提高。如今春兰不仅在空调业务中日落西山,而其涉足的摩托车、卡车等业务却没有达到预期的结果。

齐头并进还是步步为营

春兰能够在空调行业做到龙头老大,也并不是轻而易举就做到的,更何况和空调业务关联度不大的摩托车、卡车等业务。实际上一个企业能够在新的业务领域取得突破和初步成功需要耗费相当多的资源,更何况要取得稳定的地位和竞争优势。这就给多元化经营的企业提出了一个命题,那就是自己的资源和能力是否能够支撑公司在多个业务领域进行业务拓展。对于绝大多数企业来说，恐怕这个答案是否定的。因此，企业多元化经营必须要充分考虑多元化过程中的困难，首先选取最有把握的业务领域进行开拓，而只有当企业在该领域取得成功后并获取稳定的市场地位后，再去考虑向更多的业务领域拓展。事实上春兰在多元化经营当中涉足的几项新业务在运作节奏上不够稳健，往往是一个机会尚未充分把握的情况下就禁不住另外一个机会的诱惑。

对于那些希望能够在多个业务领域有所作为的企业家来说，把握多元化节奏是个关键命题。任何不顾及自身资源和实力左倾冒进的做法都是十分危险的，对于普遍抗风险能力较弱的中国企业来说尤其如此。因此，在寻找更多篮子的过程中，一定要确保自己手中的篮子足够结实的情况下再去寻找新的篮子，步步为营恐怕更为积极稳妥。对于陶建幸来说，如果他能够对春兰所涉足的多元化业务进行定期评估，随着空调行业的发展不断修正自己的判断，对于那些可能无法达到预期的新业务进行果断地处理，恐怕也就不会发展到今天的尴尬局面。

资料来源：李勇．春兰的退市与企业多元化经营[J]．企业文化，2008年第8期．

第一节　战略选择的内涵与过程

一、决策——战略选择的实质

1978年诺贝尔经济学奖获得者、决策理论学派奠基人赫伯特·A·西蒙(Herbert A. Simon)有一句名言："管理就是决策"，从而使决策在管理中的重要性得以充分彰显。决策作为管理的核心内容，贯穿于管理过程的始终，而战略选择又是决策过程中最关键的阶段。因此,从某种意义上说,战略选择决定了企业发展的命运。

战略选择就是战略决策者通过比较和优选,从可能的两种或两种以上的备选方案中选定一种合理的战略方案的决策过程。选择战略方案并非是一个理性的公式化决策,它需要决策者考虑多种因素,进行多方面的权衡,并且需要借助一些选择分析工具。因此,决策过程其实是一种智力活动,它往往比想象的更复杂、更困难、更具有特性,可以说是战略决策者的专业知识、工作能力、业务水平、实际经验、领导作风和领导艺术的集中体现。

专栏 6-1

王安电脑公司

王安是美籍华人,是美国王安电脑公司的创始人。1945年,王安作为中国高级工程技术人员被派往美国哈佛大学深造,1951年,他出售自己发明的记忆磁芯的专利权,用所得的50万美元在波士顿创办了王安实验室,并于1955年正式成立了王安计算机公司。这位年轻的博士借哈佛大学的有利条件,一举夺下34项电脑方面的发明专利。是他设计出能迅速存取数据的方法和元件,使电脑有了记忆,从而推动了全球信息化革命的到来;是他用600美元本钱创业起家,并于十几年后一次承接美国空军基地4.8亿美元的业务订单。王安的远见卓识曾使他获得非凡的成就和荣誉,王安公司雇员最多时达3万余人,年营业额达30亿美元,1986年,王安被列为美国第五大富豪,与爱迪生等大发明家齐名,曾被授予"美国总统自由勋章"。王安发明的文字处理机是计算机走向个人电脑的关键一步,但可惜的是,王安仅仅迈出了第一步,却始终没有迈出第二步。在最重要关头,王安的决策却错了,让IBM率先迈向了个人电脑,执电脑市场之牛耳。王安公司要在20世纪90年代超过IBM

的豪言壮语渐渐被人淡忘了。一系列决策的错误、接班人选择的不当和王安根深蒂固的"家族观念"等层层危机环绕着王安公司。在寻求集资和其他挽救方法无效后,王安公司不得不于1992年申请破产。

资料来源:http://anwang.techcn.com.cn/

上述案例中,王安公司之所以最终走向陨落,主要是由于王安在公司发展的第二阶段进行战略选择时出现了严重的决策失误。在公司发展的第一阶段,王安公司推出了当时世界上最先进的文字处理系统(WPS),随后,王安公司重新进行战略选择,决定新一代WPS的重点应集中在秘书们对机器的要求上,并获得巨大成功。然而,在发展的第二阶段,王安公司的战略选择却违背了计算机普及化的价廉而多功能的原则,仍集中人力和财力开发高档计算机,把进军个人电脑市场的机会拱手让给了IBM,并最终导致这位计算机界的巨人和王安电脑公司的悲剧。

二、战略选择的特征

战略选择通常具有以下特征。

1. 战略选择在本质上是一个相当复杂的决策过程

从战略选择的方法这一角度来看,凭借直觉进行决策并不是主观臆断和简单的拍脑袋,借助分析工具也绝不是程序化的一劳永逸,都要涉及对趋势、形势、条件、时机、方案、方法及后果的深入评判。战略选择的任务是要根据不同的环境条件,为组织确定某种行为方式。然而,面对经济日趋全球化,组织所处的环境和所面临的信息越来越呈现出"不确定"的特点,稳定性、精确性和可预测性逐渐被变革性、模糊性和不可预测性所代替,在这样一个机会层出不穷、风险相伴而生的全球化经济环境中,战略选择的过程就会变得更为复杂,对于地域分布较广的组织(如跨国公司)或具备多样化产品和服务的组织而言更是如此。

2. 战略选择对决策者的综合判断能力具有较高的要求

对于一般性的问题,管理者仅凭单个领域的专长或从某个角度出发就可以发现问题并解决问题。但是,在进行战略选择时,鉴于战略选择过程的复杂特性,决策者需要打破职能和运营界限来解决战略问题。无论在哪一种因素或环节上出现判断失误,都会对整个决策产生不良影响,甚至会导致战略失败。因此,决策者既要有高瞻远瞩的战略眼光,又必须具有通观全局和全面分析问题的能力,应该在考虑到与决策相关的各种因素之后做出一个综合性的判断。

3. 战略选择通常需要组织进行艰难的变革

战略选择之所以重要,是因为在战略层面上做出的决策将会影响组织未来的发展方向,而且很多时候会迫使组织适应新的转变或不得不采取某种形式的组织变革,但由于组织文化及组织资源连贯性的限制,这种变革经常难以推进。例如,对两个具有截然不同文化的组织进行合并,文化问题在合并后会凸显而出,在实际运营中,组织文化的融合往往很难实现,至少有70%的合并由于文化原因而不能实现其合并前的"承诺"。

三、战略选择的过程

战略选择过程是选择某一特定战略方案的决策过程,这一过程是基于已经拟订出的各种可行性方案以供进一步选择的前提下进行的,备选方案的数量和质量往往决定了最终决策方案的优劣。此时,决策者需要考虑多种因素,进行多方面的权衡。选择战略方案绝不是一个例行的公式化决策,它要比想象的更复杂、更困难、更具有特性,是一个动态的选择过程(见图6-1)。事实上,战略选择的过程也包括了战略分析与战略实施的内容,反之亦然,这几个阶段并不能被截然分开。在图6-1中,战略选择的内容主要体现在虚线框内。

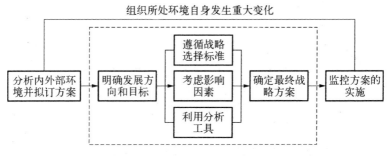

图6-1 战略选择过程

（一）明确发展的目标和方向

决策目标是战略选择的出发点和归宿,没有目标,战略选择就没有方向;目标不明确,就会导致战略选择的失误。在目标的指引下,决策者才能把握组织发展的方向,考虑是否应该推出新产品和进入新市场以及是通过自身发展还是通过联盟和合并获得发展等战略选择方面的问题。因此,决策目标的确定既是进行战略选择工作的前提条件,也是最终评价战略选择成败的标准。

（二）遵循战略选择的标准

一些原则性的标准可以帮助决策者选择出更易成功的战略,如战略的适宜性、可接受性和可行性。适宜性是一项宽泛的标准,它是指一项战略选择是否适应组织所处的运营环境;可接受性关注的是一项战略选择的预期业绩表现(如回报或风险)及该业绩表现与各方期望的符合程度;可行性关注的是一项战略在实际操作中是否可行及组织的资源能力和战略能力是否具有实用性。

（三）考虑影响战略选择的因素

组织最终的战略选择往往是内部因素和外部因素共同作用的

结果。外部因素是一个企业进行战略选择时的间接因素,而内部因素却是企业进行战略选择的直接因素。具体来说,影响战略选择的因素大致可以分为行为因素、制度因素和社会文化因素。决策者必须深入了解这些来自各方面的影响因素,才能在战略选择过程中表现得更为敏感和准确。在考虑未来战略时,还必须充分注意战略实施的现实状况,而战略实施本身有可能成为制约战略选择的重要障碍。

（四）充分利用战略选择分析工具

在战略选择过程中,除了要做定性分析外,还要进行定量分析,正如在战略选择方法中谈到的要把直觉与理性分析相结合一样。目前,在战略选择过程中,决策者经常借助于战略评价方法或工具来达到选择理想战略的目的,利用外部市场的机会并中和不利环境的影响,同时加强企业内部的优势并对自身的弱点加以改进。虽然分析工具并非是万能的,每种分析模型或方法都有自己的局限性,但决策者要充分利用各种分析工具的优点并避免其不足,使选择结果更趋满意与合理。

（五）确定最终的战略方案

确定战略方案是战略选择的关键阶段,决策者要在对多种方案分析评价的基础上权衡利弊,做出最终选择,确定能满足决策目标要求的方案。由于组织最终选择哪一种战略既取决于它所处的环境和市场地位,也取决于它的文化,尤其是高层管理人员的思维习惯和个性,从而使最终方案的确定更类似于管理评测问题。但不管在这一阶段有什么特色或差异,选择标准都是一样的,那就是选择可能效果最好而副作用最小、成本最小而收益最大的备选方案。

（六）监控战略方案的实施

战略方案的选择虽然涉及战略评价标准、文化、利益相关者的期望以及各种具体的评价指标和方法,是一个非常复杂的决策过程,但这并不等于说最终做出的战略选择就不会有所改变。确定战略方案以后,还要继续对方案的实施情况予以关注,当组织所处环境或自身状况发生了较为重大的改变时,原来确定的战略方案也许就不能适应组织新的发展需要,此时,必须在分析组织内外部环境的基础上,对原方案进行调整或放弃,重新拟订新的战略方案,并再次明确组织发展的方向和目标,进行新一轮的战略选择。从这个意义上说,战略选择过程又是动态循环的。

第二节 战略选择的前瞻方法

战略选择者应该采取什么样的方法才能做出令人满意且比较合理的战略选择呢?工欲善其事,必先利其器。要制定前瞻性的战略必须运用科学的分析方法,但目前的分析方法主要来源于设计学派、定位学派、计划学派,是理性的分析方法,忽视了激情、直觉、洞察在战略制定过程中的重大作用与价值,在今天我们还特别需要战略洞察力。

这正像美国哥伦比亚大学教授伯恩德·H·施米特所指出的"运用传统的市场研究和战略分析方法……或许可以有效地了解所面临的形势……(但)不能形成伟大的创意和强有力的解决方案。"而在今天,"真正的战略问题是——如何获取极富胆识的创意来应对各种挑战,然后是如何贯彻落实这些大胆的创意。"几十年来,我们将SWOT这些方法都神圣化、程式化、模板化了,也就是简单化了,有些战略的制定给人削足适履之感。所以,在第5章定量分析方法的基础上,下面我们专门来研究一些前瞻性的战略分析方法,包括战略直觉、战略洞察和情景规划等。

一、战略直觉判断

战略制定与选择无疑要涉及理性分析、经验和情绪。因此,战略决策经常需要决策者用以往的经验、判断和感觉来选择,从这一点来说,战略选择并非一种精密、纯粹的科学,许多高层管理人员在作重大决策时并没有依赖严谨的逻辑分析,而是凭借直觉、本能、预感或"内心的声音"。在战略选择具有很大不确定性或没有先例的情况下,战略直觉对于决策尤为重要。而且,在存在高度相关变量的情况下,当决策者就决策是否正确承受巨大压力时,或者必须在几种都很可行的战略间作出选择时,战略直觉对于决策则会很有帮助。大量研究表明,在日常经营实践中,经理们进行决策常常不是基于理性分析,而是主要依赖于对需要决策的情境的直觉性判断。在很多情况下,商业决策者必须具有战略直觉的能力。

专栏6-2 战略直觉

1998年,克莱斯勒公司正经受着来自评论家的批评——公司运作僵化、技术落后、没有灵感,公司不仅远远落后于日本的汽车制造商,还落后于通用汽车和福特。在这种情况下,公司总裁鲍勃·鲁茨(Bob Lutz)决定开发一款大马力的运动型跑车,并以不屈不挠的精神坚持把这个项目向前推进,最终,道奇毒蛇运动型跑车(即戴姆勒-克莱斯勒)取得了巨大的成功,促进了公司在20世纪90年代的东山再起。然而,令人吃惊的是,鲁茨的这种做法没有任何市场调查作为支持,唯有直觉而已。

资料来源:Alden M. Hayashi, When to Trust Your Gut, Harvard Business Review, Feb 2001.

二、战略直觉的内涵及应用

什么是直觉?纽约大学哥伦比亚商学院(Columbia Business School)的比尔·达根(Bill Duggan)认为,战略直觉不是一种模糊的感觉,也不是一种反应,而是突然闪过的洞察力,能够解决你可能冥思苦想了几个月的问题。进而,达根教授提出了战略直觉如何发挥作用的四点描述:首先,长期在大脑的"架子"上存储信息;其次,进行"思维沉淀",也就是放松或者清理你的大脑;第三,不同的信息有选择地在大脑中汇聚在一起,形成突然闪过的洞察力;第四,行动的决心驱使你前进。

一般说来,在下面一些情况下需要依赖战略直觉:当不确定性程度很高时,当几乎没有先例时,当变数不能被科学地预测时,当事实不能表明解决方案是否合适之时,当时间有限时,当几种选择都似乎可行时,当失败的成本可能是非常大时等。当然,直觉不是魔术,它远不只是"美妙的猜测"。它是基于人们在无意识中储存的大量的隐性知识。好的决策来自于直觉和基于经验的理解,以及充足而及时地运用相关的事实和考虑的完备知识。专家不同于新手的主要之处在于,他们知道在完成一个任务过程中所能运用的知识,以及如何使知识结构化。事实上,在做出好的决策时,理性和直觉似乎是齐头并进的。

一个具体的决策过程往往涉及分析和直觉的综合使用。高层经理需要数字、数据和分析性的洞察力,但通向成功决策的道路几乎总是需要有勇气的直觉的跨跃。感觉和直觉有助于对支离破碎的东西的分析,允许决策者从深层的分析中回来,看一看决策将如何与所处理对象的总体设计相吻合。因此,在实际决策过程中,应注意避免那种单纯依靠越来越先进的电脑模式和数据库能力技术的做法,同时也要避免那种单纯依靠主观的方法。

三、分析工具的理性运用

然而,战略选择并非如此简单,直觉并不能代表全部。这正如德鲁克所言:"只有受纪律约束的直觉才是可信的。"一直以来,虽然由于无法获取完全信息等因素使得"完全理性"的决策只能停留于假设,但人们还是希望决策者能够遵循理性过程。决策管理学派的创始人赫伯特·西蒙早就将"有限理性"概念引入管理决策模型之中。有限理性是把问题的本质特征抽象为简单的模型,而不是直接处理全部复杂性的决策行为。然后,在组织的信息处理限制和约束下,管理者努力在简单的模型参数下采取理性行动。其结果是一个满意的决策,而不是一个最优的决策。

在此过程中,应该注重对分析工具的理性运用,在了解各种分析工具的基础上,以适宜的分析方法为战略选择提供必要的依据和支持。因此,战略选择中的直觉与理性分析不是一个非此即彼式的判断。组织中各层次的管理者应当将他们的直觉和判断融入到战略管理分析中去,让直觉式思维和分析式思维互为补充。

专栏6-3 决策的五个要素

彼得·德鲁克(Peter F. Drucker)认为,有效管理者的决策是一套系统化的程序,有明确的要素和一定的步骤。决策方法的五个要素是:

1. 确实了解问题的性质是否确属"常态",只有建立一种规则或原则的决策才能解决。

2. 确实找出解决问题所需的规范,换言之,应找出问题的"边界条件"。

3. 应仔细思考确能满足问题规范的正确途径,然后再考虑必要的妥协、适应及让步事项,以期该决策能被接受。

4. 决策方案应同时兼顾其确能执行的方法。

5. 注意在执行的过程中,搜集反馈资料,以印证决策的适用性及有效性。

这就是有效的决策方法的五个要素。

资料来源：彼得·德鲁克. 卓有成效的管理者[M]. 北京：机械工业出版社，2005.

第三节　前瞻的战略洞察

一、战略洞察力及其本质

比尔·盖茨多次提到他看大众电子杂志的个人电脑图片，激励自己开发个人计算机软件。无独有偶，日本软银的孙正义也说，看到了同一本杂志的同张图片，想到如果个人电脑普及那将是多么巨大的市场，孙正义决心开创自己的事业并投身电脑销售。亚马逊网上书店的贝佐斯则是在1994年4月看到报刊上说，每月上网的人数成百上千倍地增长，倍感网络将改变人类的经济与生活，于是辞去金融公司的高级职务，独自创业。Facebook的扎克伯格就是想将心仪的女大学生照片和信息整合到网络上，就创立了脸谱社区。Google的布林与佩奇的创业故事更是不可思议，1998年9月，24岁的布林和25岁的佩奇决定合伙开个公司，提供的唯一服务就是搜索引擎。在对商业计划一无所知的情况下，布林从一位斯坦福校友那里顺利地拿到了第一笔投资——10万美元。他们就在朋友的一个车库里凭借着9个9G的硬盘开始了伟大的Google之旅。

马云的创业也充满偶然。直到1994年年底，马云才第一次听说互联网。1995年初，一个偶然的机会去美国才接触到互联网。出于好奇，对电脑一窍不通的马云请人做了一个自己翻译社的网页，马云没想到3个小时就收到了4封邮件。敏感的马云意识到互联网必将改变世界！不安分的马云萌生了一个想法：要做一个网站，把国内的企业资料收集起来放到网上向全世界发布,让世界了解中国企业。因为当时网上没有任何关于中国的资料。这些创业精英为什么能洞若观火、把握未来呢?这种洞察力的本质是什么呢?

1. 洞察力是一种敏感

看看有多少人翻过比尔·盖茨、孙正义读过的大众电子杂志,但只有他们看到了那台计算机图片代表了未来。中国有多少人到过美国考察,特别是官员不计其数,但谁关注了美国的互联网,只有马云做了中国的第一批网页。

2. 洞察力是一种想象

洞察永远不满足于记录描述现实的,它要超越现实,摒弃俗见。当年老托马斯·沃森让人们搞调查看看发展个人计算机是否有前途,面对当时重达上吨、只能初步计算、售价百万的计算机,对个人有什么用呢?哪个人又会买呢?结果全世界不到7个人表示可以考虑购买,沃森因此否定了发展个人计算机的设想。比尔·盖茨、孙正义则都是想像出计算机的未来可以小型化、可以有更高的智能、可以更便宜,当然也会有更多的个人需要。

3. 洞察力是一种远见、是一种深见、是一种别人不见的所见

洞察力是指与别人看同样的范围,你看到了别人看不见的事情,这就是见别人所不见。了解汽车史的人都知道,亨利·福特一生有两大贡献:工业流水线与每小时5美金的8小时工作制。这两大贡献都是洞察力的结果。据说,当年福特曾到一家屠宰场参观,看到了完整的生猪屠宰过程。所有的人们参观完就结束了,别无他想。福特则想,按着滑轮的设计方向工人将完整的猪分切出各部位的肉,如果按滑轮方向倒转,理论上不是可以还原出整猪吗?于是福特发明了工业流水线,在全世界首先实现了用流水线组装汽车。由此,福特公司从1911年到1930年生产了2 000万辆汽车,成为当时世界上最大的工厂。在福特提出每小时5美金、每天工作8小时的工作制度之前,美国实行的是每小时2美金的10

小时工作制。福特提出8小时工作制,一方面为了提高工人的积极性,另一方面意味着工人的购买力将大幅提高,人们将会踊跃购买汽车。而福特公司是当年世界生产销量最大的汽车公司,人们购买力提升受惠的当然是福特。

二、提高战略洞察力的视角

今天,中国与世界经济都处在重大的转型期,将会涌现更多的新事物,面对这种新形势、新趋势,特别需要我们提高洞察力。那么,怎样才能见别人所未见,比别人见得更深入、更长远呢?在制定今天的战略时首先要努力优先考虑面向未来的创新,而不只是基于过去的提高;努力不重复别人做过的事、不重复别人用过的模式;不但要努力适应消费者的需求,更要努力向消费者提供他们可能从来没有想过的东西。从方法论角度说,要提高洞察能力,看问题的视角比视力的精准更重要。具体来说,要提高洞察力我们提倡用八种眼光看世界。

1. 喜剧演员幽默轻松的眼光

轻松幽默才能无拘无束放松思想,才能电光石火灵感迸发。遇事太一本正经,身心紧张,怎能有不同之见。看看世界上最有洞察力的大科学家如爱因斯坦、普朗克、波尔,最有智慧的政治家如丘吉尔、林肯都是富幽默感的。正像人们说所的:幽默感是心理轻松的表现,是智慧富裕的表现。心理轻松有助于思考、想像、创造,智慧富裕是说幽默的本质就是创造。因为所有的幽默都是从既定的前提出发却引出意想不到的结论。意料之外情理之中,合理之中有创造,这才幽默。

2. 批判的眼光

西方有句谚语:"所有的真理的命题都是痛苦的命题,欢呼的命题、赞扬的命题往往不含真理",当社会上的声音都是领导的回声,还有什么洞察力,还有什么与众不同,还有什么新的创造。批判就是不媚俗不盲从,批判就是超越,社会没有了批判就没有进步。当今社会最缺的就是批判的眼光。

3. 孩子的天真眼光

把童心保留到成年你就会成为伟大。天真、好奇、赤子、善良、探索,永远是年轻的表现,永远是不可战胜的活力。没有童心就没有米老鼠、唐老鸭,就没有迪士尼乐园;没有童心就没有苹果的iPhone,没有扎克伯格的Facebook;比尔·盖茨、戴尔、马云、佩奇、布林等都是永远不长大的孩子,他们才永远有梦想,永远有追求。

4. 漫游跨界的眼光

今日世界是一个产业融合、交叉跨越的世界。只从一门学科、一个专业来研究问题,我们会局囿于狭隘的思维,受制于路径依赖,很难有突破。改革开放前的70年代上海的全钢手表、红灯收音机、海鸥照相机在中国绝对首屈一指,无可撼动,今天都成昨日黄花,是因为有更好的手表取代了上海牌全钢表吗?是因为更好的收音机淘汰了红灯收音机吗?是因为更好的感光相机战胜了海鸥相机吗?并不是。上海的全钢手表、红灯收音机、海鸥照相机退出历史舞台,本质上是手机的跨越(Crossover),是手机一类移动终端的交叉替代。在当今世界,同行借鉴是进化,他业借鉴则是革命,将两者结合是更好的思维。

5. 有想象力的未来眼光

想像力的眼光就是不局限于当前的时空,不停滞在当前的事物发展。广泛的时空联想,能帮助我们创造神奇的未来,不停滞在当前的事物发展阶段能让我们以未来为视点观察今天。情景规划、未来发展都是以想像力的未来眼光来规划今天。

6. 充满感情的眼光

心理学研究表明人们的认识是受潜意识、受情感影响的,人们往往容易看到他们想看到的东西,人们往往积极评价他们欣赏的人与事物,消极评价他们不喜欢的人与事物。有些人对新事物的苗头、对多样事物十分敏感,有些人对一切都无动于衷,是因为他内心并不敏感。

7. 知识的眼光

我们观察事物、洞察先机,绝不仅仅使用我们的肉眼,也用我们的思维之眼。认识论研究告诉我们,我们要比别人看得更深入、洞见本质,需要有理论准备,观察渗透理论,感觉到的东西我们不能深刻的理解它,理解的东西我们却能深刻的感觉它。面对着同一张 X 胸透片,非医务人员看起来模糊一片,新来的医生看到了钙化点,专家级医生则可看出来这钙化点是哪年结核形成的、浸润期有多长后痊愈的。所以,要想比别人前瞻一步,就要有知识眼光,做好知识的准备与理论的准备。

8. 心灵之眼

制定战略、经营企业、做事情其实有三层境界:用手做、用脑做、用心做。西方人叫做三"H":Hand、Head、Heart。真正伟大的战略可以说都是用心做出来的。你的心与众不同,你就能做出与众不同的战略。众所周知,宜家是全世界最成功的家具企业,但宜家是最不具备成功条件的企业。做家具,瑞典是欧洲小国,论历史比不上英国,论文化又逊于法国,讲工艺意大利首屈一指,说木材德国更胜一筹,为什么都没有做过瑞典宜家的创始人英格瓦?因为英格瓦有一颗伟大的平民之心。英格瓦发现世界上绝不缺乏好家具,家具界的 LV 各国都有,但那不是平民百姓问津的品牌。世界上缺平民百姓买得起的好家具,缺世界级的大众品牌。英格瓦要做世界级的平民百姓买得起的大众品牌家具。对于平民百姓来说什么样的家具是好家具呢?生态环保、经久耐用、功能方便、风格鲜明。怎样才能是老百姓买得起呢,通过节省降低成本。宜家没有豪华的装修,没有明星代言,没有广告炒作。通过创新节省成本,宜家所有的家具都可以 DIY,这样节省了安装成本。这便是宜家在用心做事。

有了这8种眼光,你一定能比别人看得更远大,更深入。洞察力并不神秘,看起来偶然的远见洞察,都蕴含着必然,它是人性修养、文化修养的自然结果,它是人生激情的迸发、是不满现状的超越。

第四节 情景规划——创造未来

一、情景规划的含义

情景规划(Scenario planning)是对系统未来发展的可能性和导致系统从现状向未来发展的一系列动力、事件、结果的描述和分析,目的在于增加政策的弹性和对未来不确定性的应变能力,从而及时、有效地指导实践行动。情景规划要求公司先设计几种未来可能发生的情形,接着再去想象会有哪些出人意料的事发生。这种分析方法使你可以开展充分、客观的讨论,从而使战略更具弹性。情景规划能提供预防机制,让管理者"处变不惊"——对突变既非阵脚大乱,也非无动于衷。它更接近于一种虚拟性身临其境的博弈游戏,在问题没有发生之前,想象性地进入到可能的情景中预演,当想象过的情景真正出现时,我们就能从容和周密地加以应对。

情景规划最早出现在第二次世界大战之后不久,当时是一种军事规划方法。美国空军试图想象出它的竞争对手可能会采取哪些措施,然后准备相应的战略。在20世纪60年代,兰德公司和曾经供职于美国空军的赫尔曼·卡恩(Herman Kahn)把这种军事规划方法提炼成为一种商业预测工具。

作为管理工具,情景规划由于荷兰皇家壳牌石油运用它成功地预测到发生于1973年的石油危机才第一次为世人所重视。因为情景规划在壳牌所取得的巨大成功,近年来,这种管理方法的应用和研究也逐渐在企业界和学术界流行起来,关于这个方法的介绍在美国的主流商业媒体上也频频出现。例如,1994年,英国政府透过"科技发展计划"(Technology Foresight Program)针对各项产业领域,结合学术界、产业界与政府部门组成15个独立的产业智囊,运用情境规划分析来规划各产业在2015年的情况。

二、情景规划的特点

近几十年来,由于对可持续发展的关注增强以及全球化经济竞争、技术进步等带来的不确定性增加,人们对各种资源、机遇和发展途径难以十分准确地把握和控制。同时,由于政策偏颇而引起资源错误配置的状况屡屡发生,给世界各国带来了巨大的损失。为此,人们渴望采用一种能够系统地、连贯地思索、分析、评价和权衡未来各种可能性的思考方法和分析工具。作为制定长期发展战略的一种手段,情景规划也因此得到了空前的重视。与传统单向、刚性的规划思路不同,情景规划并不试图对未来的情况做准确的预测,而是通过敏锐地洞察系统中重要的驱动力在不同条件下可能的变化情况,结合不同利益主体对未来的不同需求和设想,系统地提出适应未来不确定环境下可能的解决方案,并通过广泛的讨论取得共识和确定行动方案。

相比传统的规划思路,情景规划的主要优点是增强了决策的科学化和民主化。

1. 情景规划在规划人员和决策者之间架起了一座沟通的桥梁

规划人员面临的任务不再是简单地制定一个终极方案并设法说服决策者相信自己的判断,而是利用自身的知识、专业、洞察力和协调能力,系统地提出未来可能发生的几种情景,拓宽决策者的视野;而后者根据自身的实践经验判断和验证情景与现实世界的匹配程度,将信息反馈到规划人员,不断地对情景进行校准和改进。这就提高了决策的科学化,增加对实际问题的应对能力。

2. 情景规划为多方利益主体提供了共同参与和相互沟通的平台

在对未来情景的构建中,规划人员必须充分关注不同利益主体的利益诉求,将不同的价值观和预期观点反映到不同的情景中,并将多种情景展示给不同的利益主体,听取他们的反馈意见。通过这种方式,促进不同利益主体的沟通、理解、协商,增强决策的民主化,成为达成共识、协作行动、解决问题的一种有效手段。

三、情景规划的方法

尽早地规划未来的情景、充分地思考情景的双重可能性、以协作努力的实践去争取美好的情景,这是壳牌给我们的重要启示。但壳牌的启示不仅仅如此,壳牌的情景规划设定方法也被视为情景规划的先驱与典范。

情景规划是有方法可循,TAIDA(TAIDA是瑞典学者麦茨·林德格伦与汉斯·班德霍尔德提出的一种方法)不失为一种可以借鉴的方法。壳牌的方法与TAIDA方法有许多共通之处。TAIDA是Track、Analyse、Image、Decide和Act五个单词第一个字母的组合,TAIDA是一种循环过程,如图5-16所示。

第一步是跟踪(Track),这一步的主要目的是追踪并描述周围环境中可能对组织发展的焦点有影响的变化。

第二步是分析(Analyse),在跟踪基础上对变化开展分析并制定情景。

第三步是想像(Image),制定情景仅仅依靠分析是不够的,因为分析是逻辑的、拆解的,是没有形象的数据,而情景是生动的、形象的,是在分析基础上创造性描绘的生动形象,情景是一种图景。

第四步是决定(Decide),在这一阶段,人们思考和制定面对多种可能的情景时应该以什么样的战略应对。

第五步是行动(Act),所有的计划都是观念中的计划,计划本身不会产生结果,结果都是行动的结果,情景都是创造的结果。

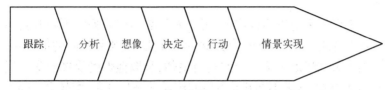

图 5‑16 情景规划的方法和实现过程

四、情景规划的作用

情景规划是一套在高度不确定的环境中帮助企业进行高瞻远瞩的方法,它不仅能够帮助决策者进行一些特定的决策,也使决策者对需要变革的信号更为敏感。一般来说,情景规划的核心在于系统思考、改变组织的心智模式以及激发雄心与想象力。

1. 系统思考

情景规划与通常的战略规划最大的不同,就是不以牺牲复杂性为代价来换取决策的速度。它不是从原则和信念出发,而是从对商业图景的敏锐、切身的感知出发。它更像是一个博弈游戏,在游戏开始时,谁也不知道也不假定一个结果,在游戏别开生面的展开中,一种或几种意想不到的结果出现了。玩过"啤酒游戏"的人都能体会到这一点。因此,情景规划绝对不只是为了"好玩"或"游戏",而是看到事物演进的趋势、形态以及影响变化趋势的系统结构。

同时,进行情景规划不是充当占卜士和预言家的角色,而是基于一连串的逻辑和经验事实的推演。通过情景规划,管理者可以将其所关心的影响决策的各种因素做周密的全盘深入剖析,并避免狭隘的个人偏见。

2. 改善心智模式

情景规划是一种使心智保持开放状态的学习方式,是一种思维上的独特修炼。彼得·圣吉在《第五项修炼》中反复提到壳牌公司的情景规划小组，就是为了说明情景规划并不仅仅是发展几个未来的情景，其核心是要改变组织的心智模式。

皮埃尔·瓦克说："我们领悟到我们的工作不是为公司的未来写规划书，而是重塑公司决策者的心智模式。我们现在要设计一些未来情景，让管理者会质疑自己相对于实际状况的心智模式，并在必要的时候改变它。"

情景规划不是为了几个未来可能的情景作出的规划，如果它不能影响决策者的心智模式，不能引导组织的变革，它就很难创造真正的价值。诚如皮埃尔·瓦克所言："除非我们能够影响重要决策者对于实际状况所持的心智印象，否则，我们对未来的各种看法就像是洒在石头上的水一般，四散而无法凝聚。"

3. 激发雄心、远见和想象力

《系统思考》的作者丹尼斯·舍伍德指出，情景规划是一种能够激发雄心、远见和想象力的战略规划方法。丹尼斯认为，虽然未来充满了不确定的因素，但我现在对一系列可信的、可能出现的未来情景进行模拟决策，并反复检验。这样，一旦未来这些情景真的发生了，我们就可以采用已经验证过的决策，最大限度地避免因为突然面临意外而陷入慌乱的概率，增加把握住机会的几率。同时，通过预想未来，有助于塑造共同愿景。

第五节 战略选择的标准

在战略分析之后，组织可以根据所处的环境进行战略设计，得到一些可供选择的战略方案。战略决策者凭借自己的直觉或运用相应的分析工具，对备选方案进行筛选。然而，通过筛选所拟订的战略方案究竟能在多大程度上取得成功？这一方案的实施能不能实现组织既定的战略目标？为了得到满意的答案并确保所选方案的成功,必须使拟订的方案满足一定的标准,增强所选方案的成功机会。一般来说,战略选择方案应该满足三个方面的标准,即战略方案的适宜性、可接受性和可行性(见图6-2)。

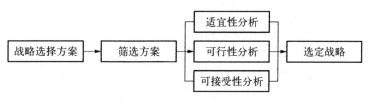

图6-2 战略选择的标准

一、满足适宜性

适宜性(suitability)是指战略与组织内外环境以及利益相关方期望的匹配程度。适宜的战略方案可以挖掘环境中的机会,避开威胁;可以发挥组织的优势,避免或弥补劣势;可以满足相关利益者的期望。

因此,战略方案必须全面考虑组织所处的外部环境、组织内部的资源和能力,以及利益相关方的期望三个要素。如果方案满足了某一种因素的要求,却忽视了其他因素,那么这一战略方案也将是不适宜的。战略选择方案要保持适宜性,就要不断进行合理化调整,保持战略组成要素内部的一致性,即组织的竞争战略、发展方向和发展方法这三个要素要作为一个整体发挥作用。

二、具有可接受性

可接受性(acceptability)是指战略满足企业的经营者及其他利益相关者期望的程度。由于可接受性关注的是战略预期的业绩结果,所以,其评价的主要内容是回报(如利润率、成本收益等)、风险(如财务比率、敏感性分析等)及利益相关方的反应。

战略选择方案可能产生的回报应该满足一定的标准,这是衡量方案可接受性的一个重要因素。这里可从四个方面来对备选方案的回报进行评估,即利润率、成本—收益、真实选择和股东价值分析。

组织在实施某个特定战略过程中面临的风险也是衡量战略方案可接受性的一个重要标准。这里的风险主要表现在战略选择方案将会如何改变公司的资本结构和偿债能力等方面。

由于利益相关方拥有的权力和在支持或反对某项战略时所表现出来的关注程度不同,各利益相关方对企业的战略选择会有不同的反应,而这些反应将直接影响到战略选择方案的可接受性。

在关注利益相关方的反应时,博弈论有助于理解存在的风险,因为博弈论关注的是一个公司做出某个决策时竞争对手可能做出的反应(或者相反)。博弈论列出了公司行动和竞争对手反应的多种组合,并对这些组合的成本和收益进行了量化。通过博弈分析,战略选择方案的可接受性也得到提高。

三、具备可行性

可行性(feasibility)关注的是组织是否具备实施战略所需的资源和能力。了解可行性的方式有很多,如资金的支持、现金流分析、其他相关的资源配置、组织的有关能力、市场地位的要求、技术的有效性等。这里主要讨论财务可行性和资源配置评估。

第六节 战略选择的影响因素

一、影响战略选择的行为因素

战略方案的选择是组织的一项重大战略决策,是战略决策者通过对若干种可供选择的战略方案进行比较和优选,从中选择一种最满意的战略方案的过程。很多情况下,这一选择过程并不带有必然性与客观性,而是具有较多的主观性与偶然性。

(一)战略选择者对过去战略的偏爱

一般来说,组织战略选择过程的起点往往是过去已有的战略,这就必然会使战略选择者在对现有战略方案进行选择时受到过去战略的影响,从而使战略选择过程更多地表现为一种战略演变过程。

很多时候,现有的战略方案已经明显表现出弊端,或者可供选择的方案具有较大的成功可能性,但战略选择者为什么仍对不合时宜的战略情有独钟呢?这是因为,现在的战略是由过去某一有影响的领导者所制定的战略演化而来的,且很可能曾受到过战略选择者的直接影响。特别是,当战略选择者要对现有战略方案的不良后果负个人责任时,他们总是将最大数量的资源投入到过去选择的执行方案之中,以显示此战略方案的正确性。这也可以部分地说明为什么在改变过去的战略时往往需要更换高层管理人员,因为新的管理者在进行战略选择时较少地受到过去战略的约束。

(二)战略选择者对待外部环境的态度

组织的战略选择必然要受到外部环境的影响,这包括股东、竞争对手、顾客、政府、社会等多种因素。战略决策者在进行最终战略方案的选择时,不得不考虑来自组织外部环境中各利益集团的压力,即各影响因素对组织的期望与态度。同时,外部环境这一客观现象又依赖于决策者的主观理解,因此,决策者对外部环境的态度影响着战略的选择。

在计算机刚刚问世不久,几乎所有人(包括 IBM 总裁)都认为只有硬件才能赚钱,而比尔·盖茨却看到了软件市场的前景,创立了微软公司,并在较短的时间内使其发展远远超出 IBM 等大型电脑公司。可见,即使处于同一环境中,如果由不同的决策者来进行战略方案的选择,由于战略选择者对待外部环境的态度各不相同,其选择的结果也可能会截然不同。

（三）战略选择者的创新性

战略选择者不断超越自身的欲望、强烈的求知欲和自我实现的需要会正向影响企业的内部文化，使企业内部充满企业家精神，通过创造新产品或者改进现有产品以满足顾客目前和未来的需求。具有价值的产品或服务创新能使企业在产业内别具一格，与竞争对手形成差异化而取得产品溢价。创新是战略决策者的特殊工具，他们借助系统化和有目的的创新，改变了资源的产出价值，创造出新的消费者需求。产品或服务创新在引入阶段所遭遇的竞争程度较低，领先者可以独享高额利润，直到竞争对手模仿或者出现新的替代品。从此，市场开始进入成熟、衰退阶段，利润也随之下降。因此，企业的持续利润只能来源于不断的创新。具有强烈进取性的战略选择者为了打败竞争对手，经常采取大胆的行动，不惜牺牲部分利润来实现雄心勃勃的市场占有计划，或在营销、质量和生产等方面主动与竞争对手进行较量。如果整个公司涌现出无数个具有创新性特质的战略决策者，如企业创始人、高层管理团队成员以及各个职能部门绩效卓越的员工，他们会敏锐、快捷地把经由环境感知得来的知识传播到企业内部并制定动态适应环境变化的战略决策。

（四）战略选择者对于风险的承受能力

战略选择经常受到战略选择者对于风险的承受能力和态度的影响。如果战略选择者认为风险对于成功是必不可少的并乐于承担风险的话，则组织通常会采取进攻型的战略，接受或寄希望于高风险的项目，并因此得到发展的机会。与此相反，战略选择者认为冒较高的风险会对组织造成较大的损失并需要减低或回避风险的话，则通常会采取保守型的战略在稳定的产业环境中发展，并拒绝从事那些高风险的项目。例如，乔布斯正是凭借着敏锐的洞察力和敢于承担风险的心态投身于个人计算机的开发，进而创造了辉煌的苹果公司。

(五)战略选择者对他人的影响力

组织的战略选择需要理性分析,但更多的时候,战略方案的选择是由权力来决定的。在大多数组织中,权力主要由高层管理者所掌握,如果他们倾向于选择某种战略方案,这一方案就会得到一致的拥护,并成为组织最终所选择的战略。福特汽车公司的小亨利·福特、国际商用机器公司的老华森和国际电报电话公司的哈罗德·基宁等这些有权势的总经理都曾经大大地影响过所在企业的战略选择,并实现了组织的目标。但这种权力关系下的战略选择有着很大的局限性。因为没有任何人能够掌握足够的信息,以保证做出的每个决策都是正确的。时间久了,就会发生资源配置不当、机会丧失及创新受挫等现象。哈罗德·基宁可以一手支撑ITT公司,但在他退休之后,这家联合企业就迅速崩解。因此,更多的组织在权力分配方面都试图探索出更为有效的方式。

另外,在大型组织中,下属单位和个人(尤其是主要管理人员)往往因利益关系而结成联盟,以加强他们在主要战略问题上的决策地位。不同的联盟有其不同的利益和目标,而组织中最有力的联盟会对战略选择起决定的作用。

(六)高层管理人员的特征与行为

企业创始人和高层管理团队都是企业中非常重要的战略选择者。除了企业创始人以外,高层管理团队在企业的发展过程中也起着重要的角色。企业的高层管理团队成员是企业通过实施战略选择应对快速环境变化的关键人员。当企业所处的环境发生变化时,企业的高层管理团队成员就会激活这些隐藏在企业组织流程中的资源与能力,剥离那些不适应动态复杂变化环境的冗余资源,从而重组企业优质资源以在现有市场和新市场上发展有效的能力。一套全局性的价值观、高层管理团队融合、整合与一体化的过程和灵活的薪酬奖励体系会使高层管理团队成员更容易管理环境所带来的挑战。也就是说,企业的战略选择会受到高层管理团队一些特征的影响,这些特征具体包括共享愿景、社会融合、团队的权变薪酬奖励体系。

1. 高层管理团队的共享愿景

高层管理团队的共享愿景不仅嵌套了团队成员的共同目标和愿望,而且融合了企业的理想与价值观,是一种极力要实现理想的集体欲望与意志的形成,体现了企业将来的发展方向。一系列共享的价值和目标会提供高层管理团队成员一个共同的战略选择方向,有利于减少冲突。相反,共同价值观的缺乏会导致高层管理团队成员间的不信任和相互怀疑。通过高层管理团队成员技能多样化特征,企业应对复杂环境变化的积极作用将大大被削弱。因此,高层管理团队成员的共同目标和共享愿景会激励团队成员不断创造机会以促进资源的重新组合,最终作出适合新环境的战略选择。

2. 高层管理团队的社会整合

1977年,美国社会学家帕森斯在《社会体系和行动理论的演进》一书中,把社会整合定义为社会体系内各部间的和谐关系,使体系达到均衡状态,避免变异。在本章中,我们基于团队层次定义社会整合。具体地,社会整合(social integration)也被称作社会一体化,反映了团队中不同的因素、部分结合为一个统一与协调整体的过程及结果,体现在团队对于成员的吸引程度、团队成员之间的互相满意程度以及团队成员之间的相互交互。社会整合区别于共享愿景,因为后者体现的是团队的共同价值观,而前者是直接和团队成员的情感因素相关联的。社会整合对团队的绩效有显著的作用。例如,具有社会整合特征的团队成员会相互合作,常常能够高效率地解决企业面临的任务。通过这样的方式,具有社会整合特征的团队成员会更加努力地识别环境中的机会,进行相对正确的战略决策。

3. 高层管理团队的权变薪酬奖励体系

职业经理人的薪酬奖励体系类型会影响高层管理团队成员的互相配合,甚至会对整个团队的整体绩效产生决定性的作用。如果职业经理人的薪酬取决于整个团队的绩效,个体就会愿意互相容忍与妥协,最终不同成员间相互改进。此外,权变的薪酬奖励体系不仅有利于在团队内部培育合作,也有助于个体成员对整个组织的认同。通过这样的方式,权变的薪酬奖励体系可以激励职业经理人积极思考,互相鼓励,运用整体的智慧进行战略选择,以解决复杂性环境所带来的新问题。

(七)中层管理人员参与战略选择的程度

随着外部环境的不确定性日益加剧,组织在战略管理过程中对全员参与性及民主性的要求越来越高。在这种情况下,中层管理人员在战略选择中的角色也逐渐从被动性和操作性向主动性和决策性转变。

在战略选择过程中,要采取民主的战略形成方式,充分利用中层管理人员熟悉本部门情况、掌握企业一线真实信息的优势,把中层管理人员纳入战略决策层,赋予其一定的战略建议、评价和决策权。通过制度设计,保证中层管理人员有效行使战略决策权,并最大限度地消除他们行使该权力时可能对自身职业发展不利的顾虑。至于是吸纳部分关键性中层管理人员还是全部中层管理人员,则应该根据企业所处的行业、规模、战略决策者的管理能力、组织设计、企业文化等综合因素而定。当然,这里也要避免中层管理人员的某些局限性,例如,他们的观点可能部分地受到其个人视野及其所在单位的目标和使命的影响,或者他们更倾向于向高层管理人员推荐那些低风险、渐进式推进的战略选择,而非高风险和突破性的选择。

(八)竞争者的反应

企业高层领导在做出战略选择时要全面考虑竞争对手将会对

不同的战略做出哪些不同的反应,如果选择的是一种进攻型战略并对竞争对手形成挑战的态度,则很可能会引起竞争对手的强烈反击,企业领导必须考虑这种反应,估计竞争对手的反击能量以及对战略能否取得成功的可能影响。

通过关注和分析竞争者的反应,使企业能确认应分别在哪些领域集中优势进攻、加强防守或主动退让;应分别对哪个竞争对手采取进攻或回避的做法,从而进行正确的战略选择,争取处于较为有利的竞争地位。

二、影响战略选择的制度和文化因素

(一)制度环境影响

根据诺斯的定义,制度是指"一个社会的游戏规则,或者更为规范地说,是依照人的经验和知识所设计出来的用以塑造人际交往与互动关系的约束条件"。他认为,制度包含了正式与非正式制度。正式制度指成文的法律规定,而非正式的制度则是由习俗、传统和习惯形成的行为准则和框架。斯科特将制度定义为"一种认知的、规范的和规制性结构和活动,用来为社会行为提供稳定性和意义"。制度的规制性、规范性和认知性三个维度的合法性基础分别为法律制裁、道德支配和文化支持。基于斯科特对制度维度的划分在国内外学术界得到了更为广泛的应用。因为 Scott 的三个维度不仅可以指导制度变迁等外部环境研究,也可以用来作为战略与制度互动的分析工具。

转型经济可以概括为从以关系主导的非正式经济制度转型到以规则为主导的正式经济制度。"转型经济"具有和成熟市场经济不同的制度环境和制度背景。第一,不确定性特征十分明显,包括政治不确定性和行政管理的不确定性。比如,经济和政治的急速变化,产权界定不明晰,保护产权的制度安排缺乏稳定性、难以实施等等。这种不确定性是目前最重要的影响企业的非市场环境因素,它时时给企业经营带来不可预见的风险。第二,正式制度的缺失和非正式制度的约束。处于转型经济的国家往往都缺乏对低交易成本经营运作活动起支撑作用的正式制度框架,如可信度高的法律体系、稳定的政治结构以及有效运行的战略要素市场等,导致交易成本十分昂贵。制度转型中由于在正式制度上存在缺陷,管理者之间所产生的非正式的人际网络关系似乎正在替代正式制度,非正式制度的约束在规范我国企业经济交易的过程中扮演着十分重要的角色。Peng & Luo 研究发现,对中国企业来说,企业高管人员与政府的良好关系与其他企业高管的人际关系网络相比更能影响企业的绩效。第三,大范围、大规模的制度变迁。这些变化、变迁以及表现出的独特性质对于企业及其战略选择具有极其重要的影响。

出于生存的需要,组织不仅要为争夺资源和顾客而展开竞争,还必须为争取社会合法性而展开角逐。组织一方面会适应制度环境的要求,另一方面也试图改变和控制制度环境。Oliver 指出,在不同的条件,面对制度环境的要求,组织可以采取多种应对方式。按照组织相对于环境的主动性程度,从低到高可以依次把组织应对制度环境的策略分为五种类型:默从(Acquiesce)策略、妥协(Compromise)策略、回避(Avoid)策略、抗拒(Defy)策略与操纵(Manipulate)策略,每种策略又分别包含不同的战术选择。企业应对制度环境这五种策略大体可分为三种类型:顺应制度、调适制度和变革制度。

(二)文化环境影响

社会文化包括一个国家或地区的社会性质、人们共享的价值观、人口状况、教育程度、风俗习惯、宗教信仰等各个方面。中国是一个有着五千多年历史的文明古国,传统文化,特别是孔夫子的儒家文化对中国的社会文化(包括是商业文化)产生了根深蒂固的影响。例如,儒家思想最基本的内涵"礼",原本是尊敬和祭祀祖先的仪式,后来逐步演化为以血缘为基础、以等级为特征的伦理规范。儒家思想把"人际关系"看成是非常重要的理念。因此,在中国社会中,关系具有很深的文化根植性,很多社会联系的建立不是基于个体物理意义上的相似点,而更多地是依赖于血缘、亲缘、地缘、共同的经历或喜好等社会、文化方面的相似性,如双方是亲属、同乡、同学或同事等。与西方文化强调自我和独立意识不同,中国文化更强调一个人在关系网络中的位置和针对不同的人应采取的不同态度和行为,中国的关系由此呈现出一种"以己为中心",由近及远的"差序格局",是"以人伦为经,以亲疏为纬"的人际网络(费孝通,1948)。对于每个关系网络(圈子)中的个人而言,拥有越多的"人脉"就意味着更多的"关系",拥有更多的获得资源的能力、影响力和控制力。

企业文化是一个企业得以长期生存的核心要素。一般来说,企业所选定的战略方案与企业文化是否能够很好地匹配,对于该战略方案的成功实施关系重大。企业文化通常最初来源于企业创始人个人的理念,并随着企业发展进程而得到不同程度上的加强、减弱、修正与更新。在组织生命周期的不同阶段,组织文化表现出不同的特点,而不同特点的文化也影响着组织的战略选择,如表6-1所示。

表6-1 组织的生命周期、文化和战略之间的关系

组织的生命周期阶段	主要文化特点	对战略选择的要求
孕育期	内聚的文化 以创建者的信仰为主 不主张外人的帮助	试图不断地成功 喜欢相关的开发
成长期	文化内聚性减少 产生不匹配性和关系紧张	容易兼并其他企业 要求结构性变革 需要保护新的开发

续表

组织的生命周期阶段	主要文化特点	对战略选择的要求
成熟期	文化习俗化 产生文化惯性 战略变革可能受到排斥	喜欢相关的开发 渐进主义受到欢迎
衰退期	文化变成一种保护	有必要重新调整战略却很难调整 有必要取消部分或全部产品或业务

如果战略方案的选择与企业文化完全匹配，那么就会大大减少来自企业内部的阻力，并会对战略的成功实施产生积极的支撑作用。相反，如果战略方案的选择与企业文化不相适应，那么，来自组织内部的共同信念等文化因素就会增加该项战略实施的风险。虽然有些时候，特定战略方案与企业文化的契合，可能会阻碍那些与组织文化向左但却具有创意和盈利潜力的方案的选择，但总体来说，决策者要重视企业文化对战略选择的要求，特别是当二者可能发生强烈冲突的情况下，更要慎重选择战略方案。

【本章小结】

战略选择就是战略决策者通过比较和优选，从可能的两种或两种以上的备选方案中选定一种最合理的战略方案的决策过程。战略选择的实质就是决策，它直接影响企业未来的生存发展状况。本章介绍了战略分析和决策的一些前瞻方法：战略直觉、战略洞察和情景规划等，需要注意到，这些工具不是万能的，工具使用的效果很大程度上取决于使用工具的企业决策人员的修养和智慧。战略选择在本质上是一个相当复杂的决策过程，对决策者的综合判断能力具有较高的要求，既需要决策者以往的经验、判断和感觉，又需要进行理性分析。决策者应当将他们的直觉和判断融入到战略选择的理性分析中去,让直觉式思维和分析式思维互为补充。战略方案的选择需要考虑三条原则,即战略方案的适宜性、可接受性和可行性。此外,企业的战略选择还会受到行为、制度和文化因素的影响。

【基本概念】

战略选择　战略决策　适宜性　可接受性　可行性　行为因素　制度因素　文化因素　战略直觉　战略洞察　情景规划

【复习思考题】

1. 战略选择的特征是什么?
2. 战略选择一般应满足哪些标准?
3. 影响战略选择的行为因素包括哪些方面?
4. 简述影响战略选择的制度和文化因素。
5. 讨论战略直觉与洞察对战略决策的重要性。
6. 讨论情景规划决策方法的价值及其适用性。

【结尾案例】

宝洁的战略想象力

现在的商界愈发瞬息万变、错综复杂和难以预测,我们正处于VUCA的环境中,其中 V 代表易变,U 代表难以预测,C 代表复杂,A 代表模糊。不少人认为在这样的世界中做战略规划徒劳无益,因为计划没有变化快。对此,我持不同意见。如今,变化速度或许加快了,但未雨绸缪,在不确定的情况下做选择,一直就是战略规划的一部分。制定战略从来就不是为了完美地分析世界,而是要理性地对未来下注。在VUCA的世界中,战略制定的规则依然有效,只是需要更高水平的思考。

这并不是全然否定或摒弃"顺势而成"的观点。环境一旦变化,任何战略选择都应予以重审。优秀的战略家应当像艺术家和设计师一样,事先就考虑到随着工作的进展,新情况必然会出现。但是,应急之策绝不能取代主动前瞻、井井有条的战略思维。企业首先必须明确战略方向,在此基础上,根据新情况加以调整细化。否则,企业将会一盘散沙、随波逐流,不可能形成统一的目标。

在 VUCA 的世界中做战略规划意味着要展开想象,更要突破企业边界,懂得与利益相关方、业务伙伴和供应商,甚至与竞争对手在适当的情境下携手合作、共同制定战略的公司才会拥有最大胜算。以宝洁公司为例可以说明如何在 VUCA 的环境中做出切实有效的战略选择。

2001 年,宝洁研发出了两款新产品——Press'n Seal 密封保鲜膜和 ForceFlex 超耐用垃圾袋。前者使用方便,密封效果非常好,用料也很省;后者比普通垃圾袋更结实,不会被尖锐物品戳破。宝洁非常看好这两款产品,超耐用垃圾袋为消费者解决了一个他们时常遇到的垃圾袋泄漏的烦恼,密封保鲜膜在市场测试中也大受顾客好评。

但是宝洁公司 CEO 雷富礼(A. G. Lafley)和几位同事联想到约 20 年前一个失败的案例。当时宝洁的研究人员发明了一种高钙橙汁,能够促进人体对钙的吸收。这款新产品的市场测试结果也不错,于是宝洁在 1983 年以 Citrus Hill 品牌向全国推出该产品。可是,该产品一上市,便遭到了橙汁市场两大顶尖品牌"美汁源"和"纯果乐"的全力反击,因为它们知道一旦让"只争第一,不甘其次"的宝洁得势,自己的生存就成问题。结果,Citrus Hill 没有取得任何实质性进展。不到十年,宝洁便抱憾退出了这一市场。

宝洁的密封保鲜膜和超耐用垃圾袋,同样也面临强大的竞争对手。宝洁发现 Press'n Seal 的对手是高乐氏(Clorox)的 Glad 系列和庄臣(SC Johnson)的 Saran Wrap 系列,而这两者均是宝洁在家居和清洁用品领域的两大竞争对手旗下的领先品牌。同时，ForceFlex 将面对的是垃圾袋市场的老大 Glad，以及雷诺兹集团控股(Reynolds Group Holdings)的 Hefty 系列。宝洁要是将这两大技术引入市场，就意味着它将再度与背景雄厚、实力强大的集团旗下的两大成功品牌竞争。高乐氏、庄臣和雷诺兹很清楚，一旦让宝洁占据一席之地，自己的处境就岌岌可危，它们理所当然会全力出击。除此之外，对宝洁来说，还需要在基础生产设施方面投入巨资，而且宝洁公司缺乏相关专业技术应用的经验。因此，宝洁推出两款新产品的前景不容乐观。

雷富礼认为，无论是推出新品还是技术转让，都是极端之举，有没有介于两者之间的中间方案呢？宝洁做出了一次全新的尝试：它选择与自己的强大对手高乐氏组建合资企业，并退居次席，让高乐氏成为大股东。宝洁负责提供技术和一支以研发人员为主的 20 人队伍，获得 Glad 业务 10％的股权，并可以按照事先拟定的条款另购 10％的股份。合资公司于 2003 年 1 月启动，到 2004 年 12 月，宝洁欣然以 1.33 亿美元的价格又购买了公司 10％的股权。合约签署时，Glad 市值 4 亿美元，仅过了 5 年，凭借 Press'n Seal 和 ForceFlex 两大杀手级产品，公司市值增至 10 亿美元。

商业世界越具有 VUCA 的特征，战略原则便越有用。VUCA 不是摒弃战略、即兴发挥的借口，而是提升战略的推动力。以开放的心态迎接未来，坚持做战略规划是宝洁成功的基石，也能够引领各家企业在 VUCA 的世界创造卓越价值。Glad 合资公司的案例展现了战略的未来方向：全新、独特的环境；不确定性强；不能单方行事，需要其他企业合作做出决定。这正是 VUCA 特色的决策背景，需要最佳的战略思维。而且如果你能够认真思考战略制定中一个最重要的问题——"哪些事情必须做到"，你就可以降低风险。一旦要设想新的可能，你就可以用这条标准来检验。只有这样，你才能快速判断自己需要知道些什么，找到需要进一步探索的领域,从而将新想法向前推进。

资料来源:罗杰·马丁. 宝洁的战略想象力[J].《商业评论》,2012.10.

思考讨论题:

1. 面对VUCA的环境,宝洁是如何制定战略规划的?
2. 宝洁的战略想象力对企业的战略制定具有哪些启示?定性与定量工具应如何结合?

第七章　企业竞争战略

名人名言

兵无常势,水无常形,能因敌变化取胜者,谓之神。

——《孙子兵法·虚实篇》

要成为领导者,无论从事什么行业,都要比竞争对手做好一点。

——李嘉诚

【本章学习重点】

(1) 阐明竞争与合作之间的关系及其发展趋势;
(2) 理解波特三种基本竞争战略并解释其差异;
(3) 掌握实施三种基本竞争战略的要点及各自的适用条件;
(4) 理解蓝海战略与红海战略、差异化战略的区别;
(5) 掌握价值创新工具和四步动作框架。

【开篇案例】

春秋航空的低成本战略

作为首个中国民营资本独资经营的低成本航空公司,春秋航空公司的经营业绩仍能在中国航空业保持领先地位,极具传奇意义,对我国的其他企业极具深刻启示。春秋航空公司正是通过打造低成本战略,才从众多普通航空公司中脱颖而出,成为中国航空业一颗耀眼的新星。

春秋航空公司简介及业绩

春秋航空是中国首家低成本航空公司,由中国最强的国内旅行社——春秋旅行社投资创办。春秋航空公司的总部设在上海，以上海虹桥机场、浦东机场和海口美兰机场为基地。公司目前拥有八架技术先进、舒适豪华的空中客车A320新型飞机。公司经营上海飞广州、珠海、厦门、昆明、海口、三亚、桂林、温州、青岛等二十多条航线，向旅客提供"安全、低价、准点、便捷、温馨"的空中旅行服务。春秋航空以"让人人坐得起飞机"为目标，成功地通过低成本运行模式降低票价，推出了1元、99元、199元、299元等特价机票，让利于消费者。

通过精细化管理和要求，春秋航空公司2009年一共降低成本1.3亿元。目前，春秋航空公司的主营业务成本比行业约低35%，管理费用更是低60%～70%。尽管票价比国有航空公司低近33%，春秋航空公司还是在金融危机蔓延的2009年取得了1.58亿元的盈利，这也是开飞四年的春秋航空取得的最好年度业绩。

春秋航空打造低成本战略的举措

为了打造低成本，春秋航空公司在以下几个方面进行尝试。

1. 监管上的低成本

"能干事，有发展，有凝聚力"是大多数员工对春秋航空公司的整体印象。这得益于领导们的以身作则，企业内部有一个BBS网，专为员工发泄怨气用，员工可以发泄对任何人的不满，甚至还不用署名。这样不仅有利于员工的工作，提高他们的积极性，还可减少各类腐败现象的发生，这大大降低企业的监管成本。

2. 探索上的低成本

"想好了再去做"是春秋航空公司的董事长王正华最朴实的语言。做任何重大决定时，春秋航空都是成功者。研究了很多欧美国家的旅游业态后，成功进入旅行业；研究了美国西南航空的成功经验后，成功进入航空业。这样在很大程度上降低了企业的探索成本，使企业的业务保持较快地增长。甚至在面临世界性经济危机的冲击下，春秋国旅和春秋航空也并没有倒下，没有进行业务扩展,而是保留实力,将主要注意力放在企业内部的管理上。

3. 服务上的低成本

科技是第一生产力。早在春秋国旅时期,企业便耗资近2 000万元、历经6年多时间建设了网络销售体系。1998年,最高峰时春秋拥有4 000多个网络代理。网络平台为春秋国旅的规模化扩张奠定了坚实的技术基础。春秋航空成立后,王正华大胆依靠自己的IT力量,开发中航信的离港和销售系统,并采用多种促销手段鼓励顾客进行网络购票。目前,春秋航空80%的机票都是通过网络销售的,大大节约了春秋航空的销售服务成本。

为了保持低成本,春秋航空公司在以下几个方面进行尝试:(1) 开展与第三方支付平台支付宝合作;(2) 考虑在飞机上开展销售服务;(3) 推出航空机票取消险新保险险种;(4) 购买飞机,形成规模效应;(5) 酝酿上市,扩大融资。低成本战略是多数企业在作出重大战略抉择时所面临的课题之一,怎样使低成本发挥到极致,又使企业立于不败之地,这正是春秋航空公司给广大企业提出的一个值得深思的问题!

资料来源:周俊,甘胜军.春秋航空的低成本战略[N].《管理观察》,2010(17).

第一节 基本竞争战略

专栏7-1

寓言故事

有两个孩子在森林玩耍,正在高兴之际,突然发现远处有只大狗熊正向他们这儿跑来。其中一个孩子说,我们抓紧逃跑吧,不然恐怕来不及了。另一个孩子却不慌不忙地开始换跑鞋。第一个孩子疑惑不解地问:"你觉得你跑得会比狗熊更快吗?"正在穿跑鞋的孩子头也不抬地答道:"我跑得比不上狗熊快,但我只要跑得比你快就行了"。这就是竞争。若想生存,就必须学会竞争;若想发展,就必须超越竞争。

一、市场竞争的指导思想

(一)注重竞争者与顾客的兼顾平衡

市场经济的本质是市场作为社会资源配置的基本手段,即充分发挥"看不见的手"的作用。"优胜劣汰、适者生存"是市场竞争的法则,如何认识竞争和竞争者以及如何参与竞争并使自己在市场竞争中处于优势,是企业能否获得成功的关键所在。只有"知己知彼",方能"百战不殆"。这就提出了在市场竞争时必须解决的另一个深层次问题:竞争者与顾客在企业的心目中到底处于什么位置,即企业以什么指导思想来开展市场竞争。为此,应先对两种不同的指导思想进行剖析。

一种是以竞争者为中心进行市场竞争的企业。这种企业的行动基本上由竞争者的行动与反应所支配,它们会花大量的时间和精力在市场上跟踪竞争者的行动。客观地说,这一指导思想具有一定的积极意义,起码可以训练企业人员保持高度的警惕性,某些反击行动也能达到保护自己的目的。它的消极作用是顾此失彼,重视竞争者而忽视企业赖以生存与发展的顾客。另一种是以顾客为中心进行市场竞争的企业。这类企业能识别新的市场机会和确立具有战略意义的行动方针,并能通过观察顾客需求的演变来决定何种顾客群体与何种新需求是最重要的服务对象。

上述两种指导思想同时存在于现代企业中。不可否认,不论哪种指导思想都不是完美的,各有利弊。因此,菲利普·科特勒提出,现代企业既要注重竞争者,又要注重顾客,如图7-1所示。

	以顾客为中心	
	否	是
以竞争为中心 否	产品导向	顾客导向
以竞争为中心 是	竞争导向	市场导向

图 7-1 平衡顾客导向与竞争导向

(二) 树立竞争与合作(竞合)的新竞争观

经济学家厉以宁教授曾经提出过一个有别于传统的"新龟兔赛跑"故事,最后双双获益。这个故事就是典型的竞合战略的例子。

专栏 7-2

新"龟兔赛跑"

"龟兔赛跑"的故事应该是人人都耳熟能详了,但是,对其寓含哲理的诠释却是见仁见智,北京大学光华管理学院名誉院长厉以宁教授的新版"龟兔赛跑"对那些信奉"商场如战场"并一心想着如何在竞争中战胜对手的企业来讲,无异于开启了一个新的竞争视角。厉以宁教授的新版"龟兔赛跑"的大意如下:

话说在兔子与乌龟的赛跑中,由于轻视其竞争对手乌龟而招致失败之后,兔子要求再次与乌龟比赛,为了保证获得胜利,兔子在选择比赛路线上动了心思:选择一些崎岖的山路。结果自然如兔子所愿。但是,接下来,乌龟也不服气,要求再次比赛,并在比赛路线上也作了精心安排:到达终点之前,必须要经过一条小河。兔子很快到了河边,却一筹莫展,最后,只能看着慢慢爬行到河边的乌龟游过河去,并赢得比赛的胜利。

在各自设计的比赛线路上取得胜利之后,兔子和乌龟并没有沾沾自喜,而是反思其竞争策略的不当,并以实际行动加以改进:在以后的赛跑中,在山路上,兔子背着乌龟跑;遇到河流时,则乌龟驮着兔子游过河。这样,兔子和乌龟的比赛成绩都有大幅度的提高。

新编"龟兔赛跑"体现的是新的竞争观:竞争不是简单地战胜竞争对手,更不是消灭竞争对手,那种为一时或一次胜利而为其竞争对手设置障碍,阻碍竞争对手前进而使自己获得胜利的做法,并不能保持自己的优势地位,反而会导致相互报复式的恶性竞争。从长期来看,参与竞争的都是失败者。实际上,竞争还意味着与自己和时间比赛,只有不断地提高自己的速度,不断地超越自我,才能达到更高的境界。同时,在竞争中使自己的利益相关者都获得成功,才能真正赢得竞争:不仅获得期望的利益,还赢得利益相关者的尊重,从而为长期持续的成功奠定坚实的基础。"四连环"的奥迪携手"三道杠"的阿迪达斯到2008年北京奥运会共同掘金,双方的合作包括贵宾服务、联合品牌推广和奥运特许商品三个方面。这正是新"龟兔赛跑"故事的现实例证:在体育营销这个新的领域,开展品牌联合,相得益彰,实现共赢。

1. 竞合提出的背景

多年以来,迈克尔·波特提出的企业竞争战略理论一直居于主导地位。随着经济全球化、互联网的发展和技术的进步,人们越来越认识到,在现实生活中,不仅仅只存在零和博弈中的"你多我少"、"你死我活";而且还存在常和博弈的"双赢"、"多赢";竞争同合作常常是相伴而生、共同存在的,竞合理论就此应运而生。1996年,耶鲁大学管理学教授巴里·纳尔布夫(B. Nalebuff)和哈佛大学商学院教授亚当·布兰顿博格(A. Brandenburger)在他们的代表作《竞合战略》(*Coopetition*)一书中首次提出"竞合"这一概念。他们指出,传统的"竞争的成功只能是建立在对手失败的基础之上的竞争观念已经过时了",并从博弈论的角度描述了企业经营活动是一种可以实现竞争与合作"双赢"的特殊博弈。

竞合颠覆了传统的竞争思维。竞合是一种将合作和竞争结合起来的理念、过程或现象。它意味着通过合作创造出更大的商业价值,同时通过竞争来瓜分它。随着企业发展,由于企业自身资源和能力的限制,单凭自身的力量难以承担激烈的市场竞争和巨大的市场风险。因此,企业之间从单纯的直接相互竞争发现到现在竞合状态的实例不胜枚举。例如,宝洁与联合利华在日化产品市场上是针尖对麦芒,无论是激烈的广告战还是渠道的相互争夺,无论是产品上的不断创新还是价格上的相互打压,在"前线市场"上双方可谓寸土必争。可是在推动高效顾客反应系统(ECR)和打击假冒产品等"后方阵地"中,宝洁与联合利华又坐到了一起,双方共同研发、共同采取行动打击假冒产品,共同来做大日化产品市场这块"蛋糕"。

2. 竞合的核心——共赢理念

在以信息化和全球化为特征的知识经济的今天,企业经营活动是一种特殊的博弈,是一种可以实现双赢的博弈。企业经营在创造一个蛋糕时,是合作;在分割蛋糕时,是竞争。换而言之,你必须同时竞争与合作,两者的结合要求一种动态的关系,而不是"竞争"和"合作"所各自体现的意思。由此,纳尔布夫和布兰顿博格创造了一个新概念——竞合,企业不仅仅是合作或竞争,更是共同合作竞争。因此,可以把竞合战略理解称为是通过与其他企业合作来获得企业竞争优势的战略。这种战略的核心在于通过"合作—竞争"的方式形成竞争各方的"双赢"、"多赢"。

现代商业竞争进入竞合时代,与竞争时代相比,竞合时代最大的理念特点便是共赢。竞合赢得市场,联合创造力量。从某种意义上说,由于竞争策略改变导致的商业关系联动,使得以此为基础构筑的商业格局更加扑朔迷离。但其背后的推动力却始终未变,那就是"没有永远的朋友,也没有永远的敌人,只有利益是永恒的。"当今世界是一个竞合共赢的时代。竞合观念作为一种全新的思维模式,是对传统竞争观念和模式的超越,也是适应形势发展的必然选择。

3. 竞合战略的形式

在资源既定或市场限定的条件下,竞争成功的标志就是战胜同行对手,于是,"商场如战场"成了人们信奉的理念。有趣的是,自20世纪80年代以来,竞争对手之间的战略合作逐步成为企业战略活动的普遍行为之一。这说明,在经济全球化整合资源、发展平台经济的背景下,将战略仅仅理解为竞争是偏颇的,而将客户、对手当成敌人的竞争更是背离了战略的本质。事实上,战略管理的本质是通过获取竞争优势来提高组织的经营绩效,而并非一定是战胜对手。合作与竞争一样,都是企业实现战略目标的重要途径。因此,对抗性的零和博弈就不可能是战略活动的全部内容。当企业之间具有资源互补关系或相互促进作用时,合作常常比竞争更为有利,即使需要最终战胜对手,也不宜贸然采取单纯竞争的战略。这恰好符合孙子所谓"先为不可胜,以待敌之可胜"的古训。

当今世界,大量涌现的企业间的各类战略联盟、战略外包、特许经营、连锁经营和产业集群都被看作是竞合战略的具体实现形式。作为企业发展不可或缺的引擎,合作战略是一种通过企业间合作以实现共同目标的战略。通过与其他公司合作,企业可以为顾客创造增值服务,获得相对竞争优势的战略目标。或者说,通过战略合作,企业可以获得相对有利的竞争地位。

专栏 7-3

蒙牛的竞合战略:与对手共存

在牛根生看来,一个品牌并不单单是一种产品的问题,而是一个地域的问题,一山可以容二虎,竞争可以双赢。蒙牛认为,德国有"奔驰"与"宝马"并进,美国有"可口"与"百事"双飞。在草原上,"伊利"和"蒙牛"一样可以共荣共生,共同做大。牛根生说:"竞争只会促进发展。你发展,别人也发展,最后的结果往往是'双赢',而不一定是'你死我活'"。

因而,蒙牛没有把目光局限在自身的成长上,而是高瞻远瞩,得出了"草原品牌一荣俱荣,一损俱损"的结论,进而提出"为内蒙古喝彩"的口号。与其同时,蒙牛根据呼和浩特人均牛奶拥有量全国第一、牛奶增速全国第一的状况,提出了"建设我们共同的品牌——中国乳都呼和浩特"的倡议。这是一种建设"地域品牌"的设想,是企业推动自身品牌的大营销战略。

从2000年9月起,蒙牛投资100多万元,投放了300多幅灯箱广告,广告正面主题为《为内蒙古喝彩》,下书:"千里草原腾起伊利集团、兴发集团、蒙牛乳业;塞外明珠辉照宁城集团、仕奇集团;河套崢嵘蒙古王;高原独秀鄂尔多斯……我们为内蒙古喝彩,让内蒙古腾飞",背面的主题为"我们共同的品牌—中国乳都·呼和浩特"。

蒙牛把自己和内蒙古的一些著名企业放在一起,提出共建中国乳都,这与"高级俱乐部策略"的思想是一致的。其实,蒙牛当时无论从历史、地位和规模上都不足以和这些著名品牌相提并论,然而,蒙牛把自己和它们放在一起,是想让消费者认为,蒙牛和它们一样,也是名牌。而且"建设中国乳都"、"为内蒙古喝彩"这样的宽广视野和高尚情操又体现出蒙牛的博大胸怀,为内蒙古积聚了巨大的无形资产,不仅不会招致反对,反而会提高人们对蒙牛的好感,提升了品牌的美誉度。从此,中国乳都概念被政府官员和媒体频频引用,得到政府和民众的支持。

对于蒙牛的举动,伊利也只能表现得极为乐观:既然你蒙牛是要做大内蒙奶这块大蛋糕,我又何乐而不为呢?而牛根生从一开始就将蒙牛定位于乳品市场的建设者,努力做大行业蛋糕,而不是现有市场份额的掠夺者。他有一句名言:"提倡全民喝奶,但你不一定喝蒙牛奶,只要你喝奶就行。"

作为内蒙古的龙头企业,2005年,蒙牛与伊利双方还在原奶收购、乳品价格等关键问题上初步达成"限价同盟"。由于企业间达成和平竞争的协议,当地的原奶收购价格趋于合理,企业之间没有爆发收购大战。正如蒙牛所言,企业与同行业者,不仅仅只有竞争的关系,它们还可以结成合作伙伴,共同维护市场秩序,做大做强整个市场,进而达到"双赢"、"多赢"的局面。在目前国内乳业快速发展的状况下,以蒙牛和伊利为代表的民族乳品工业应该互相学习、查余补缺,共同打进国际市场才是其根本的企业发展目标!

资料来源:陈广,刘钢等编著.蒙牛管理模式与企业战略[M],海天出版社,2009.

二、企业竞争战略的选择

竞争战略也称业务层战略(business-level strategy),是指在给定的一个业务或行业内,企业用于区分自己与竞争对手业务的方式,或者说是企业在特定市场环境中如何营造、获得竞争优势的途径或方法。竞争战略阐明如何达到目标,所有的企业都需要竞争战略或业务层战略。竞争战略的目的是在公司与其竞争对手的定位之间形成差异。为了实现与竞争对手不同的定位,一家公司必须决定它是否打算与众不同地采取行动。事实上,"同竞争对手相比,选择与众不同地采取行动或者采取与众不同的行动"是竞争战略的本质。

(一)三种基本竞争战略

管理学教授迈克尔·波特在1980年出版了开拓性的著作《竞争战略》。在书中,波特借鉴产业经济学中的 S-C-P 模型,建立了分析影响行业盈利性经济因素的框架。他的主要贡献是将众多的经济因素归结为五种主要力量,提出了五种力量(five forces model)模型(潜在进入者、卖方议价能力、买方议价能力、替代品威胁以及现有竞争对手之间的竞争),为行业竞争分析提供了简明、实用且具有理论基础的强有力的分析工具。通过了解这些竞争力量及其变动,企业可以发现一个行业当前获利能力的来源,并可以预测和影响长期竞争状况和获利能力。

企业在市场竞争中获得竞争优势的途径虽然很多,但有三种最基本的一般战略。迈克尔·波特(1980)在《竞争战略》一书中提出了三种基本竞争战略,即低成本战略、差异化战略和聚焦战略,如图7-2所示。竞争战略能有效地抗衡行业中的五种力量,从而获得低成本或差异化的竞争优势。

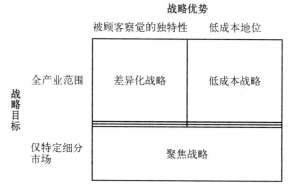

图7-2 三种基本竞争战略

资料来源:迈克尔·波特.竞争战略[M].华夏出版社,1997.

基本竞争战略是指无论在什么行业或什么企业都可以采用的战略。波特指出,各种竞争战略的重点和区别主要在于:一是企业目标市场的宽窄;二是企业所追求的竞争优势是围绕低成本还是差异化。这些战略是根据产品、市场以及特殊竞争力的不同组合而形成的,企业可以根据生产经营的具体情况选用适合的战略。

竞争战略的选择十分重要,企业在选择某种竞争战略后,必须在其所有的经营活动中实施这种战略,一切活动都应该服务于企业的竞争战略目标。

(二)"夹在中间"与综合战略

1."夹在中间"——低成本与差异化的取舍

波特在《竞争战略》一书中指出,如果一个企业不能在低成本、差异化和聚焦三个战略中选定一个作为自己的发展方向,这个企业就会"夹在中间"(stuck in the middle)。因此,要么聚焦在建立差异化,要么致力于降低成本,凡是陷在中间的企业,它们的收益率一定会很低,如图7-3所示。它们既丢失了大量追求低价位的顾客,又失去了能取得高额毛利的业务。试图同时实施这两种战略的企业最终可能一样也做不好。这是因为成本领先与产品差异战略的基本逻辑是不一样的,实施这两种战略的组织安排和激励机制是相互矛盾的,一个企业很难解决好这些组织矛盾。

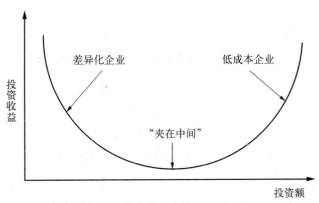

图7-3 夹在中间与投资收益模型

2. 大规模定制——低成本与差异化的兼容

波特的论断是合乎逻辑的,但该观点近年来受到诸多挑战和批评。在《竞争战略》出版之后不到10年的时间里,企业不得不在所有层面展开竞争。它们既不得不追求差异化、提高服务或加速发展,也必须追求成本领先,使产品比竞争对手更便宜。事实上,在低成本与差异化之间,企业完全可以通过不同的价值链组合,兼顾低成本与差异化,实现两者的兼容,即实现"鱼与熊掌兼得"。大规模定制就是对低成本和差异化兼顾融合的最好诠释,其中,大规模表征低成本,定制表征差异化。因此,很多企业试图整合低成本与差异化战略各自的优点以优化企业产品的价值与价格配置。现实中,的确也涌现出一批依靠"低成本+差异化"获胜的企业,快时尚品牌ZARA公司就以相对较低的价格提供流行且令人向往的时尚服装。ZARA可以在3周的时间内设计并开始生产一个新的款式,这与它具备经验丰富的设计师和高效的成本管理方法的能力非常匹配。

第二节 低 成 本 战 略

一、低成本战略的内涵

低成本战略又称成本领先战略(cost leadership strategy),是通过采取一整套行动,与竞争对手相比,以最低的成本提供具有某种特性的产品或服务,这种特性可能并不会减少消费者从产品中获得的价值。采用低成本战略的企业向这一产业的最典型消费者提供标准化的产品或服务。成本领先者的产品和服务必须具有竞争力的质量,它能够为顾客创造价值。采取低成本战略的企业必须发现和开发所有成本优势的资源,努力地将生产和分销成本降到最低,以确保自己能够把价格定得比竞争对手低。经过长期的成本竞争,低成本企业有可能将一般性企业赶出市场,从而扩大其市场份额。总体来讲,低成本战略就是以大规模的生产和经营来降低成本,再以低成本所支持的低价格来赢得市场和增加收入,最终实现盈利。

低成本战略是一种在相关市场中提供与参照产品相同或相近价值的产品,以较低成本和不明显包含相对溢价的较低价格赢得产量优势的竞争战略类型。"薄利多销"是对低成本战略最好的概括,规模经济是低成本战略最根本的经济学逻辑。在经营实践中,有许多企业采用低成本战略而取得了良好绩效。零售行业的沃尔玛以及PC行业的戴尔公司等都是这一战略的杰出贯彻者。汽车行业的现代汽车公司实施了低成本战略,强调可靠性和低价,其定位是"有趣但不昂贵的汽车"。现代公司销售其汽车的能力取决于其简约的设计风格和较低的制造成本。我国的格兰仕集团以低成本、低价格作为基本竞争策略,形成了极高的市场占有率,并有效阻止了竞争对手的进入,成为世界上第一大微波炉生产企业。

二、低成本战略的价值

从战略管理自身的角度看,有效地实施低成本战略可以抵御各种竞争力量。第一,成本领先企业具有较强的对供应商的议价能力。成本领先战略往往通过大规模生产和销售建立起成本优势,较大的购买量使这类企业对供应商往往具有较强的议价能力,从而更增强了其成本优势;第二,成本领先地位可以抵御竞争对手的进攻。低成本企业可以减轻来自对手的降价压力,能够有效地防御竞争对手的抗争,避开惨烈的价格战从而可以有效地保护企业;第三,强有力的购买者可能会索要低价或要求更高的质量而对企业形成威胁,低成本地位能对抗强有力的买家,可以利用其弹性的利润空间保证自己一定水平的利润;第四,为了争取顾客,成本领先者可以有更大的空间降低价格。足够低的价格可能会保持现有产品对于替代品的吸引力,从而有效地应对来自替代品的竞争;第五,低成本战略有助于通过规模经济建立基于成本的进入壁垒而减少潜在进入者。由于格兰仕的成本地位和定价策略,微波炉行业的进入者远远少于其他家电行业。由于低成本战略能够有效地抵御各种竞争力量,从而导致低成本企业在定价策略上具有更大的选择权,可以获得高于行业平均水平的利润。

三、低成本优势的来源

低成本战略的重点和关键在于通过各种方式提高效率,降低成本,建立起相对于竞争对手的成本优势。从价值链的角度来看,低成本优势可以通过提高价值链管理效率、改造价值链、省略或跨越高成本的价值链活动获得。一个企业的成本地位是企业价值链中各项活动综合作用的结果。例如,美国西南航空公司通过采购统一的波音737客机,从而大量地节约了飞机的维修成本和零部件购买成本,使企业获得有利的竞争地位。

价值活动的成本形成机制取决于成本的一些结构性因素,迈克尔·波特把它们称为成本驱动因素。若干成本驱动因素以及它们的相互作用结合起来,就可以决定一种既定价值活动的成本,把它称为成本形成机制。不同行业的成本形成机制因产业结构的不同而各有差异。即使是处于同一产业,企业采取不同的价值链活动,其成本驱动因素可能互不相同,因此,不同企业的成本形成机制是有差异的。实行低成本战略的企业不但要努力向经验曲线的下方移动,还必须探询成本优势的一切来源,看看是否存在值得持续改进的地方。

企业在某种价值活动中的相对成本地位取决于它相应重要的成本驱动因素的地位。迈克尔·波特提出了以下主要的成本驱动因素,它们是:(1)规模经济效应;(2)学习与经验曲线效应;(3)生产能力利用率;(4)垂直一体化;(5)协同效应;(6)资源共享;(7)标准化、专业化和自动化;(8)政策因素(政府规定、税制等其他政策手段)。在现实的经营实践中,以上各种成本因素交织在一起,综合影响着低成本战略的相对吸引力。

四、实施低成本战略的条件与风险

1. 低成本战略的适用条件

低成本是一种有效的战略选择,但并非在任何情况下都是适用的。在实践中,实施低成本战略要想取得好的效果,需要具备以下条件:(1)能够实现大规模生产;(2)市场是完全竞争的;(3)产品是标准化或同质化的;(4)产品具有较高的价格弹性;(5)购买者具有很强的议价能力。

2. 低成本战略的可能风险

任何企业都面临着降低成本的压力,因此,低成本战略是使用最为广泛的战略模式,是企业最倾向于选择的战略。低成本战略也可能面对的主要风险如下:

(1)将注意力过度放在成本上,容易忽视消费者需求与偏好的变化。过分专注于成本降低,固守传统的成功做法,就容易忽视顾客需求的改变和差异化等其他竞争领域,可能产生严重问题。福特公司在20世纪30年代以单一品种的流水线生产方式造就了T型车神话,但在第二次世界大战后受到严峻挑战。通用汽车公司抓住五六十年代经济繁荣、收入增长、崇高个性和自由成为时代潮流的机会,以多品牌、个性化(分别推出高中低档的凯迪拉克、土星、别克、雪佛兰、庞蒂亚克等车型)为利器,击中福特的软肋,逐步推翻福特在汽车业中的绝对老大地位,坐上了头把交椅。

(2)技术变革的突破可能使企业过去的优势地位下降。产业技术上的重大突破可能会使这一战略失效。石英表是一个很好的例子,很能说明突破性技术对原有优势企业的影响。钟表业一向是瑞士的传统产业,在20世纪50年代初,它几乎占了世界手表市场份额的80%。汝拉地区为瑞士手表的制造中心,大量的熟练技术工人在手工作坊中,年复一年地生产出誉满全球的优质精密的瑞士手表。然而,在20世纪70年代中期,日本电子表的问世及迅速普及改变了瑞士手表独霸天下的格局。日本精工株式会社推出了世界上第一款石英手表,电子表比机械表不仅便于制造,而且使用方便。日本和新加坡对电子表的推动使世界手表市场发生"骤变",给瑞士的手表产业带来巨大冲击,使20世纪70年代瑞士手表的出口量由原先占世界手表总量的60%迅速下降到只占33%。

(3) 低成本战略容易引起行业其他企业的学习和模仿。产业的新加入者或追随者们通过模仿或者以其对高科技水平设施的投资能力,用较低的成本进行学习,使整个产业的盈利水平降低。成本优势的价值取决于它的持久性,如果竞争对手发现模仿领导者的低成本方法相对来说并不难或并不需要付出太大的代价,低成本领导者的成本优势就不会维持很长时间,也就不能产生有价值的优势。1991年,英国航空公司将提前30天购买的机票价格下调33%。三角航空公司和泛美航空公司随之跟进。环球航空公司为应付竞争,更将飞往伦敦的票价降低50%。英国航空公司的策略遭到完全的模仿,从而失败了。

第三节 差异化战略

一、差异化战略的内涵

差异化战略(differentiation strategy)又称差别化战略或标新立异战略,是指企业针对大规模市场,通过提供与竞争者存在差异的产品或服务以获取竞争优势的战略。差异化战略以了解顾客的需求为起点,以创造高价值满足顾客的需求为终点。要使差异化战略能够持续成功,企业应能不断地升级顾客重视的差异化特性,满足顾客与众不同的独特需求。成功的差异化战略能够吸引品牌忠诚度高且对价格不敏感的顾客,从而获得超过行业平均水平的收益。与低成本战略主要用于提高市场占有率不同,差异化战略有可能获得比低成本战略更高的利润率。

差异化战略是一种选择被目标客户所偏好的某些产品特点,通过非价格竞争减小交叉弹性,以降低顾客对价格的敏感性,通过相对溢价从而获得价格收益的战略类型。因此,企业差异化战略以顾客的需求为核心,这种差异性可以来自设计、品牌形象、客户服务、技术、性能、营销渠道等各个方面。差异化战略的重点不在成本,而是不断地投资和开发顾客认为是重要的产品或服务的差异化特征。但并不是说差异化战略可以忽略成本。企业应当能够以有竞争力的成本生产出差异化的产品,以减少顾客需要支付的价格不断上升的压力。只有能够深入理解目标顾客所需要的价值是什么、各种不同需求的重要性次序如何以及他们愿意为哪种需求支付额外的价钱时,差异化战略才能成功。

二、差异化战略的价值

从战略管理自身的角度看,成功的产品或服务差异能够降低环境威胁,利用环境机会。实施差异化战略,能够满足日益差异化的顾客需求;可以缓和竞争关系,实现"错位经营";可以构成对潜在进入者的进入壁垒;差异化还可以创造垄断,获得高额的垄断利润。此外,差异化战略可以增强顾客对品牌的忠诚,降低其对价格的敏感性。因此,差异化战略是使企业获得高于行业平均利润水平的一种有效战略。此外,企业采用这种战略,可以很好地防御行业中的五种竞争力量和行业中直接而剧烈的竞争。例如,IBM和卡特彼勒公司分别在信息服务与重型建筑设备行业采取了成功的差异化战略。

三、差异化的优势来源与实现途径

差异化战略的实施需要具备一定的内外部条件。从需求角度来看,需要存在大量的个性化需求,即顾客的需求是多样化的。从供给角度来看,需要存在创造差异的机会。当外部的需求条件得以满足之后,企业是否具备相应的能够满足差异化需求的能力就显得极为重要。因此,产品必须能够充分实现差异化,且为顾客所认可。差异化战略的重点和关键是塑造产品特色,为顾客创造价值,从而建立起相对于竞争对手的差异化优势。此外,企业所在行业技术变革较快,创新成为竞争的焦点。要创造有效的差异化优势和有效地创造差异化优势,必须解决好建立什么样的产品差异、在什么地方建立产品差异和以何种方式建立产品差异三个基本问题。

一个好的产品或者一项好的服务可以在很多方面实现差异化。不寻常的特性、及时的顾客服务、快速的产品创新、技术上的领先、在顾客心中的声誉和地位、不同的口味、工程设计和性能的特殊性等都可以成为差异化的来源。思想决定行为,因此,差异化的发现与确认需要打破传统的思维定式,要实施差异化,首先要做的是树立差异化的"思维"。《孙子兵法》中讲道:"凡战者,以正合,以奇胜。""奇"在现代企业经营中,就是指差异化。迈克尔·波特认为,差异化来源于企业进行的各种具体活动以及这些活动影响买方的方式。因此,价值链的核心活动和辅助活动都可成为企业实施差异化的来源。企业可以做的能为顾客创造真实或感知价值的一切都可以作为差异化的基础,可以实现产品、渠道、服务、人员、形象、定位等的差异化。

1. 产品差异化

产品差异化可以体现在产品的形式、特色、风格、性能、质量、耐用性、可靠性和可维修性等方面。就拿产品设计来说,由于它可以为顾客带来积极的体验,设计正逐渐成为一个差异化的重要来源。例如,苹果公司凭借杰出的创造力和设计能力而推出的iPod、iPhone、iPad等创新时尚产品大受消费者的欢迎。又如,优秀的产品可靠性和耐用性以及高性能的音响系统,就是丰田汽车公司生产的雷克萨斯汽车的差异化特性。雷克萨斯的口号是:"我们追求完美,因此,您可以追求生活",暗示了丰田将汽车的整体质量作为差异化来源的一种承诺。

2. 渠道差异化

渠道的选择同样可以体现差异化特色。当传统的营销渠道被可以同消费者直接发生关联的直复营销取代时,消费者由于渠道方式改变而感受到的巨大便利就会成为企业的差异化优势。例如,DELL的直销模式为其创造了产业中最低的成本优势,1998~2003年,戴尔公司的平均投资利润率达到了惊人的39%,这一数字远远领先于竞争对手。

3. 服务差异化

服务差异化的优势可以通过方便的订货、快捷安全的交付、专业的安装、定期客户培训、周到的客户咨询、及时维修保养等体现,例如,IBM高度强调服务的重要性,甚至为了客户利益,不惜向客户推荐使用微软、微太阳等竞争对手的产品,这一过程中所体现出的对服务的重视和关注为其带来了大量的忠诚客户。海底捞的高水平服务为其获得极大的声誉和竞争力。

4. 人员差异化

在不同的企业文化熏陶下,不同企业的员工特质是不同的。称职、谦恭、诚实、可靠、负责、沟通是衡量优秀员工的标准。人员是消费者直接感知企业的载体,相应地,人员差异化为差异化的实现提供了另外一种渠道。例如,海底捞的"变态服务"和胖东来的人性化服务给他们带来了良好的口碑和竞争优势。

5. 形象差异化

企业形象应该是标志性的,可以通过企业观念识别、行为识别和视觉识别完成同其他企业的形象区分。例如,美国杜邦公司通过"用化学改进生活"的经营理念完成企业形象识别,麦当劳通过红色与黄色的搭配完成视觉识别,这种通过形象的区分可以达到企业差异化识别的目标。

6. 定位差异化

定位是通过对企业的产品和形象进行设计,使其在目标顾客心目中形成独特印象、占有独特位置的行为,这本质上体现的就是差异化。同样地,同行不同"道"的上海淮海路商圈内的各商家依靠差异化定位,开展错位竞争,达成多方共赢的结果。在钟表行业,Swatch手表以结合时尚的"the second watch"为定位,与在走时准确、材质精良等方面激烈竞争的其他手表生产企业拉开了距离,形成了鲜明的差异化特色。

四、差异化战略的实施

企业能够凭借差异化来提升顾客对本企业产品或服务价值的认知,由此获得竞争优势。一旦提升了产品或服务的感知价值,企业就能够索取更高的价格,从而增加收入,形成竞争优势。差异化战略实施的核心是创造顾客所需要的价值,这又引申出一个根本问题:"我们的顾客所认同的价值是什么",即顾客核心价值的确定问题。一般而言,顾客价值可能由设计、质量、配套、价格、形象、服务、速度、创新等各种要素构成,但其中的每种要素对顾客所起的作用是不同的,顾客的重视程度也不一样。顾客最需要和最重视的要素就是顾客的核心价值。

把握顾客价值需求,进行顾客价值创新,可以采用价值图分析的方法。具体步骤如下:第一,构造顾客价值特性,如质量、服务、成本、速度、创新等五个特性。第二,请企业相关人员按10分制,就"企业的关键顾客对企业的以上五个价值特性做何评价?"和"企业的关键顾客对竞争对手的以上五个价值特性做何评价?"作出判断,将这些评价值在图上表示出来,就可得到企业顾客价值评价图。第三,请企业关键顾客按10分制,就"对企业的以上五个价值特性做何评价?"和"对竞争对手的以上五个价值特性做何评价?"作出判断,将这些评价值在图上表示出来,就可得到竞争对手顾客价值评价图。

根据示例中的企业顾客价值评价图(如图7-4所示),可知企业在质量与服务两个指标上的自我评价高于顾客评价,而在成本、速度、创新这三个指标上的自我评价则低于顾客评价。此时,如果能够进一步了解顾客对各个价值特性的权重,通过计算与比较企业自我评价的加权得分值与关键顾客评价的加权得分值之差,就能找出企业提升顾客价值的改进方向。而根据示例中的竞争对手顾客价值评价图(如图7-5所示),可知企业在质量与服务两个指标上对竞争对手的评价值低于顾客评价,而在成本、速度、创新这三个指标上的评价值则高于顾客评价。通过比较企业顾客价值评价图与竞争对手顾客价值评价图,企业可以发现自身竞争优势的不足,找到改进与变革的方向。

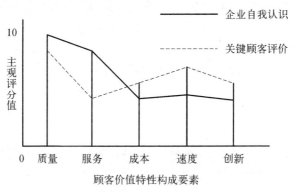

图7-4 企业顾客价值评价图

资料来源:项保华. 战略管理[M]. 北京:华夏出版社,2006.

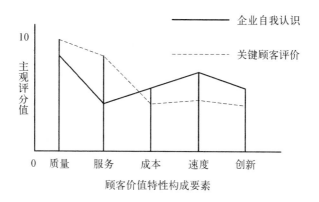

图 7-5 竞争对手顾客价值评价图

资料来源：项保华.战略管理[M].北京：华夏出版社,2006.

从上面关于价值图分析方法的讨论可知,为了找到企业进行顾客价值创新的突破点,关键是要清楚地认识顾客关于价值的定义是什么,并在此基础上弄清顾客想要的价值与企业所提供的产品或服务价值这两者之间的差异。然后,从企业顾客服务流程、组织结构、制度文化、顾客关系管理、使命目标等方面出发,寻找提升顾客价值的途径与方法。通过这种方式,可使企业上下看到顾客的真正需要与企业所预期的到底有何不同,从而真正就顾客所需价值达成共识,最终更好地满足顾客的价值需求。

五、差异化战略的风险

与其他业务层战略一样,差异化战略是没有风险的。一般而言,差异化战略的主要风险包括以下几个方面。

(1) 企业过度差异化,从而使产品相对于竞争对手的价格过高。

(2) 企业差异化的方式已不能为顾客多创造价值,顾客不愿为此多付钱。

(3)忽视差异化特征的有效传播,无法获得消费者的认可与青睐。

(4)企业未能准确定位顾客真正的需要是什么,无法形成消费者认可的差异化优势。

(5)差异化产品的高附加值会引来众多的仿冒者。

第四节 聚焦战略

一、聚焦战略的内涵

当企业想利用其核心竞争力以满足某一特定行业细分市场的需求而不考虑其他需求时,它可以采用聚焦战略。聚焦战略(focus strategy)又称集中化战略或专一经营战略,是指针对某一特定购买群、产品细分市场或区域市场,采用成本领先或差异化以获取竞争优势的战略。集中战略目标市场的特定细分市场包括:(1)某一特定的购买群体,如老年人、年轻人或儿童;(2)某一产品线的一个特定部分,如专业油漆匠或自助用户使用的产品;(3)某一地理统计变量市场,如中国长三角、珠三角或上海、北京等。

聚焦战略的要义是利用狭窄的目标市场与整体市场及其他细分市场的差别,其目的是比竞争对手,特别是定位于更广泛市场范围的竞争对手更好地服务目标细分市场的顾客。聚焦战略成功的基础是,要么能以比竞争对手更低的成本服务小市场(即聚焦成本领先战略),要么能为小市场中的顾客提供他们认为更好的产品(即聚焦差异化战略)。因此,聚焦战略的本质是对一个窄目标市场通过低成本或差异化为顾客创造价值的探索。聚焦战略与其他两个竞争战略相比,由于目标集聚,使其"小而精"、"小而专"、"小而强"、"小而特"成为可能。因而,可以使企业在本行业中获得高于一般水平的收益。

聚焦战略一般是中小企业采用的战略,其目的是比竞争对手更好地服务目标细分市场的顾客。从聚焦战略的焦点来划分,可分为产品聚焦战略、顾客聚焦战略、地域聚焦战略和利基战略四类。利基战略是企业专为某一特定细分市场提供某一特定产品,这是一种高度专业化的策略,如专为贵族富豪生产超豪华轿车的劳斯莱斯汽车公司。从实施聚焦战略的手段途径来划分,聚焦战略有聚焦低成本和聚焦差异化两种形式。

二、聚焦战略的实施

聚焦战略适用于这样类似的情形:企业的资源和能力有限,难以在整个产业实现成本领先或差异化,只能选定个别细分市场。企业能够在特殊的和独特细分市场上通过集中成本领先或集中差异化为顾客创造价值。联邦快递(FedEx)在同艾玛利公司全线竞争失败后,专攻隔夜的小包裹业务,取得局部优势,直至将艾玛利赶出物流行业。聚焦战略在以下一些场合具有吸引力:(1)目标小市场有一定规模,可以盈利;(2)目标小市场具有较大的需求空间或增长潜力;(3)目标小市场不是主要竞争厂家争夺的重点;(4)采用聚焦战略的企业拥有能有效服务目标小市场的资源和能力;(5)采用聚焦战略的企业能凭借其所建立起来的产品声誉和顾客忠诚来防御挑战者。

位于瑞典的宜家(IKEA)家居公司,是一个在44个国家有着分公司的全球家居产品零售企业,它采用了集中成本领先战略。该公司的愿景是"低价的完美设计和实用功能"。既讲究款式又要求低价的年轻消费者成了宜家公司的目标市场。针对这些顾客,公司提供的家居产品综合了设计新颖、功能齐全、质量可靠、价格低廉等特点。宜家采用了不同的做法以使成本保持在较低水平。

例如,宜家公司不依赖第三方生产商,而是由其工程师自行设计低成本、可由消费者自行安装的模块式家具。尽管它是成本领先者,宜家在低价之外,还提供了许多对顾客极具吸引力的服务,包括它独特的家居设计、店内的儿童游乐场,供顾客使用的轮椅及延长的营业时间。因此,宜家的集中成本领先战略同样包含了其低成本产品的差异化特征。

采用聚焦战略的企业面临差异化或低成本的取舍。采用聚焦战略的厂商多为规模较小的企业,因此,采用重点聚焦战略时往往不能同时进行差别化和成本领先的方法。如果采用聚焦战略的企业要想实现成本领先,则可以在专用品或复杂产品上建立自己的成本优势,这类产品难以进行标准化生产,也就不容易形成生产上的规模经济效益,也难以具有经验曲线的优势。如果采用聚焦战略的企业要实现差别化,则可以运用所有差别化的方法去达到预期的目的,与差别化战略不同的是,采用聚焦战略的企业是在特定的目标市场中与实行差别化战略的企业进行竞争,而不在其他细分市场上与其竞争对手竞争。

三、聚焦战略的适用条件与风险

1. 聚焦战略的适用条件

聚焦战略是一种有效的竞争战略,特别适用于中小企业。在下列情况下,聚焦战略往往能够取得更好的效果:(1) 具有完全不同的用户群;(2) 在相同的细分市场中,其他竞争对手不打算实行重点集中战略;(3) 企业的资源不允许追求广泛的细分市场;(4) 没有其他的竞争对手在相同的目标细分市场上进行专业化经营;(5) 目标小市场具有很好的成长潜力,而且目标小市场足够大,可以盈利;(6) 拥有有效服务目标细分市场的资源和能力。

2. 聚焦战略的可能风险

企业在实施聚焦战略时,可能面临以下风险。

（1）如果聚焦厂商所聚集的细分市场非常具有吸引力,竞争对手可能会寻找可与聚焦经营企业匹敌的有效途径来争夺该目标市场。

（2）由于技术创新、替代品的出现和价值观念的更新,目标小市场顾客的需求偏好可能会转向大众化市场或其他细分市场,从而导致消费者需求下降。

（3）如果聚焦经营企业的目标细分市场利润非常丰厚,可能会刺激其他竞争厂家模仿进入,瓜分该市场上的利润。

（4）新进入者重新细分市场。竞争对手从企业的目标市场中找到了可以再细分的市场,并以此为目标实施更集中的战略,从而使原来采用聚焦战略的企业失去优势。

（5）由于目标细分市场与其他细分市场的差异过小,大量竞争者涌入细分市场,从而导致企业的顾客基础或竞争优势丧失。

第五节　蓝　海　战　略

一、蓝海与蓝海战略

（一）蓝海

市场空间由红色海洋与蓝色海洋两种海洋形成。红海代表着现今存在的所有产业,这是我们已知的充满血腥竞争的市场空间;蓝海代表着当今还不存在的产业,就是尚未开发的新的市场空间。在红海中,产业边界是明晰和确定的,游戏的竞争规则是已知的。身处红海的企业试图表现得超过竞争对手,以攫取已知需求下的更大市场份额。当市场空间变得拥挤时,利润增长的前景随之黯淡。产品只是常规性的商品,而割喉式的恶性竞争使红海变得更加血腥。与之相对,蓝海代表着亟待开发的市场空间,代表着创造新的需求,代表着高利润增长机会。尽管有些蓝海完全是在产业以外创建的,但大多数蓝海则是通过在红海内部扩展已有产业边界而开拓出来的。在蓝海中,竞争无从谈起,因为游戏规则还未制定。

当然,能打败对手并在红海中遨游,这点永远很重要。红海永远有其作用,它是商业社会的一个事实存在。如今,在越来越多产业中的供给都超过需求的情况下,在日益萎缩的市场中为份额而战,虽说是必要的,却不足以维持企业的上乘表现。企业需要超越竞争这一境界。企业必须开创蓝海,以抓住新的利润和增长的契机。

(二) 蓝海战略

W·钱·金和勒妮·莫博涅认为,蓝海战略是指打破产业边界,开创出一个没有竞争的新市场,同时做到差异化和低成本,建立一个强有力的品牌,彻底摆脱竞争,实现价值高速增长的战略行动。因此,蓝海战略要求企业应该把视线从市场的供给一方移向需求一方;应该从向对手的竞争转向为买方提供价值的飞跃;应该通过跨越现有竞争边界看市场以及将不同市场的买方价值元素筛选与重新排序;就是要重建市场和产业边界,开启巨大的潜在需求;就是要摆脱红海竞争,开创蓝海市场;就是要同时追求差异化和成本领先。

蓝海战略与波特的差异化战略存在以下几点区别。

第一,波特关注的是既有产业内的差异化,W·钱·金和勒妮·莫博涅则明确提出了今天背景下向新生的产业、业务方向转移问题,这不是既有的纵向一体化与横向多元化所能替代的。

第二,以往的多元化关注的是如何分散经营风险和获取利润,蓝海战略则是形成与创造新的消费者价值,用新价值获得新的利润。

第三,以往的差异化战略侧重于技术和产品的创新,在尊重产业、业务新的转折的前提下,在尊重技术、产品创新的前提下,蓝海战略突出了经营模式的创新,突出了模式盈利,这就概括了不一定都是技术创新带来利润,模式创新也可以带来新利润的事实。蓝海战略的开创是基于价值的创新而不是技术的突破。

第四,以往的差异化创新侧重的是局部解决问题,蓝海战略是整体的战略规划。

第五,以往的差异化与低成本不相容,蓝海战略则是相容的。

第六,以往的战略是竞争导向,蓝海战略是消费者导向。

蓝海战略的核心在于价值创新和摆脱同质化竞争,进而使企业得到获利性增长。W·钱·金和勒妮·莫博涅通过对108家新开办企业的实证研究,定量分析了拓展蓝海对企业收益和利润增长的影响。他们发现,86%的新成立企业是线性扩张的,即在已经存在的红海市场空间内增长。这86%的红海对总收益和总利润的贡献分别为62%和39%。另外14%的企业定位于拓展蓝海,它们造就了38%的总收益和61%的总利润。

(三)红海战略与蓝海战略的比较

以竞争为基础的红海战略假定一个产业的结构性条件是给定的,企业被迫在这些条件下竞争;这种假定基于学术上的所谓"结构主义"观点,或者称之为"环境决定论"。相反,价值创新则认为市场边界和产业结构并非既定,产业参与者的观念和行为可以重构产业边界和结构性条件。我们称之为"结构再造主义"的观点。在红海里,差异化是高成本的,原因在于所有企业按照同样的最优行为规则进行竞争。在此,企业的战略抉择要么是追求差异化,要么是追求低成本。然而,在结构再造主义的视野里,战略目标是打破现存的价值—成本互替定律,构建新的最优行为规则,由此拓展蓝海。蓝海战略与红海战略的具体区别详见表7-1。

表7-1 红海战略与蓝海战略之比较

红海战略	蓝海战略
在已经存在的市场内竞争	拓展非竞争性市场空间
参与竞争	规避竞争
争夺现有需求	创造并攫取新需求

续表

红海战略	蓝海战略
遵循价值与成本互替定律	打破价值与成本互替定律
根据差异化或低成本的战略选择，把企业行为整合为一个体系	同时追求差异化和低成本，把企业行为整合为一个体系

资料来源：W·钱·金，勒妮·莫博涅.蓝海战略——超越产业竞争，开创全新市场[M].北京：商务印书馆，2005.

蓝海战略要求企业突破传统的血腥竞争所形成的红海，拓展新的非竞争性的市场空间。与已有的、通常呈收缩趋势的竞争市场需求不同，蓝海战略考虑的是如何创造需求和突破竞争。太阳马戏团通过跨行业要素重构，打破了马戏行业的运作规则，集马戏和戏剧最佳元素于一体，同时赢得了差异化和低成本。太阳马戏团将马戏表演和剧场演出取其精华，舍其繁冗，形成一种有别于传统马戏和剧场演出的全新娱乐方式，开辟了一片非竞争性的市场空间，从而创造出一片蓝海领域。

二、蓝海战略的基石——价值创新

（一）价值创新

当一个企业的行动对自身的成本结构和买方的价值主张都产生积极影响时，价值创新就在这个交汇区域得以实现。企业通过剔除和减少产生竞争所比拼的元素节省了成本；又通过增加和创造产业未曾提供的元素提升了买方价值。随着时间的延续，优越的价值带来高销售额，成就规模经济，从而使成本进一步降低。

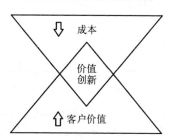

图 7-6 价值创新：蓝海战略的基石

正如图 7-6 所示，蓝海的创造

是在降低成本的同时为客户创造价值,从而获得企业价值和客户价值的同步提升。由于客户价值来源于企业以较低的价格向客户提供更高的效用,而企业的价值取决于价格和成本结构,因此,价值创新只有在整个企业的效用、价格和成本行为正确地整合为一体的时候才可能发生。蓝海战略贯彻于企业的各个职能部门和操作部门。

(二)蓝海战略的六项原则

尽管经济环境显示了实施蓝海战略的紧迫性,但大家普遍相信,企业在现有的产业空间之外进行冒险,其成功几率较低。企业在规划与执行蓝海战略的进程中,如果缺乏对机遇和风险的理解,开创蓝海的成功可能将更小。表7-2表明了成功制定并执行蓝海战略所必须遵循的六项原则以及通过把握这些原则所能降低的风险。

表7-2 蓝海战略的六项原则

制定战略的原则		降低相应的风险
重建市场边界	↓	搜寻风险
注重全局而非数字	↓	计划风险
超越现有需求	↓	规模风险
遵循合理的战略顺序	↓	商业模式风险
执行战略的原则		降低相应的风险
克服关键组织障碍	↓	组织风险
寓执行于战略	↓	管理风险

三、蓝海战略分析工具——四步动作框架

为了重新构建买方价值因素和塑造新的价值曲线,W·

钱·金和勒妮·莫博涅开发了一套四步动作框架。如图7-7所示,为了打破差异化和低成本之间的替代关系和创造新的价值曲线,有四个核心问题对挑战行业现有的战略逻辑和商业模式而言至关重要:

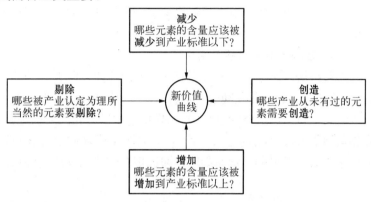

图7-7 蓝海战略的四步动作框架

- 哪些行业中被认为理所当然的因素应该被**剔除**?
- 哪些因素的含量应该**减少**到行业标准以下?
- 哪些因素的含量应该**增加**到行业标准以上?
- 哪些行业内从未提供过的因素应该被**创造**?

第一个问题促使企业考虑剔除在行业长期竞争中攀比的因素。这些因素通常是想当然的,但其实已不再具有价值,甚至降低了价值。有时候,购买者所重视的价值发生了变化,但公司只顾相互竞争,而没有采取任何行动应对变化,甚至对变化毫无察觉。

第二个问题促使企业考虑产品或服务是否过度设计。如果公司提供给消费者的是超过实际所需要的,那就是徒然增加成本却没有任何收益。

第三个问题促使企业发现和消除消费者不得不做出的妥协。

第四个问题帮助发现购买者价值的新来源,以创造新的需求,改变行业的战略定价标准。

前两个问题(剔除和减少)可以帮助企业将成本水平降低到竞争对手之下。研究发现,在习惯于攀比竞争的因素方面,企业经理们很少会系统性地尝试剔除和降低投资。结果是成本不断增加,商业模式也日趋复杂。与之相对,后两个问题(创造和增加)启发我们如何提升购买者的价值和创造新的需求。总的来说,这四个问题帮助我们系统地探索如何超越现有行业边界、重组购买者价值因素和向购买者提供全新的体验,同时又将成本结构保持在低水平。特别重要的是,剔除和创造这两个行动将公司推上了超越现有竞争和追求价值最大化的轨道。它们驱使企业改变要素因素本身,从而使既有的竞争规则变得无关紧要。

【本章小结】

市场经济的本质特征是"优胜劣汰,适者生存"。企业有公司层战略和业务层战略两大基本战略。公司层战略主要回答做什么,业务层战略主要解决怎么做。基本竞争战略包括低成本战略、差异化战略以及聚焦战略,但这三种战略也各有优势和风险。

市场空间由红色海洋与蓝色海洋两种海洋形成。红海代表着现今存在的所有产业,这是我们已知的充满血腥竞争的市场空间;蓝海代表当今还不存在的产业,就是尚未开发的新的市场空间。蓝海战略是指打破产业边界,开创出一个没有竞争的新市场,同时做到差异化和低成本,建立一个强有力的品牌,彻底摆脱竞争,实现价值高速增长的战略行动。

【基本概念】

竞合战略　大规模定制　低成本战略　差异化战略　聚焦战略　蓝海战略　红海战略　价值创新　四步动作框架

【复习思考题】

1. 企业的基本竞争战略有哪些?请举例说明各自具备的特点。
2. 很多中国企业把价格战当作低成本战略?你认同吗?请举例说明。
3. 企业差异化优势的来源有哪些?如何具体实施差异化战略?
4. 你认为企业同时实施低成本与差异化战略能够实现融合而不是"夹在中间"吗?请举例说明。
5. 请阐述使用低成本、差异化和聚焦战略时分别会面临什么风险。
6. 什么是蓝海战略?企业如何去开创一片新的蓝海?

【结尾案例】

中集集团在"与狼共舞"中成长

一家25年前还寂寂无名的集装箱企业,从最基础的干货集装箱起步,一步步夺取干货、冷藏、罐式等集装箱领域的世界头号生产商交椅,成为全球集装箱领域的双寡头之一。它的成功秘诀就在于:"与狼共舞",借力打力,在与跨国公司的竞争与合作中成长。

挽住住友的手

1990年1月,日本住友商社的柳田接到了一个"奇怪"的任务——到中国寻找集装箱生产的合作伙伴。这一任务之所以显得奇怪,是因为自20世纪70年代以来,日本就是全球集装箱制造中心,从20世纪80年代开始,制造基地向韩国和中国的台湾地区转移后,韩国企业成为日本企业的重要合作伙伴。柳田接到任务的时候,住友商社和当时称霸全球的现代和进道两家韩国集装箱企业还有着紧密的业务往来。但在密切关注全球制造业转移态势的住友商社高层眼中,作为劳动密集型产品,中国由于其低廉的人力成本,在集装箱制造领域取代韩国已是不可阻挡的趋势。基于此判断,有中文进修经历的柳田开始了在中国选择新伙伴的公务之旅。经过几个月的奔波与寻找后,柳田对当时全属国企的中国集装箱制造商深感失望,怀着沮丧的心情得出"中国没有可以信赖的、合适的候补企业"的结论,准备结束调查。

就在这时,他听说深圳有家小型集装箱制造商,出于尽职的想法,柳田于1990年7月"不抱任何希望"地访问了当时在业界还是"无名小卒"的CIMC。也许有了鲜明对比,有着国际市场经历的总经理麦伯良从一开始就紧紧地吸引住了柳田。回国后,柳田迅速提交出差报告,报告大意是终于找到深圳CIMC作为最佳候补者,CIMC虽然规模小、设备不足,但考虑到人才充足和优秀的公司高层,可以建立信赖关系。对于已经下定决心走独立发展之路的麦伯良来说,住友的到来无疑意味着一个强大盟友的出现:日本企业虽然已经逐渐退出集装箱制造领域,但其强大的技术力量和资本规模依然是一支不可忽略的竞争力量,更加重要的是,作为国际市场质量"标杆"的日本市场本身,就是树立企业品牌最好的"战场"。

在住友商社的帮助下,中集集团迅速拿到了日本的第一宗订单,并引起了业界瞩目。与此同时,与韩国企业在中国内地的"对决"也正式展开。在柳田的信赖与帮助下,从1993年到1996年期间,住友商社与中集通过合资收购、新建等方式成立了大连、南通、上海三大集装箱工厂,中集早期发展的中坚力量。就在中集挽住住友的手并加紧"攻城略地"的时候,韩国企业的市场势力却逐渐衰微,一个重要原因是韩国企业忽视了产业转移的大趋势。1996年开始,中集就在干货集装箱产量上第一次超过韩国现代和韩国进道,以20万标准箱20%的全球市场份额登上了集装箱行业世界第一的宝座。1993~2003这十年间,韩国从占世界集装箱制造业50%的份额下降到15%,下降部分几乎全部被中集收购。

选择日本伙伴还是德国伙伴

1996年,中集在干货集装箱领域取得令人赞叹的业绩以后,很快遇到新的难题。干货集装箱世界第一市场份额的获得有两方面的基本原因:一方面,由于中国内地集装箱生产成本比韩国和台湾低,有着较大的价格优势;另一方面,随着中国出口贸易的迅速崛起,国际远洋运输公司从中国采购集装箱可以大大降低物流成本,中国也顺理成章地成为最大的集装箱生产地。不过,中集这种相对韩国和台湾企业的价格优势与国内的其他竞争者相比却几乎不存在。中集集团市场事业部副总经理李贵平回忆说:"自1998年4月开始,工厂之间同质化的竞争导致集装箱产品的价格一路下滑到最低点,价格下调幅度已达50%,单箱利润率也从30%跌至不到3%左右。"

在这种情况下,中集必须寻找新的道路。从1996年开始,中集在两个方面迈出了重要步伐:一是从进入冷藏箱业务开始,从成本领先进入技术和管理领先的战略阶段;二是继续优化在中国沿海的生产布局,相继收购了一系列工厂,初步形成在国内黄金海岸的战略布局雏形。2005年7月底接受沃顿商学院采访时,麦伯良深有感触地表示,作为一个企业家,"当很多人和你判断一致的时候,要做出决策并不难。当你面对很多不同意见和很多反对声音的时候,要做出决断才是最有挑战的。"在1995年进入冷藏箱业务时,麦伯良就做出了一个富于挑战的决策。当时,世界上95%以上的冷藏箱产品都是铝的,"在这个领域最先进的两个国家是德国和日本。日本人说用铝,而德国人告诉我未来是不锈钢的。"经过仔细的分析研究,麦伯良最终认定不锈钢制冷箱才是未来的方向,并在重重反对意见之下决定使用不锈钢技术。一个看似并不复杂的决定,最终改变了整个行业的生态,也改变了中集未来的命运。

作为掌握钢制集装箱技术的德国企业，本身并非业内知名的制造商，只能通过规模化生产才能显现效益的技术专利如何推广才是他们真正关心的。在这种情况下，中集引入德国企业这样的弱势合作伙伴，一方面，在"把引进技术变成自己的技术"这个路径上扫清了障碍；另一方面，利用自己在全球份额上的优势，对已经相对定型的世界集装箱市场"重新洗牌"，通过行业标准的改变迅速占据了国际市场的绝对优势。1995年3月，中集投资5 000万美元成立上海中集冷藏箱有限公司，德国Graaff公司参股2%，并向中集出售关键设备，授权上海中集使用其12项关键专利。在获得专利授权的同时，中集迅速开始了一系列自主创新。核心技术的掌握同时成为中集新一轮扩张过程中的"王牌"。

与此同时，在技术上日益强大的中集又成为了拥有核心专利的德国企业眼中的一块"鸡肋"。1999年，作为冷藏箱专利技术的托管人，德国Waggonbau公司将大部分冷藏技术继续独家授权给中集使用。Waggonbau公司很快发现靠这些专利获得收益是"投入与收益不成正比"的买卖，因为一旦当时已经成为集装箱行业巨头的中集发现有人侵权，Waggonbau就必须为中集去"讨公道"。在经历了一系列专利纠纷之后，兴味索然的Waggonbau公司最终决定以不高的价格将一揽子冷箱专利全部转让给中集，彻底"解脱"了事。2005年5月，双方签署了最终转让协议，据吴发沛介绍，这次转让使中集获得了除自主开发的11项专利之外的77项冷箱专利，自此，中集彻底掌控了冷箱的全部技术体系。

"与狼共舞"在继续

在尝到了新技术的甜头后，已经成为冷藏箱巨人的中集几乎马不停蹄地进入了更高端的罐式集装箱、折叠式集装箱以及其他特种集装箱领域，在这些领域，类似的"合作、改进、颠覆"的故事也不断上演。中集与英国UBHI公司签定"技术转让协议"，获得

UBHI 的"Light Weight Beam Tank"罐箱生产技术后,罐箱领域的市场份额急剧攀升,有望很快超过原来的市场领先者。在折叠式集装箱领域,中集研发了自主专利的折叠箱技术,并以此为谈判筹码收购了世界折叠式集装箱主流技术持有者英国 Clive‐Smith Cowley 公司 60% 的股权,奠定了自己在这个领域的霸主地位。

此外,中集还在集装箱安全领域与通用电气展开合作。中集在车辆领域内的合作伙伴、沃尔沃卡车集团亚洲区副总裁吴瑜章认为,未来将是中国企业与跨国公司"你中有我、我中有你"的合作与竞争格局。中国本土企业有自己的优势,但是要跟跨国公司优势互补,在全球市场上进行竞争。时至 2004 年,中集已经成为全球惟一全系列集装箱的制造商和供应商,占有世界集装箱市场超过 50% 的市场份额,并在全球集装箱行业的核心专利技术方面拥有 600 多项自主专利。因此,中集在国际竞争中发展壮大的经验,能够为我国其他大企业的发展提供有益的借鉴。

资料来源:黄河."与狼共舞借力打力 中集同跨国巨头的竞合"[N].《南方周末》.http://finance.sina.com.cn,2005‐09‐15.作者有所删减。

思考讨论题:

1. 中集集团的业务拓展策略中如何体现了竞合战略的思想?
2. 中集集团发展的路径对其他企业的经营有哪些启示?

第八章　商业模式及其创新

名人名言

当今企业之间的竞争,不是产品之间的竞争,而是商业模式之间的竞争。

——彼得·德鲁克

54%的首席执行官认为,商业模式创新将是比产品和服务更重要的创新。

——《经济学人》智库(EIU)的调查

【本章学习重点】

(1) 理解商业模式的内涵与特征；
(2) 掌握商业模式的构成要素；
(3) 理解商业模式的类型及分类标准；
(4) 掌握商业模式创新的要点与路径；
(5) 理解商业模式与盈利模式、企业战略的关系。

【开篇案例】

苹果的商业模式创新

苹果从 iPod 到 iPhone 再到 iPad 的产品线演进突出了该公司向强大平台商业模式的转型。iPod 是一款独立的设备,相反,iPhone 演变成了一个强大的多边平台,通过其应用商店(APP Store),苹果公司可以控制在这个平台上的第三方应用程序。

iPod+iTunes 模式

2001年,苹果公司发布了其标志性的便携式媒体播放器iPod,以进入更为广阔的消费电子市场。用户可以将CD中的音乐和互联网上下载的音乐拷贝到iPod中。iPod成了用于存储不同来源音乐的技术平台。不过,这款播放器需要与iTunes软件结合,这样用户可以将音乐和其他内容从iPod同步到电脑中。在这一点上,苹果公司还没有在其商业模式中把iPod当做平台来开发。

2003年,苹果公司推出了iTunes在线音乐商店,并与iPod紧密集成到一起。iTunes软件提供了与苹果在线音乐商店的无缝连接,用户可以从该音乐商店里以一种非常方便的方式购买和下载数字音乐。它是苹果公司在开拓平台效应上的第一次尝试。而iTunes本质上把"音乐版权商"和听众直接连接在一起。这个战略使苹果公司跃升成为当今全球最大的在线音乐零售商。

这种设备、软件和在线商店的完美有效结合,使苹果切换到了双边平台商业模式。这种商业模式创新很快颠覆了音乐产业,并给苹果带来了市场的主导地位。然而,苹果不是第一家推出便携式媒体播放器的公司。竞争对手如帝盟多媒体公司(Diamond Multimedia)的Rio品牌便携式媒体播放器曾经在市场上同样成功,直到它们被苹果超越。

从广义上讲,iPod是MP3的一种,但不可否认的是,它是其中很特别的一款MP3,似乎它生来就注定要成为MP3里的贵族。iPod延续了苹果电脑的优秀外观设计与高品质制造。其标新立异之处在于,iPod的歌曲录入与编辑需要用苹果自带的软件iTunes才能完成,而且其来源引入了从在线音乐商店购买版权的下载,这一模式在欧美得到了很好地推广。用户下载音乐所支付给音乐供应商的版权费用,有一部分会被返还给苹果公司作为服务佣金,可以通俗地理解为"买路钱"。这一新模式的尝试与推广,为苹果后期的发展打开了新的通道。

苹果公司完美地构建了一个更优秀的商业模式。一方面,苹果通过其特殊设计的 iPod 设备、iTunes 软件和 iTunes 在线商店的结合,为用户提供了无缝的音乐体验。苹果的价值主张就是让用户轻松地搜索、购买和享受数字音乐。另一方面,为了使这种价值主张成为可能,苹果公司不得不与所有大型唱片公司谈判,来建立世界上最大的在线音乐库。

苹果通过销售 iPod 赚取了大量与其音乐相关的收入,同时,利用 iPod 设备与在线商店的整合,有效地把竞争对手挡在了门外。

iPhone＋App Store 模式

2007 年 1 月 9 日苹果在美国发布了首款 iPhone 手机,并于 7 月 29 日正式上市,随即引发抢购热潮,人们甚至还无法相信竟然有如此完美的手机,全新的体验令全世界消费者为之疯狂。作为苹果家族的新成员,iPhone 手机在市场上表现非凡,仅在当年的 9 月 10 日 iPhone 就突破了 100 万台,苹果公司股价也随之涨至 180 美元。

2008 年,苹果为十分流行的 iPhone 手机推出了自有应用商店(App Store),强化巩固了自己的双边平台商业模式。应用商店允许用户直接从 iTunes 商店那里浏览、购买和下载应用程序,然后把它们安装到自己的 iPhone 手机上。所有应用程序开发商的应用程序都必须通过应用商店来进行销售,苹果公司在每单应用程序的销售上提取 30％的版税。

在 iPhone 推出后不久,手机玩家中也曾流行这样一句话:"世界上只有两种手机,iPhone 和其他手机。"iPhone 将创新的移动电话、可触摸宽屏 iPod 以及具有桌面级电子邮件、网页浏览、搜索和地图功能的突破性因特网通信设备这三种产品完美地融为一体。就这样,iPhone 轻轻松松重新定义了移动电话的功能。

乔布斯当初给 iPhone 的定位是一款互联网手机，并希望将这款互联网手机做成业界的标杆，让消费者在市场上再也找不到第二个"iPhone"。它不是第一部智能手机，但它却成为最受人们关注的手机。

iPad＋iBook store 模式

2010 年年初，苹果宣布将推出平板电脑 iPad，同年 4 月初在美国高调上市，这款 A4 纸大小的电脑上市仅一周时间，就卖出 50 万台，以至于苹果公司不得不宣布，推迟在中国上市的时间。一时间，国人对 iPad 是望穿秋水，热切之心溢于言表。自 2010 年 9 月份登陆中国以来，iPad 抵挡住了来自各方的压力，在当前国内平板电脑市场中，占据着绝对的统治性地位，截至 2011 年 2 月，其在平板电脑中的占有率接近 99%。

iPad 的到来也许会改变人们的阅读方式，真正完成一种从"纸"到"指"的转变。iPad 无键盘的设计，会改变计算机用户使用电脑的方式，触摸屏会让电脑操作更便捷，甚至连几岁的孩子也可以轻易地和电脑交流。一位中国张姓女士告诉朋友，她刚满两岁的儿子已经轻松学会在 iPad 上玩天线宝宝游戏，这是一种他一看就会用的东西……

那么，iPad 到底是什么？有人说它属于平板电脑，有人说它属于上网本，但乔布斯更倾向于理解它为 iPad，一个全新的品类。它的定位介于苹果的智能手机 iPhone 和笔记本电脑产品之间，通体只有四个按键，与 iPhone 布局一样，功能极为相似。它有的是替代产品和潜在竞争对手，却找不到一个直接的竞争产品。它瞄准了那一类介于 iPhone 和 MacBook 之间的苹果粉丝。它摆脱了传统的电脑为数据处理服务，为商务人士提供便利的定位。它也区别了自己和 SONY 的娱乐机器 PSP 的不同：它们尺寸不同，娱乐范围不同，更重要的是，品牌不同。对于数码玩家来说，苹果这个品牌传递的就是强有力的两个单词——梦幻的设计和舒适的体验。从iPad身上同样折射出了苹果从未改变的战略——只为创造不同。

资料来源：改编自奥斯特瓦德和皮尼厄的《商业模式新生代》以及刘世雄、温小山和江浪的《苹果公司的品牌组合战略》。

第一节 什么是商业模式

如果要评选近年来最为火爆的管理学词汇，"商业模式"恐怕可以名列前茅。商业模式（Business Model）概念最早出现在1957年贝尔曼的"关于商业博弈的构建"一文中。但直到2000年前后，商业模式研究才开始飞速发展。商业模式现在已经成为挂在创业者和风险投资者嘴边的一个名词。德鲁克曾经指出，"当今企业之间的竞争，不是产品之间的竞争，而是商业模式之间的竞争。"正如美国管理学家琼·马格丽塔所言，一个好的商业模式对任何一个成功的组织来说仍然是不可或缺的，不管它是一家新企业还是一家老公司。因此，在企业界，学习商业模式和应用商业模式俨然成了一种风尚，商业模式的创新成为各类企业积极探索的一个方向。商业模式甚至被认为是企业竞争的最高形态！

一、商业模式流行的现实背景

商业模式是一个极具吸引力的概念，电子商务和互联网的普及促使人们思考除了传统的产品生产和服务提供之外的其他价值获取方式，商业模式概念也随之流行起来。这首先表现在实践界对商业模式的追捧。埃森哲（Accenture）在就"公司创造和获取价值的核心逻辑是什么"对40家美国公司的70位高管进行访谈时发现，他们都提到了商业模式。在我国，各大财经媒体也纷纷举办商业模式创新最佳实践评选活动，其影响力有逐步扩大的趋势。

即使在传统产业,管理者也逐渐意识到商业模式创新对企业提升竞争优势的重要意义。商业模式概念以及研究兴起的背后有其深刻的现实背景。

首先,从整体经营环境的角度来看,20世纪90年代以来,日益加剧的全球化竞争导致企业的经营环境更加动荡不定,产业价值转移的趋势日益明显,有些产业甚至呈现超强竞争的态势。面临经营环境的结构性变化,颠覆产业规则的战略思维日占上风。而商业模式创新是塑造新游戏规则的重要途径,Dell、Zara、Amazon、Yahoo、eBay等公司凭借全新的经营理念和商业模式取得了巨大的成功。涌现出的一些新创企业成功上市,许多人也随即成为百万甚至亿万富翁,产生了强力的示范效应。它们的赚钱方式明显有别于传统企业,于是,商业模式概念日益流行。1998年后,美国政府甚至对一些商业模式创新授予专利,以给予积极的鼓励与保护。无论对准备创业的还是已拥有企业的人,这些都激励他们在这个经济变革时期,从根本上重新思考企业赚钱的方式,思考自己企业的商业模式,商业模式创新开始受到重视。因此,从商业模式角度思考企业发展的问题逐渐受到学者和企业家们的重视。

其次,从技术角度和企业经营实践的发展来看,信息与互联网技术的发展和广泛应用为开创全新的交易方式提供了契机。由于信息与计算机技术不仅能显著地降低交易成本,而且还能够使以往难以实现的交易变成现实,因此,信息与计算机技术为具有创新精神的企业家构建巧妙的商业模式创造了条件。这说明信息与计算机技术在商业模式发展的过程中起到了积极的促进作用。互联网的出现改变了基本的商业竞争环境和经济规则,标志着数字经济时代的来临。互联网使大量新的商业实践成为可能,一批基于它的新型企业应运而生。这些基于互联网的新型企业的出现,对许多传统企业产生了深远的冲击与影响。例如,亚马逊仅用短短几年就发展为世界上最大的图书零售商,给传统书店(如贝塔斯曼)带来严峻挑战,新型商业模式显示出强大的生命力与竞争力。数字经济大大削弱了传统规模经济与范围经济的威力,企业间新的分工格局也导致资源外取、模块化、战略联盟、去中介化和再中介化等做法成为企业实践的热点,并且为企业探索新的价值创造和获取方式提供了机遇。因此,企业急需从基础架构层面来重新思考自己的组织与经营方式。不仅新企业面临利用新技术和新平台创新经营实践的挑战,而且在位企业面对数字时代的到来,更应该在转型、变革与创新中寻找新的契机。

最后,从技术创新与创业的角度来看,技术创新者需要探索技术商业化的最佳途径,以便更好地发掘和占有技术的潜在经济价值。商业模式是将技术转化为经济价值的中介手段,没有合适的商业模式,就难以充分实现技术的价值。因此,如何发掘有利可图的商业机会,探寻价值创造和获取的最佳方式,就成为技术创新者与创业者追求利益最大化所面临的主要挑战。随着2000年前后互联网泡沫的破裂,许多基于互联网的企业虽然可能有很好的技术,但由于缺乏良好的商业模式而破产倒闭。而另一些尽管它们的技术最初可能不是最好的,但由于好的商业模式而依然保持很好的发展。于是,商业模式的重要性得到了更充分的认识。人们认识到,在全球化浪潮冲击、技术变革加快及商业环境变得更加不确定的时代,决定企业成败最重要的因素不是技术,而是它的商业模式。因此,创新并设计出好的商业模式成为商业界关注的新焦点,商业模式创新开始引起人们普遍重视,商业模式创新被认为能带来战略性的竞争优势,是新时期企业应该具备的关键能力。在全球商业界,商业模式创新兴起更引起前所未有的重视。

综上所述,从现实角度看,信息与计算机技术的蓬勃发展与普及为创造新的商业模式提供了大量的机会;与此同时,企业在经营实践中遭遇的种种挑战也迫使它们改变经营理念,积极探索新的经营方式,而两者的结合为商业模式研究的蓬勃发展提供了肥沃的土壤。因此,商业模式研究的兴起既是企业迎接现实挑战的需要,也是管理理论在新形势下发展的必然结果。新时期的企业实践呼唤新理论的出现,而商业模式研究正是旨在创建这样一种新的理论。商业模式成为人们用来描述数字经济时代新商业现象的一个关键词,它的应用已不仅仅局限于互联网产业领域,而且被扩展到了其他产业领域。不仅企业家、技术人员、律师和风险投资家们等商业界人士经常使用它,学术界研究人员也开始研究并应用它。

二、商业模式的内涵

尽管商业模式在国内外已经得到了学术界和企业界的广泛关注,但迄今为止,对于商业模式的真正内涵尚未达成共识。因此,学者们虽然广泛运用商业模式这一术语,但各自所界定的概念内涵却并不完全相同。许多学者在定义商业模式时,或者针对不同的研究对象(如新企业、在位企业、电子商务企业、传统企业),或者选取不同的理论视角(如价值链理论、资源理论、技术创新理论),或者采用不同的研究方法(如案例研究、文献归纳及演绎等),从而导致了许多各不相同的商业模式概念。Megretta(2002)指出,商业模式的精髓在于"有效的商业模式始于对人类动机的洞察,落脚于丰富的利润流"。Teece(2010)把商业模式表述为"企业价值创造、传递和获取机制架构",是"企业把价值传递给顾客并把顾客的支付转化为利润的方式"。

尽管"究竟什么是商业模式"目前还没有达成共识,但为了便于描述和讨论,我们需要一个每个人都能理解的商业模式定义。总体而言,价值主张、经营系统和盈利模式是最为重要的三个要素,它们分别涉及价值确定或识别、价值创造与传递、价值获取三方面的问题,构成了商业模式的基本内涵。因此,我们给出的定义是:商业模式描述了企业如何创造价值、传递价值和获取价值的基本原理。这一框架可以作为一种共同语言,它让人们方便地描述和使用商业模式,来构建新的战略性替代方案。

实际上,学者们往往在以下三个层次上使用商业模式这个概念,即反映商业模式内涵与要素构成的元模式、反映商业模式类别特征的子模式以及反映特定企业经营特征的模式化实例或具体模式(如表8-1所示)。这三个层次的商业模式以不同的抽象程度来描绘企业的核心经营逻辑。这三个层次的商业模式概念并不是相互排斥的,它们之间存在着有机的联系,而且有助于我们全面、完整地理解商业模式的内涵与外延。元模式为子模式和具体模式提供了通用架构。具体模式往往是企业按照元模式和子模式结合本企业的实际进行专门化和规则化的产物,具有高度的路径依赖性,能够反映本企业的经营特征。元模式和子模式既可以通过理论演绎来获得,又可以通过归纳总结具体模式来提炼。因此,深入剖析和跨案例研究具体模式,能够为发展元模式和子模式提供宝贵的基础性资料。

表8-1 商业模式概念的三个层次

概念层次	具体含义	抽象程度	理论作用
元模式	商业模式内涵	最高(内涵层次)	对商业模式进行定义,确定其构成要素及其关系
子模式	商业模式类型	较高(类型层次)	对相似的商业模式进行归类,描述它们的共同特征
具体模式	商业模式实例	较低(实例层次)	给出企业商业模式的具体实例,对特定企业的商业模式进行描述

三、商业模式的特征

尽管目前学术界对商业模式的内涵还没有取得完全的共识，但对成功商业模式应具备的关键特征基本达成一致。成功的商业模式主要包括以下四个特征。

(1) 任何一个成功的商业模式都是由客户价值主张、企业资源和能力、盈利模式构成的三维立体模式。由哈佛大学教授约翰逊(Mark Johnson)、克里斯坦森(Clayton Christensen)和 SAP 公司的 CEO 孔翰宁(Henning Kagermann)共同撰写的《商业模式创新白皮书》把这三个要素概括为：① 客户价值主张，指在一个既定价格上企业向其客户或消费者提供服务或产品时所需要完成的任务；② 资源和生产过程，即支持客户价值主张和盈利模式的具体经营模式；③ 盈利模式，即企业用以为股东实现经济价值的过程。

(2) 成功的商业模式要能提供独特价值。有时候，这个独特的价值可能是新的思想；而更多的时候，它往往是产品和服务独特性的组合。这种组合要么可以向客户提供额外的价值；要么使客户能用更低的价格获得同样的利益，或者用同样的价格获得更多的利益。

(3) 成功的商业模式是难以模仿的。企业通过确立自己的与众不同(如对客户的悉心照顾、无与伦比的实施能力等)来提高行业的进入门槛，从而保证利润来源不受侵犯。例如，直销模式(仅凭"直销"一点，还不能称其为一个商业模式)，人人都知道其如何运作，也都知道戴尔公司是直销的标杆，但很难复制戴尔的模式，原因在于"直销"的背后是一整套完整的、极难复制的资源和生产流程。

(4) 成功的商业模式是脚踏实地的。企业要做到量入为出、收支平衡。这个看似不言而喻的道理，要想年复一年、日复一日地做到，却并不容易。现实中的很多企业，不管是传统企业还是新型企业,对于自己的钱从何处赚来、为什么客户看中自己的产品和服务乃至有多少客户实际上不能为企业带来利润反而在侵蚀企业的收入等关键问题都不甚了解。

四、商业模式的功能

商业模式在现代市场竞争中越发显得重要,商业模式是一种非常好的战略分析工具。通过引入新的商业模式来实现持续变革和保持创新能力,对企业在快速变化商业环境中的生存与发展是极其重要的。商业模式说明了公司如何通过创造顾客价值、建立内部结构以及与伙伴形成网络关系来创造市场、传递价值和关系资本,并获得利润和维持现金流。因此,商业模式是反映企业商业活动的价值创造、价值提供和价值分配等活动的一种架构。

正如德鲁克所深信的,在经济日益信息化和全球化的今天,商业模式的优劣对企业的存亡发展起到了至关重要的作用。哈佛大学的亨利·切斯布鲁(Chesbrough)和理查德·罗森布鲁姆(Rosenbloom)认为,优秀的商业模式应该具有6个功能:(1)清晰地说明价值主张,即说明基于技术的产品为用户创造的价值;(2)确定细分市场,即确定技术针对的用户群;(3)定义公司内部的价值链结构,来生产和经销产品;(4)在一定的价值主张和价值链结构(价值网络)下,评估生产产品的成本结构和利润潜力;(5)描述价值网中连接供应商和顾客的公司位置,包括潜在进入者和竞争者;(6)制定竞争策略,创新性的公司将通过此策略获得和保持竞争优势。

第二节　商业模式的构成要素

由于学者对商业模式的定义有所不同,因此,商业模式的组成要素及结构也表现出多样性。Gray Hamel(2000)提出的商业模式包括客户界面、核心战略、战略资源、价值网络四大要素。四个要素两两之间都形成三个界面,分别是客户利益、配置和公司边界,四个要素紧密地连成一个协调运作的整体。此外,模式还要达到效率、独特性、一致性,并在利润助推因素的作用下才能充分发挥效力。

波士顿咨询公司(BCG)提出了商业模式的目标市场、产品/服务、收入模式、价值链、成本模式和企业组织六要素模型。2008年,马克·约翰逊、克里斯滕森等学者在《哈佛商业评论》上发表的经典文章提出,企业若想实现变革性增长,依靠的往往不是产品和技术创新,而是商业模式创新,并指出了商业模式创新涉及的客户价值主张、盈利模式、关键资源和关键流程四个基本要素。客户价值主张、盈利模式、关键资源和关键流程是每个企业商业模式的构成要素。客户价值主张和盈利模式分别明确了客户价值和公司价值,关键资源和关键流程则描述了如何实现客户价值和公司价值。四个要素中的任何一个发生重大变化,都会对其他部分和整体产生影响。

奥斯特瓦德和皮尼厄(Osterwalder & Pigneur, 2011)构建出商业模式九要素模型(价值主张、客户细分、客户关系、渠道通路、收入来源、关键业务、重要合作、核心资源和成本结构,它们之间的关联如图8-1所示),就是为了开发一种能够描述任何既有企业商业模式的普适性工具。对奥斯特瓦德及马克·约翰逊的观点进行分析,发现两者对商业模式构成要素的分析具有一定的一致性,即马克·约翰逊的四个基本要素可以细化为奥斯特瓦德所提出的九个方面的要素,并且更加便于企业商业模式分析研究。因此,我们采用奥斯特瓦德的九要素模型来论述商业模式的构成。这个九个要素覆盖了企业活动的四个主要方面,即客户、提供物(产品/服务)、基础设施和财务生存能力。商业模式像一个战略蓝图,可以通过企业组织结构、流程和系统来实现它。这九个基本构成要素可以展示出企业创造收入的逻辑,这是一种可以促进理解、讨论、创意和分析的实用操作工具。图8-1的左边要素代表着效率和理性,而右边代表着价值和感性。通过该框架可以帮助企业明确目前的商业模式以及如何进行商业模式创新。

重要合作	关键业务	价值主张	客户关系	客户细分
	核心资源		渠道通路	
成本结构			收入来源	

图8-1 商业模式的构成要素

1. 客户细分(Customer Segments)

客户细分是一个企业想要接触和服务的不同人群或组织。客户构成了任何商业模式的核心。没有可获益的客户,就没有企业可以长久存活。为了更好地满足客户,企业应该把客户分成不同的细分群体,每个细分群体中的客户具有共同的需求、共同的行为和其他相同的属性。商业模式可以定义一个或多个或大或小的客户细分群体。企业必须做出合理决策,到底该服务哪些客户细分群体及该忽略哪些客户细分群体。一旦做出决策,就可以凭借对所选择特定客户群体需求的深刻理解,仔细设计相应的商业模式。

当然,客户细分群体也存在不同的类型,如大众市场、利基市场、特定细分市场、多元化市场和多边平台或多边市场。前三个市场比较容易理解,这里重点阐述后面两个市场。具有多元化客户商业模式的企业可以服务于两个具有不同需求和困扰的客户细分群体。例如,2006年,亚马逊网站决定通过销售云计算服务而使其零售业务多样化,即在线存储空间业务与按需服务器使用业务。多边市场是指企业服务于两个或更多的相互依赖的客户细分群体。例如,信用卡公司需要大范围的信用卡持有者,同时也需要大范围可以受理那些信用卡的商家。同样,企业提供的免费报纸需要大范围的读者以便吸引广告。另一方面,它还需要广告商为其产品及分销提供资金。这需要双边细分群体才能让这个商业模式运转起来。

总之,客户细分要素必须明确以下两个关键问题:
(1) 我们正在为谁创造价值?
(2) 谁是我们最重要的客户?

2. 价值主张(Value Propositions)

价值主张是企业为特定客户细分群体创造价值的系列产品和服务,是客户进行企业选择的主要标准。企业的每个价值主张都包含可选择的系列产品或服务,以迎合特定客户细分群体的需求。在这个意义上,价值主张是公司提供给客户的受益集合或受益系列。有些价值主张可能是创新的,并表现为一个全新的或破坏性的提供物(产品或服务),而另一些可能与现存市场的产品或服务类似,只是增加了某些功能和特性。

价值主张通过迎合细分群体需求的独特组合来创造价值。价值可以是定量的(如价格、服务速度)或定性的(如设计、客户体验)。企业可以通过提供新颖的产品或服务、改善产品和服务性能、定制化产品或服务、优秀或时尚的设计、通过品牌显示身份地位、以更低的价格提供同质化的价值(如西南航空、易捷航空、挪威航空使低价航空旅行成为可能)、帮助客户削减成本(如CRM软件系统的应用)、帮助客户抑制风险、使事情更方便或易于使用(如苹果公司的iPod和iTunes为用户提供了在搜索、购买、下载和收听数字音乐方面前所未有的便捷体验)来为客户创造价值。

总之,价值主张要素必须明确以下四个重要问题:
(1) 我们该向客户传递什么样的价值?
(2) 我们正在帮助我们的客户解决哪一类难题?
(3) 我们正在满足客户哪些需求?
(4) 我们正在提供给客户细分群体哪些系列的产品和服务?

3. 核心资源(Key Resources)

核心资源是指让企业商业模式能够有效运转所必需的最重要

因素。每个商业模式都需要核心资源,这些资源使企业能够创造和提供价值主张、接触市场、与客户细分群体建立关系并赚取收入。不同的商业模式所需要的核心资源也有所不同。微芯片制造商需要资本集约型的生产设施,而芯片设计商则需要更加关注人力资源。核心资源可以是实体资产、金融资产、知识资产或人力资源。核心资源既可以是自有的,也可以是公司租借的或从重要伙伴那里获得的。

总之,核心资源要素必须明确以下三个关键问题:
(1) 我们的价值主张需要什么样的核心资源?
(2) 我们的渠道通路需要什么样的核心资源?
(3) 我们的客户关系和收入来源需要什么样的核心资源?

4. 关键业务(Key Activities)

关键业务是为了确保商业模式可行企业必须要做的最重要的事情,如制造产品、问题解决、维护平台/网络等。任何商业模式都需要多种关键业务活动,这些业务活动是企业得以成功运营所必须实施的最重要的动作。正如核心资源一样,关键业务也是创造和提供价值主张、接触市场、维系客户关系并获取收入的基础。关键业务也会因商业模式的不同而有所区别。例如,对微软等软件制造商而言,其关键业务包括软件开发;对戴尔等电脑制造商来说,其关键业务包括供应链管理;对麦肯锡、波士顿、埃森哲等咨询企业而言,其关键业务包含问题求解。

总之,关键业务要素必须明确以下三个重要问题:
(1) 我们的价值主张需要哪些关键业务?
(2) 我们的渠道通路需要哪些关键业务?
(3) 我们的客户关系和收入来源需要哪些关键业务?

5. 重要合作(Key Partnerships)

重要合作是指企业商业模式能够有效运作所需要的供应商与合作伙伴的网络。企业会基于多种原因来建立合作关系,合作关系正日益成为许多商业模式的基石。很多公司创建联盟来优化其商业模式、降低风险或获取特定资源。可以把合作关系分为以下四种类型：与非竞争者之间的战略联盟关系；与竞争者之间的战略合作关系，即竞合；为开发新业务而构建的合资关系；为确保可靠供应的购买方—供应商关系。

总之，重要合作要素必须明确以下三个关键问题：
- 谁是我们的重要伙伴？谁是我们的重要供应商？
- 我们正在从伙伴那里获取哪些核心资源？
- 合作伙伴都执行哪些关键业务？

6. 渠道通路(Channels)

渠道通路是指企业如何沟通、接触其客户细分群体而传递价值主张。沟通、分销和销售渠道构成了企业对客户的接口界面。渠道通路是客户接触点，它在客户体验中扮演着重要角色。渠道通路具有以下功能：向客户传递价值主张；提升公司产品和服务在客户中的认知；帮助客户评估公司的价值主张；协助客户购买特定产品和服务；提供售后客户支持。

在把价值主张推向市场期间，发现如何接触客户的正确渠道组合是至关重要的。企业可以选择通过自有渠道、合作伙伴渠道或两者混合来接触客户。自有渠道可以是直销的，如内部销售团队或网站。渠道也可以是间接的，如其他企业拥有的零售或百货商店渠道。合作伙伴渠道是间接的，在很大范围上可供选择，如分销批发、零售或者合作伙伴的网站。尽管自有渠道和部分直销渠道相比合作伙伴渠道有更高的利润，但其建立和运营的成本都很高。因此，渠道管理的诀窍是在不同类型的渠道之间找到适当的平衡并整合它们，从而创造令人满意的客户体验，同时使收入最大化。

总之，渠道通路要素必须明确以下四个重要问题：

(1) 通过哪些渠道可以接触我们的客户细分群体？

(2) 我们现在如何接触他们？我们的渠道如何整合？
(3) 哪些渠道最有效？哪些渠道成本效益最好？
(4) 如何把我们的渠道与客户的例行程序进行整合？

7. 客户关系(Customer Relationships)

客户关系是指企业与特定客户细分群体建立的关系类型。企业应该弄清楚希望和每个客户细分群体建立的关系类型。客户关系范围可以从个人到自动化。客户关系可以由客户获取、客户维系和提升销售额等动机所驱动。例如，早期移动网络运营商的客户关系由积极的客户获取策略所驱动，包括免费移动电话。当市场饱和后，运营商转而聚焦客户保留以及提升单客户的平均收入。商业模式所要求的客户关系深刻地影响着全面的客户体验。

总之，客户关系要素必须明确以下三个关键问题：

(1) 我们每个客户细分群体希望我们与他们建立和保持何种关系？
(2) 哪些关系我们已经建立了？这些关系的成本如何？
(3) 如何把他们与商业模式的其余部分进行整合？

8. 成本结构(Cost Structure)

成本结构是指企业运营一个特定商业模式所引发的所有成本。创建价值和提供价值、维系客户关系以及产生收入都会引发成本。这些成本在确定关键资源、关键业务与重要合作后可以相对容易地计算出来。商业模式具有成本驱动和价值驱动两种类型。成本驱动的商业模式侧重于在每个地方尽可能地降低成本。这种做法的目的是创造和维持最经济的成本结构，采用低价的价值主张、最大程度地自动化和广泛外包。例如，西南航空、易捷航空和瑞安航空等廉价航空公司就是以成本驱动商业模式为特征的。价值驱动的商业模式则专注于价值的创造。增值型的价值主张和高度个性化服务通常是以价值驱动型商业模式为特征的。豪华酒店的奢华设施以及独到的服务就属于这一类。

总之,成本结构要素必须明确以下三个重要问题:
(1) 什么是我们商业模式中最重要的固有成本?
(2) 哪些核心资源花费最多?
(3) 哪些关键业务花费最多?

9. 收入来源(Revenue Streams)

收入来源是指企业从每个客户群体中获取的收入。如果说客户是商业模式的心脏,收入来源就是动脉。企业必须问自己,什么样的价值能够让各客户细分群体真正愿意付款?只有回答了这个问题,企业才能在各客户细分群体上发掘一个或多个收入来源。一个商业模式可以包括两种不同类型的收入来源:通过客户一次性支付获得的交易收入,以及来自客户为获得价值主张与售后服务而持续支付的费用,即经常性收入。实际上,获取收入的方式有多种,包括资产销售、使用费用、租赁收入、授权收入、订阅收入、广告收入等。每个收入来源的定价机制可能不同,如固定标价、谈判议价、拍卖定价、市场定价、数量定价或收益管理定价等。

总之,收入来源要素必须明确以下三个关键问题:
(1) 什么样的价值能让客户愿意付费?他们现在付费买什么?
(2) 他们是如何支付费用的?他们更愿意如何支付费用?
(3) 每个收入来源占总收入的比例是多少?

根据埃森哲公司的研究,商业模式至少要满足两个必要条件:第一,商业模式必须是一个整体,有一定的结构,而不仅仅是一个单一的组成因素;第二,商业模式的组成部分之间必须有内在联系,这个内在联系把各组成部分有机地关联起来,使它们互相支持,共同作用,形成一个良性循环。

综上所述,学者们给出了商业模式的不同构成要素,少则两个,多则十余个。尽管学者们对商业模式的构成要素仍未达成共识,但为了便于描述和讨论,我们需要一个基本的框架来很好地描述商业模式。

第三节　商业模式的内在逻辑

一、商业模式的四维度框架

明确界定概念的内涵有助于抓住相关问题的本质。商业模式是一个关乎企业整体经营绩效的重要概念,因此,对商业模式内涵的界定必须认真、严谨。根据国内外的相关研究,我们给出的定义是:商业模式描述了企业如何创造价值、传递价值和获取价值的基本原理。尽管商业模式的构成要素观点各异,但总体而言,价值主张、经营系统和盈利模式是最为重要的三个要素,它们分别涉及价值确定或识别、价值创造与传递、价值获取三方面的问题,构成了商业模式的基本内涵。价值主张是商业模式的核心概念,可分为宏观和微观两种视角。前者强调价值主张应该表达全体利益相关方的价值诉求,而后者则认为价值主张主要表达顾客价值。不可否认的是,企业作为盈利性组织,满足顾客的价值诉求才是驱动企业成长的原动力。因此,价值主张应该以顾客价值为核心,同时兼顾其他利益相关方的价值诉求。

商业模式从本质上讲是一种思维方式,为解决"企业如何创造价值与获取价值"这一基本问题提供了一种全新的视角。因此,我们认为,从价值主张到价值创造、价值传递再到价值获取,能够表达企业经营的完整逻辑。这四者之间不是简单的线性组合,而是相互关联、彼此影响的。首先,价值主张重在阐明企业为顾客提供什么价值,反映企业对顾客的价值承诺。其次,价值创造与价值传递是企业建立和协调与商业伙伴之间的关系,把各方资源转化为顾客价值并传递给顾客的过程。最后,价值获取是企业从产出的总体经济价值中取得一定份额的过程或机制,只有获取必要的收益,企业才有可能获得持续发展。基于以上论述,我们提出一个有助于透视商业模式基本内涵的四维度模型框架(如图8-2所示)。

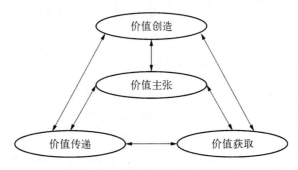

图8-2 商业模式的四维度框架

二、商业模式与盈利模式的关系

尽管商业模式目前尚未形成统一的权威解释,但人们逐步形成共识,认为商业模式概念的核心是价值创造。商业模式是指企业价值创造的基本逻辑,即企业在一定的价值链或价值网络中如何向客户提供有价值的产品和服务并获取利润。商业模式是一个系统,由不同组成部分、各部分间连接关系及其系统的"动力机制"三方面所组成。基于上述认识,商业模式也可以看作为实现客户价值最大化,把能使企业运行的内外各要素整合起来,形成一个完整的、高效率的、具有独特核心竞争力的运行系统,并通过最优实现形式满足客户需求和实现客户价值,同时使系统达成持续盈利目标的整体解决方案。但就其本质来看,商业模式描述了企业如何创造价值、传递价值和获取价值的基本原理。

除了主流观点的研究以外,还有一些商业模式研究也值得关注,例如,关于互联网企业(如Google等)凭借其独特的盈利模式取得成功的案例研究。于是,一些研究把商业模式与盈利模式等同起来,甚至很不严谨地提出了"商业模式就是盈利模式"的观点,这会对决策者产生误导作用。如前所述,盈利模式(价值获取)仅仅是商业模式的一个重要构成要素,是服务于企业当前利益的,商业模式的实质性内容或关键要素是价值创造,价值创造系统提供学习机会的功能是其他要素难以实现和替代的。以 Google 为例,该公司提供的大容量快捷搜索是与其巨大的软、硬件投资以及先进的流程设计紧密联系在一起的。可见,把盈利模式与商业模式等同起来而忽略价值创造的实质性内容,是一种只知其表、不求其里且容易产生误解的观点。

三、商业模式与企业战略的关系

商业模式作为战略研究领域出现的一个新概念,日益成为企业界和学术界津津乐道的热门术语。尽管有学者(如迈克尔·波特)对商业模式概念的存在意义提出了质疑,但绝大部分学者还是从不同角度肯定了商业模式概念存在的价值。对于商业模式与战略概念之间的关系,目前还存在较大的争议。Magretta(2002)和 Teece(2010)等认为商业模式与战略既相异又互补并且提出了"商业模式+战略分析"可以带来竞争优势的观点。对商业模式与战略进行比较分析,能凸显商业模式研究的重要意义,并且揭示商业模式未来研究的重要方向。

张敬伟(2011)对商业模式与战略之间的关系总结如下:

首先,从内涵的角度看,商业模式和战略都要涉及诸多彼此相关、必须权衡取舍的重要选择(如有关价值主张、价值链等的选择)。而且,相关选择一经做出并付诸实施,就具有较强的稳定性和持续性。战略与商业模式的区别在于:战略一般始于确定目标,而商业模式则很少涉及目标确定问题,但却非常关注作为价值获取方式的盈利模式。总体而言,战略的内涵要大于商业模式,而商业模式概念有自己的侧重点。

其次,从事前的角度看,战略是对商业模式的选择。不同的商业模式反映不同的经营逻辑,战略通过评估不同的备选商业模式来决定具体采用哪种商业模式。因此,商业模式一方面应该能够抽象出企业的核心经营理念,并确保成功的经营理念在逻辑上能讲得通,另一方面又能够为测试不同经营理念提供多种参数试验的可能性。正是从这个意义上讲,商业模式可以被视为战略工具,为企业做出适当的战略决策提供有益的支持。

再次,战略不仅是商业模式选择,而且更加具有权变性。随着商业模式的实施,战略应该根据商业模式的实施情况决定是否对商业模式进行调整或者创新,以便更好地适应竞争的需要。

最后,从事后看,商业模式反映的是企业已经付诸实施的战略,即企业在某一时点上可观察到的商业模式形态,因此,商业模式实际上是企业以往经营行为的集中表现。就此而言,商业模式往往可以被抽象为若干经营特征,既可供其他企业效仿,又能作为本企业判断是否应该进行调整或创新的依据。

第四节 商业模式的类型

一、商业模式的一般分类

美国麻省理工学院教授哈克斯和他的团队从实证角度出发,调查了美国上百家公司,提出了组织商业模式设计的三个方向:(1)最佳产品(Best Product);(2)客户解决方案(Total Customer Solution);(3)系统锁定(System Lock-In)。根据商业模式设计的这三个方向,可以选择企业实现价值的范围和顾客实现价值的对象这两个基本因素作为分类维度,以此构建商业模式的一般分类,如图8-3所示。

企业实现价值的范围	多元	基于需求解决方案的模式	基于价值网络的系统锁定模式
	集中	基于最佳产品/服务的模式	基于产品/服务的系统锁定模式
		单一 顾客价值实现的对象 多个	

图 8-3 商业模式的一般分类

1. 基于最佳产品/服务的模式

最佳产品/服务的商业模式设计的思路还是基于波特的低成本和产品差异化的战略选择理论。这种模式的主要特点是企业具有在行业市场上最佳的产品/服务及其组合,并以此作为主要的竞争优势。苹果公司因成功开发 iPod、iPhone、iPad 等创新时尚产品而使企业重获生机,从而成为采用基于最佳产品/服务模式成功的典范。招商银行"因您而变"的服务理念和便捷的"自助银行服务"使其成为中国最具竞争力的商业银行,先后荣获《金融时报》、《环球金融》、《欧洲货币》和《亚洲银行家》等权威媒体授予的"中国最佳零售银行"、"中国最佳私人银行"、"中国最佳网上银行"等多项殊荣。招商银行行长马蔚华先生曾说:"优质和不断创新的客户服务是我们成功的关键"。

2. 基于需求解决方案的模式

客户解决方案的商业模式的设计出发点则是强调经营战略定位的重心从产品向客户转移,它强调给客户带来的价值以及客户的学习效应。这种商业模式着重为顾客的个性化独特需求提供针对性的全面解决方案。而基于需求解决方案的模式从企业经营定位和顾客需求出发,为顾客提供量身定做的解决方案,延展企业的经营范围,从而提升顾客价值。

服装巨头 ZARA 的品牌之道可以说是时尚服饰业界的一个另类,在传统的顶级服饰品牌和大众服饰中间独辟蹊径开创了快速时尚模式,即以快速时尚服装为核心、以供应链全程控制为基础的商业模式系统创新。ZARA的成功在于它把握了个性化消费的潮流。ZARA以其"多款式、小批量",创造了长尾市场的新样板。ZARA有意识地在自己的产品中"制造短缺"。ZARA通过这种方式,满足了大量个性化的需求,培养了一大批忠实的追随者。通过实施"多款式、小批量",ZARA实现了服装企业商业模式的突破。

3. 基于产品/服务的系统锁定模式

采用这种模式的企业在向顾客提供某种产品和服务中,与相关产品和服务的提供商进行了产品和服务的联盟,通过企业间的产品/服务相互渗透,可以进一步共同锁定顾客,阻止其他竞争对手参与竞争。这种模式与一般的组织战略联盟有所不同。实施系统锁定的企业商业模式的核心在于如何联合补充品厂商一道锁定客户,并把竞争对手挡在门外,最终达到控制行业标准的最高境界。

系统锁定的企业商业模式的经典代表应当是微软和英特尔的Wintel联盟。微软和英特尔的成功不是因为最好的产品质量和产品的差异化,也不是因为提供客户解决方案,而是因为它们占有产品系统的锁定地位。微软和英特尔结合在一起,就牢牢地控制了微处理器和操作系统。作为技术领先者,近10年来微软和英特尔不断致力于新解决方案的开发,以满足市场日益增长的硬件、软件和服务需求。

4. 基于价值网络的系统锁定模式

基于价值网络的系统锁定模式在于参与系统锁定的企业不仅仅通过产品/服务系统来进行顾客锁定。网络中的成员共同为核心价值系统提供产品/服务,这样经过锁定的企业或者事业部就构成了一个价值网络,网络中心是顾客的需求。美国的通过电气(GE)和日本的丰田(Toyota)就是实施基于价值网络系统锁定模式的范例。

以上对四种基本商业模式所进行的分类是一般意义上的区别。实际上,许多企业可能采用四种模式中的一种或多种模式,也可能是一种混合的模式,甚至在一个企业集团中,也可能同时存在多个模式。随着竞争的加剧,面向顾客需求的解决方案和系统锁定模式越来越成为企业竞争的利器。

二、商业模式的其他分类

1. 根据创新的程度,可分为突破式商业模式创新和增量式商业模式创新

每个时代的变革都有着对传统商业模式的重大突破,有对原有产业的改造和渗透,也有新产业的诞生和成长。在新经济浪潮中,最耀眼的当属网络服务业的兴起,如搜索企业 Google、百度和商务网站企业亚马逊、当当网、阿里巴巴等。这些企业依托新的网络资源和软件技术,为满足网络用户新的需求提供全新的服务,这一类从无到有的创新可称之为突破式创新。而传统企业在网络技术和信息技术的推动下,对原有商业模式的改造和突破可称之为增量式创新,如携程旅行网、如家商务酒店、分众传媒、戴尔直销模式等。商业模式如同企业的基因密码,决定了企业的命运和结局。

2. 根据盈利模式的不同,可以分为非绑定、长尾、多边平台、免费、开放式五种商业模式类型

(1) 非绑定式商业模式(Unbundling Business Model)。约翰·哈格尔(John Hagel)和马克·辛格(Marc Singer)提出了"非捆绑式企业"概念,他们认为企业是由经济驱动因素、竞争驱动因素和文化驱动因素等完全不同类型的业务组成的,可以分为产品创新型业务、客户关系型业务、基础设施型业务。产品创新型业务的职责是开发新的和有吸引力的产品和服务;客户关系型业务的职责是寻找和获取客户并同他们建立关系;基础设施型业务的职责是构建和管理平台,以支持大量重复性的工作。例如,移动通信

行业已经将业务分拆为电信设备制造商(外包)、电信运营商和内容供应商来进行。因为他们意识到自己的核心资产不再是网络,而是品牌及客户关系。

(2) 长尾式商业模式(Long Tail Business Model)。长尾概念由美国《连线》杂志(Wired)总编辑克里斯·安德森(Chris Anderson)提出,这个概念描述了媒体行业从面向大量用户销售少数拳头产品到销售庞大数量的利基产品的转变,而每种利基产品都只生产小额销售量。因此,长尾式商业模式的核心是多样少量。他们关注于为利基市场提供大量产品,每种产品相对而言卖的都少,但销售总额可以与凭借少量畅销产品产生高销售额的传统模式相媲美。长尾模式需要低库存成本和强大的平台,并使利基产品对于兴趣买家来说容易获得。Netflix、eBay、YouTube、Facebook 等企业都采用了这种典型的商业模式。

(3) 多边平台式商业模式(Multisided Platforms Business Model)。多边平台被经济学家称为多边市场,是一个重要的商业现象。多边平台到底是什么？它们是将两个或者更多有明显区别但又相互依赖的客户群体集合在一起的平台。只有相关客户群体同时存在的时候,这样的平台才具有价值。它们作为连接这些客户群体的中介来创造价值。例如,信用卡连接了商家和持卡人；计算机操作系统连接了硬件生产商、软件开发商和用户；报纸连接了读者和广告主；家用视频游戏机连接了游戏开发商和游戏玩家。这里的关键是多边平台必须能同时吸引和服务所有的客户群体并以此来创造价值。因此,多边平台式商业模式通过促进各方客户群体之间的互动来创造价值。多边平台需要提升价值,直到它达到可以吸引更多用户的程度,这种现象被称为网络效应。Visa、Google、Baidu、Microsoft Windows、Financial Times 等都采用了这种典型的商业模式。

(4) 免费式商业模式(Free Business Model)。接受免费的东西总是一个有吸引力的价值主张。近年来,免费产品或服务呈现爆炸式增长,特别是在互联网上。在免费式商业模式中,至少有一个庞大的客户细分群体持续地从免费的产品或服务中受益。免费服务可以来自以下三种模式:① 基于多边平台(如基于广告)的免费产品或服务;② 带有可选收费服务(如免费增收模式)的免费基本服务;③ 诱钓模式,即使用免费或廉价的初始产品或服务来吸引客户重复购买。斯德哥尔摩的免费报纸 Metro、中国的免费报纸《时代报》和《新民地铁报》、免费移动电话、国际语音通信服务 Skype 软件等都采用了这种典型的商业模式。

(5) 开放式商业模式(Open Business Model)。开放式创新和开放式商业模式是由亨利·切萨布鲁夫(Henry Chesbrough)创造的两个术语。开放式商业模式可以用于那些通过与外部伙伴系统性合作来创造和捕捉价值的企业。这种模式可以是"由外到内"将外部创意引入到公司内部,例如,宝洁公司 2000 年从关注内部研发转变到关注开放式研发,使得到 2007 年公司研发生产率大幅提升了 85%。这种模式也可以是"由内到外",将企业内部闲置的创意和资产提供给外部伙伴,例如,葛兰素史克通过将闲置的内部创意、研发成果和知识产权放入专利池后,产生了更多的价值。另外,InnoCentive 公司在有待解决研究难题的组织和来自世界各地渴望解决挑战性难题的研究专家之间建立了联系。InnoCentive 的价值主张就在于汇聚和联结"求解者"和"解决者"。

第五节 商业模式的创新

一、商业模式创新的内涵

商业模式创新(Business Model Innovation)作为一种新型创新形态,人们关注它的历史很短,也就是 10 年左右。商业模式创新引起广泛的重视,与20世纪90年代中期计算机互联网在商业世界的普及应用密切相关。商业模式创新作为一种新的创新形态,其重要性已经不亚于技术创新等。近几年,商业模式创新在我国商业界也成为流行词汇,但仍有许多人对它究竟是什么不是很清楚。要有效地进行商业模式创新,就必须需要了解它的真正含义与特点等。

商业模式创新是指企业价值创造提供基本逻辑的变化,即把新的商业模式引入社会的生产体系,并为客户和自身创造价值,通俗地说,商业模式创新就是指企业以新的有效方式赚钱。新引入的商业模式既可能在构成要素方面不同于已有的商业模式,也可能在要素间关系或者动力机制方面不同于已有的商业模式。

二、商业模式创新的特征

企业是商业模式创新的主体,进行了商业模式创新的企业叫商业模式创新企业。具体来说,具备什么条件才能构成商业模式创新?通过多案例研究,我们发现商业模式创新企业的几个共同特征,或者说构成商业模式创新的必要条件。

第一,提供全新的产品或服务、开创新的产业领域或以前所未有的方式提供已有的产品或服务。例如,Grameen Bank 面向穷人提供的小额贷款产品服务,开辟全新的产业领域,是前所未有的;亚马逊(Amazon)卖的书和其他零售书店没有什么不同,但它卖的方式全然不同;西南航空(Southwest Airlines)提供的也是航空服务,但它提供的方式也不同于已有的全服务航空公司。

第二,其商业模式至少有四个要素明显不同于其他企业,而非少量的差异。例如,Grameen Bank 不同于传统商业银行,主要以贫穷妇女为主要目标客户,贷款额度小,不需要担保和抵押;亚马逊相比传统书店,其产品选择范围广、通过网络销售、在仓库配货运送等;西南航空也在多方面不同于其他航空公司,如提供点对点、直达、高频次的航空服务、不设头等舱、只使用波音737一种机型以及利用大城市不拥挤机场、只提供饮料和点心。强调准点到达、愉快的旅途、持续保持低价格。

第三,有良好的业绩表现,体现在成本、盈利能力、独特竞争优势等方面。例如,Grameen Bank虽然不以盈利为主要目的,但它一直是盈利的;亚马逊在一些传统绩效指标方面良好的表现,也表明了它商业模式的优势,短短几年就成为世界上最大的书店。数倍于竞争对手的存货周转速度给它带来独特的优势,消费者购物用信用卡支付时,通常在24小时内到账,而亚马逊付给供货商的时间通常是收货后的45天,这意味它可以利用客户的钱长达一个半月;西南航空公司的利润率连续多年高于其全服务模式的同行。如今,美国、欧洲、加拿大等国内中短途民用航空市场的一半已逐步被像西南航空那样采用低成本商业模式的航空公司占据。

三、商业模式创新的价值

自熊彼特提出创新理论以来,关于企业创新理论的研究一直是管理学研究的热点。他提出创新是指把一种新的生产要素和生产条件的"新结合"引入生产体系。具体有开发出新产品、推出新的生产方法、开辟新市场、获得新原料来源、采用新的产业组织形态五种形态。长期以来,人们对企业创新的研究主要集中在技术创新和组织结构的创新方面,忽视了影响组织长期绩效的其他方面的内容,特别是商业模式的创新。

新经济的出现加剧了市场竞争,也激发了企业商业模式创新的活力。商业模式创新的实践领先的国家是美国,美国政府甚至对商业模式创新通过授予专利等给予积极的鼓励与保护。商业模式专利在美国被归入商业方法(Business Method)专利类(Class705),以软件工程为基础、与一定的技术有关是这类专利的一个重要特点。1996年,美国专利商标局颁发的《专利审查程序手册 M. P. E. P》中已经明确允许商业方法申请专利。1997年,美国专利局共收到927份商业模式专利申请,而这一数字在2001年攀升至8 700份。2003年,美国专利局共收到6 000份商业模式专利申请。

此外,商业模式专利也已经成为公司保护自己利益的有力武器。例如,2003年的5月27日,美国Virginia州Norfolk地方法庭关于eBay及其所属公司侵犯MercExchange两项专利的判决中,eBay被判给MercExchange的赔偿金高达3 500万美元。我国一些地方政府也已经行动起来,完善政府服务,积极推动当地的商业模式创新。在杭州,商业模式创新企业可评为高科技企业或软件企业,享受相应优惠政策。杭州市还发挥市创投服务中心平台作用,推动风投机构与项目对接。对商业模式创新案例进行宣传推广,以典型引路推动商业模式创新。对众多中小企业起到引导、示范作用,并使全社会关心和支持商业模式创新,营造创业创新的浓厚氛围。而且,商业模式创新实践已经超越以营利为主要目的传统企业,拓展到社会企业、非政府组织和政府部门。

Pohle等(2007)就创新问题对IBM在全球765个公司和部门经理的调查表明,他们中已有近1/3把商业模式创新放在最优先的地位。而且相对于产品或工艺创新者来说,他们在过去5年中经营利润增长率表现比竞争对手更为出色。IBM商业价值研究院2009年的一项研究表明,获得突出业绩的公司对商业模式创新的重视程度是业绩不佳者的两倍。可见,在当今激烈的竞争中,企业家再怎么强调商业模式创新都不为过。

四、商业模式创新的要点

从根本意义上讲,商业模式创新实际是企业对模式的再设计,在模式创新中,需要对行业中的既有模式进行分析,寻找新模式的存在机会,整个过程是一个认知发展的过程,其核心问题也就是发现和寻求新的模式创新的机会是否成立的问题,无论是新创模式还是在既有模式下的创新都是如此。模式创新不同于企业运营改良和运营优化。企业商业模式的创新意味着发掘出新的市场需求、创造出新的消费群体、创造出新的盈利模式、用全新的方法来完成经营任务、开发出新的产品、提供客户新的服务或者以新的方式完成企业运作的其他活动。企业商业模式的创新或许使我们可以得到的结论是:做正确的事远远比把事情做正确更重要。

商业模式关注的是如何通过有效的战略组合进行价值创新和系统运营,从而构建企业的核心竞争力和建立竞争优势。从创新的来源看,商业模式的创新通常有基于客户的商业模式创新、基于产品和服务的商业模式创新以及基于关键资源和关键能力的商业模式创新三种类型。相对于传统的创新类型,商业模式创新有几个明显的特点,企业从这些方面去系统思考商业模式的创新,符合这些特点的创新行为或许会更容易成功。

首先,商业模式创新更注重从客户的角度和从根本上思考设计企业的行为,视角更为外向和开放,更多注重和涉及企业经济方面的因素。商业模式创新的出发点是如何从根本上为客户创造增加的价值。因此,它逻辑思考的起点是客户的需求,根据客户需求考虑如何有效满足它,这点明显不同于许多技术创新。技术创新的视角是从技术特性与功能出发去找它潜在的市场用途。商业模式创新即使涉及技术,也多是技术的经济方面因素,与技术所蕴含的经济价值及经济可行性有关,而不是纯粹的技术特性。

其次,商业模式创新表现得更为系统和根本,它不是单一因素的变化。它常常涉及商业模式多个要素的巨大变化,需要企业较大的战略调整,是一种集成创新。商业模式创新往往伴随产品、工艺或者组织的创新;反之,则未必足以构成商业模式创新。如今是服务为主导的时代,如美国 2006 年服务业比重高达 68.1%,对传统制造企业来说,服务也远比以前重要。因此,商业模式创新也常体现为服务创新,表现为服务内容与方式及组织形态等多方面的创新变化。

最后,从绩效表现看,如果商业模式创新提供全新的产品或服务,它可能开创了一个全新的可盈利产业领域,即便提供已有的产品或服务,也更能给企业带来更持久的盈利能力与更大的竞争优势。传统的创新形态能带来企业局部内部效率的提高和成本降低,而且它容易被其他企业在较短期时期模仿。商业模式创新虽然也表现为企业效率提高和成本降低,由于它更为系统和根本,涉及多个要素的同时变化,因此,它也更难以被竞争者模仿,常给企业带来战略性的竞争优势,而且优势常可以持续数年。

新南威尔士大学的克利斯·斯泰尔斯等人认为,企业商业模式创新的要点可以归纳为以下五点:(1)企业是容纳有价值的资源和能力的容器,这些资源和能力是有限的,并且通过特定的企业商业模式来相互平衡;(2)企业的高回报来自对公认的假设进行挑战,而不是采纳和其他竞争对手差不多的策略;(3)企业要从客户的不满、厌倦和感受中寻找灵感;(4)企业根本性的战略上的和制度的创新比在单纯运营效率上的改善有价值得多;(5)企业战略要面向未来的市场环境。因此,创新应以客户而不是以企业自身为出发点,应以一整套的服务与解决方案而不是单纯的产品来满足消费者的最终需求,提升客户价值,进一步革新企业商业模式。

第六节 商业模式的构建及创新路径

一、成功商业模式的构建

商业模式从本质上讲是一种思维方式,为解决"企业如何创造与获取价值"这一基本问题提供了一种全新的视角。因此,企业要构建一个成功的商业模式,必须在两个方面下足工夫:第一,企业向顾客提供了哪些价值?第二,企业如何从提供这些价值中获益?

要提供最佳的顾客价值,首先你要弄明白谁是你的顾客和谁不是你的顾客。找到目标顾客后,你就可以改变自己的产品以满足对方所需。然后,针对目标顾客,企业要明确其顾客价值主张,即企业向顾客提供什么价值。对顾客价值主张的讨论涉及产品的质量、产品在顾客生活中所发挥的作用、企业提供的服务等。这些必须深入顾客进行调查,如顾客看重什么和是什么驱动了其购买决定等,要进行商业模式创新,企业要深入研究这些内容。只有为顾客创造价值的商业模式,才能实现企业与顾客的双赢。

对于创新的商业模式,企业高管团队必须思考的一个关键问题是:服务于这些目标市场怎样才能盈利?西南航空公司靠20美元的航班起家,宜家靠100美元的桌子赚钱。那些成功建立了商业模式的企业都在市场需求的价格点上实现了盈利。1983年,经济学教授穆罕默德·尤努斯(Mohammad Yunus)在最具挑战性的贷款市场孟加拉国成立了 Grameen Bank 银行,初衷是为了打破孟加拉国贫困人口越发贫困的状况,鼓励有企业家精神的穷人创业,继而带动其他人。但要让这项事业发展壮大,必须保证盈利。当时,许多银行都认为贫困人口没有信誉,在没有抵押的情况下,不可能及时还钱。为了保证能回收贷款和利息,Grameen Bank 实施了一套创新的商业模式:在银行的组织下,借款人以亲戚、朋友为纽带,分成若干小组,五人一组。头两名在该组集体资产的担保下从银行借款,而只有他们还款,其他成员才能继续借款。这就给不还款者以强大的社会压力,银行最终实现了99%的贷款回收率。Grameen Bank 为穷人提供了价值,使小额贷款成了该银行一项有利可图的业务,它们从中获得了丰厚的利润。

总之,只有回答了上述两个问题,才可能构建一个成功的商业模式。此外，企业还要考虑组织结构的问题，因为组织结构是商业模式创新成功的保障。

许多人认为，只有创业者才能进行商业模式创新。事实上，新创企业和传统企业都可以进行商业模式创新，但传统企业由于有自身运行的惯性，商业模式创新的难度更大。很多传统企业在采用新商业模式时，会让独立的部门负责它，采用自治的方式。这的确是个有效的办法，因为这样一来，新部门就可以摆脱企业核心业务的影响。自治对于商业模式而言非常重要，要发扬新的商业模式，必须建立新部门，才能不受母公司先入为主观念的约束。新部门要实现独立，就必须实现财务自治、产品技术自治和人力资源自治。

例如，云南白药集团实施"稳中央、突两翼"的市场拓展战略获得了丰厚回报。所谓"中央"，就是公司的传统主打产品云南白药；所谓"两翼"，一翼是白药膏和白药创可贴，另一翼是白药牙膏。云南白药创可贴的销售额已跃居国内市场首位，远远超过国内外竞争对手。云南白药牙膏2010年含税销售收入约12亿元，成为白药集团增长最快的产品。董事长王明辉认为，经过2006年的发展，公司利润源由原来的"一枝独秀"发展到现在的"多点支撑"。云南白药集团取得了显著的市场效果，这得益于其在专业性与灵活性之间独特的平衡能力，其内部架构和促进创新灵活应变的机制发挥了重要作用。2001年3月，集团开始了以市场化为纽带的内部业务流程重组。2007年，云南白药集团再次调整业务架构，共划分为四个业务模块，其中包括透皮产品事业部(负责白药膏、白药创可贴、急救包和面膜等产品)和健康产品事业部(负责白药牙膏)。

二、商业模式的创新路径

商业模式的创新实际上是一种高层次的企业创新行为，它与传统意义上的产品创新、技术创新、制度创新和观念创新有很大的不同,模式创新包括了企业从内部到外部的资源、制度、模式的整合。此外,模式创新还必须实现价值创造的目的,因此,模式创新涉及企业运作的方方面面。都说条条道路通罗马,通往商业模式创新的路径有哪些呢?每一路径下又有哪些具体策略可供选择?国内学者张敬伟(2010)在跨案例研究的基础上,归纳出以下几种模式创新的路径。

(一) 基于价值链的商业模式创新

这种创新把关注的焦点放在价值活动的定位、设计与匹配上。具体讲,有四种创新策略可供选择:

1. 价值链上的新定位

通过专注于价值链上的某些活动(通常是高利润的活动)而将其余活动外包出去,从而实现商业模式的创新。当企业具有定价权时,将逐步集中到研发、设计、组装调试、市场渠道建设等价值链环节。形成产业链的龙头企业,如中联重科、三一重工等企业即是如此。体育产业的巨人耐克(NIKE)公司也是一个按照"微笑曲线"运营的典型。耐克公司只保留品牌营销和产品设计(微笑曲线两端的高利润环节),将产品生产和服务全部外包(微笑曲线低端的低利润环节)。耐克公司不需要购进原材料,不需要庞大的供应和运输,更没有厂房、生产线和生产工人,其自身价值就在于它非凡的品牌、卓越的设计能力、合理的市场定位以及广阔的营销网络。耐克后来居上,超过了市场的领导品牌如阿迪达斯、彪马、锐步,被誉为是"近20年世界新创建的最成功的消费品公司"。

2. 重组价值链

通过对产业价值链进行创造性重组,把长价值链变为短价值链,也能创造出新的商业模式。短价值链的产业往往是产品或服务的价值实现时间短、重复(一次性)消费,企业在价值链某一环节上做得非常专业化,使企业的商业模式标准化、可复制,通过连锁或企业网络形成企业的大规模。通过重组价值链,战略定位为标准化、便利快速性,可获得竞争优势。例如,电话的普及以及网络电子商务的出现为 DELL 的网络直销模式提供了技术支撑,迈克尔·戴尔不失时机地进行渠道模式创新,砍掉中间销售环节,使其成为最为成功的电脑公司。此外,人们对安利、雅芳、玫琳凯公司采取直销模式的故事也早已耳熟能详。

3. 突出产业价值链整合

在传统行业中,行业领先者通过产业价值链整合重获竞争优势的例子很多。一个比较重要的原因是企业竞争从产品竞争逐渐发展到企业竞争,最终进入产业链竞争阶段。产业价值链的形成正是在产业链的结构下遵循价值的发现和再创造过程,充分整合产业链中各企业的价值链,持续地对产业链价值系统进行设计和再设计。纵观 IBM 的发展史我们发现,IBM 有两次较大的商业模式革新。第一次是在 IBM 研发出个人电脑之后,为了继续获得个人电脑的先发优势,保持产品技术领先和高利润,IBM 第一个实施纵向一体化为主的商业模式,整合上下游产业链,使其获得了成本优势和核心技术,多年保持领先优势。第二次是当 IBM 获得产业链整合和管理能力之后,其主要竞争对手通过复制和学习,也同样具备了这些能力。此时,IBM 毅然出售 PC 给联想,其新商业模式也随即出炉——IBM 宣称在软件、硬件和服务领域为客户提供整体解决方案。这就意味着 IBM 今后的商业模式将是整合软、硬件和服务三大领域,充分发挥 IBM 在三大业务的综合优势,并使三大业务的产业价值链互相整合、互相支持,形成一个相关业务相互融合的全新商业模式,至今已经取得卓越的成就。

4. 构造独特的价值体系

许多企业通过构建多个价值活动优势,并将之整合,形成独特的价值体系。例如,美国西南航空公司瞄准那些价格敏感的顾客,打造了业界独一无二的价值体系。其中,精简的乘客服务、高水平的飞机利用率和中等城市间点对点的短途飞行等保证了低廉的票价,而密集可靠的起降、高效的地勤等又有助于实现航班的准时可靠。这个彼此互补和高度整合的价值体系形成了一种合力,最终形成了西南航空独特的竞争优势——"低廉票价+高度便利"的价值组合。

(二)基于收入模式的商业模式创新

收入模式是指获取收入的方式。这种模式的创新者或者对"舍得之道"领悟娴熟,通过设计各种收入机制来实现"舍得"的商业利益,或者精明老道,善于利用一切可能扩大收入来源。此类商业模式创新至少有如下五类。

1. 利用互补品

这是一种"此失彼得"的策略。具体有三种基本方式可供选择。第一种是"产品+产品"的互补,即所谓的吉列"剃须刀+刀片模式"。HP和佳能的"低利润打印机加高利润锡鼓(含墨盒碳粉)"和柯达的"低利润相机加高利润胶卷"均属此类互补品模式。第二种是"产品+服务"的互补。例如,通用电气从飞机发动机销售中赚钱不多,其主要利润来源于维修服务。第三种是创造"间接的互补品"。例如,英特尔公司对那些自身没有使用但对公司核心业务有辅助功能的技术采取了非常开放的态度,允许其他公司使用这些技术,此举有助于其他公司开发出英特尔技术的其他用途,从而带动客户对公司核心产品的需求量。

2. 从免费到收费

基于互联网提供的便利,消费者对很多信息产品的期待是"免费获取",因此,这对很多信息产品企业提出了巨大的挑战。但成功的公司大多对"免费—收费"模式的细节进行创新,发掘了赚钱的机制。最典型的就是微软公司在中国的销售策略。微软先任由盗版泛滥,诱使使用者投资于掌握微软软件的操作技能。当使用者逐渐被套牢时,微软再举起法律大棒,迫使使用者购买正版。微软纵容盗版的目的在于快速发展顾客基数,以尽快形成事实上的产业标准,然后再从中取利。再如MySQL推出不同版本的软件,利用免费的初级版赚取顾客,再利用升级版赚取顾客的钱。

3. 第三方付费

这种方式并不需要消费者付费,企业通过其他利益相关方赚取收入。例如,Google的搜索服务并不直接要求搜索者支付费用,而是通过收取被链接网页的公司的赞助获取收益。这种收入模式在网络公司较为常见。从本质上讲,传统的报纸产业盈利模式是与此类似的,报纸的定价远不能弥补成本,广告费是报社的主要收入来源。

4. 付款方式创新

在线影视出租商Netflix在1997年成立时打出"无限期租借、无逾期罚金"的口号,向收取逾期罚金的业界惯例提出了挑战。然而,付款方式上仍旧采取了"租一张花一张的钱"的传统做法。在经历了早期的失败后,Netflix于1999年采取了注册用户的月租费制,制定不同的资费档次,并据此作为顾客一次性可租借最大数量的依据。凭借着经济而独特的收费模式,Netflix成功地扭亏为盈,并实现了持续的高成长。

5. 多收入流模式

这种模式一般多与价值网络构建密切相关,企业由此可以扩大各种可能的收益来源。在网络服务业,为业余摄影家服务的Flickr公司,其收入就源于注册费、广告代理费、赞助费以及从其他合作伙伴分得的收益分享金等。上海硅谷知识产权交易中心(SSIPEX)为中国企业提供信息技术产权交易的平台,除了向技术需求方收取会费和向技术供应方收取展示费之外,还按一定比例提取交易中介费。

(三)基于价值创新的商业模式创新

价值创新意味着一次关于企业成长战略思想的改变,它将企业进行战略思考的出发点从竞争对手转变为创造全新的市场或重新诠释现有市场。所以,对企业来讲,不需要争第一,但需要做唯一,而且要不断发掘看似饱和市场的细分价值和突破市场边界的限制,从而为消费者提供创新性的价值。以价值创新的思维来认识竞争,围绕着满足客户未被满足的需求给客户增加价值来重新设计企业的商业模式,就能实现企业与客户持续共赢的效果。

基于价值创新的模式创新策略聚焦于企业所提供的顾客价值。通过发现竞争对手或是原有顾客的价值盲区,打造独特的产品或服务,实现顾客价值的飞跃。例如,面对工程机械巨头卡特彼勒(Caterpillar)遍布全球的销售与维修网络以及深具震撼力的"在全球任何地点48小时内提供维修服务"的承诺,日本小松(KOMATSU)工程机械公司采取重新设计产品的策略,使产品零部件更少,损坏率更低,从而降低了卡特彼勒服务网络的价值。小松通过提供显著不同于卡特彼勒产品的产品,在工程机械市场上获取了可观的市场份额。

在服务业中,这一策略尤为重要。企业通过创造独特的价值曲线实现服务创新,在为顾客提供非凡的价值感受的同时获得自身的成功。顾客价值中情感的、体验的成分能够放大独特服务的冲击力,从而赢得顾客心理。开创蓝海的太阳马戏团就是一个绝佳的案例。该公司在保留帐篷、杂技等马戏的基本元素的同时,将剧场表演中的某些元素融入马戏节目中,由此重新定义了马戏表演的价值。该公司成功地脱颖而出,成长为全球最大的马戏公司。

聚焦于提供物的商业模式创新本质上是对现有顾客价值的破坏性创新,成功的关键在于对顾客价值的深刻理解和洞察,通过别具一格的价值曲线来引导顾客的追随。一个典型的例子是美国的Grateful Dead爵士乐队。传统的爵士乐队大都通过发行唱片来获取收益,而该乐队独辟蹊径,主要采取各地巡演、收取门票的方式,通过与听众互动,打造与众不同的现场音乐享受。这源于乐队成员对爵士乐的独到理解,爵士乐是一种即兴创作的音乐,现场的即兴创作将为爵士乐注入鲜活元素,听众也会为这种独特的音乐体验支付更多的钱。

(四) 基于价值网络的商业模式创新

这种创新的重点在于打造独特的价值网络,设计各种交易机制将企业自身与价值创造伙伴有机地联系起来,形成价值创造的合力。具体讲,采取这种商业模式创新的企业可以选择成为交易的组织者、交易平台的构建者或是交易的中介者。

(1) 做交易的组织者。汽车网站 Autobytel.com 依靠其专业化组织能力,为顾客提供了一站式购车的便利性。顾客可以在其网站浏览各种汽车的配置、价格等信息。如果选定某款车,该公司按照顾客的要求,如是否在家试驾、送货上门或采取信贷方式等,联系不同的合作伙伴,由其提供相关服务。Autobytel.com 的作用在于把相关专业服务商组织起来,共同服务于顾客价值创造并分享收益。这一商业模式所提供的便利性与效率优势成为 Autobytel.com 高速成长的发动机。

(2) 打造交易的平台或桥梁。这是很多互联网公司的常用策略。例如,eBay 公司提供网上拍卖交易,为超过 1.35 亿的注册用户提供服务。消费者很方便地从 eBay 购买或销售成千上万的产品,从芭比娃娃到二手车,eBay 的商业模式把原来不可能实现的交易变成了现实。起点中文网的商业模式也很巧妙,它打造了一个网络文学的交易平台,把网络作家与读者都吸引到这个平台上,公司靠巨大点击量的累积赚取了不菲的利润。这种打造交易平台的商业模式创新有点像组建"网上集市",而平台打造者通过不同的方式来收取"网上市场管理费"。阿里巴巴、携程等网络交易平台的提供者均属此类。

(3) 成为交易的中介者。中介的功能在于促成某些交易的实现。例如,创新动力公司(Innocentive)代理制药企业广泛搜寻研发难题的解决方案,成为解决方案提供者和制药企业的桥梁。作为知识交易的中介者,创新动力公司采取了各种流程和机制保证交易的顺利进行,精心发展和维护其价值网络。在创新动力公司的商业模式中,解决方案提供者是关键的价值网络伙伴,如果网络规模太小,或是解决方案提供者的质量太低,将显著降低公司服务的价值性。因此,该公司通过广泛的营销手段,与全世界的很多大学和科研机构建立联系,不断发展和壮大解决方案提供者网络,并提高网络的质量。

【本章小结】

　　商业模式分别涉及价值确定或识别、价值创造与传递、价值获取三方面的问题,因此,我们给出的定义是:商业模式描述了企业如何创造价值、传递价值和获取价值的基本原理。根据奥斯特瓦德和皮尼厄的商业模式模型,它由价值主张、客户细分、客户关系、渠道通路、收入来源、关键业务、重要合作、核心资源和成本结构九要素构成。这九个基本构成要素是一个有机关联的整体,可以展示出企业创造收入的逻辑,这是一种可以促进理解、讨论、创意和分析的普适性操作工具。

　　商业模式从本质上讲是一种思维方式,为解决"企业如何创造与获取价值"这一基本问题提供了一种全新的视角。因此,企业要构建一个成功的商业模式,必须在两个方面下足工夫:第一,企业向顾客提供了哪些价值?第二,企业如何从提供这些价值中获益?商业模式创新是指企业价值创造提供基本逻辑的变化,即把新的商业模式引入社会的生产体系,并为客户和自身创造价值。商业模式创新的基本路径有基于价值链、收入模式、价值创新和价值网络的商业模式创新。

【基本概念】

　　企业商业模式　商业模式类型　商业模式创新路径　价值主

张 价值创新 价值传递 价值获取 盈利模式 竞争战略 价值网络 企业/产业价值链

【复习思考题】
1. 如何全面理解商业模式?
2. 商业模式的构成要素是什么?如何设计商业模式?
3. 商业模式与盈利模式、企业战略之间有什么关系?
4. 如何构建一个成功的商业模式?如何进行商业模式的创新?
5. 商业模式构建和实施中需要注意哪些关键问题?

【结尾案例】

携程:在线旅游服务模式

1999年,携程旅行网成立,并迅速从在线旅游市场找到了自己独特的商业模式。携程依靠网络和电话呼叫中心,让消费者通过一根电话线就可以连接到服务信息,无需建门店,节省了大量的投资和管理成本。经过几轮融资,2003年,携程成为中国旅游业第一家在美国纳斯达克上市的公司,并凭借稳定的业务发展和优异的盈利能力,成为纳斯达克表现最佳的中国概念股之一。

那些传统的旅游服务提供商们也终于坐不住了,中青旅、港中旅等旅行社纷纷推出自己的在线订票和旅游服务。2005年5月15日,中青旅与美国胜腾公司合作推出在线预订网站——遨游网;2006年3月31日,港中旅投资10亿元打造的旅行服务电子商务平台——芒果网开通。他们分别背靠大型国有控股旅游集团,拥有雄厚的资金保障和丰富的旅游资源,依托线下资源,攻占线上市场。

2006年,除了携程获利2.95亿元外,其他的在线旅游企业几乎无一盈利。排在第二位的e龙全年收入达2.645亿元,但依然亏损110.7万元;遨游网2006年亏损2 836万元;芒果网在2006年投入5个亿,但市场费用仍居高不下。

携程为什么一枝独秀?携程将成功秘诀归结为:利用高科技和现代化管理手段对传统旅游行业进行成功改造,将优质服务标准化,并大规模复制,为客户提供一站式便捷服务。

"鼠标+水泥"的经营模式

经过市场细分,携程率先将目光瞄向了酒店预订业。因为衡量国内旅行服务的各大块,如酒店预订、机票预订、旅游项目等,只有酒店预订拥有不需要配送、没有库存之忧和便于客人支付的优势。

携程快速找到了自己的定位,逐步在摸索中形成了自己独特的经营模式,那就是把互联网与传统产业结合,推行网上预订模式,同时后台依赖庞大的电话呼叫中心做预订服务。对于网上预订酒店,国外网站是网上支付,推行信用卡制度;和国内旅行社向客户收费再向酒店预付定金的做法相反,携程并不向客户收费,而是以优惠价为他们介绍酒店,再从酒店那里获得返还的佣金。

2000年11月,携程通过收购现代运通,从纯粹的线上客房预订业务转型为线上和线下同时开展。由于现代运通与酒店有不错的关系,使携程在这方面很快学到经验,得到很多信息。另外,携程自己有一个很好的控制系统,就是根据酒店的合作程度确定其推荐力度。如果酒店合作方面差一些,携程推荐的力度可能会小些,随着携程预订业务的增长,酒店也开始重视他们了。

酒店预订做好后,携程开始发展订票业务。2002年4月,携程收购了北京最大的散客票务公司——北京海岸航空服务公司。此前,虽然携程一直在做机票分销业务,但由于与航空公司没有很好的关系,拿到的价格折扣一直不甚理想,预订机票在量上没法突破。借助收购北京海岸公司这一策略,携程不仅取得了和各航空公司亲密接触的机会,最重要的是,还收获了北京海岸公司的呼叫中心,如今,携程超过70%的业务量都来自该呼叫中心。

完成这两家公司的并购之后,2003年,携程又将华程西南旅行社收入囊中,正式进军自助游市场。2004年2月25日,携程成功地与一家具备国际经营资质的旅行社——上海翠明国际旅行社结成战略合作,之后该社更名为上海携程翠明国际旅行社有限公司。此举意味着携程在酒店预订服务和机票预订服务两项主业之外,开始正式向第三项业务——度假旅行领域挺进。

经过多次并购,2006年,携程的宾馆预订间总数约为684万间,机票销售总数约为639万张,全年度假产品营业收入为4 200万元。目前,携程网主要的营收还是来自酒店预订,约占所有收入的57%,机票预订占36%,其他收入约占7%。

优质服务标准化

以预订酒店为例,在携程成立之前,没有一家旅行社能做到全天候服务;也没有人想到要做一个最好的网站,把全中国最好的酒店集中起来供客人选择。另外,提供预订服务的旅行社大都是区域性的,没有一家公司能在全球134个国家和地区预订酒店,而这些都是携程服务产品的创新。

在携程之前,没有一家全国性的公司能够统一处理全国各地的机票,都是大批发商转给零售商,零售商再以柜台的形式面对各地区的客户。这样的后果是,分散的服务方式让质量控制难以执行,职员面对客户的态度以及服务时间的长短和质量,高层都无从得知。而在携程,全国各地的机票业务都可以在上海携程总部的呼叫中心以及IT后台统一处理,出票时间、机票价格都能得到监控,管理层可以非常容易地控制每一个环节。顾客预订机票,只要打一个电话,就可以在全国几十个城市出票。携程不是在每一个地方自己去拥有一个票台或是出票、送票,而是建立一个合作网络,将订单发到合作方,然后再由合作方送过去。

携程还在全国47个城市的77个机场、火车站和汽车站设立会员专享服务台,为会员提供现场预订、旅游信息咨询、天气及机场问询等服务。这被誉为旅行业实现全国一体化零距离会员服务的标杆。

携程对于客人的投诉会积极地倾听、记录、处理和弥补,客人反馈的每条意见和建议都能在24小时内得到回复。

六西格玛管理

要提供好的服务,除了优质服务和标准,还要有先进的管理体系作保障。2003年,携程决定由服务运营副总裁孙茂华负责在全公司内实施六西格玛管理,成为国内旅游行业第一家实行六西格玛管理的公司。在全面推行六西格玛管理之前,携程对每位与流程相关的主管进行六西格玛培训,培训结束后的考试成绩成为其晋升的必要条件。负责流程部门的主管需要根据培训的知识,独立设计改进流程的六西格玛方案,经实践证明可行的方案将会作为成功案例在公司里推广。

呼叫中心的服务质量直接关乎携程的整体服务品质。携程的呼叫中心成立于2000年,最早只有两、三个人,伴随着携程的发展,如今的携程呼叫中心已经有2 000多个席位,是目前亚洲旅游业最大的呼叫中心。虽然业务量巨大,但其20秒接通率高达90%,接听比例从80%提高到90%以上,服务客户的电话时长从原来的200秒甚至300秒缩减到150秒左右,这就极大降低了携程的运营成本。孙茂华说,"对客户来说,缩短电话时长也为客户提供了更好的服务体验。客户常会反映,携程的话务小姐不但服务好,更关键的是能够在很短的时间里提供他们所需要的信息,不啰唆,不拖沓。"

再如提高咨询正确率,携程客户服务部的重要工作之一就是对客人的各种咨询提供解答。曾有较长一段时期,客户服务部的电话咨询正确率不高,只有3.66σ(98.2%),比起其他部门的工作指标相对落后。于是,携程客户服务部门成立了专门的6σ项目小组,明确要求在六个月内将电话咨询正确率从 3.66σ 提高到 4σ (99.38%)。项目小组通过 6σ 工具,详细分析了电话咨询流程和期间的员工差错,逐渐将重点集中在特定业务内容和部分员工身上。通过分析"在什么问题上容易犯错"、"哪些人容易犯错"、"哪天的哪个时段容易犯错",紧接着对症下药。项目结束时,客户服务部门成功地将电话咨询正确率提高到了 4.5σ(99.87%),大大超出了原先的设想。

就是在这样严格而明细的指标下,携程将其服务产品的合格率控制在了 99.99% 的水平。如今,携程已能自如地运用 6 西格玛管理工具,在每一个可能的环节和流程进行改进。通过实施 6 西格玛,携程的订单差错率从万分之四下降到万分之二,咨询准确率从 98.11% 提高至 99.89%,订单回复速度也从 93.9% 上升到 99.9%。随着服务质量的提高,携程的客户满意度也随之提升,有效地保证了业绩的增长。携程以全新的业务模式、优质的服务和管理,在传统的旅游行业内异军突起,占据了国内在线旅游市场一半以上的份额。

———————

资料来源:仁达方略.《商业模式创新案例集》研究报告,2009.

思考讨论题

1. 你对携程的在线旅游服务商业模式有何评价?
2. 请分析携程在线旅游服务商业模式的未来。
3. 谈谈网络技术和电子商务对现有企业未来发展的影响。

第九章　公司发展战略

名人名言

战略制定者的任务不在于看清企业目前是什么样子,而在于看清企业将来会成为什么样子。

——罗伯特·彭斯

是否能够解决一个难题,关键要看你是否发现了这个难题的根源所在。

——彼得·M·圣吉

【本章学习重点】

(1) 了解企业发展战略的类型;

(2) 理解密集型战略的概念与实现方式,掌握每种实现方式的实现途径;

(3) 了解纵向一体化与横向一体化战略的适用条件、战略优势与劣势、实现方式与实施风险;

(4) 了解多元化战略的分类以及集中多元化、横向多元化与混合多元化战略的概念、动因、实现方式和实施风险;

(5) 了解国际化战略的类型、关键要素以及实现的战略途径。

【开篇案例】

雅戈尔"归心"难酬

扬言要"回归"服装主业的雅戈尔并未"收缩战线",相反,它又有了大手笔。

雅戈尔近日公告称,其全资子公司雅戈尔置业有限公司在6月1日竞得宁波市鄞州中心区一块最大住宅用地,竞购价格为10.28亿元,折算楼面价为8 707元/平方米。

随着地产业和资本市场的回暖,雅戈尔又"蠢蠢欲动"了。矛盾在于:在利益诱惑面前,未来的持久盈利方向和核心竞争力何在?

难抵诱惑

查阅雅戈尔2008年年报,雅戈尔目前已拥有建筑面积约448万平方米的土地储备,足以支撑未来三年的开发。如今,胡茂元决定抓住这一时机。

随着房地产回暖,雅戈尔一度压抑的拿地热情再度被点燃。

作为1992年就涉足房地产市场的老兵,步入2000年后,雅戈尔骤然加大了在房地产领域的投资力度,并声称拟在五年内把房地产业务打造成全国性房地产企业。还一度传出雅戈尔拟将房地产板块分拆上市。

但外界也一度担忧,高价土地储备会成为雅戈尔未来几年的经营负担。

在接受媒体采访时,雅戈尔掌门人李如成承认全国房地产市场一轮较大规模的调整迫在眉睫。

为此,李如成给雅戈尔定了下一轮房产业务的战略:"要有控制性、有选择地放缓投资和开发节奏,并进行一定的调整。"他称,雅戈尔将以静制动和谋定后动,不盲目购置土地。

几乎与此同时,资本市场风险加大,雅戈尔的股权投资业务屡遭缩水。雅戈尔2008年三季报显示,公司证券投资项目的市值已从2008年年初的135亿元下降到104亿元,公司净利润同比下降43.55%。

基于对资本市场风险的考虑,2008年年底,李如成亲自挂帅在集团公司成立了凯石投资公司,由专业团队协助对已有的部分金融资产进行管理,尝试将投资业务逐渐从股份公司转到集团公司的层面来操作,以降低风险。

靠不住的主业

房地产和股权投资领域曾经的巨大成功,几乎一度掩盖了雅戈尔服装主业。

翻阅雅戈尔近几年年报不难发现,服装对雅戈尔利润的贡献度越来越小。2002年,雅戈尔的总体销售收入是24亿元,衬衫与西服的总收入是13亿元,占整个销售额的54%。2006年,雅戈尔的销售收入是60亿元,其中,衬衫与西服的总收入为17亿元,仅占28%。

这期间,房地产收入则从2002年的5亿元增加到2006年的19亿元,增加了280%。此外,因为成功投资中信证券、宁波银行、中基外贸等多家公司股权,雅戈尔股价水涨船高。

由于经济形势严峻,市场对雅戈尔在地产和股权投资业务上的担忧与日俱增。雅戈尔开始尝试回归主业。

雅戈尔集团副总裁陈志高甚至表示,雅戈尔已为2009年确立服装销售额增长20%的目标。

"雅戈尔从来没有偏离主业,服装始终是雅戈尔的基础,我们一直很用心地在做。"在接受《中国经营报》采访时,李如成如是回复。

虽然雅戈尔声称不会放弃服装主业,但想要在服装业方向实现大的突破已经非常困难。

联合证券的分析师汪蓉长期致力于雅戈尔的研究,并多次到雅戈尔调研。在她看来,雅戈尔服装主业的主要困境之一在于其无法回避在产品设计、品牌运营方面存在的不足和风险,"雅戈尔在服装内销方面开始面临瓶颈,即进一步提升市场份额的空间已经越来越有限,成长的天花板依稀可见。"

对此,雅戈尔董秘刘新宇告诉《中国经营报》记者,公司正在采取进一步做大国内服装市场的战略,包括对新品牌HSM的推广等。

新品牌的培育并非一蹴而就。汪蓉介绍,新品牌的推出通常需要3~5年的培育期,这意味着雅戈尔在近两年的时间里尚不大可能从新品牌中获得收益。

此外,业内人士并不看好当前的服装市场。国金证券分析师张斌对记者表示,目前纺织行业的情况不容乐观,2009年总体出口可能是负增长,营收则可能是持平或个位数增长。

产业迷局

雅戈尔未来的发展方向和产业盈利点何在?这是困扰雅戈尔良久的问题。

尽管眼下地产业的回暖趋势有力地推动了雅戈尔的股价上升,而且随着资本市场回暖,股权投资风险也渐趋分散。但雅戈尔各项业务间的分化已慢慢地显现出来。

在汪蓉看来,雅戈尔传统主业纺织和服装的盈利能力略有减弱,特别是纺织业务收入增速和盈利能力在趋缓。服装业务上再提升的空间有限。

而此前房地产业务和股权投资收益对净利润的贡献已非常显著,达到53%,明显高于传统主业,一度掩盖了主营业务的光芒。

对于纺织服装、房地产业务和股权投资,公司未来的发展策略是什么?这在雅戈尔内部是一个讳莫如深的话题。在和《中国经营报》记者的接触中,董秘刘新宇只是一再强调,"我们目前三大业务都非常重视。雅戈尔希望建立三层业务链的增长方式。纺织服装的现金流可以用于反哺资本密集型的房地产业,金融投资则是为整个企业提供了'金融蓄水池'式的保障和发展空间,三者之间可以形成良性互动。"

资料来源:李娟,闫荣伟.雅戈尔"归心"难酬[N].中国经营报,2009-06-15.

第一节 密集型战略:集约与粗放

企业在其生命周期的不同阶段,面临着不同的战略选择。其产品在市场上站稳脚跟之后,急需开拓市场,扩大企业规模,从而有效地降低成本,发挥规模经济优势。但是,当企业发展到一定阶段时,便面临着一个重大战略选择,是继续以前粗放式的发展方式不断地攻城拔寨,以扩大市场为主,还是对现有业务领域进行深入挖掘并从中寻找机会?密集型战略认为,企业应充分利用现有产品或服务的潜力,强化现有产品或服务的竞争地位。

一、密集型战略的内涵与适用条件

密集型战略(Intensive strategy)也称集约型战略或强化战略(Reinforcement strategies),是指企业在原有业务范围内充分利用在产品和市场方面的潜力,以快于过去的增长速度来取得成长与发展的战略。该战略是较为普遍采用的一种企业战略类型。

密集型战略的实施前提是企业在产品与市场等方面仍有较大的发展空间,要实施密集型发展战略,企业必须针对以下问题对自身进行审视,从而判断其产品与市场是否存在缺口或不足。

产品线缺口:相关市场内缺少一条完整的生产线。

分销缺口:在相关市场或相关市场的销售渠道上,缺乏实体分销,分销系统不够完善。

使用缺口:相关市场未被充分地开发或使用。

竞争缺口:竞争对手销售量不足或下降。

密集型战略使企业将全部或主要资源集中使用于最能代表自身优势或市场存在重大缺口的某项业务上,从而力争为企业取得该业务的最优业绩。

二、密集型战略的实现形式

为了获得业务的增长与财务绩效的改善,提高产品的竞争地位,企业需要运用不同的途径来实施密集型战略。哈佛大学教授安索夫认为,除了以市场渗透、市场开发以及产品开发三种战略以外,密集型战略还包括向新市场推出新产品的多元化战略,多元化战略则将在后面的第三节详细阐述,如图9-1所示。

	现有产品	新产品
现有市场	市场渗透	产品开发
新市场	市场开发	多元化

图9-1 安索夫市场成长战略矩阵

(一)市场渗透

市场渗透是指企业以现有的产品在现有的市场上通过更大的营销努力,谋求提高现有产品在现有市场的份额的战略。该战略既可以单独使用,也可以与其他战略组合在一起使用,比较适合于整个市场处于成长期的企业,即使不进行新产品或新市场的开发,也可以通过现有市场容量的扩大获得业务的增长,因此,风险相对较小。随着市场步入成熟期,竞争日益加剧,采用此战略或许会遇到较大的风险。

1. 适用原则

有效的市场渗透战略需要遵循以下五项原则。

(1)企业特定的产品或服务在现有市场中尚未达到饱和状态。

(2)现有顾客对产品或服务的使用率有获得显著提高的可能。

(3)整个行业的销售额处于持续增长的状态,而主要竞争对手的市场份额则呈现下降局面。

（4）历史数据表明，在该行业中，产品或服务的销售额与营销力度高度相关。

（5）市场渗透战略所带来的市场份额或销售规模的规模经济效应能够为企业带来较大的市场优势。

2. 实现途径

企业可以通过增加销售人员、增加广告支出、推出强有力的促销活动、加强公关工作等具体措施，影响产品或服务的销售量，具体来说，有以下途径。

（1）增加现有产品或服务的使用人数。

（2）增加现有产品或服务的使用量。

（3）增加产品的新用途。

（4）改进现有产品的性能。

（二）市场开发

当企业所在行业的市场特性以及产品的技术特性较为固定时，现有产品在现有市场上不太可能进一步渗透，或新市场的发展潜力更大，企业就可以在市场范围内进行扩展，即采取市场开发战略。它是指将现有的产品或服务导入新的地区市场的战略。相对于市场渗透战略来说，该战略具有更多的战略机遇，能够有效地减少由于原有市场过于饱和所带来的风险，但也无法避免因为技术的更新而使原有产品遭到淘汰的风险。例如，美国强生公司的婴儿洗发精，原来只用于婴儿，后来随着美国出生率的下降，公司决定将这一产品推向成人市场，并开展了规模浩大的促销活动，结果在短时间内，该公司的婴儿洗发精成为整个洗发精市场的领先品牌。再如，杭州娃哈哈集团的口服营养液，最初也是针对儿童市场，后通过在中央电视台发布广告，逐渐推广到老年人市场。

1. 适用原则

有效的市场开发战略需遵循以下六项基本原则。

(1) 存在着新的、企业可以获得的、可靠的、经济的、质量高的分销渠道。

(2) 企业存在过剩的生产能力。

(3) 企业拥有扩大生产经营所需的资金、人力和物质资源。

(4) 企业在所经营的业务领域取得极大成功。

(5) 存在着新的、未被开发或未饱和的市场。

(6) 企业的主营业务所处的产业正处于成长过程中。

能否采取市场开发战略,除了与所涉及的市场特征有关以外,还与企业产品的技术特征有关。拥有技术诀窍或特殊生产配方的企业也比较适合采用市场开发战略。如可口可乐、百事可乐以及肯德基等。

2. 实现途径

市场开发战略的实施一般可以通过以下两个途径进行。

(1) 市场创造。将企业现有产品投放到刚刚形成的且其他企业尚未涉足的市场中去。企业可以对产品略作调整以适应其他细分市场的需求;利用其他分销渠道或宣传媒介。这一途径成本较高,因为往往需要进行前期的市场调研和市场培育工作。如摩托车制造商对产品功能略作改进后,出售给牧民作为放牧工具。

(2) 市场瓜分。可以通过在一个地区内不同的地点、在国内不同地区或国际市场上进行业务扩展。企业在通过市场瓜分增加不同地区的市场数量的同时需要考虑对不同区域市场的管理方式,并由此进行组织变革。

(三) 产品开发

产品开发是指企业在现有市场上通过改进现有产品或服务以及开发新产品或服务从而谋求增加销售的战略,是密集型战略在产品上的扩展。通过实施该战略,延长产品的生命周期或充分利用现有产品的声誉或商标,进而吸引那些对现有产品有好感的用户对新产品的关注。该战略的优势是企业比较了解现有市场,产品开发针对性强,易取得成功,劣势在于由于局限在现有市场上,易失去开发新市场的机会。

例如,20世纪90年代末,海尔集团针对四川农民的意见开发出来的"洗地瓜的洗衣机"。它不仅具有一般双桶洗衣机的全部功能,还可以洗地瓜、水果,从而一举改变了海尔洗衣机之前销售被动的情况。

1. 适用原则

有效的产品开发战略应该遵循以下五项原则。

(1) 企业所处的产业技术进步迅速,因此,企业在产品方面所进行的各种改进与创新都是有价值的。

(2) 企业所处的产业处于高速增长与发展阶段。

(3) 企业过去所开发的产品或服务非常成功,但已处于成熟阶段。这样可以吸引老顾客尝试新的产品。

(4) 相对竞争对手来说,可以适当价格提供质量更优的产品。

(5) 企业具有很强的研发能力,能够不断地进行产品开发与创新。

2. 实现途径

产品开发战略的实现途径包括以下两个方面。

(1) 对原有产品进行改进。在现有市场应用新技术,推出新一代的产品。该途径的特点是企业依然沿着过去的产品思路进行革新,没有突破原有产品的范围。例如,为现有产品增加新功能或特性;改变原有产品的物理特性,如色彩、气味、形状、速度等;改变产品结构、部件及组合方式。

(2) 开发全新产品。即在现有市场上推出别的企业从未生产销售过的产品。例如,汽车企业开发新的车型;生产打字机的企业利用新技术,发明、生产和销售打印机,以满足顾客的不同需求。

第二节 一体化战略：现有与重构

战略管理理论将企业如何处理那些与企业当前活动有关的竞争性活动的上下游活动的问题称为一体化成长问题。就其本质而言，一体化战略是一个方向性选择问题，是维持现有格局还是企业业务活动进行重构以及是向下、向上还是双向发展的问题。

一、一体化战略的内涵与类型

任何产品或服务的生产都会涉及从原材料的获取到最终产品的分配和销售这一过程的多种相关活动。这一过程称为纵向链条(vertical chains)。企业战略的一个核心问题就是如何组织纵向链条。对任何一家企业来说，一个基本问题就是要确定纵向链条上哪些活动自己完成，哪些活动应该交给市场上的独立厂商来完成，企业在这一问题上的决策就是与一体化战略选择有关的问题。

一体化战略是指企业充分利用自己在产品、技术、市场上的优势，根据企业的控制程度，使企业不断向广度和深度发展的一种战略。一体化战略包括纵向一体化(vertical integration)和横向一体化(horizontal integration)。前者是指进行纵向发展，进入目前经营的供应阶段或使用阶段，实现在同一产品链上的延长，从而促进企业进一步成长与发展的战略；后者则是指在现有业务的基础上进行横向发展，实现规模扩张。

二、纵向一体化

（一）概念与实现方式

纵向一体化战略也称垂直一体化，是指将公司的业务范围后向扩展到供应源或者前向扩展到服务用户。该战略旨在同一个行业之中扩大公司的竞争范围,又没有超出原来行业界限,唯一的变化是行业价值链体系中公司的业务单元跨越了若干个阶段。而纵向一体化又可化为前向一体化和后向一体化。

迈克尔·波特提出的价值链理论有助于我们理解纵向一体化。根据波特的思想,价值链是设计、生产、销售和配送一种产品或服务的前后相连的一系列活动。这些活动必须协同作战才能让顾客最终使用上该种产品或服务,但一个企业可以根据自身的特点灵活决定哪些活动该由自己进行,哪些让其他企业进行。纵向一体化就是企业沿着某种产品或服务的价值链的前后方向进行延伸与扩展。一个企业所从事的价值链中的环节或阶段数越多,其纵向一体化程度也就越高;反之,则越低。当企业增加所从事的价值链阶段数且使它们更加靠近产品或服务的最终用户时,叫做前向一体化;当更加远离最终用户时,叫做后向一体化。

纵向一体化战略可以使企业获得对销售商和供应商的控制。一般而言,纵向一体化的实现方式包括:(1)企业内部壮大;(2)与其他企业实现契约式联合联营;(3)兼并、收购其他企业。

(二)前向一体化

前向一体化(Forward Integration)战略是指企业将业务向消费它的产品或服务的行业扩展,包括对自己的产品做进一步的深加工、控制其原属客户公司的生产经营活动以及建立自己的销售组织或渠道。前向一体化的实质是获得分销商或零售商的所有权或加强对其控制。当今越来越多的制造商正在通过建立网站向用户直销而实现前向一体化。

推动前向一体化战略的一种有效方式是特许经营(Franchising),在美国大约50个不同产业中,有2 000多家公司以特许经营的方式销售其产品或服务。由于成本和机会分散到大量的个人,企业可以通过特许经营方式迅速扩展业务。美国每年以特许经营方式实现的销售额大约为1万亿美元。

(三)后向一体化

企业向为它目前的产品或服务提供作为原料的产品或服务的行业扩展,包括自行生产原材料、自己形成配套体系等。后向一体化的实质是获得供应商的所有权或加强对其控制。如果感觉当前的供应商不可靠、议价能力太强或不能满足其需要,企业就可以采取后向一体化战略。如钢铁企业拥有矿山和炼焦设施、服装公司自己拥有纺织厂等。

后向一体化战略是一种非常重要的发展战略,它有利于深化分工协作,企业可以降低资源采购成本,提高运营效率,同时更好地控制质量,从而维持与提高竞争地位。企业常采取的策略是对为其提供原材料、半成品或零部件的其他企业进行投资自建、投资控股或兼并的纵向一体化,即核心企业与其他企业是一种所有权关系。例如,美国某报业大王拥有一片森林,专为生产新闻纸提供木材。

(四)纵向一体化战略的战略优势

纵向一体化的实施可以从以下七个方面有助于企业确立战略优势。

1. 经济性

如果产量足以达到有效的规模经济,企业就可以通过控制生产、销售、采购和其他相关活动获得经济性。经济性的优势进一步表现在以下方面。

(1) 分销成本的节约。
(2) 内部控制和协调经济。
(3) 信息经济。
(4) 交易成本的节约。
(5) 提高企业的总投资回报率。

2. 差异化

一般来说,位于行业价值链前端的产品通常是同质产品。同质产品的市场竞争通常是激烈的价格竞争。通常,在整个行业价值链中离最终消费者越近,公司就越有机会打破同质化的竞争环境,通过设计、质量、特色、服务等方式对自己的产品进行差别化。产品差别化常常可以获得高的溢价,提高其利润水平。

3. 稳定性

由于上、下游企业都知道其采购和销售关系是稳定的,因而能够建立起彼此交往的更有效的专业化程式,而这在供应商或顾客在独立实体的情况下是行不通的。同时,关系的稳定性将使上游企业可以根据下游企业的特殊要求,在产品的质量、规格等方面加以微调,密切上下游企业的配合,从而大大提高相应价值环节的整体效率。

4. 实物期权的获得

在某些情况下,纵向一体化的另一个潜在利益是提供了进一步熟悉上游或下游单位相关技术的机会。这种信息或技术的获得对基础事业的开拓与发展非常重要,可以通过在管理层控制的范围内提供一系列的额外价值来改进本企业区别于其他企业的能力,这些为未来的发展提供了宝贵的实物期权。

5. 可控性

纵向一体化能够确保企业在产品供应紧缺时得到充足供应,或在总需求很低时能有一个产品输出渠道。在能够实现提高生产能力利用率或者加强品牌形象的情况下,制造商有时可以自己投资建立分销机构,组建特许经销商网络或零售连锁店等来获取更大的利益。一体化战略可以减少企业随意终止交易的不确定性。

6. 统筹性

如果企业在与其供应商或顾客的议价过程中,供应商或顾客拥有更强的议价能力,且其投资收益超过整合资本的机会成本,那么,即使整合不会带来其他益处,企业也值得整合。通过消除供应商或顾客的议价实力不仅有助于降低供应成本或者提高价格,而且企业通过消除与具有很强实力的供应商或者顾客所作的无价值活动,使企业经营效率更高。

7. 防卫性

如果竞争者是垂直一体化的企业,一体化就具备防御意义。竞争者的广泛一体化能够占用许多供应资源或者拥有许多称心的顾客和零售机会。在这种情况下,没有纵向一体化的企业面临必须抢占剩余供应商和零售商的竞争局面,甚或面临被封阻的处境。

专栏 9-1

三星的纵向一体化模式

1988年,李健熙决定抛弃"替日本三洋打工"的角色,将公司的半导体业务合并入三星电子,最大限度地配置技术资源,开发增值产品。1999年,李健熙决定集中精力发展优势业务,将不具备优势的业务统统砍去,将旗下系列电子产品向数字化方向演进。基于下游的系列数字化电子产品(数字电视、显示器、笔记本、手机、存储器),三星在上游开发共有的与数字化相关的核心部件(半导体芯片、LCD)及核心技术,以达到整个纵向产业链的整体领先。三星通过纵向一体化战略,打造一条纵向的产业体系,并依此建立一条基于竞争优势的产业链,同时也建立了从最上游的半导体到最下游的零售、营销、客服的一整条产业纵深带。

三星借助这种模式,在电子业领域成功崛起,成为全球首屈一指的强势品牌。纵观三星纵向一体化成功的背后,不难发现,控制半导体芯片和LCD核心技术是其纵向一体化战略成功的关键。

―――――

资料来源:鹰腾咨询."'企业欲上市,管理先上市'之控制核心:纵向一体化成功的关键",http://bbs.vsharing.com/Article.aspx?aid=700099.

(五)纵向一体化战略的实施风险

实施纵向一体化战略在具备上述战略优势的同时,应用失当也会给企业带来各种潜在与现实的风险。

(1) 移动壁垒成本的增加。

(2) 资本投资无法支撑。

(3) 运作灵活性降低。

(4) 市场响应速度下降。

(5) 阻碍与供应商及顾客的交流。

(6) 企业平衡失控。

(7) 技术和管理的挑战。

(8) 经营杠杆倾斜。

(9) 激励失效。

(六)纵向一体化战略的判断

正如上述分析,纵向一体化战略的实施对企业而言并非意味着必然的成功,选择失当也会使一体化的成本大于收益而形成风险,因此,企业能否采用一体化战略主要应从以下几方面做出客观的判断。

(1) 能否提高具备关键战略意义的业务业绩、降低成本或者加强差别化。

(2) 能否协调更多价值链环节间的投资成本、灵活性、反应时间以及管理所产生的影响。

(3) 能否创造竞争优势。纵向一体化所涉及的核心问题在于公司如果想要成功,哪些能力和活动可以在企业内部展开,哪些可以安全地转给外部去完成,如果无法获得巨大的经济利益,纵向一体化就不应成为战略首选。

三、横向一体化

与纵向一体化战略相对应的是横向一体化战略,又称水平一体化战略。横向一体化已成为当今战略管理的一个最显著的趋势,在很多产业中已成为最受管理者重视的战略。竞争者之间的并购和接管提高了规模经济和资源与能力的流动,通过并购可以获取竞争对手的市场份额,迅速扩大市场占有率,增强企业在市场上的竞争能力。另外,由于减少了竞争对手,尤其是在市场竞争者不多的情况下,可以增强议价能力,以更低的价格获取原材料,以更高的价格出售产品,从而扩大企业的盈利水平。

(一)横向一体化战略的发展动因与实现方式

横向一体化是指把价值链上处于同一阶段的单位联合起来,形成集团,以获得本企业对竞争对手公司的所有权或加强其控制,以促进企业实现更高程度的规模经济和迅速发展的一种战略。该战略的实质是获得对竞争者的所有权或控制力。

推动横向一体化的动因包括企业对市场份额、效率、行业主导权以及经济收益的追逐、经济全球化程度的加剧、互联网等信息技术的飞速发展等因素,这些对横向一体化在全球范围内的迅猛发展起到了推波助澜的作用。横向一体化的大量出现,说明企业的战略家对自身从事多种不相关业务的能力的怀疑。市场上竞争企业之间的合并,比业务不相关企业的合并来说更能产生效率。如2005年下半年,阿迪达斯以38亿美元收购锐步起到了多项优势互补的作用。

实施横向一体化战略的有效方式有两种。一种是直接或有形的横向一体化战略,如竞争对手之间的合并、相互参股;另一种是间接或无形的横向一体化战略,如竞争对手通过战略联盟开拓新市场、降低成本或狙击竞争对手进入市场。

(二)横向一体化战略的优势与风险

横向一体化的战略优势主要体现在以下方面。

(1)规模经济。

(2)减少竞争对手。

(3) 较易扩大生产能力。

横向一体化的陷阱包括以下方面。(1) 政策法规的不利改变。(2) 并购后的整合不力。

第三节 多元化战略：一元与多元

一体化战略本质上是分析企业如何实现在本行业内的成长问题,但受限于产业生命周期规律,企业无法在本行业内永远保持长期成长,因此,实施多元化是企业成长与发展的必经之路。现实中,大多数的大型企业都是多元化的企业,如美国通用电气(GE)集团、英国维珍集团和印度塔塔集团。虽然多元化失败的比率高达50%,但作为公司长久存活的必经之路,企业必须学会多元化战略的选择和实施。

一、多元化战略的内涵与类型

企业多元化的目的是有效利用现有资源,开展多元化经营可以规避风险,实现资源共享,创造更多的协同效应,产生 $1+1>2$ 的效果,多元化经营是现代企业发展的必由之路。

(一) 多元化战略的概念

多元化(Diversification)战略又称多样化或多角化经营,由著名的战略大师安索夫于20世纪50年代提出,是指企业为了获得最大的经济效益和长期稳定经营,开发有发展潜力的产品或者丰富产品组合结构,在多个相关或不相关的产业领域内同时经营多项不同业务的战略,是企业寻求长远发展而采取的一种成长或扩张行为。一般而言,多元化经营战略是指一个企业向不同的行业市场提供产品和服务,从而同时在两个或以上的行业中进行经营。

(二) 多元化战略的类型

从经营范围上分,多元化经营可以是产品多元化、市场多元化、资本多元化或者投资区域多元化。多元化公司的各项业务的关联度不同,造成了各个多元化公司的具体类型也不同。

1. 安索夫的分类

安索夫在其著作《企业战略》中提出,企业多元化战略可以分为以下四种类型。

(1) 横向多元化,也称水平多元化,是指企业利用现有市场,在水平方向扩展其生产经营领域,从而进行产品、市场的综合开发。

(2) 纵向多元化,企业进入生产经营活动或产品的上下游产业领域,其实质就是纵向一体化。

(3) 同心多元化,也称为同轴多元化或相关多元化,即企业利用现有技术、知识及资源,以同一圆心扩展业务。又可细分为市场相关型、技术相关型以及市场与技术相关型。

(4) 混合多元化,又称非相关多元化,指企业进入与现有经营领域完全不相关的领域,在与现有技术、市场、产品无关的领域中寻找发展机会。

2. 其他学者的分类

安索夫以后,许多学者进一步完善了多元化战略的分类,从而将其分为集中多元化经营、横向多元化经营和混合型多元化经营三种基本类型。按照与原有业务的相关性,可以将多元化战略进一步分为相关多元化与非相关多元化,前者包括集中多元化和横向多元化,后者主要指混合多元化。

(1) 集中多元化。集中多元化战略(Concentric Diversification)是指增加新的但与原有业务相关的产品与服务。近几年,西方国家兼并浪潮又起,一个最显著的特点就是以相关行业为主,尽可能追求业务的相关性。这里的相关性是指能够共享在市场、营销渠道、生产、技术、采购、管理、信用、品牌、商誉和人才等方面相关业务之间的价值活动。当企业将多元化经营建立在具有相关性的活动上时,其成功的机会就会较大。之所以容易成功,主要原因是企业的竞争优势可以扩展到新领域,实现资源转移和共享,在新行业容易站稳脚跟,发展壮大。多元化经营战略的理性方式应是在核心专长与核心产业支撑下的有限相关多元化战略。

集中多元化经营强调企业从内外搜寻、获取稀缺资源,以支撑其核心竞争力。根据内部化理论,企业通过集中多元化经营,不仅获得了稀缺资源,而且降低了交易费用,减少了不确定性,更重要的是,将稀缺资源置于企业的直接控制之下,从而更好地保证核心竞争策略的实施。相关多元化使企业在各业务之间保持一定的统一度,从而产生战略协同性,取得比执行单个战略更高、更稳固的绩效,致使相关多元化产生 $1+1>2$ 的效果,成为竞争优势的基础。战略协同转化为竞争优势主要依靠两方面:一是不同业务的成本分摊产生较低成本;二是关键技能、技术开发和管理诀窍的有效转移和充分利用。

(2) 横向多元化。横向多元经营(Horizontal Diversification)是指向现有用户提供新的与原有业务不相关的产品或服务。例如,网上大型书商亚马逊通过进入玩具和消费电子产业实行横向多元经营战略。目前,人们可以在 amazon.com 网站购买到由 300家厂商提供的摄像机、照相机、DVD 唱机、电视机以及玩具等商品。

IBM 在困境中看准在电脑技术飞速发展的背景下市场对整体服务的需求,从一家"硬件+操作系统"提供商拓展为电子商务软硬件的集成服务提供商,重塑蓝色巨人的传奇就是一个通过相关产业加强核心竞争力的成功案例。

(3) 混合多元化。混合式多元化经营(Conglomerate Diversification)也称不相关多元化或联合大企业式的多元化,是指增加新的与原有业务不相关的产品或服务。集中化多元经营和混合式多元经营的主要区别就在于前者是基于市场、产品和技术等方面的共性,而后者则更出于盈利方面的考虑。只要该行业或业务有确定的和足够吸引力的财务收益,混合多元化战略可以考虑进入任何行业或业务,寻求战略匹配关系则是第二位的。

二、多元化战略的适用条件

一般而言,拥有相对富余的资源,企业原有行业处于生命周期的衰退阶段,拟进入的新行业处于快速成长阶段,而且企业具备实施多元化战略所需管理技能的情况下,企业可结合内外部环境考虑实施多元化战略。多元化的类型不同,往往需要企业具备不同的条件。

(一) 集中多元化的适用条件

适合于采用集中多元化经营战略的情况包括以下方面。

(1) 企业参与竞争的产业属于零增长或慢增长的产业。

(2) 增加新的、相关产品将会显著地促进现有产品的销售。

(3) 企业能够以高度竞争力的价格提供新的相关产品。

(4) 新的相关产品具有的季节性销售波动可以弥补企业现有生产周期的波动。

(5) 企业现有产品正处于产品生命周期中的衰退阶段。

(6) 企业拥有相应的管理能力。

(二) 横向多元化的适用条件

特别适合采用横向多元经营的情况包括以下方面。

(1) 通过对既有客户增加新的、不相关的产品,企业从现有产品和服务中得到的盈利可显著增加。

(2) 企业参与竞争的产业属于高度竞争或停止增长的产业,其标志是产业盈利低和投资回报低。

(3) 企业可利用现有销售渠道向现有用户营销新产品。

(4) 新产品的销售波动周期与企业现有产品的销售波动周期可以互补。

(5) 企业在既有业务或产品线上进行拓展的边际成本很低。

（三）混合多元化的适用条件

混合多元化经营作为一种战略,实施过程中必须综合考虑以下因素。

(1) 企业规模和实力。多元化经营战略通常是大型企业的一种选择。

(2) 主业市场需求增长情况。任何产品都有市场生命周期,企业总要寻找新的经济增长点。

(3) 主业市场的集中度。它反映一个行业的垄断程度。

(4) 关联度。关联度越高,表明多元化程度越低,新旧产业之间联系密切,成功的把握性往往较大。

三、混合多元化及利弊分析

（一）混合多元化战略的动因

尽管相关多元化会带来战略匹配利益,很多企业却选择了不相关的多元化战略。其动因主要包括加速企业成长、充分利用现有资源和优势、加强核心竞争力和调整产业结构。这四点不但是混合多元化经营的根本原因,也是混合多元化经营的战略目标。这些多元化经营战略目标并不是完全独立和相互排斥的,它们殊途同归,最终都将实现企业和股东价值最大化。在不相关的多元化中,企业不需要寻求与其他业务有战略匹配关系的经营领域。混合多元化可以进入有着丰厚利润机会的任何行业。如果说相关多元化是一种战略驱动方式,不相关多元化对于创造股东价值基本是一种财务驱动方式,它通过灵活地调度企业的财务资源和管理技能,把握财务上具有吸引力的经营机会,是一种创建股东价值的财务方法。例如,上海锦江集团下属上海新锦江商贸有限企业、上海锦江房地产企业、上海锦江航运企业等,所涉及的产业之间基本不相关,属于混合多元化。

培育企业新的增长点也是混合多元化经营的一大动因。任何行业都面临一条生命周期曲线。当所处的行业步入成熟、即将衰退的时候,企业就必须思考两条道路:一条是通过技术上、市场上、管理上的不断创新,使行业从一条生命曲线过渡到另一条上升的曲线;另一条道路是将企业引导到别的新兴行业,用现有的资源创造未来的现金流入。多元化经营目标就是要在恰当的时候,将企业引入更具发展潜力的行业而脱离原来饱和、衰退的行业。不相关多元化有时也是一项合乎要求的企业战略,当一个企业需要多元化以远离一种被危及的或没有吸引力的行业,并且没有明显可以转移到邻近行业的能力时,这一战略就值得考虑。另外,一般企业的所有者对于投资几项不相关业务比投资几项相关业务有着更强的偏好,这也成为混合多元化经营的一种缘由。

(二)混合多元化战略的优势

通过开展混合多元化经营,企业可从以下几方面增强竞争优势。

1. 分散经营风险

与相关多元化相比,混合经营能更好地分散财务风险,因为企业可以投资于有着完全不同的技术、竞争力量、市场特征和顾客群的业务之中。

2. 高效发挥企业财力资源

通过投资于有最佳利润前景的行业,将来自低增长和低利润前景业务的现金流量转向高增长和高利润潜力的业务,可以使企业财力资源发挥最大作用。

3. 稳定企业盈利能力

除非整个市场景气度都很低,一个行业的艰难阶段可以被其他行业的昌盛阶段部分抵消。理想的情况是,企业某些业务的周期性下降可以与多元化进入的其他业务的周期性上浮取得平衡,当企业能够洞察到价值被低估但具有利润上升潜力的廉价目标企业并对其实施并购时,企业价值就能增加。

专栏 9-2

多元经营的成功典范——杜邦公司

杜邦公司是一家以科研为基础的全球性企业,提供能提高人类在食物与营养、保健、服装、家居及建筑、电子和交通等生活领域的品质的科学解决之道。杜邦公司成立于 1802 年,在全球 70 个国家经营业务,共有员工 79 000 多人。

1802 年,杜邦创始于美国德拉华州。现在,已成为世界上最具历史性、最多元化的工业机构之一。杜邦公司由法国移民化学家伊鲁西而·伊莲尼·杜邦(Eluthere Irene Du Pont)所创办,他是现代化学之父拉瓦西(Lavoisier)的学生。杜邦公司创立时,只有 36 000 美元资本和 18 名雇员。

杜邦的第一种产品也是唯一经营多年的产品——黑色火药帮助了早期的移民开发美国疆土。第一次世界大战结束后,杜邦公司的高管人员意识到杜邦公司必须寻找一些新的领域从而将其过剩的各种资源——人力和资本投入到新的、更有发展前途的领域中,实现杜邦公司的新发展,因此,杜邦开始了战后的非火药领域外的新的探索

到了 1920 年,杜邦公司已发展为发明化工产品的先驱,在这段时间,杜邦的华莱士·卡洛瑟博士(WalLANce Carrothers)在聚合物的化学研究方面为人类做出了重大的贡献,先后发明了氯丁橡胶、尼龙以及其他多项产品,令杜邦公司声誉日隆,并奠定了杜邦公司在化工领域的领先地位。

今天,杜邦公司名下有超过 2 000 多种产品,行销 150 多个国家和地区,并在 120 个国家设有办事处、研究室、生产及加工厂。

————

资料来源:艾尔弗雷德·D·钱德勒. 战略与结构[M]. 云南人民出版社,2009.

（三）混合多元化战略的弊端

混合多元化战略的弊端包括以下方面。

1. 多业务管理的失控

混合多元化的明显弊端在于需要企业充分考虑不同行业中完全不同的经营特点和竞争环境，并有能力做出合理的决策。一个企业所涉足的经营项目越多，多元化程度越高，企业就越难以对每个子企业进行监察和尽早发现问题，也就越难以掌握评价每个经营行业吸引力和竞争环境的真正技能，判断各业务层次计划和战略行动也就更加困难。

2. 无法获取协同优势

混合多元化战略对于单个业务单元的竞争力量没有什么帮助，每项经营都是依靠单独的努力建立某种竞争优势。由于没有战略匹配关系带来的协同优势，不相关的多种经营组合的合并业绩并不比各业务独立经营所获的业绩总和高。相比之下，相关多元化对于提高股东价值提供了一种战略方法，因为它是基于探求不同业务价值链间的联系，以降低成本，转移技能和专门技术以及获得其他战略匹配利益，其目标是将企业的各种业务间的战略匹配关系转变为各业务子企业靠自己无法获得的额外竞争优势。

（四）混合多元化战略的风险

企业开展多元化经营会造成人、财、物等资源分散，管理难度增加，效率下降，因此，混合多元化经营并不适用于所有企业，其选择和实施的不当，可能为企业带来各种现实与潜在的风险，包括：

(1) 来自原有经营产业的风险。

(2) 市场整体风险。

(3) 行业进入风险。

(4) 行业退出风险。

(5) 内部经营整合风险。

(6) 财务风险。

(7) 文化冲突。

专栏 9-3

夏新机会主义多元化的失败

夏新这些年不断地寻找并进军新的产业,但其发展轨迹却如《从优秀到卓越》的作者柯林斯所言:"只要稍加审视一下那些陷入困境的公司,可以发现它们经常是步子迈得很大,但迈得非常不踏实,而不是深思熟虑之后的那份恬淡与从容。"

20 世纪 80 年代,夏新作为录像机的生产者,红遍中国南部。至 20 世纪 90 年代末,因看中 VCD 行业的前景,而投身其中,获得丰厚收益。后以两亿巨金投资于新兴的无绳电话机和家庭影院,但却遭遇投资失利,夏新收益迅速下降,在随后的 2000 年、2001 年连续亏损,戴上"ST"的帽子。

2002 年,夏新因 A8 手机东山再起,并进入液晶电视领域,于次年,以自主品牌进军笔记本电脑业务,自此展开了 3C 战略的布局,其产品涵盖通信(手机、小灵通)、家电(液晶、背投、DVD)、IT(笔记本、MP3)三大产业线。其间还曾以近两亿资金投资过汽车行业。

而仅过四年之后的 2007 年,夏新前三季度巨亏 4.62 亿元,且由于两年连续亏损,再度被戴上"ST"的帽子。

这些年夏新尝试过诸多行业,一心只看到了可以令自己有利可图的机会,却没有考虑是否能够胜任在新疆域的开拓,以及如何深入于此并生根发展壮大,这些都是机会主义式的多元化,其弊端显而易见,夏新企业业绩随其步入行业的生命周期而剧烈波动。

资料来源:谢祖墀."机会主义多元化的失败",董事会,2009 年 5 月 13 日.

(五) 混合多元化战略实施的关键环节

混合多元化经营作为一种战略,本身并没有问题,但其实施需要具备一定的条件。在综合考虑了前述适用情况以后,在具体操作上,一旦企业实行了多元化经营,并在大量不同的行业中经营着业务,企业战略的制定者们就要审视以下问题:

1. 确定混合多元化经营战略目标

企业在选择混合多元化经营战略时,首先要考虑多元化经营的战略目标。清楚了解企业多元化经营战略目标及其合理性,旨在探察不相关多元化业务组合中的强势和弱势以及决定对战略进行哪些细微改进或重大变动做好准备。

2. 预测和判断拟进入行业所处阶段

任何产品都要经历投入期、成长期、成熟期和衰退期四个阶段。在行业或产品周期的不同阶段,产品经营的难易程度是不同的,企业所采取的战略也要有所选择。企业开拓新领域要力争进入处于投入期或成长期的行业或产品中,避免进入成熟期或衰退期的行业或产品中,这是由竞争能力、发展潜力和行业壁垒所决定的。

3. 检验行业吸引力

评价企业多元化进入的每一行业的吸引力包括市场规模和市场增长率、竞争强度、显现的机会和威胁、需求波动情况、所需投入的资源需求、与企业既有价值链和资源能力匹配关系、获利能力、环境因素、利润率和投资回报率、风险度等。

4. 测度企业自身竞争力

竞争力包括但不局限于相对市场份额、相对于竞争对手的获利能力、靠成本进行竞争的能力、技术和革新能力、在质量和服务上能与行业对手匹敌的能力、与关键的供应商或顾客进行讨价还价的能力以及品牌识别和信誉等。企业其他的竞争力指标还包括有关顾客和市场的知识、生产能力、供应链管理技能、营销能力、足够的财务资源和有效的管理技巧。

5. 甄选目标企业

寻求混合多元化的企业几乎总是通过并购一家已建立的企业来进入新领域,而很少在自己企业的结构内组建新的子企业。之所以做出多元化进入某一行业的决策,是因为这一行业可以找到理想的并购对象。

6. 确定优先排序

在历史业绩和未来预期基础上,将拟开展的业务从最高到最低按优先级进行排序,再根据资源配置的优先权将业务单元进行排序,确定优先排序的目的是将企业资源投至有最大机会的领域。然后决定每一业务单元的战略姿态应是侵略性扩张、设防保卫、彻底修整重新定位还是收获或剥离。

第四节 并购战略:自生与并购

一般来说,企业实施一体化战略进入新的经营领域或者实施多元化战略进入新的行业,既可以依靠自身的力量,通过投资新建(自生),也可以通过战略联盟开展合作,还可以通过并购来进行。对某些行业而言,自生投资较大,风险也比较大,且很难在短时间内达到预期的投资目标;相反,通过并购,可以直接进入某一市场,大大提高对市场的反应速度与效率,从而更有利于在竞争中获得优势。从这个意义上来说,并购战略是实现公司的战略手段之一。近年来,随着经济全球化的发展,世界各国企业间的并购成为强化企业竞争优势的重要手段,也成为许多行业发展的趋势。

一、并购战略的内涵

企业并购是兼并与收购的合称,泛指一家企业以一定的代价或成本来取得另一家或几家独立企业的经营控制权和全部或部分资产所有权的行为。从严格意义上来说,兼并与收购是有一定区别的。

(一) 概念界定

兼并(Merger)含有合并、吸收、吞并之意,是指两个或两个以上的企业依照法律规定或合同约定合并为一家企业的行为。兼并的形式包括横向兼并、纵向兼并以及扩大市场的兼并。横向兼并是指双方公司为同一市场生产相同产品;扩大市场的兼并是指被兼并公司为不同市场生产相同的产品;纵向兼并是指被兼并的公司是兼并公司的供应商或购买商。

收购(Acquisition)是指一家企业用现金、债券或股票等购买另一家或几家企业的股票或资产,以获得对该企业的控制权的行为,其特点在于目标企业经营控制权易手,但其法人地位并未因此而消失。收购分资产收购与股权收购两种,即企业用现金或有价证券购买另一家企业的股票或资产,以获得对该企业的全部资产或某项资产的所有权,或获得对该企业的控制权。收购方可以用现有业务收入来购买目标企业,也可以用自己的资产来完成收购,还可以通过举债来达到收购目的,或上述方式并用。根据收购过程中双方是否自愿,可以分为恶意收购与善意收购。恶意收购又称为接管(takeover),例如,美国的护理与医药服务公司Omnicare曾对药品与医疗器械发行商NeighborCare公司发起敌意接管竞标要求,最终遭到了后者的拒绝。

(二) 并购的原因

众多强劲的力量正在推动全球范围内一度残酷的竞争对手之间的并购,这些力量包括管制的放松、技术变革、生产能力过剩、无法通过提高价格带动利润增长或者获得规模经济等。也有一些公司因为要提高市场竞争力、进入某一市场、减少新产品开发成本、加快产品投放市场的速度、降低新产品开发风险、增加产品的种类、避免过度竞争以及增加企业成长机会等。归纳起来,大致可以

总结如下:

1. 获得规模经济效应

通过并购扩大经营规模,实现规模经济,从而提高企业效益。具体来说,通过企业并购,企业原有的有形资产或无形资产(如品牌、销售网络等)可在更大、更广的范围内共享,企业的研究费用、一般管理费用、营销费用等投入也可分摊到大量的产出上,从而有助于降低单位成本,增大单位收入的收益。

2. 实现协同效应

协同效应是指由于企业间存在着生产要素和职能的互补性,使两个或两个以上的企业合并为一家企业时,可以利用对方优势而产生"2+2>4"的协同效应。协同效应可视为规模经济的体现,可分为管理协同效应、经营协同效应以及财务协同效应。

3. 增强市场力量

实施并购战略(尤其是收购)的主要原因或现实考虑更多是为了增强市场力量。企业拥有市场力量是指企业能够按照比竞争对手更高的价格出售产品或服务,或经营成本比竞争对手低。并购,尤其是横向并购对市场力量的影响最大,可以提高行业的集中度,具体表现在:减少竞争者数量,改善行业结构;解决行业整体生产能力扩大速度与市场扩大速度不一致的矛盾;降低行业的退出壁垒;更好地控制经营环境,提高市场占有率,增加长期获得机会,并可增大潜在进入者的进入壁垒,减少竞争压力。

4. 规避市场进入壁垒,加快市场进入速度

进入壁垒是指产业内现有企业对潜在进入企业和刚刚进入这个产业的新企业所具有的某种优势的程度。进入壁垒具有保护产业内已有企业的作用,也是潜在进入者成为现实进入者时必须首先克服的困难。面对市场进入壁垒,对新进入者或潜在进入者而言,通过并购市场上现有企业以迅速进入市场比以挑战者的身份进入市场向消费者提供他们不熟悉的商品或品牌显得更有效率。

随着经济全球化的发展,跨国经营已成为众多企业的必然选择。企业在进入国外市场时,采用并购的方式进入,不仅可以加快进入的速度,还可以利用原有企业的运作系统、经营条件、管理资源等促进企业的顺利发展。

5. 降低新产品开发成本与风险

通过自身在内部开发产品并将其推向市场不仅需要耗费大量的公司资源,还面临着产品得不到市场认可的风险。此外,新产品在成功开发后,会遭到竞争对手的模仿。通过企业收购便成为成功推出新产品的一条捷径,因为与企业内部开发相比,收购在前景上更有可预测性,且更容易以较快的速度进入市场。例如,对医药制造企业来说,由于新药品的研发成本较高,通过收购获得小型生物科技公司的控制权就成为其降低成本的最佳策略之一。

专栏 9-4

吉利收购沃尔沃

沃尔沃创立于 1927 年,英文名为 Volvo,又译为富豪,是瑞典著名汽车品牌和北欧最大的汽车企业,也是瑞典最大的工业企业集团,是世界 20 大汽车公司之一。该品牌汽车是目前世界上最安全的汽车。1999 年 4 月 1 日,福特汽车公司出资 64.5 亿美元正式收购沃尔沃轿车。

浙江吉利控股集团有限公司是中国汽车行业十强企业,总值超过 140 亿元。连续六年进入中国企业 500 强,连续四年进入中国汽车行业十强,是"中国汽车工业 50 年发展速度最快、成长最好"的企业。

吉利汽车于 2010 年 3 月 28 日正式与福特汽车签约,以 18 亿美元成功收购沃尔沃汽车,获得沃尔沃轿车公司 100% 的股权以及相关资产(包括知识产权)。除了股权收购,本协议还涉及沃尔沃轿车、吉利集团和福特汽车三方之间在知识产权、零部件供应和研发方面达成的重要条款。这些协议充分保证了沃尔沃轿车的独立运营、继续执行既有的商业计划以及未来的可持续发展。吉利集团将保留沃尔沃轿车在瑞典和比利时现有的工厂,同时也将适时在中国建设新的工厂,使生产更贴近中国市场。

作为此交易的组成部分,吉利集团将继续保持沃尔沃与其员工、工会、供应商、经销商,特别是与用户建立的良好关系。交易完成后,沃尔沃轿车的总部仍然设在瑞典哥德堡,在新的董事会指导下,沃尔沃轿车的管理团队将全权负责沃尔沃轿车的日常运营,继续保持沃尔沃轿车在安全环保技术上的领先地位,拓展沃尔沃轿车作为顶级豪华品牌在全球100多个市场的业务,并推动沃尔沃轿车在高速增长的中国市场的发展。

资料来源:"吉利18亿美元收购沃尔沃,将在中国建厂".
http://auto.163.com/10/0328/21/62T3LT7I000849EJ.html,2010-03-28.

二、并购战略的类型

(一)按照各方所处行业划分

与一体化战略的分类一样,从并购双方所处行业的角度可以将企业并购划分为三种类型。

1. 横向并购

横向并购是指处于相同行业生产同类产品或生产工艺相近的企业之间的并购。该种并购在实质上是资本在同一产业和部门内的集中,是企业迅速提高市场份额、扩大生产规模、提高竞争力、增强盈利能力的捷径。横向并购有助于扩充企业的产品线,表现为公司吞并其竞争对手。横向并购促进了企业规模的扩大,而管理费用、营销费用、研发费用等并不会随公司规模等比例增加,从而产生了规模效应,新公司的运行成本会大大降低。规模扩大后,公司市场力量也得以提高。

2. 纵向并购

纵向并购是指生产或经营过程相互衔接、紧密联系的企业之间的并购。其实质是通过处于生产同一产品不同阶段的企业间的并购,从而实现纵向一体化。具体来说,纵向并购体现为企业与供应厂商或客户的合并。通过纵向并购,可以整合公司间的优势,达到优势互补,取长补短。通过纵向并购,将原来的企业间市场交易关系转变为同一公司内部的关系,由于不再采用市场交易的方式而是通过行政命令的方式来配置资源,营销费用、交易税金等大都可以避免,从而大大节省了公司的交易费用。

3. 混合并购

混合并购是指处于不相关的不同产业部门、不同市场,彼此间无特别的生产技术联系的企业间的并购。混合并购是实施多元化战略及进行战略转移和结构调整的重要手段。混合并购可以有效地突破进入新行业的资金、技术、销售渠道等壁垒,直接利用目标公司的原料来源、销售渠道和已有市场,迅速形成生产规模,其效率和速度远高于自己建设。重要的是,混合并购可以降低企业因长期处于一种行业所带来的风险,并可使企业的资源得到充分利用。但是,混合并购后的不同业务之间的协同效应的发挥往往很难发挥,不能为公司带来经济效益,失败概率较高。

(二) 进一步的分类

哈佛大学教授约瑟夫·鲍尔(Joseph Bower)对全球并购涉案超过5亿美元的并购案例进行了研究,提出了进一步的关于并购的5种类型,有助于我们理解更为复杂的收购背后的战略逻辑,参见表9-1。

表9-1 约瑟夫·鲍尔对收购的分类

	产品/市场扩张型	地域席卷型	产能过剩型	产业融合型	研发型
实例	百事收购佳得乐	国际服务公司收购100多家殡仪馆	戴姆勒—克莱斯勒的合并	美国在线收购时代华纳	英特尔多起针对小型技术公司的收购
目标	相似产品的协同,扩展产品线或地域市场	大规模运营的效率(规模经济、出众的管理等)	削减生产能力,获取市场份额并提高效率	预期出现新的产业,从多个边界模糊的产业中的企业汲取资源	通过从小公司中购买技术而实现创新的捷径
所占比例	36%	9%	37%	4%	1%

资料来源：Bower J. (2001). Not all M&As are alike-and that matters, Harvard Business Review 79(3)：92-101.

除此以外,鲍尔还提出了控股公司型并购,由独立的投资者或控股公司来购买现有企业,如投资基金参与一家公司的杠杆收购就属于这种类型的收购。购买者将某些管理技术、操作流程和财务制度强加给被收购公司,经过一段时间运营后,再以较高的价格出售该公司,而不是将被收购公司并入其业务组合。

三、有效并购的特征

并购战略并不总是能够为并购方带来高于平均收益的回报,相关研究结果显示,成功和不成功的并购战略存在一定差异,并发现了并购过程中存在一定的决策和行动模式,可以为公司提高并购战略的成功率提供借鉴,参见表9-2。

表9-2 成功收购的特征

特　　性	结　　果
1. 被收购方具有与收购方互补性的资产或资源	通过保持优势取得较好的协同效应和竞争优势
2. 收购行为是善意的	迅速有效地融合和较低的费用
3. 收购方认真谨慎地选择目标公司并进行细致的谈判	购得最具互补性公司,避免了超额支付
4. 收购方有宽松的财务状况(良好的现金或债务状况)	以较低成本获得融资
5. 被购公司保持中低程度的负债水平	低融资成本、低风险和避免高负债带来的负面效应
6. 具有应对变化的经验,具有灵活性和适应性	快速有效地整合以促进协同效应的达成
7. 一贯持续地重点关注研发和创新	在市场上保持长期竞争优势

资料来源:迈克尔·希特.战略管理[M].机械工业出版社,2002.

(1)当目标公司与收购方的资产具有互补性时,收购成功的机会较大。因为两家公司具有互补性资产会产生协同作用。研究表明,整合两家具有互补性资产的公司会产生独特能力和核心竞争力,从而为企业带来竞争优势。因此,收购行动和收购方的业务是息息相关的。收购方通常在收购后仍保留其核心业务并使之与被收购方的互补资产和能力相互影响。

(2)善意的收购行为促进购并双方的整合。通过善意收购,双方通力合作整合运行方式以产生正面的协同效应。相反,恶意收购常常使双方管理层充满敌意,影响到新建公司的工作关系和工作方式,结果往往会造成被购公司关键人员的流失,那些留下来的人员也往往会对变化存有抵触心理。研究发现,善意收购多数是成功的。

(3) 成功的收购通常都会实施一个有效细致的执行过程,至少包括对目标公司的谨慎选择和谈判过程的认真评估。

(4) 购并双方宽松的财务状况也经常会促进并购的成功。与之相关,在新建公司中继续维持中低水平的负债是收购取得成功的重要因素。

(5) 保持中低负债水平。当有相当数量的负债为收购提供资金支持时,实施成功收购行动的公司可以通过出售所购得公司的资产来迅速降低其负债水平。当然,被出售的通常是与收购方业务没有什么互补性或运营不佳的资产。同时,收购方也会在并购后出售一部分运营不佳的自有资产。通过这些手段可以避免高负债与高债务成本,从而使公司的现金流管理更有余地,也有更多的资金用于研发等长期投资。

(6) 重视创新。如对研发活动的持续关注与投入。对研发的投入显示了管理层致力于创新的决心。

(7) 灵活性与适应性。当购并双方的管理者都有管理变革的经验时,它们会更加擅长于使他们的能力适应新的环境。这样,两家公司的整合会更为顺利,从而产生期望的协同作用。

当然,不是所有的并购都是成功的,也有一些并购由于种种原因失败了,其原因大致总结如下。

(1) 缺乏对收购对象的充分评估。

(2) 负债过度。

(3) 过度多元化。

(4) 公司过分庞大。

(5) 难以进行有效的整合。

第五节　国际化战略：本土化与国际化

企业要实现发展,还需考虑竞争的地域范围。随着企业规模的不断扩大,又会迎来新发展瓶颈。于是,是坚持本土化还是开展国际化经营便成为重大战略问题。国际竞争已不仅是一种管理时尚,事实上,全球所有产业的竞争都已经国际化。通用汽车、福特和克莱斯勒汽车公司在与丰田、戴姆勒—奔驰和现代汽车公司竞争;通用电气和西屋电气公司在与西门子和三菱公司竞争;波音和麦道公司在与空中客车公司进行竞争。随着信息技术的发展,世界正在变成一个地球村,距离和疆域国界作为商业交流的最大障碍正在迅速消失,世界从来没有像今天这样如此的国际化。在众多老牌企业走出国门、开展国际经营的同时,新兴企业更是在成立之初即开展国际经营,从而成为天生全球化公司(born global enterprises)。国际化战略已经成为新经济时代企业发展战略的主流形式之一。

一、国际化战略的内涵

企业活动的国际化是国际经济发展的必然产物。简单来说,国际化战略是指在本国市场以外销售公司产品或提供服务。国际化战略是企业在国际化运营中的指导原则,以全球规划为目标,从全球范围内合理配置企业资源,应该表明以下几点。

(1) 企业的经营领域。即企业所生产与销售何种产品或服务以及所针对的目标市场。

(2) 企业的比较优势。了解企业所提供的产品或服务相对于竞争对手的优势所在：是原材料、获取原材料的途径、人才、特殊技术还是成本与价格?

(3) 战略推进的具体步骤与时间安排。

(4) 预期要达到的目标。对于绩效的评估标准以及成果的具体水平。

总之,国际化战略意味着企业放眼于全球市场与资源分布,不是将全球运作只视为多个相互独立的经营活动的简单组合。一方面,国际化可以使企业有效地扩大市场,尤其对于那些处在有限增长的本国市场的竞争者来说,国际化是一个非常有吸引力的选择;另一方面,国际化可以为企业带来更高的投资回报率和更大的规模经济、范围经济以及学习效应。此外,将工厂与设备调到海外还可以充分发挥产品国际分工体系的作用,降低产品和服务的成本。

二、国际化战略的类型

国际化战略包括国际本土化、全球化以及跨国战略。这些战略的基础都是竞争对手难以模仿的资源与能力的核心竞争力。

企业在国际市场上既要满足不同顾客的本土化需求,又要保持全球效率,因此,企业必须在本土需求定制化与获得成本效率之间做出理想的取舍,管理者需要在价值链活动哪一部分需要标准化及哪些需要适合本土化等方面进行抉择。根据本土反应的程度与全球整合的需求情况可将公司层国际化战略分为四种类型,见表9-3。

1. 多国布局战略

为了满足所在国的市场需求,企业可以采取多国布局战略。多国布局战略也称国际本土化战略,旨在根据不同国家的不同市场,提供更能满足当地市场需求的产品和服务。具体来说,就是将战略和业务决策权分权到各个国家或地区的战略业务单元,由这些业务单元向本地市场提供本土化产品或服务。一般来说,当当地市场强烈要求根据当地需要提供产品和服务并降低成本时,企业应采取多国战略。但是,由于这种战略生产设施重复建设,在成

表 9-3 公司层国际化战略布局分类

	低　　　全球整合的需求　　　高	
高 本 土 迅 速 反 应 的 需 求 **低**	多国布局战略 　各经营单元是自治型的,具有较强的自主性。通过强有力的足智多谋的企业建立经营的灵活性,以适应不同国家的差异性以及在不同国家或地区运营。	跨国布局战略 　同时注重发展企业的全球效率、灵活性以及世界范围内的学习能力。各经营单元相对分散,需要具有专门化的能力,并能相互依存。
	国际布局战略 　通过世界范围的技术扩散,本土化营销及适应性调整等利用母公司的知识和能力。母公司保留最有价值的资源与能力,其他的则由各经营单元掌控。	全球布局战略 　通过集中的、全球规模的运营来建立成本优势。需要集中的、全球规模的资源与能力。

本压力大的行业中不太适用。同时,多国战略会使每一个国家的子公司过于独立,企业有失去对其控制的风险。由于欧洲国家的文化和市场存在较大差异,因此,欧洲的跨国公司使用多国布局战略的相对较多。

2. 国际布局战略

国际布局战略是指企业集中其优势资源,其余资源放权给各业务单元的一种战略。企业往往会控制品牌和分销等重要资源,而把营销等放给业务单元负责。如果企业在本国市场上创造了一些优势并打算复制到国外市场,以使这些优势能够在世界各地带来规模经济与范围经济。这种战略比较适合于研发型企业,如英特尔等,虽然企业所生产的产品在全世界是相对标准化的,但营销和分销渠道在各地是不同的。

3. 全球布局战略

与多国布局战略不同,全球布局战略认为不同国家市场的产品更趋于标准化,于是,竞争战略更集中地由本国总部控制。具体来说,全球布局战略是指企业向全世界推广标准化的产品和服务,并在有比较优势的国家集中进行生产经营活动,由此形成经验曲线和规模经济效益,从而获得高额利润。全球布局战略注重规模效应,降低了风险,但也可能因为对本地市场反应迟钝而忽略本地市场的发展机遇。因此,有效的全球布局战略的实施需要资源共享以及强调跨国协调合作,因而,需要加强中央集权与总部控制。

4. 跨国布局战略

该战略试图在全球化的效率和本土化的反应上敏捷统一,这本身是十分难以做到的,因为这一方面需要全球协调、密切合作;另一方面又需要本土化的弹性。因此,实施跨国布局战略需要"弹性协调",即通过一体化的网络建立共享的远见并各尽其责。现实中,由于上述两方面的目标存在冲突,实现真正的跨国布局战略很难,适用于国际化程度较高的公司。麦当劳可以被视为采用这一战略的例子,因为麦当劳利用自己的购买力在全球商品中获得价格最优的投入品,然后用其来生产出适应当地品味和文化偏好的产品。

以上介绍的国际化战略均是针对传统企业的国际化的。从20世纪90年代起,有一种类型的企业,在其创立之初就开始进行跨国经营,人们称之为天生全球化企业。这些企业有一个共同特征,即它们为其他全球化企业提供了互补的产品或能力,充分利用了信息技术或开发了跨越国界的本质上相同的产品或服务的需求。比较典型的企业有罗技(Logitech)公司与Skype公司。

专栏9-5

李宁弃"山寨标"铺路国际化

如同2003年联想换标为国际化战略铺路一样,2010年7月1

日,李宁有限公司宣布了其品牌重塑战略,并发布了全新的标识和广告语。这是李宁在为扩大国际影响力做文章。

李宁品牌新标识传承了原来LN标识结构的视觉效果,但抽象了李宁原创的"李宁交叉"动作,并以"人"字形来诠释运动价值观;新口号改为"Make The Change"。"这是鼓励每个人敢于求变、勇于突破,是对新一代创造者发出的号召。"李宁公司品牌负责人这样解读新的品牌口号。据介绍,李宁品牌原有标识和"一切皆有可能"品牌口号并非退出舞台,而是将其作为品牌资产另有适当地应用规划。

李宁新品牌标识

李宁原标识及广告语

李宁公司品牌的新旧标识对比

一直以来,李宁的标识都被诟病为模仿耐克,而口号"Everything is possible"(一切皆有可能)也被认为与阿迪达斯的"Nothing is impossible"雷同。体育用品分析师许云峰认为,李宁做出的战略调整是出于最本质的考虑,要致力于做国际化品牌,首先就要摆脱模仿别人的嫌疑。

资料来源:李宁弃"山寨标"铺路国际化.北京商报,http://www.bbtnews.com.cn/nbbtnews/cj/channel/cj95089.shtml.2010-07-02.

三、国际化战略的关键因素

国际化战略旨在通过一系列相互关联的方式为企业带来竞争

优势,企业要想制定与实施国际化战略,必须把握以下四个方面。

1. 全球化的规模经济与范围经济

一方面,国际化扩张带来的规模扩大可以转化为竞争优势,前提是企业能够将规模转化为运营效率。全球化扩张所带来的潜在的规模经济可能来自固定成本的分摊与不断加强的购买能力。要获得规模优势,企业必须关注那些对规模灵敏度高的资源和能力。另一方面,当企业全球化扩张时,也可以获得一种专门的范围经济,即通过在不同的产品之间共享资源来降低平均成本的能力。实施国际化战略可以为企业带来范围经济,企业的供应商等则可以利用企业的全球范围经济获得生产和其他价值链活动的规模经济,从而为供应商提供了获得在本土经营时不可能产生的收益机会。例如,麦当劳在欧洲和南美洲需要的是和在美国一样的番茄酱产品,能够满足麦当劳番茄酱的全球需求的供应商,将会成为其采购的首选。

2. 地理位置

国家或地区的地理位置会影响到企业的成本、竞争对手、需求条件以及互补者等,也会对企业的国际竞争优势产生影响。

3. 多点竞争

国际化战略可以使企业通过多市场竞争来发挥竞争优势。当企业在多个国际化市场上竞争时,就可采用堡垒袭击,即一企业对另一企业的关键市场发起竞争行动,关键市场通常是指对竞争对手的利润和现金流非常重要的地理区域市场。如法国的米其林和美国的固特异轮胎在20世纪70年代所开展的竞争行动。当米其林察觉到固特异有到欧洲扩张的意图后,立即采取行动,开始在美国市场以成本价或低于成本价的价格出售轮胎。虽然美国业务只占米其林公司总销售额的极小一部分,却迫使固特异不得不在美国降价,从而减少了固特异在其最大市场上的利润。与此同时,固特异也在欧洲市场采取同样的手段来对付米其林,从而使两家公司的收益率都受到了影响。在形成新的市场均衡之前，这种多市场竞争策略常会损害竞争对手的得益，使消费者受益。时至今日，堡垒袭击仍是全球化投资的动机之一。客观上，它不仅可以降低竞争者在其母国市场的产品价格，还可以用来消除竞争者在母国市场的垄断。

4. 学习与知识共享

企业跨国界运营需要学习如何应对不同的制度、法律和文化环境，因此，组织学习对企业国际化战略来说是非常重要的。大多数企业将国际化视为创新、改进现有产品以及在新市场推出新创意的工具。如上述所提到的米其林公司，在最初将产品运往美国时，并不介意是否会获利，但当这种策略最终使美国市场变成其全球销售市场中重要一部分时，它就必须要使这部分市场获利，否则，就得放弃该市场，这就需要企业的学习能力。对于地域多元化的企业来说，必须学习如何保证国际化带来的收益超过支持非本国运营的基础设施建设的成本。

从学习形式来看，可以是在地理区域之间增加创新和转移知识，如企业可将在一区域学习到的知识复制到另一区域，并开发出全新的产品；也可以是将企业或企业运营的某个特定方面置于全球竞争最激烈的地方，因为，有着最重要战略意义的市场不仅在本质上存在吸引力，而且能为改进组织的全球运营、产品和服务提供学习和创新的机会；最后，大型跨国公司还可以利用内部各经营单位之间的合作机会来实现有价值的共享。在经营单位之间共享知识的优势是显而易见的。首先，它可以使公司将最好的实践方法在国家和经营单位之间进行跨界转移。其次，经营单位之间的知识共享也能带来提高收益的机会。

四、国际化战略的路径选择

企业参与国际竞争，必须特别关注国内和国外购买者的需求、分销渠道、长期的增长潜力、市场驱动因素以及竞争压力等方面的差异。除了要考虑国家之间的基本差异外,还要考虑其他四个国际竞争所独有的形势性因素,即国家之间的成本变化、外汇汇率的变动、东道国的贸易政策和国际竞争的模式。企业必须分析自己的竞争优势在哪里,根据优势选择并决定合适的战略路径。企业可选择的国际化经营战略路径包括以下方面。

1. 海外投资

目前,跨国企业的投资方式主要包括股权式合资、非股权式合作、独资、跨国收购与兼并等。在向海外投资的过程中,企业将面临许多问题,诸如采用什么样的创建方式,是兼并企业还是收购企业;如果采用收购方式,是全部收购还是部分收购;企业的资本构成怎样,是独资企业还是合资经营;支付方式是什么,是现金方式还是非现金方式;投资地区及市场如何选择等。

2. 发放许可证——特许经营和管理合同

如果一家企业的技术诀窍很有价值或者其专利产品很独特,但没有内部能力也没有内部资源去外国市场上进行有效的竞争,就可以通过给国外的企业发放许可证,让它们去使用企业的技术或品牌,生产和分销企业的产品。在这种情况下,国际收入等于许可证协议的版税收入,从而企业至少可以通过版税等实现收入。

3. 战略联盟

战略联盟是指企业之间超出一般业务往来而又达不到合并程度的、在一定时期一定范围内的合作方式,通过合作,各企业将各自的特定力量组合起来,共同努力去实现某一目标。企业可以到海外建立销售和服务网络,直接参与国际化经营,培育自己的品牌和核心产品,最终与跨国企业结成对等投入、共同研发、合作生产营销的国际战略联盟。

4. 全球跨国企业

对全球跨国企业而言,区分国内贸易和国际贸易是没有意义的。餐饮企业中的麦当劳、肯德基就是全球跨国企业的典型代表。对这种企业而言,全球的每一地区都是重要的,在不同国家的经营运作意味着独立的利润中心,它们提供各自的产品和服务面对各自的竞争对手。全球跨国企业同时具有全球性和本地化两方面的特征,即"全球本地化"。在业务范围和影响区域方面,放眼全球;在市场关系上立足当地。全球跨国企业能够在两条战线上同时展开生产经营活动,既植根于当地环境又超越环境,不把自己局限于当地社会中,审时度势,敏锐捕捉真正全球性优势的广阔前景,以营销组合服务全球市场,从而可以获得最大的全球规模经济效益,实现最大限度地利用其全球化优势来进行资源配置。

【本章小结】

发展是每个企业经营的重心与根本,发展战略为企业成长提供了与环境相匹配的解决方案。密集型战略是指企业在原有业务范围内,充分利用在产品和市场方面的潜力,以快于过去的增长速度来取得成长与发展的战略。密集型战略是较为普遍采用的一种企业战略类型,包括产品开发、市场渗透、市场开发等,前提是企业在产品与市场等方面仍有较大的发展空间。

一体化战略是指企业充分利用自己在产品、技术、市场上的优势,根据物资流动的方向,使企业不断地向深度和广度发展的一种战略。一体化分为纵向一体化、横向一体化和混合一体化三类。多元化战略是指在现有业务领域基础之上增加新的产品或业务的经营战略。可以分为集中化多元经营、横向多元经营和混合型多元经营三种基本类型。

企业实施国际化战略的途径包括发放许可证、出口、海外投资、战略联盟、全球跨国公司。

【基本概念】

企业发展战略　密集型战略　一体化战略　多元化战略　并购战略　国际化战略　纵向一体化　横向一体化　发展极限　主观极限　客观极限

【复习思考题】

1. 试分别举例简述密集型战略、一体化战略、多元化战略、并购战略和国际化战略的基本含义。
2. 密集战略的实现形式有哪些？
3. 一体化战略的优势与风险有哪些？
4. 多元化战略的适用条件有哪些？
5. 并购战略有哪些类型？
6. 简述国际化战略的类型与路径选择。

【结尾案例】

文化磨合：联想跨国并购的关键

时隔七年，2012年10月23日，联想控股有限公司董事长、联想集团创始人柳传志终于在清华大学举办的"2012清华管理全球论坛"上表示，"我可以放心地说，联想并购IBM成功了。"

回想联想在并购IBM后引发的国际舆论的质疑和猜测，尤其是联想在2009年曾经出现过的巨额亏损，当年一个季度就亏损了2.9亿美元。作为中国企业家的标志性人物，柳传志对问题的回答真诚且坦率，"2.9亿美元使联想站到了悬崖的边上，至于亏损的原因，世界金融危机只是导火索罢了，根本原因还是在管理上，在企业文化的磨合上。"

柳传志将联想并购IBM的风险归结为三点：一是品牌认同的风险；二是员工流失的风险；三是文化磨合的风险，而这一点也是并购过程中的最大风险。柳传志表示："人们常说的文化磨合，其实就是来自不同企业、不同国度、有不同背景的人怎么在一起配合工作。"

"联想最早建立国际团队班子的时候，原来的领导人(CEO)决断力比较大，比如并购某一家国际公司，请公司战略官考虑过了，再请CFO考虑看看钱是不是没问题，他就能决定。把其他的副总裁聚到一起，半天时间让大家说行或不行，再报到董事会上，这是以前的工作方式。"柳传志说。但联想很快发现了这样做的弊端，半天决策时间，看上去是集体决策，但不了解情况的副总裁总会倾向说"行"，进而导致一场并购交易的随意性风险。

发现问题后，联想很快改变了决策方式。如今，在联想有一个叫做执行委员会的最高管理团队，该组织有9个人，包括CEO和他的8位同事，4个中国人，4个外国人，他们有的在美国，有的在亚洲，有的在欧洲。最开始，一个月固定三天在一起，在某一个国家，如美国、中国、俄罗斯等，作用是要互相熟悉，从务虚开始，大家怎么分工工作。慢慢做到有职有权，让每个人明白应该在决策中承担哪些责任，是不是能够符合要求。反复的磨合进而逐渐产生了信任。

在此基础上，他们到全球各地区检查各个地方的工作，看每个地区是不是能够按照最高管理层制定的战略进行运营及毛病在哪里。通过这种模式，最高团队让大家充分地发表意见，最后定下来的事情要很坚决地去做。如今，联想的核心价值观就是两句话：说到做到，尽心尽力。

资料来源：屈丽丽、柳传志.跨国并购关键在于文化磨合[N].《中国经营报》,2012-10-27.

思考讨论题：

1. 联想的 IBMPC 国际并购战略成功的关键因素是什么？
2. 中国企业在国际化并购过程中经常遇到的问题是什么，如何加以解决？

第十章 动态竞争战略

名人名言

企业应从动态性及相对性的角度来探究竞争,并且使用"攻击——反击配对"分析竞争互动。动态竞争理论是东西方理念的结合。

——陈明哲

仅仅改变企业的战略、结构和体系是不够的,除非它们赖以产生的思维方式也发生变化。

—— 彼得·圣吉

【本章学习重点】

(1) 理解动态竞争的背景、含义与特征;
(2) 掌握企业动态竞争能力的构成要素;
(3) 掌握动态竞争中企业常用的应对战略;
(4) 理解动态竞争对手的选择及反应策略。

【开篇案例】

香飘飘与优乐美的巨头争夺战

"模仿创新"、"后发制人"、"先驱变先烈",这些都是令众多管理者恐惧的词汇。不少创业者都遭遇过这样的噩梦:辛辛苦苦搞出来的创新产品,刚刚完成试销、铺货、广告宣传、消费者培养教育,初步验证了商业模式的可行性,眼看苦尽甘来就要熬出头了,冷眼旁观已久的产业巨头却盯上了你的小生意,以你根本无法与之抗衡的市场经验、资金、人才、渠道等压倒性优势猛然杀入,攫取最后的胜利果实。香飘飘奶茶创业不久也遭遇了同样的惊涛骇浪。不同的是,香飘飘没有束手就擒,而是运用定位理论顽强反击,最终夯实了自己的领导地位。不过,戏剧性的是,随着时间的推移,巨头们的知难而退反而令香飘飘感到了孤独和真正的危机。

从"老顽童"到"香飘飘"

2004年,蒋建琪在浙江湖州经营自己的小食品公司,主营棒棒冰、酸梅汤之类的小饮料,还有花生米等小食品。蒋建琪喜欢看金庸的小说,觉得"老顽童"这个名字很好记,就用来作为自己的商标名称。每年大约有三千万元左右的销售额和两、三百万元的利润,业务非常稳定,日子过得很舒服。

2004年的一天,蒋建琪去杭州,看到一家奶茶店门口许多人在排队买奶茶。他也买了一杯,一喝发现味道不错,不禁想到,奶茶店给顾客做奶茶,无非就是弄点粉调一调,为什么不可以像做方便面一样,把它方便化,做成固体饮料的方便包装呢?有了这个想法,蒋建琪立刻付诸实施,找到专业的食品研究机构一起研发,开发出了最早的杯装奶茶原型产品。

作为食品行业的老兵,蒋建琪对待杯装奶茶这个新产品的态度很谨慎。因此,第一年香飘飘并没有大规模生产销售,只选了温州、福州、无锡、苏州四个城市,每个城市只选一所大学、一个中学、一个超市、一个卖场,派人追踪每天的销售情况,每个月绘成图表。半年时间测试下来,销量令人满意。

于是,2005年,蒋建琪决定进军全国市场,一方面,他对产品进行改进和改良;另一方面,他去广州请一家广告公司花三十万拍了一条电视广告。依靠过去做小食品积累的资金,他壮着胆子在湖南卫视投放了一、两千万元的广告,配合全国糖酒会进行大面积招商。一个月后,杯装奶茶得到了全国市场的热烈响应,产品一下子供不应求,订单、资金源源不断地汇集到公司,账面资金一下子增加了几千万元。和以前的产品比起来,香飘飘奶茶的销量、利润、前景都要大得多,于是,蒋建琪很快停止了"老顽童"相关产品的生产和销售。

群雄毕至,各有得失

在中国的消费品市场,特别是快速消费品市场,一旦某个产品迅速走红,一定会有很多跟随者,国人的模仿能力是很强的。有些小企业甚至专门从事山寨产品,一旦某个产品红了,就立刻少量仿制,卖完就拉倒,只赚这一票。香飘飘奶茶一炮而红之后,第二年全国糖酒会上,各种奶茶产品铺天盖地冒了出来。浙江大好大食品公司的"香约"奶茶、联合利华的"立顿"杯装奶茶相继问世。而其中真正最有力的竞争者,当属喜之郎推出的"优乐美"奶茶。

喜之郎在食品行业已经浸淫很多年,无论资金实力、营销能力还是经销商网络、销售规模,香飘飘都无法与之相提并论。那时候,香飘飘的年销售额不到两亿,而喜之郎的规模是香飘飘的十几倍。不过,喜之郎刚开始就犯了一个非常严重的错误,把果冻的品牌延伸到了奶茶上,竟然取名叫"喜之郎CC奶茶"。虽然喜之郎第一年投入也不少,但最终效果并不好,那一年香飘飘有惊无险地过去了。另外,值得香飘飘庆幸的是,同样位于浙江的食品巨头娃哈哈,一度也研究要不要上杯装奶茶产品,但最终放弃了。

不过,喜之郎毕竟久经沙场,很快意识到自己所犯的错误。2007年下半年,它卷土重来,重新命名品牌(改名优乐美),更换包装,并且把市场上数百万箱旧品牌奶茶统统收回。这种壮士断腕的魄力,蒋建琪十分钦佩。一场真正的竞争开始了。

优乐美此番再次出手,抱着一鼓作气、一定要拿下的决心,双方的投入完全不在一个数量级上。当时,香飘飘请的代言人是出演《粉红女郎》而成名的陈好,而优乐美请的则是超人气的亚洲天王周杰伦和江语晨等女明星。在广告投放上,优乐美的广告力度大概是香飘飘的三倍以上。2008年春节期间,周杰伦出演的"你是我的优乐美"、"把你捧在手心"系列广告在各大电视台黄金时段全面铺开。除了广告战之外,优乐美背后还有喜之郎经营了十几年的强大销售网络和密集的经销商群体。从人员数量看,香飘飘那时只有一百多个营销人员,喜之郎则有一千多。按常理,香飘飘这样才一、两个亿的小公司,禁不起折腾,也没有实力与大公司耗下去,很可能被喜之郎一举拿下。

面对来势汹汹的喜之郎,香飘飘又在做什么呢?由于竞争初期喜之郎决策失误,香飘飘觉得对手并没有什么特别厉害的地方,反而是自己的订单和利润滚滚而来,于是在2007年出台了宏大的发展计划:第一,投资三千万,上一个方便年糕的新项目,为此还购买了一个名为"磨坊农庄"的品牌,期待从庞大的方便食品市场分一杯羹。第二,开奶茶连锁店,进军餐饮行业。第三,进军房地产市场。

然而,香飘飘的分兵作战让公司陷入了危机。到2008年下半年,优乐美的销量不断攀升,2009年上半年甚至逼近了香飘飘。眼看就要被追平,香飘飘的形势岌岌可危。继续发展下去,香飘飘很可能昙花一现,成为杯装奶茶市场的"先烈"。要知道,喜之郎并不是第一家做果冻的,但后来居上,牢牢占据了果冻第一品牌的位置。它也不是第一家做海苔的,但推出的"美好时光"海苔后发制人,超越了"波力"海苔。

定位反击战

面对优乐美一路攻城拔寨和市场份额节节上升,香飘飘坐不住了,公司高层整天开会。怎么应对竞争呢?除了增加广告、增加销售人员、增加铺货之外,似乎也想不出什么招了。香飘飘的广告片越拍越优美,成本越来越高。公司想过请刘若英代言(她的外号叫"奶茶"),可惜被拒绝了。在此期间,香飘飘还找到当时红极一时的网络歌手香香,跑到云南香格里拉拍了一个画面清纯的MV,歌中大唱特唱"清晨问候的目光,午后慵懒的想象,年轻守护的脸庞香飘飘……香飘飘,我盼望,空气中弥漫香香的味道",算是对优乐美文艺路线的一次小小回击。然而,这些举措都没能改变局面。

2009年,香飘飘找到了特劳特战略定位咨询公司,请他们为企业把脉、会诊,做出了几项核心决策:第一,砍掉一切与杯装奶茶不相关的业务,聚焦奶茶。第二,为香飘飘定位,向消费者传达香飘飘是杯装奶茶的开创者和领导者,是全国销量最大的企业这一关键信息。公司为香飘飘设计了新的广告词:"香飘飘奶茶,一年卖出3亿多杯,杯子连起来可绕地球一圈。"蒋建琪认为,新的广告词非常有冲击力,因为顾客购买商品,总是存在"羊群效应",跟风购买别人都在买的,以减少消费时的不安全感。第三,在2010年原材料价格上涨时,香飘飘率先决定提价。当时,香飘飘还评估了竞争对手的可能反应——要么跟着涨价,要么维持现价,并对这两种可能做了相应的预案准备。万万没想到的是,对手竟然不涨反降。喜之郎为什么这么做?主要是为了借机扩大市场份额。

定位理论在香飘飘展现出了威力。香飘飘奶茶销量从2008年的3亿多杯一下子跃升到2009年的7亿多杯,2010年又跃升到10亿多杯,一直到今天的12亿杯,广告词也从"绕地球一圈"到"绕地球两圈",再到"绕地球三圈"……而优乐美从此再也没能有所进展,市场份额逐渐萎缩,双方的差距逐步拉大。

并非尾声

杯装奶茶大战基本停息,行业座次已经排定。各种迹象显示,喜之郎默认了败局,对优乐美的投入开始减少。这反而让蒋建琪有了更大的烦恼,十分担心优乐美不再投入,渐渐淡出。在他看来,一个品类只有大家一起做,才会热闹,才能做大。例如,加多宝和王老吉从去年开始展开广告大战,但一个不可否认的事实是,双方销售额都上升了,因此,这绝不是此消彼长的零和游戏。他还举例说,做保健酒的劲牌公司,甚至借钱给竞争对手,为的就是大家一起来做保健酒,以免整个行业逐渐被消费者边缘化。

在这方面,露露和椰树是前车之鉴。这两个企业,产品很好,领导地位也确保了,但双双停滞不前,因为整个品类做不大了。为此,香飘飘已经开始调整广告策略,淡化领导者角色,广告词从原来纯粹的竞争导向和打压竞争对手换成了"好味道,当然受欢迎"、"香飘飘奶茶,好喝!"等,把广告诉求点转到了"奶茶好喝"上,目的是想让更多消费者接受"奶茶好喝"的信息,推动品类做大。

从2004年的灵机一动开发出香飘飘奶茶到现在,蒋建琪的公司从一个年收入三千万元的地方小企业迅速成长为年营业额二十四亿元的全国知名企业,击退了规模十几倍于自己的对手。总结成功经验,蒋建琪认为,说到底,战略(也就是定位)最重要。战略是路线,是方向,如果没有当初的及时收缩和聚焦定位,香飘飘也许早就成了一家所谓的集团公司,把精力分散到各种有利可图的项目上,最终走向平庸。

案例来源:柯恩. 香飘飘如何用定位打败巨头[J]. 商业评论,2013(6).

第一节 博弈论与动态竞争

一、博弈论的发展脉络

具有博弈性质问题的研究可以追溯到19世纪,甚至更早。例如,2000多年前中国的孙膑利用博弈论方法帮助田忌赛马取胜。1944年,美籍匈牙利数学家冯诺伊曼与美籍奥地利经济学家摩根斯坦合著的经典著作《博弈论与经济行为》出版,该书提出了标准型、扩展型和合作型博弈模型解的概念和分析方法,标志着博弈论的创立。1994年,美国数学家、经济学家纳什(John Nash)、美籍匈牙利经济学家海萨尼(John C. Harsanyi)和德国经济学家泽尔滕(R. Selten)因对"非合作博弈的均衡分析理论方面做出了开创性的贡献"而获得该年度的诺贝尔经济学奖,这也表明博弈论达到成熟阶段。现在,博弈论已经成为经济学与战略管理的标准分析工具之一,随着十几年来经济管理教育的发展,企业管理者对"囚徒困境"、"纳什均衡"、"重复博弈"、"双赢"等博弈论术语已不再陌生。

目前,博弈论在经济学、国际关系学、政治学、计算机科学、生物学、军事战略和企业管理等很多学科都有着广泛的应用。事实上,经济学在20世纪经历了两场革命,一场是20世纪上半叶全面运用边际分析方法的"边际革命",另一场为最近30年来大行其道的"博弈革命"。从1994年至今,在不到20年的时间里,诺贝尔经济学奖先后6次授予博弈论领域的15位学者,以表彰他们的开创性和奠基性贡献,博弈论在经济学上的重要地位由此可见一斑。

二、博弈论的基本思想

博弈论(Game Theory)又称对策论,是关于有理性但有利益冲突的双方在竞争性活动中制定最优策略的理论,是有关"互动行为"的科学。博弈论主要研究人们在利益相互影响的局势中如何选择策略使自己的收益最大,强调个人理性和个人最优决策,其结果是有时有效率,有时则不然。例如,"囚徒困境"表明,两个理性追求个人利益最大化的人,不仅无法获得于己最优的结果,只能得到相当差的结果,而且也不能实现集体的最大利益。从根本上说,"囚徒困境"揭示了个体理性与集体理性的冲突,是对传统经济学理性"经济人"假说的一个挑战。根据"囚徒困境"模型,如果每个参与者都从自身利益出发,最终将导致集体的利益受损。这一模型为分析商业世界中的价格大战和销售大战提供了一个很好的视角和分析框架。目前,经济学家谈到博弈论主要指的是各方在给定的约束条件下如何追求各自利益最大化,最后达到力量均衡。

博弈论的精髓就是理性换位思考,也就是每个竞争参与者在决定采取何种行动时,不但要根据自身的利益和目的行事,而且要考虑到自身的决策行为对其他人可能产生的影响以及其他人的行为对自己可能产生的影响,通过选择最佳行动计划,寻求收益或效用的最大化。换句话说,就是要在对方采取什么策略的估计基础上选择自己的恰当策略。美国诺贝尔经济学奖第一人保罗·萨缪尔森曾说:"要想在现代社会做一个有文化的人,你必须对博弈论有一个大致的了解"。通过博弈论的学习,在策略互动的环境中赢得先机,在社会人生的弈局中才能游刃有余。

博弈包含四个基本要素:

(1) 参与者(Player)。即博弈方,可以是一个或多个;可以是个人、企业或国家。

(2) 策略(Strategies)。指博弈中的任一参加者针对其他参加者的可能行为所采取的行为原则和应对办法。

(3) 得益(Payoffs)。指博弈参与者所获得的收益或效益,取决于博弈各方的行为。

(4) 均衡。指博弈的所有参与者从自我利益最大化出发选择的策略所组成的策略集。

20世纪70年代以来,博弈论在经济学中得到广泛的运用,成为经济学思想史上与"边际分析"和"凯恩斯革命"并列的重大革命,为人类带来了一种全新的方法论和思维方式。根据不同标准,博弈可以分为同步博弈与序列博弈、一次博弈与重复博弈、零和博弈与非零和博弈、静态博弈与动态博弈、完全信息博弈与不完全信息博弈。不论何种博弈,作为博弈参与者,最佳策略是最大限度地利用游戏规则,最大化自己的利益;作为社会最佳策略,则是通过规则使社会整体福利增加。简言之,博弈论是交互式决策或交互式条件下的"最优理性决策"。即每个人在决策时,都必须把对方的决策纳入自己的决策考虑之中,还要把别人对于自己的决策也纳入考虑之中,在这种迭代考虑的情形下所做的决策才可能最有利。

在同步一次博弈中,博弈各方都倾向于从个体利益出发采取有利于自己的行动,但实际最后的结果并非是最优的结果,从而各方均陷入"囚徒困境",结局为"零和"博弈。博弈论的主体思想是促进合作的艺术,即如何促进博弈各方的合作,走出"囚徒困境",实现"非零和"博弈。通过重复博弈以及促进重复博弈的策略可以实现长期的合作共赢,当博弈没有明确的"终结之日"时,合作作为纳什均衡才能长期维持下去。

米兰·昆德拉有一句名言,"站在别人的立场上想一想,就是为自己未来的遭遇着想"。博弈论强调,每个人都有自己的思想,每个个体都是理性的(在给定的约束条件下最大化自己的效用),所以,必须了解竞争对手的思想,关注对手的价值,学会双边思维、多边思维和换位思维。每一个博弈都是一个"你中有我,我中有你"的情形,不同的博弈参与者可以选择不同的行动,但由于相互作用,从博弈论的角度看,一个博弈参与者的得益不仅取决于自己采取的行动,也取决于其他博弈参与者所采取的行动。博弈论的精髓在于基于这种策略性相互依赖系统思维基础上的理性换位思考,即应当用他人的得益去推测他人的行动,从而选择最有利于自己的行动。生活时时处处存在着博弈现象,只要我们真正懂得换位思考,就能从双输到双赢。有时候,获得成功的最佳途径就是让他人(包括你的竞争对手)也成功。

第二节 企业动态竞争的含义

一、动态竞争产生的背景

1. 网络信息技术的全球化

计算机网络所带来的数字革命使全球范围内信息交流更加简

便快捷,全世界的联系更加紧密,人们的日常生活方式和商家的运作方式在全球范围内得到改变,交易更加迅速。

在全球范围内,企业的竞争环境发生变化必然要求企业在激烈的竞争中作出更加快速的反应,因而,在动态竞争和全球网络信息化的背景下,企业针对竞争对手采取行动的反应速度成为企业在竞争中赢得胜利的关键因素。

2. 全球经济的一体化

世界各国经济越来越紧密地联系在一起,经济全球化对中国企业带来新的发展契机,也带来了严峻的挑战。置身于已向世界开放的国内市场,面对跨国公司日益激烈的产品竞争和日益复杂、动态的竞争环境,中国企业应该仔细思索采取什么竞争战略,才能快速提高国际竞争力,站稳国内市场,开拓国际市场。

3. 企业竞争环境的复杂性

市场环境快速变化,成本竞争压力不断提升,创新速度不断提高,市场和竞争的全球化程度不断增强,新产品投放市场的时间不断缩短,竞争者的反应速度不断提升。这就要求企业的高层管理人员必须学会如何进行快速、正确的决策,必须采取动态竞争的战略。

4. 新产品、新技术开发速度的加快

信息技术的发展使科技获得飞速发展,各行各业的新产品和新技术不断涌现,新技术和新产品开发的竞争不仅体现在知识方面,更体现在时间和速度等方面,从这个角度上说,企业面临的是也是动态的竞争,需要采取动态竞争战略。

5. 产业边界的融合与变动

随着科学技术的不断进步,更多的企业为了追求更好的生存和发展,开始追求多元化,企业横向发展,其经营范围向不同行业渗透,这样则打破了传统的产业边界,竞争环境更加复杂。企业间竞争合作的压力和对范围经济的追求使产业和产业间的边界也逐渐模糊,很多产业之间相互融合发展,以提升产业竞争力和推动区域经济发展。产业融合已是产业发展的现实选择。企业面临的产业环境更加复杂,在产业边界的不断融合与变动的大趋势下,企业若想立于不败之地,就必须及时、准确地把握趋势,调整战略。

6. 需求的多样性

除了传统的消费需求之外,随着经济的发展,许多新兴产业逐渐涌现,新兴消费需求也随之产生。企业如果想在新兴消费领域获得先动优势和赢取消费者,必须对动态的市场环境进行充分地调查和了解,这对企业来说是极大的挑战。

二、企业动态竞争的含义

(一)动态竞争的概念

西方文献中,动态竞争的英文名一般为 Competitive Dynamic。关于动态竞争,其研究路线的基础是战略是动态的,企业所发动的竞争行为会引起其他参与竞争的企业的一系列回应行为;研究的重点是企业间竞争行为之间的内在规律及其缘由。陈明哲(Ming-Jer Chen)将动态竞争定义为在特定行业内,某个(或某些)企业采取了一系列竞争行动,引起竞争对手的一系列反应,这些反应又会影响到原先行动的企业,这是一种竞争互动的过程。

(二)动态竞争的特征

20世纪90年代以来,企业面临着比以往更加复杂的动态竞争环境,竞争环境越来越复杂,竞争程度越来越激烈,竞争节奏越来越快,越来越多的企业领导者意识到动态竞争战略的重要性,国内外学者在分析企业间动态竞争的诸多案例基础上,发现动态竞争也涌现出了许多特点,动态竞争的最大的特点是其研究对象是企业具体实施的竞争行为,是企业竞争行为之间的互动关系与规律。具体来说,又以高强度性和快速性的竞争为显著特点。

1. 动态竞争的高强度性

面对全球背景,企业的竞争非常激烈,要想具有竞争优势并立于不败之地,每个竞争企业都必须不间断地建立自己的竞争优势,并根据竞争对手的战略行为调整自己的战略,在竞争的过程中努力削弱对手的竞争优势。

2. 动态竞争的快速性

全球技术和竞争的加剧使竞争对手战略互动速度加快,根据环境和竞争对手行为的变化调整竞争的频率也在加快。稍有迟疑,竞争对手就会占据良好的市场地位。

3. 动态竞争的暂时性

在动态竞争中,企业竞争优势的生命周期越来越短。在高强度和高速度的竞争情况下,任何企业的竞争优势都是暂时的,因为竞争对手也在不断地调整战略,具有竞争优势的企业很快可能被竞争对手的反击行动所超越和击倒。任何企业的竞争优势都有可能被竞争对手的模仿和创新所取代。

4. 动态竞争的行业差异

不同行业的动态竞争在激烈程度上具有一定的差异性,竞争激烈程度取决于产品、技术、市场结构、竞争结构、行业内企业的规模、实力、创新能力等因素,家电行业就与信息行业不同。例如,行业内中小企业多、实力相当、创新能力强的行业的如动态竞争水平就较高;高新技术产业相对于传统制造业的动态竞争激烈。

5. 动态竞争战略的有效性

动态竞争战略的有效性不仅取决于时间先后,更主要的是预测竞争对手反应和改变需求或者竞争规则的能力。

(三)动态竞争和静态竞争的区别

从对竞争对手的反应、竞争态势的发展状况、制定战略的目的、管理者的精力和分析环境的方法方面,动态竞争和静态竞争在以下方面存在不同,见表10-1。

表 10-1 动态竞争和静态竞争的区别

静态竞争条件下	动态竞争条件下
不考虑或很少考虑竞争对手的反应	要预测竞争对手的反应能力
扬长避短,以自己的优势打击对手弱点	先动企业的优势有可能越来越减弱,对手抵抗力有可能越来越强
制定战略的目的是要保持长期竞争优势	制定战略的目的是要创造新的竞争优势
管理者的主要精力是放在对企业外部环境的分析上	管理者的主要精力是放在企业本身的战略行动中
分析环境的方法有 SWOT 分析、波士顿矩阵、波特五种力量分析等	分析环境的方法有博弈论法、战争游戏法、情景描述法等

静态竞争的出发点是扬长避短,用竞争优势打击对手的劣势,从而获得一定的收益;然而,在动态竞争的情况下,竞争对手能学习并模仿先动者的竞争优势,并据此调节自己的竞争行为,通过多次的竞争互动改变行业中的竞争地位。因此,静态竞争的出发点就不再适用了。

三、动态环境中的战略问题

企业所处的环境充满着快速的和难以预测的变化,企业无时无刻不在与外部环境进行着信息、资金、人才、物质资源等方面的交换,当环境发生变化时,这些交换必然影响企业的资源及能力配置,进而促进战略的变化。在一个经常发生变化的环境中,企业所选择的战略会面临一些新的问题。

1. 战略制定更加复杂

由于经济全球化进程的不断加快、信息技术的不断进步、政府管制的不断放松、制度的不断完善、资源的全球配置、新兴市场的兴起和新旧竞争对手的不断更替,企业面临的竞争不断加剧,原本相对稳定的竞争环境变得复杂多变。企业战略的制定要能适应激烈的竞争和动态的环境变化。

2. 战略制定的暂时性

在动态的竞争环境中,企业所能具有的竞争优势十分脆弱,竞争对手可以很容易地获得企业所具有的竞争优势信息,并通过模仿创新等方式迅速占领一部分市场,使原有企业的竞争优势面临被挑战的危险,使先动优势很快被追赶,从而竞争更为激烈。因此,任何一个企业的先动优势都是暂时的,不是可以长期保持的。可能被竞争对手的反击和模仿行动所击败,竞争优势的持久性受到挑战。

3. 战略制定需要克服路径依赖

企业为了更好地参与竞争和得到良好的竞争绩效,会进行长远的规划并进行资源配置,这一长远的规划和配置使企业获得了最初的竞争优势,企业会对原有竞争优势的基础产生一定的路径依赖。在企业发展过程中,竞争和环境的不断变化使企业原先做的长远规划和所形成的资源配置模式成为企业发展、改革和前进的负担,先前的优势转变为劣势,而且在短时间内这种劣势很难被克服,因此,战略规划要符合竞争和环境的变化,从而呈现动态调整的趋势。可以说,先动企业可能过分依赖或固守原有优势,并没有根据新环境的变化而建立新的优势,从而在新的一轮竞争中败给竞争对手。

4. 战略制定能改变环境、市场结构和行业竞争

动态竞争中,企业的战略行动可以改变客观环境、市场结构和行业竞争。尤其是行业中的重要企业可以通过改变自己的行为而改变行业竞争的关键因素,提高或者降低行业动态竞争的水平,缩短或者延长产品生命周期。因此,在动态竞争中,企业制定战略的时候主要精力放在自己的战略上。

四、影响企业动态竞争的因素

影响企业动态竞争的因素很多,主要有以下五个方面。

1. 竞争资源的可获得性

企业战略制定具有长期性的特点,因此,需要投入大量的、特殊的组织资源。如果企业拥有较多的资源,企业对先动者的战略实施反应的可能性就大;相反,企业拥有资源较少,企业实施模仿战略的可能性则较小。这里还需要重点界定的是,竞争资源是指企业中可以用于针对先动企业战略做出相应调整的资源数量的多少,而不是企业整体资源的多少。如果能用于针对先动企业行为做出战略调整的资源较多,则后发企业进行战略调整的可能性较大。

2. 总体战略的选择

如果产业内企业多实行专一经营或相关多元化战略,这些企业对产业的市场依赖性很强,当市场出现竞争行为时,一般会引起模仿和反应;相反,如果产业内企业多实行不相关多元化战略,对某个单一产业市场的依赖性不是特别高,先动企业的战略行动引起后动企业的模仿和反应的可能性就会受到限制。

3. 先动者的行为选择

市场先动者或者市场领先者针对环境的变化采取必要的战略或战术调整后,其他后动或者追随企业往往会根据先动或领先企业的行为通过模仿或学习进行反应。如果先动者在竞争过程中不具有良好的声誉,如为了争夺市场份额牵头价格战、涨价或者其他不良竞争行为,引起次动和后动者报复的概率增加;然而,在政府规制、价格监督、诚信社会构建等背景下,企业在乎自己的声誉和采取不良竞争行为后遭受的惩罚,则次动和后动模仿和反应的可能性也比较小。

4. 竞争行动的类型

企业竞争行动可以主要归纳为战略性行动和战术性行动。战略性行动是企业大的行动纲领,往往时间较长,需要投入大量的、特殊的组织资源,从而难以实施和模仿。因此,对战略性行动做出回应比较困难,需要耗费更多的组织资源和时间。战术性行动是为战略性行动服务的,战略性行动是否有效达到目标关键取决于分解为战术性行动的科学性和有效性,因此,战略的实施有赖于企业对于战术的运用。战术性行动相比战略行动而言,需要较少和较一般的组织资源,易于实施和模仿。因此,竞争对手的战略性行动相比战术性行动回应要少。

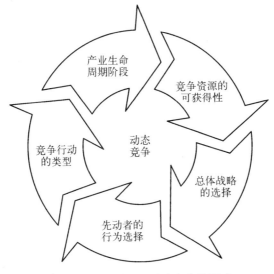

图 10-1 影响企业动态竞争的因素

5. 产业不同生命周期阶段

根据产业所处不同生命周期阶段的市场需求、产品、技术、竞争对手、营销等特点,动态竞争及其采取的战略行动是不同的。在产业生命周期的形成阶段,企业应积极结合市场需求研发优势技术,生产高质量的产品,勇于尝试以迅速打开及占领初期市场,建立良好的声誉。在成长阶段,企业可能特别强调创新,扩大市场份额,取得规模经济,获取一定的采取竞争行动的速度,企业充分利用生产要素以增强市场地位,采取增长导向的行动。在成熟阶段,由于竞争者减少,企业应该考虑自己最盈利的产品线和业务流程,通过效率最大化和成本最低化的战略来保卫现有的市场份额。

第三节 企业制定动态竞争战略的基础

传统的企业竞争中所采取的成本领先战略、差异化战略、集中化战略等在动态竞争中已经不再一成不变地被当作企业所采取的竞争优势战略。在当前复杂多变的竞争环境下,能否根据对手的战略迅速做出反应并及时调整已经制定的战略才是制胜的关键。企业战略的调整速度越快,对竞争对手战略的反应速度越快,企业的动态竞争优势就越强。企业若想比对手有更快的行动,就必须具备动态竞争资源,建立学习型组织,分解和重新整合企业的核心能力,充分缩小企业之间的能力差距,在构建专有战略资源方面构筑强大的动态优势。

一、动态竞争的资源获取路径

1. 企业的资源与能力

企业可以通过内部发展、合并、收购、合资企业、联盟或与外部合作伙伴订立契约等途径来获取所需的资源与能力。此外,企业还要具备在动态竞争中调整自身核心能力的能力,这种能力可以使企业依据动态的市场环境重新部署和整合资源,以使改进的核心能力适应新环境。

2. 战略资产

战略资产是能够为企业带来长期竞争优势的资产,它是一种难以被模仿或难以被替代的、稀缺的、非交易性的、积累过程缓慢且符合市场需求的资产,企业战略资产是企业专有的、隐含的,是在企业组织发展过程中慢慢积累的。

因此,企业需要不断开发不同的战略资产,协调组织内部相关利益者的利益。企业可以在通过了解自己目标业务领域的战略资产需求基础上,通过购买或内部培养开发来获取战略资产。20世纪50年代,夏普公司为了扩大其在收音机制造和零售中的优势,决定首先进入电视行业,然后进入微波炉行业,具体策略是从RCA公司获得了电视技术的许可,而通过与美国微波炉的技术创新者Litton公司合作获得了微波炉技术。20世纪60年代,夏普公司又通过从RockWell公司购买必需的技术并投资2 100万元来建造大规模的整合电路工厂和研究与开发中心实验室,由此进入了计算机行业;20世纪90年代,夏普在液晶行业进行大规模的投资以获得发展。随着后来佳能公司和施乐公司等企业进入复印机市场,行业竞争态势发生改变,非常重要的战略资产不再发生作用。

3. 核心能力的管理

为了使企业自身的核心能力能够适应复杂多变的环境,企业需要根据自身不同的发展阶段和不同的竞争环境将自身所具有的先进技术进行合理地结构调整和重新组合。

二、企业动态竞争能力的构成要素

企业竞争力是其他能力提高的基础。对企业来说,企业的技术能力是基础,核心能力是关键,核心能力的提高能提高企业的技术创新能力,从而获得持续竞争优势。企业的动态竞争能力的要素是企业规模、企业家才能、组织结构、技术创新、产品质量等企业的基础资源。此外,企业动态竞争能力还是决定企业是否能够长期获得和保持其竞争优势的主要参数(图10-2)。

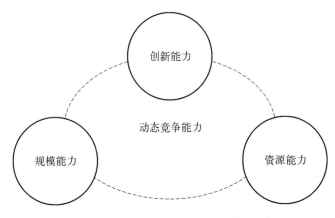

图 10-2 企业动态竞争能力的构成要素

1. 创新能力

企业创新能力决定企业在市场中的竞争优势,创新能力的大小和经济收益成正相关,创新能力强,能带来比较好的经济收益,而经济绩效高的公司在创新方面投入也较高。因此,创新能力是提高企业竞争力和企业绩效的重要基础。

企业的创新能力一般包括产品创新、过程创新、技术创新、管理创新、制度创新、组织创新和观念意识创新等。企业参与动态竞争需要提升创新能力,企业位于不同的生命周期其重点培育的创新能力也不同。任何一个企业要想在全球经济中占有一席之地,就必须把高新技术的研究和开发放在非常重要的位置上。企业各个生命周期都需要重点提升的创新能力是管理创新、制度创新、组织创新和观念意识创新,这些是企业产品创新和技术创新得以有效研发和实施的保证。

2. 规模能力

企业的规模和制定、实施动态战略具有很强的相关性。企业规模越大,企业实施动态战略的基础就越雄厚。然而,大企业也正是因为规模的问题而导致诸多管理问题,丧失灵活性和灵敏度,对市场变化、竞争者战略的变化的调整能力和速度下降。因此,企业规模对动态竞争战略的作用十分重要且具有两面性。西南航空公司的首席执行官 Herbert Kelleher 认为,规模较大的企业的比较理想的经营方式是:"像大公司那样思考和行动,我们将变小;像小公司那样思考和行动,我们将变大。"这说明大企业应该利用其规模的能力构建较强的市场竞争力,而且为了获得长期的战略竞争优势,还必须像小公司那样思考和行动,迅速并持续地创新,从而保持一定的灵活性,规避规模较大带来的弊端。

3. 资源能力

企业若想在动态竞争中获得更大的优势,就必须打破僵化的资源观念,及时、合理地对资源进行整合,合理配置资源,使其能够适应动态的竞争环境,在这个过程中,企业整合与调整资源的能力至关重要。

(1) 人力资源是核心关键。人力资源是一种至关重要的竞争性资源。在企业的人力资源中,企业家的才能与企业的经营绩效有着密切的关系,甚至对企业的经营成败起着决定性的作用。员工是推动企业动态竞争战略制定的核心力量,更是对动态竞争战略最终执行的根本力量。执行力反映了管理层领导的观念、素质和心态,企业的发展有 20% 靠企业的战略规划,80% 靠企业各层管理者的执行力。企业领导人必须努力营造管理执行力的有效氛围,形成具有有效执行力的管理团队。团队成员都要增强大局观念和整体意识,不要以自我为中心,而是强调整体利益,当发生不协调时,应该"求大同存小异",多找出共同点,不主张盲目地越位负责,否则,会严重影响管理的执行力。

(2) 建立核心竞争力与资源整合战略。企业的动态竞争优势就在于核心能力与特定的资源。建立核心竞争力和资源整合是企业整体战略选择的主要方式,是企业获得市场竞争优势和保证企业在市场运营中获得最大利益的重要方面。核心竞争力是企业集中优势兵力,选择优势产品或产业推动企业发展;资源整合战略是企业扬长避短的战略,两者的目的都是帮助企业获得市场竞争优势,只有将两者结合起来,并将其战略进一步融合,发挥各自的核心竞争力,企业战略竞争力所形成的合力才能得到有效发挥。

第四节 企业动态竞争战略的选择与实施

一、动态竞争中应对手段

乔治 S·戴维斯在《动态竞争战略》中提出,面对竞争对手的攻击,通常可以采取以下应对手段或者组合:价格、广告、分销渠道、促销、现有产品的重新定位、投入新产品。采取什么样的应对手段,除了考虑对手的具体行动之外,还要考虑业务的重要性、企业的组织能力及行动造成的威胁。

1. 产品策略

(1) 新产品的研发。针对消费者需求的调整重新研制符合消费者口味变化的新产品,这需要较多的市场调研和新产品研制,新产品是否符合消费者需求存在的风险较大,新产品推广存在较多的营销费用,但如果新产品能很受消费者的欢迎,则能弥补成本并给企业带来大量的盈利。

(2) 现有产品的重新定位。根据消费者消费意识和口味的变化,将现有产品重新包装和定位,以适应消费者的需求,往往可以取得出奇制胜的效果。派克笔诞生后,面临了来自更便宜、更方便的圆珠笔的冲击。派克公司采取了两项措施:一是削减了派克钢笔的产量,同时将原来的销售价提高了30%;二是增加广告预算,加强宣传以提高派克钢笔作为社会地位象征物品的知名度,派克公司将一款钢笔定位为奢侈品,如同劳力士手表一样受人仰慕,派克笔获得了新生。

2. 价格策略

通常采用的是价格降低、折扣等直接的手段,还有一些是间接的价格手段,如改变付款条件和支付方式等。例如,卓越、京东商城等电子商务网站采用货到付款和免费配送的方式吸引了许多客户。

3. 促销手段

广告是在企业竞争中被广泛采用的竞争手段之一。好的广告不仅可以让消费者接受企业的产品,还能让企业文化深入人心。一句经典的广告语可能是对竞争对手最好的回击。例如,可口可乐公司有一句广告语是"一直被模仿,但从未被超越",它不仅是对竞争对手的有力回击,更是其不断创新的企业文化的生动体现。现在,越来越多的企业关注公共关系营销,选取合适的公共关系活动能极大地提升消费者的好感,从而促进产品的销售,起到事半功倍的作用。

4. 销售渠道

营销渠道策略是整个营销系统的重要组成部分,好的渠道策略能有效地降低企业成本,提高企业竞争力。随着市场发展进入新阶段,企业的营销渠道不断发生新的变革,旧的渠道模式已不能适应形势的变化。应根据竞争对手的行动策略调整渠道,渠道策略要和其他策略结合起来。

企业采取应对手段之前,必须综合考虑行动的成本,如果成本较高而且相应的业务并不是企业的重要或者核心业务时,完全可以不予回应。与此相类似的是行动所造成的威胁,无论是竞争对手带来的危害性还是企业行动后给对手造成的震慑作用,如果都不能起到预期效果的话,就不必采取任何行动。企业采用什么样的反应手段主要考虑的是企业自身的综合实力,特别是组织能力。企业的组织能力决定了企业采取应对手段的时效性,有的应对手段往往要经过大量的时间和资本投入才能生效,有的手段可以短期内见效。

二、动态竞争中企业常用的应对战略

1. 先发制人战略

先发制人战略又称进攻战略,企业可以利用自身拥有的核心能力和资源优势率先向竞争对手发动进攻来获得竞争优势,一般是先向产业领先者进攻。先行动者可以取得战略上的主动权,可以在对手尚未进入的情况下率先占领市场。采取先发制人战略的企业可以优先制定行业标准,从而达到限制对手的目的。企业主动进攻竞争对手的某个环节,可以造成竞争对手策略的混乱,可以遏制对手发展的势头。

在挑战者制定战略的过程中需要洞察领先者,找到一种旨在削弱领先者优势的有特色的战略,认清或创造阻挡领先者报复的方法。进攻的战略可以通过将挑战者价值链的某些环节进行更新,或者调整价值链各环节的组合,还可以重新确定和领先者的竞争范围和领域。在这两者的基础上,挑战者实施进攻战略还需要在其竞争优势发展的领域之外,在自身资源和投资欲望的基础上获得新领域的一定市场地位。

采取先发制人动态竞争战略的挑战企业需要具有一种持久的竞争优势,且在其他方面比较接近,还需要一些防止领先者报复的方法,否则,容易导致失败。企业采取主动进攻的同时会使自己的资源与能力向某一方面倾斜,容易把自己的劣势暴露给对手。

2. 防御战略

企业采取防御战略目的是保持自身所具有的优势,降低被竞争对手攻击的风险,减弱任何已有的竞争行动所产生的影响,有助于保护企业最有价值的资源和能力。防御战略一般适用在目标市场需求结构与增长没有多大的变化,企业沉淀在这个行业中的资本较大,并能取得持续稳定增长的盈利的时候。通常的防御战略是影响可能实施挑战战略的竞争对手对进入或改变市场地位的逾期收益的估计,采用提高进入或退出壁垒以提高挑战者成本,降低竞争对手报复的可能性和可能实行进攻战略的因素。

防御战略能够达到两个作用:一是阻碍竞争者攻击,企业可以采用的阻碍竞争者攻击的方式有很多,例如,企业可以根据自己拥有的先进技术,防止竞争对手以更好的技术进入市场;增加对人、财、物在核心领域内的投资,以增强企业在这些领域内的竞争优势;企业推出新的经营模式,延长产品线和降低成本等方法构造进入壁垒,阻挡竞争对手进入市场;增加产品的不可模仿性,保持企业产品长久的竞争优势。二是向进攻者发出警告的作用,可以采用的警告方法是向外界宣布企业的管理层将扩大现有投资,维持或扩大企业现有的市场份额;提前发行有关新产品、新技术突破以及有关推出新产品和品牌的发布会和信息;公开表示防御者能提供和竞争对手相当的产品或服务,执行相匹配的政策,为消费者和其他利益相关者提供优惠等,警告的目的是告诉进攻者不要采取进攻,或者采取对防御企业影响小的行动,如果进攻者得到这样的信息后就会考虑自己采取进攻战略可能带来的收益和成本的大小。

3. 信号战略

竞争对手向企业发出的信号常常是有战略目的的,企业首先推断得到的信号背后的目的和预测竞争者将来可能采取的行动,在此基础上决定如何对竞争者的信号做出反应。企业发出信号也必须考虑自己企业发布的信号会引起竞争者怎样的反应。信号战略一般分为针对竞争对手和针对消费者两种。

(1) 通过信号战略引导消费者的消费倾向,争取更大的市场份额。例如,苹果公司推出的 iPhone 系列手机吸引了大量的追随者。

(2) 迷惑、欺骗对手,使对手做出错误判断和错误行动的战略。发布带有"恐吓性"的信号,就是向竞争对手显示企业实力,使对手知难而退；发布具有误导性的信号,使对手偏离预定计划从而消除对自己的威胁。例如,《三国演义》中诸葛亮使用"空城计"吓退司马懿。

(3) 建立行业规范。行业内有实力的大企业,可以通过自身的行动来传递一种信号,使其他企业共同遵守默认存在的不成文规定,使行业内的经营活动有序进行。

因此,企业应该加强对竞争对手信号的甄别,有些是虚假的,有些是预示未来的战略,有些是警告信号,有些是行动的趋势。

4. 承诺战略

承诺战略的中心思想就是企业自身尽量少给自己留余地,颇有"破釜沉舟,背水一战"的意味。企业实行承诺战略的时候一般将具有优势的资源与能力集中于一个市场,给对手造成压力,动摇对手的信心,企业实力弱的一方将率先陷入绝境。先发企业或者有优势的企业对追随者企业容易采用承诺战略。

承诺战略可以分为刚性承诺战略和柔性承诺战略。刚性承诺包括建立过剩的生产能力,从而使竞争对手重新考虑扩大产能的计划。柔性承诺的目的是提高整个行业的盈利水平,包括竞争对手的盈利水平。

5. 博弈思想指导战略

在日趋激烈的经济竞争中,不完全竞争市场结构逐渐增强,采用博弈论工具是解决与理性对手竞争的有力工具。此外,企业需要通过获得自己行为的反馈来判断企业战略目标和实施效果,反馈是为了达到目标的大量信号,博弈论为获得这种反馈信号并做出校正和调整提供了可能；另一方面,企业战略和收益都要受到竞争对手的影响,企业之间以及企业和环境之间的变化是相关的,与竞争对手的分析也需要博弈论。因此,当环境中的变量较少时,可以运用博弈论的思想来制定战略,用博弈论的思想指导战略是将个体行为特征的概念带入到系统行为的研究中,使个体更加紧密地联合起来,个体行为和群体性行为结合起来,考虑对手可能采取的行动和策略。博弈论为已有的不同市场环境提供了许多可以直接用来进行决策分析与预测的模型。在博弈中,战略受所有博弈方的影响,得益是所有博弈方战略或行为的函数,均衡是所有博弈方最优战略或行为的组合,各博弈方均以其他博弈方的随机信息来决策战略。博弈论的基本观点是和动态竞争思维一致的,两个企业或者系统发生直接相互作用的时候,每一个企业或者企业系统都能针对另一个企业或系统的战略行为做出相应的反应。

6. 避实就虚战略

避实就虚战略主要是小企业常采用的战略,或者是大企业比较薄弱领域面对该领域强大的竞争对手时常采用的战略。其主要思想是:小企业要想在激烈的竞争中成长为大企业,但已有的大企业会形成小企业成长的障碍。由于小企业规模小、制度灵活、资源结构简单,可以在复杂多变的环境中及时转变角色,在多个战略之间进行快速选择。此时,小企业往往灵活地运用自身优势,避免与大企业发生正面冲突,通过及时调整资源和能力,选择竞争对手较为薄弱的市场发起进攻。遇到反击时要及时避退,以保存实力或采取迂回攻击的策略。

7. 标杆学习战略

标杆学习是指企业以行业的领先企业或主要竞争对手的某项具有优势的活动作为基准,通过寻找先进企业和自己的差距,定出赶超策略,提高自己竞争力的活动。在现代企业管理中,标杆学习是很重要的一个管理工具,通过标杆学习,企业重新思考和改进经营实践,创造自己的最佳实践,因此,很多企业建立学习型组织。实践证明,任何一家成功企业,无不经历过学习模仿到赶超创新的过程。即使是一些很杰出的企业,也不断地对自己的短板进行标杆学习,例如,GE向摩托罗拉学习六西格玛,可口可乐向宝洁学习客户研究,海尔学过索尼的制造。对中国企业来说,在一些高新技术领域若想取得一席之地,做得最多的就是要向其他企业模仿学习,然后在自主创新方面实现突破。无论是标杆学习还是模仿,最终的战略目标都是实现赶超。从公开发布的行业报告、公司报告以及咨询公司等方面收集信息,来确定企业的特定职能和活动开展得是否有效、公司的成本是否与竞争对手的成本接近、需要改善哪些活动和流程等。分析企业和标杆企业在价值链结构和管理方面存在的差距,从中发现彼此间的竞争优势和劣势,分析产生差距的原因,找到实现超越的途径。

第五节　动态竞争对手的选择和反应策略

一、动态竞争对手的选择

动态竞争企业会面对各种各样的竞争对手,竞争对手的存在有两方面的意义:一方面,竞争对企业来说会造成一定的成本,强有力的竞争对手的存在会削弱企业的市场地位;另一方面,企业处于你争我夺、此消彼长动态的竞争环境里,在参与竞争的进攻与反击、博弈与反博弈的过程中,企业必须要时刻关注环境的变化,注意竞争对手的行为并及时调整策略,企业会及时、准确地对自身优劣势进行分析,弥补短板,发挥优势,发现潜在的利益增长点,有利于企业竞争能力和市场地位的提高。

(一)选择竞争对手的基本原则

竞争对手的好坏并没有一个可以量化的确切标准。但总的来说,好竞争对手的存在可以对企业提出挑战,促使其不断发展、加强企业的竞争地位,而不会带来太严重的长期威胁。另外,这些好竞争对手可以防止行业陷入过度竞争的无序状态,给企业竞争提供良好的环境。一般来说,选择竞争对手的原则有以下几点。

1. 具有良好的信誉

没有良好信誉的企业对整个行业来说是不利的,这种企业所来带来的是对全行业的负外部性。一家企业的失信行为会使消费者对整个行业的信任大打折扣,对这种竞争对手必须严格剔除或迫使其及时改正。

2. 实力相当

选择强大的竞争对手,则竞争对手的技术优势和管理优势等能够溢出给企业,可以提高企业的竞争力,但竞争对手如果太强大,就容易使企业丧失勇气和信心,此外,有些竞争需要较大的资源投入,若无法通过竞争改变市场地位则会耗费较大的成本;选择弱小竞争对手,通过竞争得到的学习和能力的提升就非常有限,甚至造成退步。选择实力相当的竞争对手,在竞争中不断提高自己的同时,还可以获得市场份额。

3. 遵守游戏规则

选择熟悉行业规则和遵守竞争规则的竞争对手,能维持行业的稳定,避免因竞争对手行为造成的行业风险导致的企业损失,从而间接地减少企业成本。

4. 动态调整竞争对手

要根据环境、企业自身地位和情况及时调整竞争对手,找到适合企业的竞争对手。

(二)深入分析竞争对手

1. 分清竞争对手的属性

经济学在分析市场行为的时候,基本假设是竞争各方都是"理性的",但事实上,在现实的市场中由于不完全信息和企业的机会主义行为等因素,有些企业会有意或无意地做出不遵守竞争游戏规则和交易规则等"非理性"的"坏"行为,我们称其为"坏"企业。

在动态竞争中,有些"好"企业也会随着环境和自身情况的变化变成"坏"企业。当企业面临的竞争对手是"坏"企业时,"好"企业必然遭受损失。随着近年来诚信社会的构建以及诚信系统的建立,企业越来越重视自己在行业中的信誉,因此,"坏"企业有逐渐减少的趋势,但诚信社会构建的长期性及诚信系统的不完善使企业在参与动态竞争中还是必须区分"好"竞争对手和"坏"竞争对手,选择对自己有利的"好"竞争对手,剔除"坏"竞争对手,避免与"坏"竞争对手发生冲突。

2. 明确竞争对手的定位

考虑到企业在规模、战略、技术和竞争能力等诸多方面存在的差异,不同类别的竞争对手对企业造成的威胁(或者对企业竞争能力提升起到的作用)也是不同的。企业在进行战略决策时,必须要将现有的竞争对手进行分类定位,集中资源进行有选择性的竞争,这样才能提高制胜的把握。

3. 选择竞争对手

根据竞争对手的企业规模、战略、竞争能力等方面的差异,可以定性地将竞争对手分为如下三类。

(1) 核心竞争对手。这类竞争对手的产品与企业近乎同质,战略与自己相对抗,竞争力与自己相当,通常是与企业具有直接冲突的企业。针对这类竞争对手,企业应密切关注,引起重视,设法多角度、多层次地超越竞争对手。

(2) 强势竞争对手。这类竞争对手是行业内的领头羊,在企业规模、品牌认知度等方面处于行业主导地位,如行业内的垄断地位企业或寡头企业。针对这类竞争对手,企业应避免和其正面冲突,如果要竞争的话,应选取薄弱市场作为竞争方向。

(3) 潜在竞争对手。这类竞争对手是指那些尚未进入或者尚处于萌芽阶段的企业,处于行业学习阶段,其实力还不足以和行业内企业竞争,但具有新兴的技术或者其产品具有良好的市场发展前景。在当今日新月异的社会中,此类竞争对手越来越多。针对这类竞争对手,企业要进行动态关注,长期来说不容忽视。

综合来看,企业在选择前两类对手时虽然有很大的风险并且将会面临很多困难,但有利于在竞争中取得长足的发展。如果选择第三类竞争对手,可以通过兼并或者联合行业内前两类竞争对手抬高进入门槛和经营成本,促其退出或者将其兼并。

二、竞争对手反应的优劣势分析

从企业间动态竞争模型(如图 10-3)中可以看出,竞争来自行为发起者,我们也将其称为先行者,即最先采取行动的企业。企业将根据自己的市场环境和竞争对手的行动考虑应该采取的策略,因此,在动态竞争过程中,先动者和后动者的行为和策略将对行业内其他企业是否反击具有重要的作用。一般来说,如果企业在对行为的成本和收益进行评估后有把握在竞争中取得收益,或者会减少损失,企业将会采取反击行动。同时,先动者在行动之前还要考虑如果进行战略调整,竞争对手和竞争跟进者将采取什么样的行动,所以,先动者行动前不仅会考虑自己行动带来的收益,还要考虑自己行动引起竞争对手的反击行为将对自己造成的影响,衡

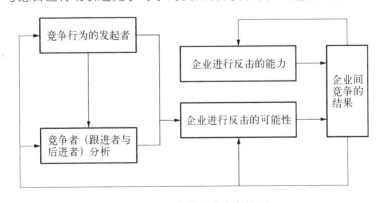

图 10-3 企业动态竞争模型

量的是两个阶段收益的最大化。企业能否在竞争中取得胜利取决于是否能成功地预测竞争对手的策略或行动。先动者和后动者都会有优势和劣势。

(一) 先动者

先动者(first-mover 或 pioneer)被定义为某类新产品中首先出现的品牌、首先进入新市场的企业、首先销售某类新产品的企业。也有学者从产品研发和市场开发两个纬度来定义先动者,仅研发了新产品的企业只能是创新者(innovator),而第一个进入市场销售新产品的企业才是先动者。除先动者以外的企业被定义为后动者(later entrants)或跟随者(followers),有的将后动者进一步细分为紧随者(early follower)和后动者。

1. 先动者优势

早在 1985 年,Robinson and Fornell 就提出了先驱优势(pioneer advantage)概念。此后,有一些学者和研究人员进行了较多的理论研究和实证分析,获得了一定的研究成果。先动者优势是指先动者因首先进入市场而获得正利润。先动优势主要体现在以下几个方面。

(1) 较早获得规模效应。先动企业可以有较长的时间来积累相当的销售量,能够比竞争对手更早地降低生产成本。

(2) 购买者的惯性依赖。如果消费者使用了企业提供的产品及个性化的售后服务,并且顾客已经具有使用该产品的技能,如果竞争对手不能迅速地模仿这种技能并提供同样产品和服务,则消费者使用竞争对手的产品将会产生一些成本,这些额外的成本就是转换成本。

(3) 率先抢占市场。率先抢占市场能够使企业最先接触到客户,使自己的产品最先被客户接受。企业可以同时建立良好的声誉并树立起自己的品牌,对后来者形成一道壁垒。微软公司的 OFFICE 办公软件曾经受到国内有名的金山软件公司开发的

WPS的激烈竞争,新版本的WPS从某些角度来说更适合国人的办公习惯,某些功能更贴切国人使用,但使用OFFICE软件的用户还是很多,以致后来得到政府的扶持,依然未能如愿。原因就在于OFFICE系列较WPS系列开发更早,用户在使用了微软的产品后,就习惯于这样的软件环境,先入为主,从而不愿意再使用新的办公软件。因此,先动者提供的产品和服务如果得到消费者的认可和支持,对后进入者形成较大的进入壁垒。

(4) 构筑技术产权壁垒。先动企业通过技术创新在某个特定技术领域获得知识产权,获得收益和竞争优势。技术研发的模仿创新难度较大或者模仿成本较高,则先动者容易保持持久的竞争优势。这种情况也适用在企业研发获得技术标准的情况,标准获得者构建了技术壁垒,使使用标准者需要支付一定的费用,从而获得标准的先动者则能保持良好的先动优势。我国数字视频行业的国内家电厂商为了获得DVD标准授权,不得不向国外DVD联盟企业支付大量专利费,所以,对率先进行DVD研发的企业来说,这种优势一方面为企业带来了大量的物质财富,另一方面也让企业获得了持久的竞争优势,形成良性循环,使企业能够长期发展。

在动态竞争中,先动优势是一个相对的概念,长期来看,先动优势不是一直存在的,所以,先动优势是在短期内相对于后动企业而言。

2. 先动者劣势

企业的先动战略要获得成功就必须将先动优势维持足够长时间,但有时候先动者行动并产生先动优势后,竞争者不仅会赶上而且可能做得更好,导致先动者的初期巨大投资不仅没有为先动优势的维持带来好处,反而导致了技术的路径依赖,产品和技术跟不上市场需求,使企业在竞争中处于劣势,这就是先动者劣势,主要表现在以下两个方面。

(1) 承受较大的风险。一般来看,先进入市场的企业必须投入较多的资本来开发新市场,同时,先动企业一般缺乏经营经验,如果企业经营失误将会导致所有投入白白浪费。所以,具有开拓性的先动者要多付出成本和代价,而且几乎没有获得什么经验曲线效应。

(2) 为后来者扫清障碍。一方面,先动者往往为了开发市场,通过广告、公共关系等方式引导消费者的消费观念,实际上为后来竞争者扫清了障碍,减少了后动者的开发成本;另一方面,后来者可以借鉴先动者的成功经验和失败教训,调整策略并做出最优的决策,减少了决策风险和成本,从而有机会超过先动者获得持久竞争优势。由于技术变革速度很快,早期投资的设备和技术会很快过时,后动者可以采用最先进的技术和设备。

(二) 后动者

后动者又称次动者,是指比先动者晚行动的主体。后动者可以利用先动者的先天不足来迅速填补先动者在市场上的空白。

1. 后动者优势

后动者优势(later-mover advantage; Second-mover advantage)又称次动优势或后动优势,是指由于较晚进入行业而获得的较先动企业不具有的竞争优势,通过观察先动者的行动及效果来减少自身面临的不确定性而采取相应行动,获得更多的市场份额。

(1) "搭便车"效应。在产品和工艺研究与开发、顾客教育、员工培训、政府审批、基础投资等方面从先动者身上直接吸取经验教训,直接利用已有的成果,研发成本较低,不必拓展新的需求,开发市场的投入较少。

(2) 弥补先动者不足。由于市场初期,技术和顾客需求的不确定性导致先动者产生某些定位错误,后动者可以弥补先动者的不足,生产更符合消费者需求的产品,提供更具竞争力的产品。

2. 后动者劣势

(1) 技术创新以差异化产品。倘若先动者的产品具有较高的技术要求或者存在专利保护,次动者就要投入较多的研发成本,甚至获得专利或者标准,就需要大量的技术投入以开发新产品和开拓新的市场。

(2) 容易遭到先动者的打压。在位企业为维护已有的市场份额,必定会想方设法阻止其他企业进入,这给次动者造成更大的进入成本。

其实,从上述分析可以看到先动优势就是后动劣势,先动劣势就是后动优势。

三、竞争对手反应预测

(一) 反应策略预测

企业面对来自环境的竞争,根据企业所做出的反应和反应的积极程度,可以将企业的竞争对手行动策略分为以下四种。

1. 关注

在竞争对手采取行动的初期,行动还没有对企业以及市场产生实质性或者明显的影响,这种情况下,企业一般会采取关注的态度,基本上不采取行动。这种行为实施者主要是一些实力较强的大企业或者具有专利技术优势的企业,关注通常是发生在竞争行为产生的初期。关注分为密切关注和一般关注两种程度。如果企业实力相当,战略相近,则企业会采取密切关注。

2. 合作竞争

竞争对手的行动如何符合企业的战略规划,可以考虑和竞争对手合作,在合作的基础上实现共同开发市场、合作共赢,在合作的基础上竞争。因此,这种合作实际上是相互利用和相互依赖的,双方在互相竞争中不断提高效率,在合作中不断取长补短和完善自我。可以采用的做法是相互之间分工或者联合品牌,实现利益共享。

3. 跟随

面临竞争对手的行动调整,在经历了密切关注后,竞争对手取得了良好的绩效,获得了市场消费者的肯定。此时,企业考虑采用跟随的策略,包括新产品开发、价格策略、促销策略和渠道策略等,采取的是模仿创新或紧密跟随,为的是在中后期能尽量获取更多的盈利。

4. 报复

企业在面对来自竞争对手的攻击时,可以采取反击或者报复的策略。这是一种积极打击竞争对手的策略。

5. 撤退或者规避

在企业面对实力悬殊的对手时,为避免竞争所带来的更大损失,往往会采取撤出市场的战略。这是一种消极的应对态度。企业也可以选择改变自己的产品来避免与竞争对手的正面冲突,从而避免激烈的竞争。

(二)反应速度预测

根据企业面对竞争对手的竞争所采取行动的快慢,可将企业行动的速度分为以下三类。

1. 迅速回应

这种速度的反应通常会减少竞争对手的反应时间,将对手带来的威胁消灭在萌芽状态。在进入壁垒较高的行业中,在位者的反应速度较快,因为一旦竞争者进入行业,将会对在位企业形成极大的威胁。

2. 延迟反应

这通常是企业采取"相机而动"策略的表现,企业需要一定时间来了解竞争对手的能力并分析竞争对手将采取何种行动。通常是采用观望的态度,根据时局变化而采取行动。

3. 抢先行动

企业在竞争对手尚未进入前就采取行动,通过提高产品标准、改进工艺技术等方法构建行业的高壁垒,以期将竞争对手排除在壁垒之外。这类行动通常是一些具有较强实力的在位者才会采用的行动。

（三）确定反应市场的范围

反应市场又称反应领域，是指企业会在哪一个市场对竞争对手做出回应。根据竞争对手实力的不同，可以将反应领域分为以下三种。

1. 相同的市场

企业针对竞争对手行动的市场，正面迎击竞争对手，目的是在统一市场和统一产品领域进行市场份额的竞争，以获取更多的收益。

2. 薄弱的细分市场

企业采取避实就虚的战略，在竞争对手较为薄弱的细分市场上发起反击。例如，著名的外资粮油企业益海嘉里进入中国后率先推出小包装食用油，直取被国内同行业企业所忽视的小包装市场，小包装食用油一经推出立即吸引了一大批消费者的青睐。

3. 中立的市场

面对强有力竞争对手的进攻，企业可以选择拓展对手实力不强或者不关注的市场，并在该市场做大做强，这就避免了与竞争对手的正面冲突。

【本章小结】

动态竞争是指在特定的行业内，某个（或某些）企业采取了一系列竞争行动，引起竞争对手的一系列反应，这些反应又会影响到原先行动的企业，这是一种竞争互动的过程。信息化时代的到来使传统的竞争模式发生了很大的改变，时间就是金钱，效率就是生命，在一个充满未知的动态环境中，企业能否准确、及时、有效地根据对手的行动制定出行动战略关乎企业的生死存亡。

动态竞争具有高强度、高速度、暂时性和具有行业特性等特征。企业在制定动态战略时，要充分利用价格、广告、分销渠道、促销、现有产品的重新定位、投入新产品等手段。企业可以选择的动态竞争战略包括先发制人战略、防御战略、信号战略、承诺战略、博弈思想指导战略、避实就虚战略、标杆学习战略等。选择竞争对手一般遵循具有良好的信誉、实力相当、遵守游戏规则和动态调整的原则。竞争对手先动者和后动者各存在优劣势,竞争对手行动策略有关注、合作竞争、跟随、报复、撤退或者规避等,竞争对手的反应速度不同,反应的市场也不同。

【基本概念】

动态竞争　动态环境　核心能力　资源能力　创新能力　先动优势　后动劣势

【复习思考题】

1. 如何正确理解企业动态竞争的背景、内涵与特征?
2. 企业在制定动态竞争战略时获取资源的路径是什么?
3. 如何培养企业的动态竞争能力?
4. 竞争对手的反应策略有哪些?
5. 企业可以采用的动态竞争战略有哪些?
6. 博弈的思想如何指导企业制定动态竞争战略?

【结尾案例】

惠普和戴尔的竞争:战斗正酣

"接下来的几年我将出任 CEO,我们要调整我们的业务。"迈克尔·戴尔的话暗示,这位戴尔(DELL)的创始人和新近重新就职的 CEO 会尽最大努力纠正现有的问题——这些问题导致戴尔丢掉了全球最大个人电脑销售商的位置。实际上,在临近 2006 年的时候,惠普(HP)在全球的个人电脑市场上占有 18.1% 的市场份额,而戴尔占有的市场份额却缩水为14.7%。市场份额的丢失造成戴尔公司的股票市值在2005～2006年之间降低了32%,而惠普的股票市值在同样的时间内翻了一番。

企业业绩的下滑对戴尔来说是从未有过的经历,戴尔是一家从1984年1 000美元的初始投资成长为2007年拥有560亿美元规模的企业。戴尔的成长建立在"天才的杰作——绕过中间人,直接向消费者出售定制的计算机"的商业模式之上。一些分析家认为这种为人们称道的"戴尔方式"是"20世纪末具有革命性的商业模式之一"。但这种方法现在却不再像过去那样创造如此大的价值了。这种变化是由一系列竞争性行动和竞争性反应造成的。

一直以来,戴尔及其竞争性行动集中于寻找一些方法以利用其商业模式持续降低成本和产品的价格。在一家企业的产品需求持续扩大的时候,集中于单一的商业模式可以使企业快速成长。但从长期看,创新和再创造才是持续成功的基础。

在过去的几年里,惠普找到了进行自我创新和再创造的方法。在检验其商业模式之后,现在领导惠普个人电脑业务运营的执行官托德·布拉德利总结道:"惠普是在错误的战场上战斗。惠普过去一直将资源集中在戴尔的强项上,也就是通过互联网和电话进行直销。但实际上惠普应该做的是集中力量在自己的强项零售商店上,以此战胜戴尔。因为戴尔从未涉足过零售渠道。"为了成功地转移普惠的重点,惠普与零售商们建立了密切的关系,甚至试图将个人电脑"个性化"。与"个人电脑个性化"活动相一致,惠普在它的广告中利用明星效应(如时装设计师王薇薇和嘻哈巨星Jay-Z),并为不同的零售商生产独一无二的产品。例如,惠普和百思买共同设计并生产出一款银白色的笔记本电脑。这款笔记本电脑主要面向女性消费者群体,标价1 100美元。该机型成为百思买在2006年度假日期间最热卖的笔记本电脑之一。

戴尔决定进军电脑的零售业务是对惠普行动的一种竞争性反

应,与美国和加拿大的3 500个沃尔玛店合作。戴尔现在与一个日本零售商合作(Bic Camera Inc.)在日本出售笔记本电脑和台式机。另外,戴尔也在尝试拥有自己的零售商店,2007年7月在德克萨斯的达拉斯开设其第一家零售商店(其他的戴尔零售店也正在筹划中)。戴尔还向研发部门追加投入了很多资金并重新组织了它的一些广告活动"来提醒消费者以消费者为导向的个人电脑的优势"。

案例来源:迈克尔·希特.战略管理:竞争与全球化(第8版)[M].机械工业出版社,2010.

思考讨论题:

1. 在与戴尔的竞争性对抗中,惠普如何进行还击,进而获得了PC老大的宝座?

2. 戴尔决定进军电脑的零售业务是对惠普行动的一种竞争性反应,你觉得它的这一策略可行吗?戴尔是否能够重回往日的辉煌?

第四篇
战略实施

第十一章 利益相关者、社会责任与公司治理

名人名言

　　利润就像空气对于呼吸一样必不可少,但如果我们只一心想着去获取利润的话,那就好比活着只是为了呼吸一样糟糕。

——赫尔曼·约瑟夫·阿伯斯

　　我们要探讨的是可以把巨变带向人性和可持续结局的价值观、信念和伦理观。这些社会生活上的"软性"因素,是我们这个时代的新要务,比传统的政治、经济和商业管理与再管理等"硬性"因素更加攸关未来的成败。

——欧文·拉兹洛

【本章学习重点】

（1）理解企业目的和企业战略的关系；
（2）了解如何进行利益相关者管理；
（3）掌握企业社会责任的内涵及 CSR 战略设计原则；
（4）理解公司治理结构的内涵与模式；
（5）掌握企业负竞争力的内涵及其产生根源。

【开篇案例】

三鹿集团的前世今生

　　2008 年发生在中国的三鹿婴幼儿奶粉因添加三聚氰胺而导

致婴幼儿患病甚至死亡的食品质量安全丑闻,使三鹿集团成为社会责任管理方面典型的反面教材。本案例旨在启发学生对企业社会责任和商业伦理问题的思考,使学生掌握商业道德、企业伦理、社会责任的基本概念,掌握企业社会责任管理和伦理决策的基本思路。

三鹿丑闻始末

2008年9月11日,三鹿集团生产的婴幼儿奶粉中被查出含有化工原料三聚氰胺,导致全国各地多名食用该奶粉的婴幼儿患上肾结石。9月13日,中国国务院启动国家安全事故一级响应机制("一级"为最高级,指特别重大食品安全事故)处置三鹿奶粉污染事件。患病婴幼儿实行免费救治,所需费用由财政承担。根据公布数字,截至2008年9月21日,因使用婴幼儿奶粉而接受门诊治疗咨询且已康复的婴幼儿累计39 965人,正在住院的有12 892人,此前已治愈出院1 579人,死亡4人。截至9月25日,香港有5人、澳门有1人确诊患病。2009年2月12日,石家庄市中级人民法院正式宣布三鹿集团破产。3月4日上午,三鹿集团的核心资产被北京三元集团以6.165亿元拍得。从2008年9月13日中央政府启动国家重大食品安全事故一级响应,到2009年3月4日三鹿破产拍卖成功,仅短短的半年时间,事件引起各国的高度关注和国民对乳制品安全的担忧。2011年,中央电视台《每周质量报告》调查发现,仍有7成中国民众不敢买国产奶。

风波乍起

2008年9月11日,《东方早报》记者简光洲以题为《甘肃14名婴儿同患肾病,疑因喝"三鹿"奶粉所致》的报道谨慎地怀疑三鹿有问题。此报道前后,陕西、宁夏、湖南、湖北、山东、安徽、江西、江苏等地相继出现疑似病例的报道。继而引发公众的强烈反响和政府相关部门的重视。

9月11日晚,卫生部指出,经调查,高度怀疑石家庄三鹿集团股份有限公司生产的三鹿牌婴幼儿配方奶粉受到三聚氰胺污染。当日晚22时,三鹿集团发布产品召回声明,称经公司自检发现2008年8月6日前出厂的部分批次三鹿婴幼儿奶粉受到三聚氰胺的污染,市场上大约有700吨。

9月12日,三鹿集团全面停产。14时,三鹿集团对媒体发布消息称,已经查出此事件是由于不法奶农为获取更多的利润向鲜牛奶中掺入三聚氰胺造成婴儿患肾结石,不法奶农才是这次事件的真凶,并立即上报。三鹿对产品给消费者带来的影响和伤害表示歉意,决定立即全部召回2008年8月6日以前生产的三鹿婴幼儿奶粉。

东窗事发

2008年9月11日,有三个"导火索"使三鹿事件被昭示于天下:

一是新西兰政府当日上午给中国政府有关部门的照会,这也是最重要的导火索。三鹿集团是中外合资公司,其最大海外股东是新西兰恒天然公司。根据新西兰政府的说法,恒天然公司在8月份得知奶粉出现问题后,马上向中资方和地方政府官员要求召回三鹿集团生产的所有奶粉。不过恒天然公司经过一个月多的努力未能奏效,中国地方官员置若罔闻,试图掩饰,不予正式召回。恒天然只好向新西兰政府和总理海伦·克拉克报告。9月5日,新西兰政府得知消息后下令新西兰官员绕过地方政府,直接向中国中央政府报告此次事件,中国政府才严正对待此事。

二是上海《东方早报》记者简光洲题为《甘肃14名婴儿同患肾病,疑因喝"三鹿"奶粉所致》的谨慎点名报道。据简光洲的博客透露,9月11日报道见报后,报社接到无数电话,要求他们撤下网站上的新闻,直到晚上9点多,三鹿发表声明宣布召回问题奶粉后,他才如释重负。

三是2008年9月11日中央电视台《新闻联播》后,伴随三鹿婴幼儿奶粉安全问题被昭示于天下,三鹿集团彻底陷入了困境。

2009年2月12日,石家庄市中级人民法院发出民事裁定书,正式宣布三鹿集团破产。3月4日,北京三元集团以6.165亿元拍得三鹿资产,成功收购三鹿。

三鹿事件的影响

2009年1月22日,石家庄市中级人民法院作出判决,掌舵三鹿集团22年已66岁的原三鹿集团董事长田文华被判生产、销售伪劣产品罪,判处无期徒刑,剥夺政治权利终身,并处罚金人民币2 468.741 1万元。三鹿集团高层管理人员王玉良、杭志奇、吴聚生则分别被判有期徒刑15年、8年及5年。三鹿集团作为单位被告,犯生产、销售伪劣产品罪,被判处罚款人民币4 937余万元。涉嫌制造和销售含三聚氰胺的奶农张玉军、高俊杰及耿金平三人以危害公共安全罪被判处死刑,薛建忠无期徒刑,张彦军有期徒刑15年,耿金珠有期徒刑8年,萧玉有期徒刑5年。2009年3月26日,高俊杰二审被改判死刑缓期两年执行。2009年3月22日,中央纪委监察部对三鹿奶粉事件中负有重要责任的质检总局、农业部、卫生部、工商总局和食品药品监管局的八名领导做出处理。

当一切尘埃落定,法律对当事企业及其高管做出最终判决之后,三鹿事件过程和原因似乎有了答案。然而,这个答案对社会而言似乎并不完满:身陷囹圄的原三鹿高管心中的"后悔"胜过自责;受害和未受害的消费者增加了对国产乳制品质量安全的猜疑,以至于纷纷抢购或代购洋品牌奶粉;政府和媒体为扶持过三鹿这样的名牌企业倒台而遗憾;乳制品厂家和政府监管部门陷入了添加剂管理的困惑;学者们搞不明白为何中国的厂商们在食品药品质量安全问题上一错再错。三鹿事件及其后果发人深省,企业的社会责任在哪里?企业家们的道德和伦理底线在哪里?

资料来源:谢佩洪,李鑫.三鹿集团的前世今生,2012.

第一节 企业目的——战略的哲学前提

一、企业为什么存在

什么是企业?企业为什么存在?这是20世纪70年代以来企业经济学一直致力于解答的两个根本性的经典问题。

企业是什么?"企业"通常是对所有营利性组织的总称。"企业"一词源于英语中的"enterprise",原意是企图冒险从事某项事业,且具有持续经营的意思,后来引申为经营组织或经营体。从本源意义上讲,企业是一个经济学范畴的概念,表示一种作为客观事实的社会现象,一种相对独立且持续存在的各生产要素相结合的组织体。尽管企业出现的历史已经很长,但目前学术界对企业仍没有统一认可的界定,不同学科的学者可谓是仁者见仁、智者见智。

法律研究者刘文华认为,企业是指依法成立并具备一定组织形式、以营利为目的、独立从事商品生产经营活动和商业服务的经济组织。经济学家Fama(1980)把企业简单地看作生产要素之间的一组合同或契约关系,其中每一个要素的行为都受自身利益的驱动。Monks和Minow(1995)从企业运作的角度对公司制企业作了如下界定:公司是一种允许不同个体或团体为了他们利益的最大化而贡献资金、专长、劳动力的一种机制。根据《现代企业管理全书》,企业是从事生产、流通或其他服务性经济活动,实行自主经营、自负盈亏和独立核算的盈利性的经济组织。

经济学家(尤其是制度经济学家)研究了"企业为什么会存在"这个根本性问题,认为企业能够节约交易费用,从而具有替代市场的作用。从达尔文社会进化主义的观点来看,人们设立企业并不断改进它的目的是它能够实现以前商业组织形式所不能满足的需要。公司制企业几百年的发展历程表明,它更能适应和促进社会的发展进步。只有满足、实现利益相关者和社会的需要,企业才能生存发展。正是由于具有这种"社会性",企业的行为才会受到政府、社会以及广泛的政策、法律、法规的约束和影响。这种意义上的企业表现出以下五个方面的特点:① 满足人类需要和创造财富;② 持久的和富有活力的社会组织结构;③ 提高效率和效果;④ 普遍性和灵活性;⑤ 法人身份。

二、企业的性质

根据对企业定义和为什么存在的阐述,对企业性质的解析应该在两个层次上展开。在第一个层次上,企业是从事商品(包括服务)生产和其他社会经济活动的营利性组织。这是企业的"经济"属性,企业是一个经济组织,只有获得利润才能生存发展,这是现实的存在。在第二个层次上,企业是满足利益相关者和社会的需要,是提高社会运作效率的社会性组织。这是企业的"社会"属性,只有符合社会各利益相关者群体的期望,积极承担社会责任,才能获得社会合法性。因此,企业具有"经济性"和"社会性"的双重性质。

《企业管理百科全书》对企业的性质及任务也作出了类似表述:追求利润,只是企业的生存价值之一;满足社会和劳动者的需要,提高社会阶层生活水准,促进社会的快速发展,才是企业的生存目的。企业不仅具有一般意义上追求利润的经济属性,还具有服务于他人及社会的社会属性,而后者体现了企业的本质属性。企业是经济属性和社会属性的统一体。如果说经济属性规定着企业的生产是为了满足"自身的利益和需要"进行的,具有为己性和牟利性的特征,社会属性则意味着企业的生产是为了"满足他人和社会需要"而进行的,具有利他性和服务性的特征。由价值论哲学可知,前者实现了企业的自我价值,后者实现了企业的社会价值。企业实质上是一个实现社会价值和自我价值的统一体。

企业的双重属性以及企业价值的两重性表明,基于主体所采取的具体行为以及基于主体所扮演的具体角色正是企业社会责任产生的依据所在。企业的利益追求和经济的成长发展必须合乎社会的需要,对社会是有意义的,并接受依据社会目的而进行的评价和限制,这样才能获得其经营合法性,得到社会的认可。在这个意义上,企业是社会的公有物,就其工作的性质和内容来说,都是带有社会性的。否则,企业便失去了存在的价值。管理大师德鲁克指出:"工商业企业是社会的一种器官,工商业企业并不是为着自身的目的,而是为着某种特别的社会目的,并满足社会、社区或个人的某种特殊需要而存在的。它们本身不是目的,而是工具……每一个机构都是社会的器官,都是为了社会的需要而存在。"也就是说,企业的价值绝不限于创造经济效益,而在于通过承担社会责任来创造更加美好的社会。因此,企业存在的根本意义在于它是一个能满足人们的需要和提高社会运作效率的社会组织,虽然表面上看似追求利润最大化,实质上企业是一种促进社会发展和进步的独特工具。

三、企业的目的

企业战略要解决企业的生存与发展问题,而企业目的对企业战略又有关键意义。企业目的是企业所追求的价值,是企业之所以存在的理由,代表了企业存在的根本价值观,因此,可以称得上是企业战略的哲学前提。正确的企业目的能够推动企业战略的发展,使整个企业充满向心力、凝聚力、创造力和活力。回答"企业目的是什么?"是企业理论的根本问题之一,迄今为止,有关这一问题的回答最具有代表性的有以下四种学说。

1. 利润最大化说

企业目的即追求利润最大化,这是经济学领域最具有代表性的新古典经济学的理论。这种观点的代表者首推亚当·斯密,然后则是获得诺贝尔经济学奖的米尔顿·弗里德曼。弗里德曼最著名的格言是:"企业的社会责任是增加利润。"目前,相当多的人认为利润最大化的企业目的论导致企业唯利是图,是造成商品社会中大量投机和欺诈行为以及造成企业经营中道德和伦理失范的重要原因。为此,对这一企业目的论提出质疑。毋庸置疑,利润在企业的经营管理和生存发展中占有重要的位置。企业追求利润最大化本身并没有错,问题的关键在于应采取什么样的途径、手段和方法去追求利润。如果采取了不正当、不合法的途径和手段去追求利润当然是错误的,将会给企业自身和社会带来不良后果。因此,企业理应合理合法地去追求利润最大化。

2. 创造顾客说

在管理领域最具代表性的企业目的说是现代管理之父德鲁克的创造顾客理论。他认为盈利能力本质上不是企业的目的,只是企业经营活动的结果和好坏的检验标准。企业的目的不在自身,必须存在于企业本身之外,必须存在于社会之中,这就是造就顾客。顾客决定了企业是什么、企业生产什么和企业是否能够取得好的业绩。德鲁克认为:"顾客是一个企业的基础,并使它继续存在,只有顾客才能提供就业。正是为了满足顾客的需求和需要,社会才把物资生产资源托付给工商企业。"因此,他认定"企业的目的只有一种适当的定义:创造顾客"。其含义有二:一是企业生产什么和提供什么样的服务并不重要,顾客想买什么和顾客认为有价值的是什么才是有决定意义的;二是企业不是消极地等待顾客承认,而是积极主动地去创造顾客,即有个引导消费的问题,要善于发现顾客的潜在需求,把它变成实际的需求。目前,德鲁克的创造顾客的理论得到了普遍的赞同。

3. 社会责任说

有越来越多的人认为企业应以承担社会责任和追求社会价值最大化为经营目的,以此为经营目的的国内外企业在未来也将会越来越多。他们认为,企业在生产经营中不应过多地考虑自身的利益,而是从社会责任感和为社会服务的角度去指导自身的经营行为。持这种观点的人是从广泛的社会观念来确定企业使命,他们认为企业不仅应被看成是一个经济组织,更应被看成是一个社会组织,它关心整个社会的长远利益而非仅仅是消费者或企业利益。目前,越来越多的企业认为企业赚取利润的过程也就是把自己的经营活动纳入社会这个大系统的过程,企业生存的价值不仅仅是为自己创造利润,还是为自己的子孙后代积累财富,应当把创造利润与为社会创造财富协调起来。

4. 动力源泉说

尼科·默克基安尼斯(2008)认为有战略不一定有目的,有使命不一定有目的,有愿景也不一定有目的。企业目的是你追求使命的一种选择——它决定你自己以及你所领导的企业将何去何从。当企业目的指导着一个公司前进时,领导者能从目的中自然规划出愿景,建立起使命,并总结出价值标准。在这种情况下,公司不需要再去刻意地"协调一致",因为目的本身已经对顾客和员工产生了凝聚力。默克基安尼斯认为能够成就伟大公司的企业目的有四个:① 探索发现;② 追求卓越;③ 利他主义;④ 英雄主义。他认为这四个目的是成就伟大公司的四条动力源泉,公司目的的四种主要道德观念能从本质上解释企业行为,如表11-1所示。

表 11-1　成就伟大公司的动力源泉

企业目的	道德观念类型	行为的道德基础	代表性公司
探索发现	新事物	作出自主选择	IBM、索尼、3M
追求卓越	美好品质	完善自我	苹果、宝马、英特尔
利他主义	助人为乐	提升幸福感	沃尔玛、惠普
英雄主义	力量的效力	展现成就	微软、福特、美孚石油、华宝银行

资料来源：尼科·默克基安尼斯.企业目的：伟大公司的起点.机械工业出版社，2008.

通过上述对企业目的四种观点的阐述，可以看到他们是从不同的角度和不同的方面去理解企业目的。企业目的是一个复合体，应该把企业目的看作是一个"目的系统"，上述四种企业目的是相互联系、相互作用、相互影响的。西奥多·莱维特将利润最大化视为"道义上非常浅薄"。他认为尽管利润对商业来说是极其重要的，但仍然不是企业的生存目的。企业是能够通过"做正确的事"，让包括股东在内的公司的主要利益相关者共享由公司带来的利益，并通过行动表明他们是信奉社会价值观的，愿意在人文、环境和经济方面对社会作出积极贡献。因此，不是每个人都想建立一家伟大的公司和一家基业长青的公司，但是如果你想，你就需要有超越利润的目的。例如，3M 是创新解决难题，迪士尼是给人们欢乐。

实际上，世界上所有企业家做企业时无非有如下几个动机：一是脱贫致富；二是争气展才；三是创造的动机；四是社会责任感。就企业经营的动机而言，"脱贫致富"和"争气展才"都是合理的。企业家们应该从这些合理的动机升华到更高尚、更有责任感、更有创造力的动机，这是企业家最理想的动机。经营企业最不好的动机就是一味贪婪——做企业只是为了赚钱，甚至不择手段攫取财富。张瑞敏曾说:"单是为了钱的企业办不大,我认为在任何时代,能满足人们最深层、也是最本质需要的不是金钱和物质,而是自我价值的发现和实现。"因此,企业想要健康发展和永续经营,就要系统地思考如何才能"活得了、活得好、活得久",这样才能成就百年企业。

例如,京瓷公司最初是以"稻盛和夫的技术问世"为目的而创立的公司。在创业第三年,前一年录用的新员工向稻盛和夫提出集体交涉,要他答应他们提出的待遇方面的要求:"连续多年,每年工资升多少,奖金发多少?"员工的这次反叛,使稻盛和夫实现技术工作者的理想这一公司目的被击碎了。这次反思使稻盛和夫从内心深处理解了公司存在的目的:公司的存在并不是为了实现经营者个人的愿望或欲望,而是为了保证员工们现在和将来的生活。于是,经过苦苦思索,稻盛和夫把"在追求全体员工物质和精神两方面幸福的同时,为人类社会的进步发展作出贡献"作为京瓷新的经营理念。这样的企业目的,员工们都能从内心产生共鸣,他们就会团结一致,为公司的发展竭尽全力,从而不断地将公司向前推进。

第二节 利益相关者及其管理

一、利益相关者的重要性

企业是整个社会中的一个成员,它不是独自存在的,在它所生存的环境中还有其他成员,包括单一的个人和群体。企业和这些成员之间也可能存在着某种权利与义务的关系,例如,企业必须对政府纳税,而政府必须努力维持一个健康有利的经营环境。由于这些成员与企业有利害关系存在,或者它们必须借助企业来实现某些目标,因此,我们称这些群体或个人为利益相关者。

按照弗里德曼(Freeman)的利益相关者理论,利益相关者(stakeholder)是指可能对组织的决策和活动施加影响或可能受组织的决策和活动影响的所有个人、群体和组织。企业的利益相关者都关切企业的运作,并和企业存在着利害上的关系或相互依赖的关系。所以,企业的成败会影响利益相关者的利害得失,同时,利益相关者的利害得失也会影响企业的成败。Clarkson(1995)把利益相关者分为公司、员工、股东、消费者、供应商和公共利益相关者等六类,把环境归入公共利益相关者。图11-1列示了企业的一些主要利益相关者。

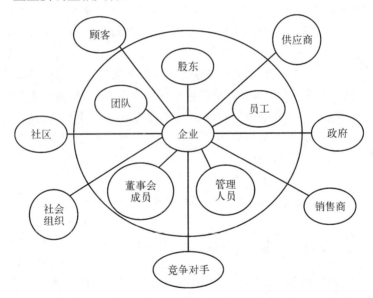

图 11-1 企业的主要利益相关者

利益相关者和企业间的关系可以看成是一种交换关系。利益相关者为企业作出贡献,如提供资源;企业则理应回馈,如支付金钱。在企业里,股东拿出资本,希望企业能够赚钱以使他们获得理想的投资报酬;顾客付出金钱购买产品和服务,希望获得他们所需要的有价值的产品和服务;员工付出劳力、知识、技能与青春,希望企业回馈以薪酬、成就感、升迁与远大的前途;供应商提供原料与设备,来取得企业的货款与信赖;政府提供一个稳定而公平的经营环境,希望企业能以诚实纳税和正当经营来回报;工会为企业提供具有生产力的员工,希望企业也能回馈员工以优厚的报酬与福利;社区为企业提供优良的基础设施,希望企业带来繁荣与促进社区的发展。此外,诸如消费者组织、社会公益团体以及其他各种利益团体也都会和企业发生相互影响。

公司在制定其战略时必须考虑到利益相关者的权益主张,否则,利益相关者会撤销他们对公司的支持。例如,股东可能出售他们所持的股票;债券持有者可能改换新的债券来取得较高的利息;员工们可能离职;顾客可能到别的地方去购买;供应商可能寻求更加可靠的购买者;工会可能从事破坏性的劳动争端;政府可能采取民事或刑事行动来对付该公司及其高层官员;社区可能反对公司在社区安置设施的企图;而一般公众可能形成压力群体要求对损害他们生活质量的公司采取行动。上述任何一种反应都能对企业造成损害影响。例如,公司CEO丢掉工作的常见的原因在于所追求的战略未能满足公司员工及股东这两大利益相关者群体的利益。

二、利益相关者管理原则

加拿大学者马科思·克拉克森(Max Clarkson)长期致力于利益相关者管理的研究。他在多年的观察和研究基础上,提炼出一组利益相关者管理的原则(也称克拉克森原则)。这些原则意在给管理者提供一组关于如何对待利益相关者的指导思想。表11-2是这些原则的归纳表达。这些原则所用到的如下关键词表达的是用于建立与利益相关者关系时应持的若干合作态度,即尊重、监控、听取、沟通、采用、认可、共事、避免、承认冲突。

表 11-2　利益相关者原则——克拉克森原则

原则 1	管理者应该尊重和积极监控所有合理合法的利益相关者对企业的关注，并应该在决策及其实施中适当考虑他们的利益
原则 2	管理者应该多听取各利益相关者的想法，与他们进行坦诚的沟通
原则 3	管理者所采用的程序和行为方式应基于对每一利益相关者及其支持者的关注和能力所做出深刻的理解
原则 4	管理者应该认可利益相关者可自主地开展其活动并获得相应的报酬；对他们在企业活动中所担负的责任及利益的分配上，应努力做到公平；并重视他们各自可能碰到的风险以及可能遭受的损害
原则 5	管理者应该与利益相关者个人或群体协同共事，采取得力措施使开展的企业活动给他们造成的风险和损害最小化，但当不可避免时，就应该给予适当的补偿
原则 6	管理者应该与利益相关者一起避免介入或开展这样的活动——可能造成对不可剥夺人身权利（如生存权）的侵犯，可能出现的风险显然不为其他有关的利益相关者所接受的活动
原则 7	应负有的法律及道义上的责任这两者之间，存在发生冲突的可能。管理者应通过坦诚沟通、及时通报、激励措施以及必要时对第三方介入解决的办法处理所发生的此类冲突

三、利益相关者的管理

公司不可能总是满足所有利益相关者的权益要求。不同群体的目标可能有冲突，因此，很少有组织能拥有管理所有利益相关者的资源。例如，员工要求较高的工资，可能与消费者要求合理的价格发生冲突，也与股东们要求可接受的回报相冲突。企业往往不得不在冲突的要求之间作出选择。为了作出选择，企业必须识别出最重要的利益相关者,加以优先考虑,来实施能够满足他们需要的战略。一般说来,对利益相关者进行管理要遵循以下步骤。

(1) 识别利益相关者,从组织的视角甄选出主要的利益相关者;

(2) 确定利益相关者们的权益主张;

(3) 分析由此产生的战略挑战与机会;

(4) 思考企业对这些利益相关者负有哪些责任?

(5) 企业应采取什么战略或举措以应对利益相关者方面的挑战和机会?

通过这样的分析使企业能够识别对其生存与发展最为关键的利益相关者,并确保把满足他们的需要放在至高无上的地位。许多经历过这一过程的公司会发现:公司要想生存和繁荣,有三个利益相关者群体的利益必须首先得到满足,即顾客、员工和股东。要给顾客提供符合他们需求和偏好的产品或服务,不断增加公司的收入,才能满足股东对投资丰厚回报的需要,才能满足员工对收入、满意的工作、有保障的工作以及良好工作条件的需要。

专栏 11-1

强生——《我们的信条》

我们相信我们首先要对医生、护士和病人,

对父母亲以及所有使用我们的产品和接受我们服务的人负责。

为了满足他们的需求,我们所做的一切都必须是高质量的。

我们必须不断地致力于降低成本,以保持合理的价格。

客户的订货必须迅速而准确地供应。

我们的供应商和经销商应该有机会获得合理的利润。

我们要对世界各地和我们一起共事的男女同仁负责。

每一位同仁都应视为独立的个体。
我们必须维护他们的尊严,赞赏他们的优点。
要使他们对其工作有一种安全感。
薪酬必须公平合理,
工作环境必须清洁、整齐和安全。
我们必须设法帮助员工履行他们对家庭的责任。
必须让员工在提出建议和申诉时畅所欲言。
对合格的人,必须给予平等的聘用、发展和升迁的机会。
我们必须具备称职的管理人员,
他们的行为必须公正并符合道德。
我们要对我们所生活和工作的社会和整个世界负责。
我们必须做好公民,支持对社会有益的活动和慈善事业,
缴纳我们应付的税款。
我们必须鼓励全民进步,促进健康和教育事业。
我们必须很好地维护我们所使用的财产,
保护环境和自然资源。
最后,我们要对全体股东负责。
企业经营必须获得可靠的利润。
我们必须尝试新的构想。
必须坚持研究工作,开发革新项目,
必须承担错误的代价并加以改正。
必须购置新设备,提供新设施,推出新产品。
必须设立储备金,以备不时之需。
如果我们依照这些原则进行经营,
股东们就会获得合理的回报。

资料来源:强生公司.我们的信条. http://www.jnj.com.cn/credo.html.

第三节　企业社会责任与商业伦理

关于企业社会责任(Corporate Social Responsibility,简称CSR)的讨论由来已久。1916年,芝加哥大学的J·莫里斯·克拉克就写道:"我们需要有责任感的经济,并且这种责任感要在我们工作的商业伦理中得到发展和体现。"1923年,英国学者欧利文·谢尔顿在《管理的哲学》一书中提出了企业社会责任的概念。谢尔顿把企业社会责任与公司经营者满足产业内外各种人类需要的责任联系起来,并认为企业社会责任有道德因素在内。20世纪90年代以来,全球化的进程加快,跨国公司遍布世界各地。生态环境恶化、自然资源破坏、"血汗工厂"、贫富差距加大等全球化过程中的共同问题引起了世界各国的关注。

全球对企业社会责任问题的积极关注,也迫使一些大公司尤其是跨国公司对其传统的经营理念进行反思并在管理实践上开始引入社会责任的约束标准,主要包括产品质量认证体系ISO9000、环境安全认证体系ISO14000体系认证、联合国全球契约(Global Compact)和SA8000社会责任认证体系。2004年6月21日至22日,国际标准化组织(ISO)社会责任标准国际研讨会在瑞典斯德哥尔摩举行,启动了企业社会责任国际标准ISO26000的制订工作。

一、企业社会责任的代表性观点

企业社会责任是当今企业伦理学和管理学中最受人关注的领域之一。由于它对企业、对利益相关者、对社会乃至对每个人都有重要影响,所以,它不仅受到学术界而且受到社会各界的重视。但是,早在1972年,沃陶Votaw, D.指出,"不同的人对CSR有不同的理解,有人指法律责任,有人指道德责任,有人理解为对所做的事承担责任,有人把它等同于做慈善,有人指有社会意识,有人视其为企业在社会中存在的合法性,还有人把它看成是对经营者提出的高于普通公民的行为要求。"

(一)弗里德曼的企业社会责任观

诺贝尔经济学奖获得者密尔顿·弗里德曼认为,"企业有且只有一种社会责任,即在游戏规则(公开的、自由的、没有诡计与欺诈的竞争)范围内,为增加利润而运用资源、开展活动。"其主要理由是:在自由企业、私有产权制度下,公司总裁是企业所有者的雇员,他对其雇主负有直接的责任。这一责任就是按照雇主的意愿来管理企业。而雇主们的意愿通常说来都是在遵守基本的社会准则(既指包含在法律中的社会准则,又指包含在伦理习惯中的社会准则)的条件下,尽可能多地赚钱。公司总裁作为代理人履行企业社会责任将损害他人的利益。

由于弗里德曼明确反对企业履行社会责任,强调管理者只应该对所有者负责,认为企业的社会责任就是追求利润最大化,因此,在讨论企业社会责任的文献中,他的观点常常成为批评的靶子。但是,在评价弗里德曼的观点时,有两点需要注意:第一,需要搞清楚弗里德曼反对的是什么样的社会责任,弗里德曼反对的是为解决社会问题而从事的活动,也就是说,他所反对的社会责任与现在对社会责任的理解是有区别的;第二,需要搞清楚弗里德曼是否只考虑利润最大化,从弗里德曼对企业社会责任的定义中可以看出,他强调的是在游戏规则(一定的法律和伦理)范围内追求利润最大化,而不是没有任何约束条件的利润最大化。

(二)卡罗尔的企业社会责任观

阿基·B.卡罗尔认为企业社会责任是指社会在一定时期对企业提出的经济、法律、伦理和慈善期望。卡罗尔的定义以较为简单、明确的方式回答了企业社会责任的内涵和构成要素问题,强调企业不仅有经济责任,而且有法律责任、伦理责任和慈善责任,其观点有广泛的影响,如表11-3所示。

表 11-3 卡罗尔的企业社会责任观

责任类别	社会期望	企 业 表 现
经济责任	社会对企业的要求	盈利,尽可能扩大销售,尽可能降低成本,制定正确的决策,关注税息政策的合理性
法律责任	社会对企业的要求	遵守所有的法律、法规,包括环境保护法,消费者权益法和劳动法,完成所有的合同义务
伦理责任	社会对企业的期望	避免不正当行为、响应法律的精神、视法律为行为的底线,按高于法律的最低要求从事经营活动、做道德表率,合乎伦理地开展工作
慈善责任	社会对企业的期望	成为一个好的企业公民,对外捐赠,支援社区教育,支持健康事业、人文关怀、文化与艺术等项目的发展,协助社区改善公共环境,自愿为社区工作

1. 经济责任(economic responsibility)

经济责任的确是企业的一种社会责任。社会要求企业首先是一个经济组织,也就是说,企业的首要任务是生产社会需要的产品和服务,并以在社会看来反映了所提供产品和服务的真实价值的价格出售。经济责任是社会要求企业做到的,如盈利、销售收入最大化、成本最小化、制定明智的战略决策、关注分红政策等。

2. 法律责任(legal responsibility)

社会在赋予企业经济任务的同时,制定了要求企业遵守的法律。因此,遵守法律是企业对社会应承担的责任。法律责任是社会要求企业做到的,如遵守所有法律、条例、履行合同义务等。

3. 伦理责任(ethical responsibility)

伦理责任包含了超越法律规定的、社会成员所期望或禁止的活动。伦理责任涉及与尊重和保护利益相关者道德权利相一致的社会准则。一方面,伦理道德和价值观的变化是立法的先导;另一方面,伦理责任包含和反映了新出现的、社会要求企业遵守的价值观和准则,尽管它们比现行的法律要求更高。伦理责任是社会期望企业做到的,如避免不正当行为、响应法律的精神、视法律为行为的底线、按高于法律的最低要求从事经营活动、做道德表率等。

4. 慈善责任(philanthropic responsibility)

慈善责任也称为自愿的或自行处理的责任。把慈善活动归为社会责任也许不恰当,因为慈善活动纯属自愿的活动,法律没有规定,社会也没有对企业普遍提出这样的要求。慈善活动包括支持社会福利事业、为员工提供小孩日托等。慈善责任与伦理责任的差别在于,前者并不是伦理上所要求的。如果企业为社会福利事业提供资金、设施和人力支持,社会很满意,但企业做不到这一点,也不会被认为是不道德的。慈善责任是社会希望企业做到的,如企业捐款、支持教育、志愿活动等。

卡罗尔的企业社会责任定义可用一个四层次的金字塔图加以形象说明,如图11-2所示。值得指出的是,经济责任、法律责任、伦理责任、慈善责任既不是并列的关系,也不是递进的关系,它们之间存在交叉和重叠,例如,生产社会需要的产品和服务(卡罗尔所说的经济责任)其实也是伦理责任所要求的,遵守公正的法律同样是伦理责任所要求的。

卡罗尔指出,企业社会责任金字塔模型实际上是一个利益相关者模型,每一种责任对不同利益相关者的关注各有侧重。经济责任影响最大的是所有者和员工,因为如果经济效益不佳,所有者和员工的利益直接受到影响。法律责任对所有者来说很关键,但在当今社会中,企业面临的多数诉讼威胁来自员工和消费者。伦理责任对所有利益相关者都有影响,但从企业实际遇到的伦理问题看,最常涉及的是消费者和员工。慈善责任主要影响社会,其次

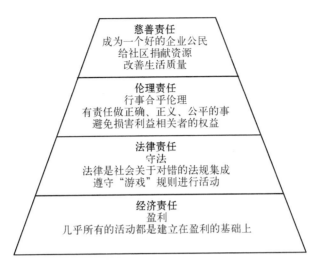

图 11-2　企业社会责任金字塔

是员工,有研究表明,企业在支持慈善事业方面的表现好坏会显著地影响员工的士气。

二、企业社会责任的四个基本问题

从代表性观点中不难看出,目前对企业社会责任的定义还存在差异。至今,国内外对"什么是企业社会责任"这个问题的回答一直处于众说纷纭,莫衷一是的"丛林"之中。因此,有必要做进一步的分析,以便更清楚地理解企业社会责任。要理解企业社会责任,实际上是要弄清楚以下四个最根本的基础性问题:

(1) 由谁负责?即企业社会责任的主体是谁?

(2) 对谁负责?即企业社会责任的对象是谁?

(3) 负责什么?即主体应该对对象负什么样的责任?

(4) 负责到什么程度?即主体应该对对象负责任到什么样的程度?

正是因为对这四个问题有不同的回答,才出现了形形色色的企业社会责任定义。综合上述四个基本问题,周祖城(2011)得出如下企业社会责任的定义:企业社会责任是指企业为了维护和增进利益相关者的正当权益、造福于社会而应当对利益相关者和社会整体承担的包括底线责任和超越底线责任在内的综合责任。下面就这四个问题逐一进行分析。

(一) 由谁负责

这个问题是最容易回答的。企业社会责任的主体是企业。尽管许多企业行为不是单个人的行为,而是集体行为,但企业是由人组成的,企业的行为归根到底是人的行为,因此,要求企业应履行社会责任。当然,说企业是企业社会责任的主体,并不否认企业成员特别是企业管理者、企业家应该履行社会责任。企业的社会责任和企业成员的社会责任是两个既有联系但又相对独立的问题,它们同样重要,不可相互取代。

(二) 对谁负责

从综合责任角度看,有三种典型的观点。

一是认为企业社会责任的对象是社会,如 Davis 和 Blomstrom(1966)指出,企业社会责任是指个人应承担考虑决策和行为对整个社会系统产生的影响的义务。这种看法的优点是比较全面,不足是"社会"的含义不清,范围过于宽泛。

二是认为企业社会责任的对象是社会和环境,如 2010 年 11 月 1 日正式颁布的 ISO26000(企业社会责任国际标准指南)明确指出,企业的社会责任是指企业通过透明和合乎道德的行为,为其决策和活动对社会和环境的影响而承担的责任。这种观点使"社会"的含义与西方对"社会"一词的理解较为一致,而且这种观点突出了环境的重要性。但是,"社会"含义不清的问题依然存在。

三是认为企业社会责任的对象是利益相关者,如 D·J·伍德和 R·E·琼斯(1995)指出,企业社会责任研究中最紧要的问题之一是回答"企业应该对谁承担责任",而利益相关者理论是这一问题的答案。企业社会责任的对象是利益相关者的观点较好地解决了"社会"含义不清的问题,可操作性强,因而成为当今学术界和企业界占主导地位的看法。

正如利益相关者会受到企业的政策、决策、行为的影响,企业的政策、决策、行为也会受到这些利益相关者的影响。利益相关者与企业之间存在着双向的交互的影响。既然企业与利益相关者有密切的利益关系,企业就不应该仅仅对所有者负责,还应该对其他利益相关者负责。因此,Epstein(1987)认为,企业社会责任就是要努力使企业的决策结果对利益相关者产生有利而不是有害的影响。

(三)负责什么

关于这个问题,有两种代表性的观点:一是卡罗尔(1991)的四责任说,即企业社会责任包含经济、法律、伦理和慈善责任;二是Elkington(1998)的三重底线说,即企业要充分考虑利益相关方与社会的期望以及经营活动对经济、社会和环境可能产生的不良影响。这两种观点有广泛的影响,然而都无法与负责对象对应起来分析,且各自存在一定的不足。企业应该对利益相关者尽什么样的责任这个问题,不能从单个企业的角度去分析,而应该从社会角度去思考。正如哈罗德·孔茨(Harold Koontz)和海因茨·韦里克(Heinz Weihrich)所说:"公司的社会责任就是认真地考虑公司的一举一动对社会的影响。"

既然企业应该对利益相关者和社会负责,负责什么的问题其实是明了的:对利益相关者负责,就是要维护和增进他们的正当权益;对社会负责,就是要考虑企业一举一动对社会整体的影响,包括政治影响、经济影响、文化影响、技术影响、环境影响,使企业对社会施加尽可能多的正面影响,尽可能少的负面影响,使社会因企业的存在而变得更美好,一句话,要造福于社会。至于利益相关者有哪些正当权益和什么样的社会是美好的社会,可以进一步研究。

(四) 负责到什么程度

企业怎样才算尽到了对利益相关者和社会的责任? 这是企业社会责任研究中最难回答的问题。例如,企业应该给消费者提供安全的产品,但提高安全性会增加成本,多大程度的安全是可以接受的、合理的、公正的? 企业应该给员工支付公平的报酬,什么样的薪酬水平、多大的收入差距是可以接受的、合理的、公正的? 企业应该注重环境保护,做到什么程度算是尽到了环境保护责任? 在国家遭受重大灾难时,企业应该出一份力量,做什么、怎么做、做到什么程度才算是尽到了责任? 诸如此类的问题,不胜枚举。仅仅知道企业应该对利益相关者负责,不足以回答上述问题。Campbell(2007)认为,符合以下两点的企业便是有责任感的:第一,不有意做有可能损害利益相关者的任何事情;第二,如果公司的确对利益相关者造成了损害,一旦发现必须加以改正。

三、企业履行社会责任的动因

企业实施社会责任来自内外两个方面的动因:一是企业受到内在利益驱动机制的诱导,是一种战略性的自觉选择,因为积极承担社会责任可以给企业带来竞争优势以及可持续发展的动力;二是企业受到外在合法性机制的压力,是一种迫于强制的被动选择,因为缺乏社会责任会给企业带来生存危机。

(一) 内在的利益驱动机制

理性的、追求利润最大化的企业为什么要承担社会责任? 这是因为企业社会责任绝非单纯的利他行为,它对企业有保值和增值作用,进而增加企业竞争优势和提升经营绩效(如图 11-3 所示),可以实现"利他—自利"的良性循环。保值作用可分为合法保护作用和伤害保护作用,前者是企业通过满足利益相关者的期望和要求,购买其"伤害权",提高组织的"合法性",防止利益相关者的干扰,维持企业正常运行;后者是企业通过社会责任形成积极的道德资本,在企业经营活动伤害到利益相关者时,道德资本的存在使受害者对企业伤害动机做出良性的评价,降低其制裁或报复企业的强度,同时,还能减少企业关系资产的损失。积极承担社会责任对企业还具有增值作用,根据作用机制的差异,可以将企业社会责任的增值作用划分为直接增值和间接增值两类。直接增值机制体现在它能吸引客户、员工、社区和其他利益相关者,直接改善企业经营环境,以此来巩固企业资源基础或减少资源约束,帮助企业形成核心能力,增强竞争优势,为企业带来可见的、清晰的绩效改善。间接增值机制也能提升企业绩效,但需要通过关系资产和社会资本中间载体来发挥作用。例如,热心慈善及公益事业的慷慨型企业可能使潜在的应聘者推断出企业崇尚责任公正、公平的价值观,这将会吸引很多持相同价值观的精英加盟。

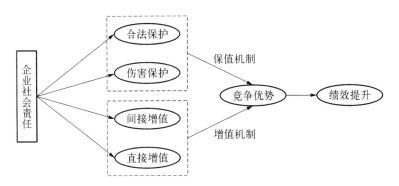

图 11 - 3 企业社会责任提升竞争优势和企业绩效

从短期来看,企业的社会责任支出可能增加当前的经营成本。然而,正是这些社会支付增强了企业内部员工的凝聚力和工作热情,提高了企业的公众形象与社会信誉,从而为企业创造了更多的利润回报。杜邦集团从 1802 年的火药作坊发展成为一个百年大型跨国集团,200年可持续发展的历程告诉我们,勇于承担社会责任以及矢志不渝地坚持安全、高效、环保的产品开发对杜邦集团的永续发展功不可没。在2007年由中国企业家调查系统进行的《企业家对企业社会责任的认识与评价》调查报告中显示,企业履行社会责任是为了建立持续竞争优势(33.4%)和更好地创造利润(17.8%)。

(二) 外在的合法性压力机制

现实中,各利益相关者(政府、社区、客户、供应商等)对企业都有伤害能力和潜在伤害可能,会给企业带来潜在的价值损失,而承担企业社会责任是企业为防止这种可能的价值损失而实现合法保护作用的一种途径。这种观点的理论基础是组织合法化理论。组织生存的环境既包括技术环境,也包括制度环境。如果说技术环境对组织的要求是"效率"的话,制度环境对组织的要求则是取得"合法性"(Legitimacy)。所谓"合法性",指的是一种普遍化的认识和预设,认为某一组织的行动在特定的社会规范、价值和信仰系统之中是可以接受的、适当的、恰如其分的。一个组织要生存和发展,除了提高组织的效率外,还要得到社会的承认和赞许,这样才能获得组织存在的"合法性"。从这个意义上说,组织的发展过程同时也是组织不断接受和采纳外界公认或赞许的形式和做法以获取"合法性"的过程。做不到这一点,就会出现"合法化危机",从而对组织的发展造成极大困难。在2007年由中国企业家调查系统进行的《企业家对企业社会责任的认识与评价》调查报告中显示,企业履行社会责任是为了获得政府的认同(37.7%)、树立企业家个人形象(29.1%)、减低法律风险(9%)、应对社会舆论的压力(5.7%)以及应对竞争对手的压力(2.9%)。

"合法性机制"也就成为决定组织行为的一种重要机制。一个具有"合法性"的企业更容易提高知名度,更容易和其他企业相互交往,更容易获得资源,更能得到政府的支持和承认,这就诱使企业采纳那些具有"合法性"的行为。因此,"合法性机制"不仅约束企业的行为,而且可以帮助企业提高社会地位,得到社会承认,从而激励企业采纳制度环境中认可的做法(周雪光,2003)。例如,企业采取社会责任行为,其目的不是提高效率,而是提高企业的社会地位和认可度,从而为其持续发展创造一个良好的外部制度环境。因此,可以说"合法性"本身增强了企业的生存能力和潜在的竞争优势。"合法性"证明了一个企业在社会体系中的角色是正当的,有助于吸引资源和利益相关者的持续支持。

四、企业社会责任战略

示范企业能够带来有力的冲击,但企业是否能够在冲击的浪潮中顺应社会期望的要求,采取有力措施并最终形成有效的战略和文化,取决于领导的意识和公司重塑文化的能力,也需要企业具备一项全新的能力——社会责任战略管理能力。企业的社会期望已经发生了根本的变化,有企业仍然把社会责任看成负担,也有企业看作是兵来将挡、水来土掩,还有一些高瞻远瞩的企业则从中看到了战略需求,跟不上变化将成为历史外的公民。

学者们以高度归纳的方式搭建了企业社会责任管理理性构架,企业家们则以高度实践的姿态将企业社会责任战略管理有血有肉地展现出来。如GE的绿色创想计划。2005年5月9日,GE正式发表"绿色创想"计划(ecomagination),"绿色创想"是生态(ecology)与想象力(imagination)的合成词。用GE官方的话来说,"绿色创想"计划"旨在帮助满足客户对更为清洁、节能产品的需求,促进GE业务稳步成长";"GE将以环保概念为主轴,研发最新科技产品,在协助客户面对新时代环境挑战的同时,也共同保护地球生态"。

自此,满载着对未来全球经济、社会和环境发展趋势的预测,GE将快速增加绿色研发投资;大幅度增加来自"绿色创想"产品的收入;减少温室气体排放,提高业务的能源效率。而事实上,2008年GE的行动也说明了GE"绿色创想"并非一个承诺:14亿美元用于清洁技术研发投资、170亿美元"绿色创想"产品和服务的收入、节省能源成本约1亿美元、全球用水量减少了2%。

一系列的数据说明,"绿色创想"计划既是投入,更是收益。是实实在在的现金收入,也是"绿色创想"带来的声誉溢出。诚如当年韦尔奇借助6西格玛提高GE产品质量时挥金如土,结果却带来了几倍甚至几十倍于投入的回报;也如GE服务化战略转型时,不仅将服务看作成本,更敏锐地悟出了利润的源泉。GE在其官方网站上宣称,"绿色创想计划在实践中体现了GE的信仰:财务和环境绩效能共同推动企业的发展,同时解决一些全球最大的挑战。"GE所说的这种信仰与其先前的行为产生了鲜明的对比和反差。我们暂且不管这种"信仰"是否真出自GE深处对环境的关注和对人类生存发展的自我奉献还是对当前企业生存环境的响应,GE真的从"绿色"中盈利了。

因此,一旦企业确定了将企业社会责任纳入战略后,需要借助有效的管理方法将其融入企业的文化、政策和业务流程当中。但是,企业社会责任战略管理的研究仍十分零散,远远落后于后危机时代对企业的要求(Francois,2009),且大多数出现在2000年后,包括利益相关者分析(评估外部环境和内部资源适应性)、CSR文化(愿景、使命、价值观和员工承诺)、企业社会责任报告、危机管理等是企业社会责任战略管理的核心内容。

五、商业伦理

(一)商业伦理产生的背景

商业伦理(Business Ethics)又称企业伦理或商业道德,对商业伦理的研究称为商业伦理学,它最早出现在美国。在20世纪

50年代末60年代初,美国出现了一系列企业活动中的丑闻,包括受贿、垄断价格、欺诈交易等。社会公众对此极为不满,反应强烈,要求政府对此展开认真调查。1962年,美国政府公布了《关于商业伦理及其相应行动的声明》。同年,威廉·洛德(William Runder)在美国管理学院联合会所属成员中发起了一项有关开设商业伦理学必要性的调查,被调查者认为商业伦理学应该成为管理教育的一个重要部分。1974年11月,在美国堪萨斯大学召开了第一届全美企业伦理学研讨会,这次大会的举行标志着商业伦理学作为一门学科得到相应的确立。美国的企业界也不甘落后,开始重视把商业伦理渗透到企业经营活动中。

继美国之后,重视企业管理中的伦理道德的思潮又开始风行欧洲。在欧洲,从事商业伦理学研究和教学的学者以及企业中从事这方面工作的人士彼此之间更为广泛和持久的联系是商业伦理学网络。由于具有东方文化的背景和日本的民族特性,日本人也非常重视商业伦理问题的研究和实践。

我国对商业伦理的认识与研究尚处于起步阶段,对商业伦理的内涵也缺乏了解。有人认为我国企业目前处于资本的原始积累阶段,企业尚未做到股东价值最大化,何谈利益相关者共同价值最大说,商业伦理无从谈起。但是,随着国内市场竞争的加剧和全球化的影响,不可能给中国企业留出缓慢自我发展的空间,因此,中国企业要在全球化竞争中生存并实现可持续发展,在经营活动中就必须要有伦理规范的指导,不断地对自身进行反思与变革,才能符合时代的要求。哲学是向管理者提供解决伦理困境的指南。基于此,可从功利主义、权利论、公正论这三个方面来构建商业伦理的哲学基础体系。

(二)商业伦理的内涵

"伦"是指人的关系,即人伦,"理"是指道德律令和原则,所以,伦理是指人与人相处应遵守的道德和行为准则。"伦理"一词在

《韦氏大辞典》上被定义为符合道德标准或为一种专业行为的行为标准。商业伦理是社会公众或团体(利益相关者)对企业的期望,也是企业超越法律基础在道德哲学基础上确立的正当行为,要求在从事企业活动时,不是出于趋利避害的目的才遵守商业伦理规范,而是把遵守伦理规范视为一种责任。

可以把商业伦理定义为:商业伦理是以企业为主体所构成的伦理关系和法则,用以规范企业与其内部员工及外部利益相关者(政府、顾客、供应商等)关系的道德守则。商业伦理牵涉到个人对事物的是与非、对与错、善与恶、好与坏、应该与不应该等的价值判断与伦理认知,很难有一致的定义。西方学界对商业伦理下的定义很多,例如,商业伦理是将判断人类行为举止是与非的伦理正义标准加以扩充,使其包含社会期望、公平竞争、广告审美、人际关系应用等;商业伦理是个人在面临冲突的目标、价值观与组织角色时所做的决策;商业伦理是含有道德价值的管理决策;商业伦理是一种规则、标准、规范或原则,提供在一特定情境之下、合乎道德上对的行为与真理的指引;商业伦理是指为企业组织工作的人的行为的对错是非。

(三)商业伦理的价值

企业、政府和社会构成的互动网络造就了受企业行为决策的影响并且影响企业行为决策的各种群体,即企业的利益相关者。作为21世纪的企业领导人,必须将这些关系的处理放在战略的高度来全面考虑这些问题的重要性,考虑并了解利益相关者,以期建立共赢的合作关系。人们希望企业能够具有竞争力和盈利能力,同时还能够及时行动,回应利益相关者的合理要求。社会责任观和商业伦理的作用就在于帮助企业在做决策的时候进行取舍。如果一个企业没有合理、正确的伦理道德价值取向,其决策往往就会失败。企业的战略要由员工、利益相关者、文化、对社区的道德贡献、客户和社会来推进与支持。

具体来讲,企业应该从以下几方面着手在社会责任观念与伦理准则的引导下,全面提高自身的伦理决策能力,用于构筑企业战略体系。第一,充分发挥企业中高层管理者的责任首要性,树立社会责任、伦理经营的价值观,为企业确定伦理的基调。第二,企业应该建立明确的流程,确保社会责任与商业伦理问题以及利益相关者群体在最高级别得到充分探讨,并纳入公司战略规划中,从公司总体发展战略出发,将企业的社会责任、伦理价值准则贯穿到公司整体经营活动中。第三,企业应该设置专门的机构或职位来负责社会责任和伦理准则的推行,并设置相应的考核指标。第四,培养企业员工的社会责任与伦理意识,使企业的每个员工在实际的日常行为中积极参与、认真践行。

第四节 公司治理模式及治理结构

公司治理是当前国内外理论和实务界研究的一个世界性的课题。20世纪七八十年代,西方学者掀起了公司治理研究高潮,其实践背景在于公司恶意购并事件的大量出现。为了对抗恶意购并,公司经理人员采取了诸多反收购措施,许多这样的措施从根本上讲是以牺牲股东利益为代价的,因此,如何保护股东利益成了这一阶段公司治理研究的核心。20世纪90年代至今,公司治理日渐成为"显学",已经成为受经济学家、管理学家,甚至是普通公众深深关注的话题,世界上很多国家都形成了改善公司治理体系的共识,开始重视自己国家中的公司治理问题,并把改善公司治理作为追求经济持续增长的新动力。

一、公司治理的内涵

"公司治理"、"公司治理结构"、"法人治理结构"原本都是同一个英文词corporate governance的中文翻译,20世纪80年代和90

年代初,在我国学术界中这几个词是混用的。20世纪90年代中期以后,我国学者在使用公司治理一词时,逐渐赋予了它不同的含义。

从公司治理这一问题的产生与发展来看,对公司治理的内涵可从狭义和广义两方面去理解。狭义的公司治理是指所有者(主要是股东)对经营者的一种监督与制衡机制,即公司的内部治理结构或内部治理框架,是公司股东大会、董事会和经理层职权关系的集合。公司治理的目标是保证股东利益的最大化,防止经营者对所有者利益的背离。这些机构的运行规则体现在公司法、证券法规以及公司章程等之中。

而广义的公司治理则不局限于股东对经营者的制衡,而是涉及广泛的利益相关者,包括股东、债权人、供应商、雇员、政府和社区等与公司有利益关系的集团。公司治理是通过一套包括正式或非正式的、内部的或外部的制度或机制来协调公司与所有利益相关者之间的利益关系,以保证公司决策的科学化,从而最终保证公司各方面利益相关者的利益最大化。此时,不仅包括公司的内部治理结构,还包括公司的外部治理结构,即各种为企业生存和发展提供支持的市场,如资本市场、经理人市场、劳动力市场和产品市场等。这些市场的良好运作有赖于相关的法律框架、会计制度、审计制度、金融制度、兼并制度和破产制度。

对公司治理的概念要进一步理解就要把握住以下三方面的内容。

(1) 公司治理结构是有关所有者、董事会和高级执行人员(即高级经理人员)三者之间权力分配和制衡关系的一种制度安排,表现为明确界定股东大会、董事会、监事会和经理人员职责和功能的一种企业组织结构。从本质上讲,公司治理结构是企业所有权安排的具体化,是有关公司控制权和剩余索取权分配的一整套法律、文化和制度性安排,这些安排决定了公司的目标、行为,决定了在公司的利益相关者中在什么状态下由谁来实施控制、如何控制以及风险和收益如何分配等有关公司生存和发展的一系列重大问题(张维迎,1996)。

(2) 公司治理存在两类机制,一类是外部治理机制,指来自企业外部主体(如政府、中介机构等)和市场的监督约束机制,尤其是指产品市场、资本市场和劳动力市场等市场机制对企业利益相关者的权力和利益的作用和影响,例如,兼并、收购和接管等市场机制(被称为公司治理市场、控制权市场等)对高级管理人员控制权的作用;另一类是内部治理机制,是企业内部通过组织程序所明确的所有者、董事会和高级经理人员等利益相关者之间权力分配和制衡关系,具体表现为公司章程、董事会议事规则、决策权力分配等企业内部制度安排。

(3) 公司治理的关注点从治理结构到治理机制。传统的公司治理大多基于分权与制衡而停留在公司治理结构的层面上,较多地注重对公司股东大会、董事会、监事会和高层经营者之间的制衡关系的研究。但从科学决策的角度来看,治理结构远不能解决公司治理的所有问题,建立在决策科学观念上的公司治理不仅需要一套完备有效的公司治理结构,更需要若干具体的超越结构的治理机制。公司的有效运行和决策科学不仅需要通过股东大会、董事会和监事会发挥作用的内部监控机制;而且需要一系列通过证券市场、产品市场和经理市场来发挥作用的外部治理机制,如公司法、证券法、信息披露、会计准则、社会审计和社会舆论等。在最近 OECD 制定的《公司治理原则》中,已不单纯强调公司治理结构的概念和内容,而涉及许多具体的治理机制。该原则主要包括以下五个方面:① 股东的权力;② 对股东的平等待遇;③ 利害相关者的作用;④ 信息披露和透明度;⑤ 董事会责任。因此,治理机制是比治理结构更为广泛、更深层次的公司治理观念。

二、公司治理模式的比较

公司治理模式的差异是市场经济模式不同的集中体现。建立什么样的公司治理结构及选择何种市场经济模式成为转轨经济国家非常关注的主题。所谓的公司治理模式并不是一个严格的概念,是对在该国占主导地位的公司治理结构的主要特征之归纳,并非该国公司的治理结构都是如此,根据上面所说的公司治理结构的灵活性,每个公司的治理结构不可能是相同的。公司治理模式的引入只是用于描述不同国家的公司治理结构差异,进行跨国界比较分析。

(一)公司治理模式的二分法

由于经济、政治、文化等方面的差异以及历史演进轨迹的不同,不同国家和地区的公司治理结构是存在差异的,关于世界范围内的公司治理模式,一种典型的分类是莫兰德(Moerland,1995)给出的"二分法":一是以美国、英国和加拿大等国家为代表的市场导向型(market-oriented)模式,二是以德国、日本等国为代表的网络导向型(network-oriented)模式。

市场导向型的特征是存在非常发达的金融市场。公司的所有权结构较为分散,开放型公司大量存在;公司控制权市场非常活跃,对经营管理者的行为起到重要的激励和约束作用;外部经营管理者市场和与业绩紧密关联的报酬机制对经营管理者行为发挥着重要作用。其优点是存在一种市场约束机制,能对业绩不良的经营管理者产生持续的替代威胁。这种模式不仅有利于保护股东的利益,而且也有利于以最具生产性方式分配稀缺性资源,促进整个经济的发展。但市场导向型模式的不足也是明显的:易导致经营管理者的短期化行为,过分关注短期财务指标;过分担心来自市场的威胁,不能将注意力集中于长期有效的经营管理业务上;缺乏内部直接监督约束,经营管理者追求企业规模的过度扩张行为得不到有效制约。

网络导向型模式的特征是公司的股权相对集中,持股集团成员对公司行为具有决定作用。银行在融资和企业监控方面起到重要作用;董事会对经营管理者的监督约束作用相对直接和突出;内部经理人员流动具有独特作用。网络导向型的优点在于:有效的直接控制机制可以在不改变所有权结构的前提下将代理矛盾内部化,管理失误可以通过公司治理结构的内部机制加以纠正。但由于缺乏活跃的控制权市场,无法使某些代理问题从根本上得到解决;金融市场不发达,企业外部筹资条件不利,企业负债率高,这些缺陷是该模式的重要问题所在。

关于这两类模式的业绩,并没有实证数据和理论分析说明哪一类更优,取长补短无疑是改进公司治理结构的必然选择。莫兰德(Moerland,1995)的研究表明,从长期发展趋势看,由于产品和金融市场的全球化趋势,上述两类模式似乎逐渐趋同。在美国,金融机构作为重要股东的作用正逐渐增强;而在日本,主银行体制的中心作用正在削减。

(二)公司治理模式的三分法

关于公司治理模式的另一种分类是根据监控主体不同而进行的"三分法",即家族监控模式、内部监控模式和外部监控模式。表11-4对三类模式的特点进行了归纳描述。其中,家族监控模式在东南亚国家和中国香港、台湾等地区的公司中较为普遍,法国、意大利和西班牙等国也存在一定数量的家族公司;内部监控模式和外部监控模式分别对应莫兰德分类中的以英、美等国为代表的市场导向模式和以德、日等国为代表的网络导向模式。家族监控模式可以归为内部监控模式中,但又有其独特之处。显然,对各国和地区的公司治理模式进行比较分析对转轨经济国家改进公司治理结构有重要的指导意义。

表 11-4 三种公司治理模式的典型特征

模式 项目	家族监控 治理模式	内部监控 治理模式	外部监控 治理模式
股权结构和资本结构	股权集中,主要控制在家族手中,负债率较高	相对集中,法人相互持股,银行贷款是企业的主要筹资渠道,负债率较高	相对分散,个体法人持股比例有限,证券市场筹资是企业的主要资金来源,负债率较低
外部市场的作用	市场体系不完善,几乎不依赖外部市场	很少依赖外部市场	各类市场发达,对市场依赖程度很高
法律的作用	家族内部协商解决问题,几乎不依赖法律	股东成员间协商解决问题,较少依赖完备的法律保护	更多依赖完善的法律保护
对企业家控制权的激励约束	企业家的激励约束基本不是问题,以血缘为纽带的家族成员内的权力分配和制衡	董事会的直接监督约束作用明显,银行实质性参与监控,内部经理人员流动起到一定的控制作用	活跃的控制权市场发挥着关键的激励约束作用,外部经理市场的有效运作对业绩不良的企业家产生了持续的替代威胁
决策方式	个人决策或家庭决策	倾向于集体决策	倾向于个人决策
文化特征	家族传统	集体主义	个人主义

三、公司治理结构的运行

作为由法律赋予了人格的团体人、实体人,需要有相适应的组织体制和管理机构,使公司法人具有决策能力和管理能力,行使权利,承担责任。这种体制和机构被称为公司法人治理结构,也可以称为公司内部管理体制。这种结构使公司法人能有效地活动起来,因而很重要,是公司制度的核心。

按照公司法的规定,公司治理结构由股东大会、董事会、高层经理人员及监事会四个部分组成。

1. 股东和股东大会

股东是向公司认购股份从而持有公司股票、取得权利、享受股利并承担义务的人。股东大会是公司的最高权力机关,它由全体股东组成,体现的是所有者对公司的最终所有权,对公司重大事项进行决策,有权选任和解除董事,并对公司的经营管理有广泛的决定权。

股东大会既是一种定期或临时举行的由全体股东出席的会议,又是一种非常设的由全体股东组成的公司制企业的最高权力机关。它是股东作为企业财产的所有者对企业行使财产管理权的组织。企业一切重大的人事任免和重大的经营决策一般都得股东会认可和批准方才有效。

2. 董事和董事会

董事是指由公司股东会选举产生的具有实际权力和权威的管理公司事务的人员,是公司内部治理的主要力量,对内管理公司事务,对外代表公司进行经济活动。占据董事职位的人可以是自然人,也可以是法人。但法人充当公司董事时,应指定一名有行为能力的自然人为代理人。

董事会是依照有关法律、行政法规和政策规定,由公司股东大会选举产生,按公司或企业章程设立并由全体董事组成的业务执行机关,对公司的发展目标和重大经营活动作出决策,维护出资人的权益,董事会对公司股东会或公司股东大会负责并报告工作。股东会或公司股东大会所作的决定公司或企业重大事项的决定,董事会必须执行。

股份公司成立以后,董事会就作为一个稳定的机构而产生。董事会的成员可以按章程规定随时任免,但董事会本身不能撤销,也不能停止活动。董事会是公司最重要的决策和管理机构,公司的事务和业务均在董事会的领导下,由董事会选出的董事长、常务董事具体执行。

3. 监事和监事会

为了保证公司正常、有序、有规则地进行经营,保证公司决策正确和领导层正确执行公务,防止滥用职权,危及公司、股东及第三方的利益,各国都规定在公司中设立监事或监事会。监事会是股东大会领导下的公司常设监察机构,执行监督职能。监事会与董事会并列,独立地行使对董事会、总经理、高级职员及整个公司管理的监督权。为保证监事会和监事的独立性,监事不得兼任董事和经理。监事会对股东大会负责,对公司的经营管理进行全面地监督,具体包括:调查和审查公司的业务状况;检查各种财务情况,并向股东大会或董事会提供报告;对公司各级干部的行为实行监督,并对领导干部的任免提出建议;对公司的计划、决策及其实施进行监督等。

4. 高级管理人员

高级管理人员是指公司的经理、副经理、财务负责人、上市公司董事会秘书和公司章程规定的其他人员。他们受聘于董事会,在董事会授权范围内拥有对公司事务的管理权和代理权,负责处理公司的日常经营事务,是公司的经营者和执行者。

股东大会、董事会、执行机构及监事会之间的制衡关系可以用图11-4来概括。

在公司治理结构中,与董事会和高级管理层之间的委托代理关系不同,股东大会与董事会之间是信任托管关系。委托代理关系在上一节中已经做过介绍,这里重点介绍董事会与股东大会之间的关系。董事是股东的受托人,承担受托责任,受股东大会的信任委托,托管公司的法人财产和负责公司经营。这种信任托管关系的特点是:① 一旦董事会受托来经营公司,就成为公

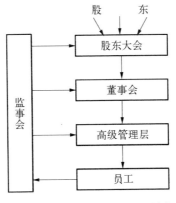

图 11-4 公司运行中的治理结构

司的法定代表;② 受托经营的董事不同于受雇经理人员,不兼任执行机构的董事,一般不领取报酬;③ 在法人股东占主导地位的情况下,大法人股东往往派出自己的代表充当被持股公司的董事。

【本章小结】

　　企业具有经济性和社会性的双重性质。正确的企业目的能够推动企业战略的发展,使整个企业充满向心力、凝聚力、创造力和活力。利益相关者是指对企业本身或企业的行为存在利害、权利以及所有权等关系的单一个人或群体。在与利益相关者打交道的过程中,企业要运用利益相关者管理的步骤科学分析并识别对企业生存与发展最为关键的利益相关者,并确保把满足他们的需要放在至高无上的地位。

　　狭义的公司治理是指公司内部的治理结构,主要关注股东利益最大化的保证,而广义的公司治理则不局限于股东对经营者的制衡,而是涉及广泛的利益相关者,其内容不仅包括公司的内部治理结构,还包括公司的外部治理结构。公司治理模式的差异是市场经济模式不同的集中体现。

【基本概念】

　　企业目的　利益相关者　公司治理　企业社会责任　商业伦理　负竞争力　企业健康

【复习思考题】

　　1. 什么是企业目的？它与企业战略是什么关系？
　　2. 什么是利益相关者？如何管理利益相关者？
　　3. 企业社会责任的内涵与主要内容有哪些？把企业社会责任等同于慈善活动有何不妥？
　　4. 什么是商业伦理？如何摆脱商业伦理困境？
　　5. 什么是公司治理？简要评价各种公司治理模式。
　　6. 结合当前接连不断的企业丑闻，分析造成中国企业负竞争力的具体原因。

【结尾案例】

行业大佬蒙牛的负竞争力

丑闻缠身

　　民以食为天，食品安全事关所有人的健康，带来的震撼也最为强烈。其中，乳品企业与免疫和调节能力较差的婴儿和儿童关系更为密切，"三聚氰胺事件"中乳品行业的集体沦陷让国人失去了对国产奶粉的信心，国外乳品巨头趁机抬价牟取暴利。满以为中国乳品企业会接受教训，从此走上可持续发展的道路，然而，曾经的乳品行业领头羊——蒙牛却接二连三地发生了各种丑闻：
　　"策划门"暴露乳品行业的恶性竞争，不择手段的窝里斗破坏了行业形象，加剧了消费者对中国乳品行业的不信任，跨国乳品趁机强化中国布局。

"诽谤门"让同属一地且极富渊源的企业恩怨暴露无遗,本应共同制定有利于行业可持续发展标准的行业标杆陷入低水平的斗争,对照百事可乐和可口可乐、肯德基和麦当劳,企业胸襟和气魄成了鲜明的对比。

两次的"致癌门"事件,从高端奶到普通产品,每一次都是外部原因,真实的原因也许在于企业自身,也许消费者根本不再需要原因。

……

中国企业究竟怎么了?曾经的传奇怎么就变成了丑闻的主角,曾经的英雄怎么就走到了末路?蒙牛病了,病了多久?病在哪里?

蒙牛的追求

打开蒙牛的官方网站,"蒙牛——致力于人类健康的牛奶制造服务商"的字样赫然于眼前,简明扼要的归纳明确地表达了蒙牛对消费者的承诺,"好品质,绿生活"表达了蒙牛对环境的承诺。从蒙牛官方表述的使命和愿景来看,蒙牛的目标和追求十分清晰且健康。

从著名的《蒙牛企业文化手册》上可以概括出蒙牛核心价值观的关键元素,与蒙牛所追求的目标基本一致。蒙牛强调质量,提出"产品等于人品"的质量理念,追求"出厂合格率100%",通过五大体系和绿色食品认证;蒙牛为致力于推动乳品事业发展的团队和个人搭建成长的平台,强调诚信、感恩、合作与分享;蒙牛要与时俱进,用创新的模式整合全球有效资源,用绿色科技武装产品,为消费者提供无污染的绿色关爱;蒙牛重视与战略合作伙伴的关系,责无旁贷地承担社会责任。

然而,表述十分清晰的《蒙牛企业文化手册》与近两年发生的种种丑闻形成了鲜明的对比,无论是质量、团队、绿色环保还是合作伙伴的包容都如此，出现恶性竞争很快就变成了是某个人或团队的问题，以开除证明；出现质量问题则属于合作伙伴，与奶源企业——现代牧场之间互相推诿，纠葛从此展开。

官方表述和实际行动两张皮很容易让人质疑其精心打造的《蒙牛企业文化手册》的宣传贯彻力度。事实上，借助《蒙牛足迹》、牛根生的演讲、蒙牛商学院内部讲师培训，甚至从副总裁到清洁工都必须参加的企业文化全国统考，反反复复地多次回炉再造，文化手册上的核心内容早已经滚瓜烂熟于所有的员工内心。从时间上来看，蒙牛2002年完成《企业文化手册》，2003年系统地宣传贯彻，2004年回炉再造，2005年新一轮企业文化宣传贯彻。比2008年"三聚氰胺事件"爆发早了6年，可谓未雨绸缪。

站在顶层构架看蒙牛，几近完美，但问题却接二连三地发生了。

社会责任与速度之战

从养牛工人开始做起，直到伊利副总裁，二十年的伊利职业生涯后，牛根生于1999年创立蒙牛。之后，蒙牛一路攀升，反超伊利。这样的速度，即便在充满了"奇迹"的中国市场也不多见。从某种意义上讲，蒙牛更像一个少年得志的孩子，一路披荆斩棘地走到了高峰，但事实上却从未经历过真正的危机；满以为已经十分清楚人生和企业经营哲学，但真正的思想高度却在沉寂和思考之后；认为个中技巧在掌控之中，但精妙之处却只能出现在积累和沉淀的升华。

从一开始起，蒙牛就得益于飞快的速度。先由市场后有生产的商业模式，排山倒海式的营销模式让尚不成熟的消费者目不暇接；速成的管理团队和个人，让许多人找到了信心，同样也隐藏着巨大的风险；更为可怕的是，乳品行业"奶农加奶站"的奶源模式本身就存在着极大的风险。作为行业领头羊的蒙牛和伊利本可以合力重新制定行业标准，却双双选择了默认行业潜规则以追求更快的增长速度。

尽管牛根生在"三聚氰胺事件"爆发之后的《万言书》中认为,速度不是问题,是奶源而非蒙牛的问题,蒙牛并不知情。蒙牛同样在"策划门"、"诽谤门"和"致癌门"中毫不知情,真正的问题在于个别员工和供应商现代牧场。其实,当代社会中,企业社会责任的边界早已经走出了企业本身。企业,尤其是行业龙头企业,应该承担的社会责任不仅仅在于用专业的手段和措施为消费者提供安全可靠的产品,还包括管理好供应链和对所有的利益相关者负责。这是新时代社会对企业的期望,与草莽时期单纯提供足够数量的产品的要求有了天壤之别。利益相关者期望成就了蒙牛,然而,一旦管理者只会往回看社会期望,而往前追世界第一,企业早已种下了负竞争力的种子而浑然不知。

企业战略从来就不只是战略本身;企业问题从来也不是问题本身。

资料来源:根据蒙牛公司网站和公开报道资料整理而成。

思考讨论题:

1. 什么是负竞争力?蒙牛的负竞争力源自哪些因素?
2. 蒙牛能否逐渐回归健康?哪些因素能够促进这种回归?
3. 成功的企业战略最终取决于什么?

第十二章　战略实施与战略风险控制

【名人名言】

没有"尽善尽美"的战略决策。人们总要付出代价。对相互矛盾的目标、相互矛盾的观点及相互矛盾的重点,人们总要进行平衡。最佳的战略决策只能是近似合理的,而且总是带有风险的。

——彼得·德鲁克

战略制定者的绝大多数时间不应该花费在制定战略上,而应该花费在实施既定战略上。

——亨利·明茨伯格

【本章学习重点】

　　(1) 掌握平衡计分卡及其应用;
　　(2) 理解战略领导的内涵与内容;
　　(3) 掌握战略控制的内涵和内容;
　　(4) 理解战略控制的方法;
　　(5) 理解战略风险的内涵;
　　(6) 掌握战略风险的控制。

【开篇案例】

吉利李书福的汽车梦

　　早在步入汽车领域之初,李书福董事长就为吉利指出了"造老百姓买得起的好车,让吉利汽车走遍全世界"的发展方向。许多人都以为吉利是在"痴人说梦",殊不知这个"梦"显示的却是一个企业家不寻常的远见和洞察力。此后,吉利采取的一切战略管理,全部都是围绕着这一愿景展开的。

2006年,吉利进一步提出阶段性的战略目标:研发,到2010年实现"158663ES"规划,即15款全新车型、8款发动机、6款手动变速器、6款自动变速器、3款电子无级变速器、一个油电混合动力项目和一个赛车项目;产能,到2010年,实现产销100万辆目标,吉利汽车成为国内经济型轿车首选品牌;2015年,实现产销200万辆,其中三分之二出口,吉利汽车成为国际知名品牌;质量,从经济型轿车进入中高级轿车序列,继续保持同类汽车性价比领先的地位。

宏伟的愿景和触手可及的战略目标,激发起吉利人强烈的使命感。吉利人坚持走自主创新之路,艰苦奋斗,顽强拼搏,为中国本土汽车工业开辟出一片新天地。在未来的岁月里,它将引领吉利"走向世界",并且将为中国汽车工业开启一扇实现振兴的成功之门。

环境氛围:促成独辟蹊径的发展思路

吉利汽车一"出生"就面临着与国内其他汽车企业截然不同的生存环境:当时,政策尚未对民营企业造汽车开放,吉利既得不到政府的有力支持,更享受不到金融和财税方面的优惠政策;业内并不看好,吉利造车曾经成为汽车界的笑谈;部分媒体不仅不支持,还极尽冷嘲热讽。吉利本身也是"先天不足":缺资金,缺人才,缺技术,缺场地,缺产品"准生证"。对吉利来说,这种环境和氛围显然是严峻的考验。然而,吉利高层特别是董事长李书福,冷静、客观地对中国汽车市场的现状进行了分析,从中找到了吉利生存和发展的空间:

其一,当时的中国汽车领域,合资浪潮席卷了所有的国有汽车企业,全世界的汽车跨国公司几乎全部进入了中国市场。吉利发现,这种状态虽然造成了中国本土汽车工业的集体"失声",但合资企业表面的强大使它们对民营企业造车采取了忽视的态度,这样反而给中国汽车自主品牌留下了萌生和发展的余地。

其二,当时的中国汽车市场,合资企业的汽车价格高得离谱,例如,夏利车的售价在13万元左右,普通桑塔纳更是高达20余万元。这种昂贵的产品价格给吉利造车提供了有利的竞争空间,成为吉利汽车占领市场的一个重要机会。

其三,当时的中国汽车市场,还是"商务车"、"公务车"和用于提供给部分先富起来人群的"豪华车"的天下,所有合资汽车企业都没有将普通人纳入服务对象。在社会上,轿车还是地位和财富的象征,汽车作为代步工具进入中国普通老百姓家庭还是一个遥远的梦。这一现状为吉利开辟廉价的家用轿车提供了难得的契机。多年后,李书福在谈到这一点时就直言不讳:"吉利进入汽车领域是恰逢时机,早三年不成,晚三年也不成。"

有鉴于此,并经过早期的摸索,吉利高层提出了独辟蹊径的发展思路:以自主创新为手段,从低起点(经济型轿车)、低成本(自主研发)和低价位(三万元)入手,造中国老百姓买得起的好车。这一发展思路的确定,很快打开了吉利汽车的局面。

战略三步走:目标直指"国际化一流企业"

根据李书福董事长提出的愿景目标和发展思路,吉利在战略管理上实施了"三步走":

第一步,采取"低价取胜"的战略管理。在这个阶段,吉利迅速形成了经济型轿车的批量生产能力,以吉利汽车为代表的经济型轿车开始进入中国普通家庭,一个新的汽车市场逐渐形成,并且日益兴旺,合资品牌轿车价格不得不大幅下降,坚冰一块的价格体系得到了瓦解。这一阶段使吉利的知名度迅速鹊起,企业在市场上站稳了脚跟,但随着市场形势的变化,吉利的价格优势正逐渐减弱,促使企业必须改弦更张。

第二步,采取"质量取胜"的战略管理。2004年初,吉利借全新产品"自由舰"投产之际,投入5亿元,对原有生产线进行大规模的技术改造,在关键工序使用了大批国际先进设备,包括高精冲压设备、全自动底盘传输线、机器人自动焊、激光焊等,辅之以SAP软件为基础的ERP系统,大大提高了生产自动化程度,提升和保证了产品品质。这一阶段使吉利产品的美誉度大幅度上升,舆论普遍认为吉利已经发生了脱胎换骨的变化。

第三步,采取"全面创新"的战略管理。从2005年开始,结合企业发展"十一五"规划的制定,吉利提出了全面创新、与国际先进水平接轨的目标,规范了产品开发模式,明确了企业发展方向,从产品创新、技术创新、管理创新、流程再造等方面着手,打造一个全新的现代化企业。这一阶段目前仍在进行之中。

吉利的成功是必然的,因为吉利不仅有雄心勃勃、激动人心的宏伟愿景,更有脚踏实地、具体可行的战略目标。吉利人认为,只要在既定的发展方针上坚定不移,毫不动摇,就一定能够将吉利打造成一流的国际化企业。吉利独具特色的战略管理和经营实践,以及把梦想变成现实的信心和能力,已成为中国汽车领域的宝贵财富。

资料来源:《上海证券报》,2007-09-17.

第一节 战略实施与平衡计分卡

一、平衡计分卡与战略执行

随着企业间竞争的白热化以及外部环境的不确定性增强,企业管理者充分地认识到战略之于企业发展的重要性。然而,随后他们又发现了一个新问题:企业虽然做出了正确的战略决策,但没有以正确的方法去实施。研究发现,70％以上企业失败的真正原因不是因为战略制定得不好,而是由于贯彻执行得不到位。究其原因,战略执行的障碍主要来源于以下四个方面:一是愿景障碍,只有5％的员工理解战略;二是人员障碍,只有25％的经理获得了与战略挂钩的奖金;三是管理障碍,85％的高层管理团队每月花在战略讨论上的时间不足1小时;四是资源障碍,60％的组织没有将预算与战略挂钩。经过调查分析不难发现,来自这四个方面的障碍最终又可以归结为七个阻碍战略实施的具体问题。

(1) 管理人员没有清晰、有效地与员工沟通公司的战略是什么以及为什么战略对公司很重要;

(2) 没有恰当、明确的战略实施计划;

(3) 主管人员没有完全投入于支持战略的实施;

(4) 绩效考核的标准和目标定义不明确;

(5) 缺少一个能够有效跟踪绩效表现的绩效考核系统;

(6) 员工不清楚自己应该进行哪些改变;

(7) 缺少一个基础架构来有效地考察绩效表现,以便调整战略,协调组织适应变革。

随着上述实施问题在具体战略管理过程中日益凸显,管理者对有效地战略执行工具的需求也越来越迫切。在这样的背景下,哈佛大学教授罗伯特·卡普兰(Robert Kaplan)与诺朗顿研究院(Nolan Norton Institute)的执行长大卫·诺顿(David Norton)(1992)在《哈佛商业评论》发表的《平衡计分卡:驱动业绩的评价体系》文章中提出了平衡计分卡的概念(Balanced Score Card,简称BSC)。经过学者与管理者的深入研究,平衡计分卡因其对企业战略实施的有效帮助,受到了全世界范围内知名企业的追捧。美国Gartner Group调查表明,在《财富》杂志公布的世界前1 000位公司中,有70％的公司采用了平衡计分卡系统作为战略管理的工具,并创造了良好的绩效。

平衡计分卡的成功之处主要在于它提出并引入了非财务指标,从四个维度帮助企业结合财务和非财务指标实施公司战略,有利于战略的落实与战略实施效果的综合评价。近年来,国内越来越多的企业开始应用平衡计分卡,如光大银行、青岛啤酒、鲁能科技、万科集团、华北油田等。中石油华北油田于2008年引入平衡计分卡以帮助油田改善管理,提高集团公司的战略执行力,加速信息化油田建设。平衡计分卡明确地说明了战略的重点,并为战略与预算建立联系提供了构架。实施1年后其执行力得到了提升,利润增长了12%。但仍有许多成长中的公司困扰于如何保证战略的实施,困扰于究竟如何应用平衡计分卡。

二、平衡计分卡指标体系

平衡计分卡出现的最主要原因是为了克服原有财务指标的缺陷。传统财务指标存在的局限主要有以下几个方面:首先,偏重有形资产的评估和管理,对无形资产和智力资产的评估与管理显得无力。如优质的服务、雇员技能、员工的满意度等。其次,传统财务衡量仅仅可以满足以投资促成长的工业化时代,而不能有效满足信息化时代的需求。因为在工业化时代,输出具有一致化及转化过程标准化的特征,公司能力的提高和顾客关系的改善可以通过提高投资达到。但是,在信息化时代,输出具有个性化及转化过程多样化的特征,因此,需要员工适应非固定模式的能力、柔性制造等一系列新的变化。最后,传统财务只能对过去的业绩进行衡量,而平衡计分卡不但可以考核企业过去的业绩,同样可以衡量企业的未来业绩,具有战略高度。例如,在学习与成长层面,企业应如何保持应变的能力等。

平衡计分卡的核心思想是通过财务、客户、内部业务及学习与成长四个维度具体指标之间的相互驱动的因果关系来展现组织的战略轨迹,从而实现绩效考核——绩效改进及战略实施,如图12-1所示。卡普兰和诺顿于2001年和2004年又分别出版《战略中心型组织》和《战略地图》两本著作,具体指导企业如何成功使用平衡计分卡来进行战略管理。平衡计分卡强调绩效考核的地位,并将之上升到组织的战略层面。经过20年的发展,平衡计分卡的原理在大量组织中都有不同程度的运用,主要表现为业绩评价工具和战略管理工具两种不同的作用类型。越来越多的企业把平衡计分卡作为战略工具,这也是未来发展的趋势。卡普兰在2003年曾说,如果不是因为"平衡计分卡"这一名称已被广为接受,他会选用类似"战略计分卡"这样的名称。可见,平衡计分卡对于公司战略实施的作用之大。

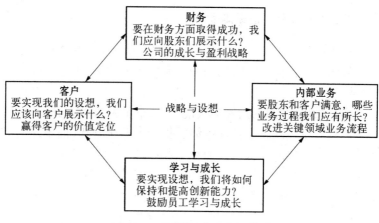

图12-1 平衡计分卡指标体系

第一,财务维度。财务性指标是企业考核绩效的传统指标。财务性绩效指标可显示出企业战略及其实施是否正在为最终目标的实现发挥作用。但并不是所有的长期策略都能很快产生短期的财务盈利。财务维度主要涉及的指标有收入增加、降低成本、提高生产率、资产的利用和投资战略等。

第二,客户维度。平衡计分卡要求企业将战略诠释为具体的、与客户相关的目标和要点。企业应以目标顾客和目标市场为导向,应重点关注是否满足核心顾客需求,而不是企图迎合所有客户的偏好。客户最关心的主要是时间、质量、性能、服务和成本。企业必须为这五个方面树立清晰的目标,然后将这些目标细化为具体的指标。客户维度涉及的指标主要有市场份额、老客户挽留率、新客户获得率、顾客满意度等方面。

第三,内部业务维度。内部业务绩效考核应以对客户满意度和实现财务目标影响最大的业务流程为核心。内部业务指标既包括短期的现有业务的改善,又涉及长远的产品和服务的革新。内部业务维度涉及的指标主要有企业的改良以及创新过程、经营过程和售后服务过程。

第四,学习与成长维度。企业人员的学习与成长维度为其他三个维度的顺利实施提供了基础保障,是驱使其他三个维度取得巨大成果的动力。企业要想取得持久的发展,必须注重企业学习及成长层面,它是企业构建持久竞争力的重要保证。学习与成长维度主要涉及员工的能力、培训系统的能力及激励、授权与整合。学习与成长的维度衡量构架见图12-2所示。

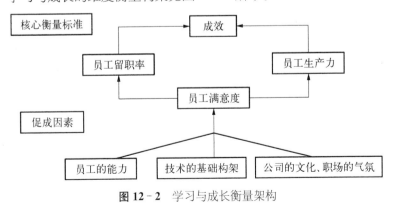

图12-2 学习与成长衡量架构

平衡计分卡方法的引入有以下几个优点：首先，指标多样化。除了财务指标以外，平衡计分卡还引入客户、内部业务、学习与成长三个方面，克服了企业以往只关注财务指标导致企业过分关注一些短期利益而忽视长期利益的缺陷；其次，充分调动组织内的所有成员，使整个组织一致行动，时刻服务于企业的战略目标；再次，将企业的整体战略有效地分解为组织各层的绩效指标和行动；第四，平衡计分卡中的考核指标既包括了对以往业绩的考察，还可以对未来业绩进行考核，有利于企业实现长远发展目标；第五，有利于组织和员工的学习成长和核心能力的培养，有利于各级员工对组织目标和战略的沟通与理解。

三、平衡计分卡的应用及注意事项

一般来说，应用平衡计分卡实施公司战略的具体做法包括：(1) 明确企业的战略目标、愿景和使命；(2) 宣传、落实已制定的战略目标、愿景和使命；(3) 建立平衡计分卡四个维度的具体指标体系与标准；(4) 建立明确的战略地图；(5) 确定战略性行动方案；(6) 拟订业绩评价指标；(7) 反馈与改进。

在平衡计分卡的实施过程中，应把握以下六个注意事项，以保证平衡计分卡的正确实施。

(1) 切勿照抄照搬其他企业的平衡计分卡模式。不同的企业采取的战略不同、面临的竞争环境各异、设定的目标也不同。所以，每个企业用 BSC 法时会制定出不同的 BSC 指标体系。具体来说，每个企业平衡计分卡四个层面的目标及其衡量指标皆不同；即使相同的目标也可能采取不同的指标来衡量。如果盲目地模仿或抄袭其他企业模式，反而会影响对企业业绩的正确评价。

(2) 平衡计分卡的导入要有高层管理者的充分参与。高层管理者的充分参与是企业导入平衡计分卡能否成功的关键保证。在导入平衡计分卡的过程中，高层管理者主要注意以下几个方面，首先,监督战略方向的准确无误;其次,主持关键绩效衡量的指标体系;再次,保证信息上下传递通畅;最后,给予政策支持和过程控制。

(3) 设计平衡计分卡时防止目标单一化。为了最大限度地发挥平衡计分卡功能,就要防止把平衡计分卡仅仅当作考核的手段来使用。它应该具有目标导向和资源分配的功能,它强调过程的控制,它在实施过程中具有指标多样化特征。

(4) 平衡计分卡的设计要注意指标选择与标准。这要求指标与目标具有一致性、指标对目标实现具有保证性、指标标准要具有明确性、衡量手段具有可靠性、指标的权重大小要准确反映平衡的利益价值判断。

(5) 平衡计分卡的实施要有制度与程序进行保证。每一个关键指标要配有实施方案的保证;每一个员工对自己的指标体系有确切的认识和确保完成的保障措施;管理者对下属指标完成情况的关注要制定具体制度,也就是要有制度保证。

(6) 平衡计分卡的执行要与奖励制度结合。企业中每个员工的职责虽然不同,但使用平衡计分卡会使每个员工都清楚企业的战略方向,有助于发挥团队精神,也可以使每个人的工作更具有方向性,从而增强每个人的工作能力和效率。为充分发挥平衡计分卡的效果,需要在重点业务部门及个人等层次上实施平衡计分,使各个层次的注意力集中在各自的工作业绩上。这就需要将平衡计分卡的实施结果与奖励制度挂钩,注重对员工的奖励与惩罚。

专栏 12-1

平衡计分卡制定原则

- 包括较少的、简单的、相关的指标(15~25 个为宜)
- 将战略目标、短期目标和年度预算相连接
- 强调业绩的前置和后置指标

- 不仅仅局限于财务指标
- 在公司的上下、左右寻求平衡

此外,具有如下特征的企业宜考虑使用平衡计分卡:① 高层管理者注重短期行为,或者更换了几任高层管理者仍然业绩不良的企业;② 缺乏有效的员工绩效管理体系的企业;③ 对下属企业业绩存在管理不到位的企业;④ 希望企业获得持久发展,打造百年品牌的企业;⑤ 想对企业进行改造并提高整体管理水平的企业;⑥ 期望对市场有较快的反应速度的企业。

第二节 战略领导及其工作内容

一、战略领导的概念

战略领导(strategic leadership)是一种面对内外环境变化,保持预见和展望、整合组织资源和知识、保持灵活性和在必要时授权他人产生战略变化的能力。全球化战略格局的复杂性要求战略领导者必须学会如何在不稳定的环境中有效地影响他人的行为。战略领导者是指在企业中拥有并实施战略领导能力的人,一般处于高层管理者的位置,主要包括首席执行官、董事会成员、高层管理团队和事业部经理。作为战略层的领导者,要作出战略决策与有效实施战略相关的决策。当战略领导者的学习和工作做到有价值、有创新、难以被模仿和无法替代时,则可以说战略领导者的决策和行动也成为企业竞争优势的来源。事实上,战略领导能力本身就是企业核心竞争力的重要构成要素,战略领导必须保证和证实战略的形成和实施,它依托并强化了企业的核心竞争力。战略领导能力提升的最根本意义在于:它在迅速变化的环境条件下,对企业组织获取动态竞争优势和不断提高企业组织绩效具有重要的意义。

二、战略领导的工作内容

有效的战略领导主要包括6项工作,即确定组织战略方向、打造企业核心竞争力、培育组织智力资本、打造有效的组织文化、强调伦理准则以及组织文化的变革和业务重组。

1. 确定组织战略方向

确定战略方向是指确定公司的长期发展战略,通常着眼于未来的5~10年。一个怀着目标的信念,即长期的愿景,正是企业寻求的理想的形象和特性。理想的长期愿景包括核心意识形态和未来展望。核心意识形态通过公司传统来激励员工,而未来展望则鼓励员工拓展其对成就的期望,并要求有显著的变革和进步来实现这个期望。未来展望对公司战略实施过程的许多方面都是一种方向指引,包括激励、领导、员工授权和组织设计。对于在许多行业竞争的公司来说,最有效的长期愿景是为那些受其影响的人所接受的。

2. 打造企业核心竞争力

核心竞争力是使一个公司拥有竞争优势的资源和能力,它通常和组织的某项职能绩效相关。公司在许多不同的职能领域建立和发展核心竞争能力以实施其战略,战略领导必须证实战略的实施强化了公司的能力。在许多大型的、尤其是业务相对多元化的公司内,战略领导通过在不同组织单元中运用和发展核心竞争力,从而使其作用能得到有效地发挥。

3. 培育组织智力资本

组织智力资本指的是公司整体劳动力的知识和技能,从智力资本这一角度来看,员工被看成是一种需要投资的资本资源。有效的人力资源管理是一个公司成功制定和实施其战略能力的决定因素。有效的培训和发展项目增加了经理人成为成功的战略领导者的机会,随着知识在获取和保持竞争优势中变得越来越重要,这些项目也逐渐变得越来越重要。此外,这些项目能培养知识和技能,并提供对组织的系统性观点,以构筑公司的战略愿景和组织和谐。这些项目还使核心能力的发展受益,并且帮助战略领导者改善对于有效战略领导至关重要的技能。由此可见,培育组织智力资本对有效地执行战略是非常重要的。

4. 营造有效的组织文化

组织文化包括一整套公司所共享且影响其业务执行方式的意识形态、符号和核心价值观。公司可以通过所拥有的能力以及使用这些能力应采取战略行动的方法来发展其核心能力。因为组织文化影响企业如何开展业务,并有助于管理和控制其员工的行为,它是竞争优势的一种来源。因此,形成公司制定和实施战略的环境,即形成组织文化,是战略领导的一项重要任务。

5. 强化伦理准则

当执行战略的过程适于伦理准则时,其有效性会增强。遵守伦理的公司鼓励并使公司各个层次的员工能够实行伦理判断。另外,如果在组织内发生了不符合伦理的行为,这些行为就会在组织内迅速传播。为了正确引导员工的判断和行为,伦理准则必须成为公司战略制定过程中要考虑的因素,并成为组织文化整体的一个部分。事实上,一个基于价值观的文化能最有效地确保员工符合公司伦理要求。

6. 组织文化的变革和业务重组

改变公司的组织文化比维持它更为困难。有效的战略领导者会认识到什么时候变革是必需的。在执行战略时,通常要略微改变文化。然而,当企业选择了实施与从前完全不同的战略时,就需要一个更为显著有时甚至是剧烈的文化变革。无论变革的理由是什么,形成和强化一个新的文化需要有效的沟通和解决问题的能力,同时需要选择适合的人并建立有效的绩效评价和合适的奖酬系统。

专栏 12-2

战 略 领 导

传统的领导理论主要关注较低层次的领导者,研究他们如何为下属提供指导、支持和从下属处获得反馈(Yukl,1998),因此,也称为管理型领导理论,并经历了特质理论、行为理论和权变理论三个阶段(Stogdill,1974)。自 1980 年代中期,领导学研究开始了从管理领导向战略领导的转型。战略领导是领导的一个子集,是作为战略家的领导者所必须具备的各种领导能力的总和。从研究成果来看,主要包括了战略领导过程模型(利维,1996)、战略领导结构模型(威廉姆斯,1998)和战略领导学习模型(贝蒂、休斯,2005)。

———

资料来源:http://wenku.baidu.com/view/ca2a29543c1ec5da50e27027.html。

三、战略领导者的基本素质

战略领导是一种非常复杂而重要的领导方式。没有有效的战略领导者,战略不可能形成并得以实施,从而也无法获得超额回报。由于战略领导是战略成功实施的一种要求,而现有的领导能力却可能与要求的差距过大。所以,在 21 世纪的竞争格局中,企业迫切需要有效的战略领导者。一个有效的战略领导者,应该具备以下素质:

1. 道德与社会责任感

一个企业战略管理者的道德与社会责任感是指他们对道德和社会责任的重视程度。企业的任何一个战略决策都会不可避免地涉及他人或社会集团的利益,因此,企业领导者的道德和社会责任感对这些战略决策的后果会产生十分重要的影响。企业的战略会影响政府、消费者、投资者、供应商、内部员工和社区居民等团体的利益。而企业战略常常不能同时满足各个团体的利益,企业领导人对各个集团利益的重视程度也不同,这就决定了不同的领导人对不同的战略会持不同的看法,企业领导人应该综合平衡各方面的利益。

2. 眼睛向前的素养

企业领导人不仅要着眼于企业的"今天",更应该将目光紧紧盯着"明天",按企业未来的发展要求做出战略决策。领导人的这种远见卓识取决于其广博的知识、丰富的经验以及对未来经济发展的正确判断,也来自企业全体员工的智慧。当领导人对未来有了科学的判断之后,还应该迅速将判断转化为行动,即采取"领先一步"的做法来及早获取竞争优势。同时,企业领导人应该时刻关注竞争格局,经常分析竞争对手的状况,逐项将自己与竞争对手比较,只有透彻地了解竞争对手,才能谈得上"扬长避短"。国内许多企业的产品之所以能够胜人一筹,原因就在于能在研究别人的产品时不局限于某一点。人们经常说的"手上拿一个,眼睛盯一个,脑中想一个",讲的就是这个道理。

3. 随机应变的能力

它可以定义为接受、适应和利用变化的能力。在今天和未来的世界中,恐怕唯一不变的东西就是变化。因此,企业的领导人必须能够迅速理解并接受变化,愿意主动积极地根据这些变化来调整自己的思想和企业战略,并善于利用变化来化不利因素为有利因素,以达到发展企业的目的,最终获得成功。

4. 开拓进取的品格

一个企业要想发展壮大,企业领导人一定要拿出"敢"字当头的精神,敢于在市场上、在未知领域中、在与竞争对手的较量中,保持一种积极开拓,顽强不服输的气概。

5. 丰富的想象力

想象是从已知世界向未知世界的拓展,是在对现有事物的梦想中创造出来的。具有丰富想象力的领导人可以帮助企业创造和利用更多的机会,可以协助企业进行自我改进和自我完善,并能帮助企业适应千变万化的环境。

第三节 战略控制的类型与内容

一、战略控制的含义、动因及作用

(一)战略控制的含义、动因和要求

1. 战略控制的含义

战略控制是指通过对外部环境的监控,检查企业在战略实施过程中涉及的各项活动的进展情况,和既定的企业战略目标与绩效相比较,发现产生偏差的原因,对控制目标进行测评、反馈和调整控制,使企业战略得以实现。

2. 战略控制的动因

战略控制的动因在于战略实施过程中由于种种原因出现的一些偏差:

(1)认识上的偏差,是战略实施的个人对于战略制定的背景、环境、重要性等方面不了解,或者由于个人知识、能力和信息方面的欠缺,对战略实施的方法不清楚而导致的偏差。

(2)环境和战略匹配上的偏差,由于环境的动态变化性,战略的背景和计划与环境部分或者整体上产生偏差。战略控制的根本目的是保证企业战略方向的正确性以及该战略方向的有效实施,战略控制要保证战略目标的实现。在企业的战略实践中,战略的制定、实施和控制是紧密联系,不可分割的。

3. 战略控制的基本要求

(1) 可行性。战略控制是需要花费一定的财力、物力、人力或者其他一些资源，因此，在战略控制的时候要保证在基本实现战略目标的基础上量力而行。

(2) 符合计划性。战略控制的基本目的是防止工作出现偏离，在此之前需要对战略行为设定计划和标准，这个计划和标准应该可以衡量的，或者衡量的方法简单可行，计划还应该是可操作性的。计划为实际工作和战略控制提供行为指导，对战略实施和控制的绩效进行评价的时候需要将实际工作和预先设定的计划和目标进行比较，战略控制绩效要基本符合计划。

(3) 适度性。战略控制的目的是战略实施过程中保持战略方向的正确，对战略控制过程中的各种问题和矛盾有时需要严格一些，有时需要宽松一些，控制力度要适度。如果企业在战略控制中只要能保持与战略目标的一致性，就可以有较大的回旋余地而具有伸缩性，尽可能减少干预实施过程中的问题，因为过度控制容易导致企业战略的僵化，在动态复杂环境下不能随机应变而失去创造力和想象力。华为公司总裁任正非一直是强硬领导和高度集权的管理风格，华为20年来也一直采用中央集权管理模式，然而，任正非总裁现在积极推进分权制改革，主要从加强公司纪律性、遏制大企业病、反对腐败、维持企业文化等方面进行自下而上的、大刀阔斧的改革。

(4) 可调整性。企业战略控制的目的就是调节个体利益与集体利益、局部利益与整体利益的不一致性的冲突。战略控制不应该是程序化的、一成不变的、机械性的执行，而应该是能根据动态环境、企业实际以及战略实施中的情况变化进行调整。合适的战略控制应该能使公司获得一定的竞争优势，并能在控制过程中促使公司战略和业务层战略以及职能部战略保持一致性，与公司的文化相适应，在某种程度上弥补公司的缺陷和不足。因此，战略控制应在遵循原先设定的计划的基础上具有一定的灵活性,这样的控制才最有效。

专栏 12-3

战略控制的放权与例外原则

汉代曾经有这样一则小故事:宰相外出巡视,遇到一宗杀人案和一头牛在路旁气喘吁吁。他不理会前者而去过问后者。随从困惑不解,这位宰相解释说,杀人案自有地方官吏去管,而牛喘气异常,可能关涉到牛瘟和其他民生疾苦,这方面地方官吏往往不大注意,因此必须查问清楚。宰相对"杀人事件"置之不理,就是将流程内事件的处置权按流程赋予了地方官吏,自己不做无谓的干预,既体现出对下属的放权,又体现出对下属的信任,这对一个成功的领导来说是很重要的。

泰罗认为,规模较大的企业不能只依据职能原则来组织和管理,而必须应用例外原则。所谓例外原则,是指企业的高级管理人员把一般的日常事务授权给下级管理人员去负责处理,而自己只保留对例外事项和重要事项的决策和监督权,如重大的企业战略问题和重要的人员更替问题等。泰罗在《工厂管理》一书中曾指出:"经理只接受有关超常规或标准的所有例外情况的、特别好的和特别坏的例外情况、概括性的、压缩的及比较的报告,以便使他得以有时间考虑大政方针并研究他手下的重要人员的性格和合适性。"

这种例外的原则至今仍然是管理中极为重要的原则之一。只有这样,我们才能把管理及其他工作中随意、模糊的东西变得有序、清晰,使我们的管理在职业化、规范化的进程上走得更快、更远,为了更好地保证领导者有时间和精力履行领导者职责,应当推行例外原则。贯彻例外原则可以使企业领导者减少日常重复性工作的指挥,可以集中精力抓大事,可使下级增强独立工作的能力和负责精神。

管理人员如果重视对例外情况的控制,就会使控制的结果更加有效。

资料来源:http://wiki.mbalib.com/zh-tw/Exception_Management.

(5) 关键点控制。在技术日新月异、市场竞争日益激烈的当代经济环境下,企业领导者需要动态地对战略进行修正和完善,及时做出正确的决策,然而,领导者的精力和时间有限,面对大量需要处理的大小事务分身乏术,为了保证领导和战略控制的有效性,领导需要对战略控制实施关键点控制,也就是小问题和次要问题可以适度放权,高层次管理者只需要抓住重要、关键、大问题进行控制,抓住关键点反而能取得有效的控制。做好关键点控制的关键在于关键点的选择,可以选择对企业战略全局具有决定意义或具有重大影响的重点目标;实现战略目标的关键策略和方案;企业经营导向上和经营价值链上最具有影响和扩散效应的部门、公司或事业部等关键点,对其有效控制能最大程度地提高效率和降低风险。

(二) 战略控制的作用

(1) 战略控制是战略管理流程的重要环节,保证战略管理方向的正确性。帮助战略决策者明确决策中的内容是否正确,是否符合实际的,如果决策不正确或不符合实际需要尽早修改决策。战略实施的控制的好坏将直接影响企业战略决策实施的效果好坏与效率高低。此外,企业战略控制还可以促进企业文化等企业基础建设,为企业战略制定奠定基础。

(2) 战略控制能力大小和效率的高低决定战略的制定。企业经营战略的实施的控制能力与效率的高低是战略决策的一个重要制约因素,它在某种程度上决定了企业战略行为能力的大小。如果企业战略实施的控制能力比较强,控制效率高,则企业高层管理者可以做出有高收益期望的高风险的战略决策,如果企业的控制能力比较薄弱,则一般应该制定较为稳妥的战略决策。

(3) 企业经营战略实施的控制与评价可以为战略决策提供重要的反馈,战略控制过程是将实际工作成绩与评价标准进行对比,如果两者的偏差没有超出允许的范围,则不采取任何矫正行动;反之,如果实际工作成绩与评价标准的偏差超出了规定的界限,则应找出发生差距的原因,并采取纠正措施,以使工作实绩回到标准范围之内。

二、战略控制的类型与内容

(一) 战略控制的类型

1. 根据战略实施前后阶段的不同,战略控制可分为前馈控制、过程控制和事后控制

(1) 前馈控制。为了能提前避免预期可能发生的问题,对战略实施过程中的行为进行预先的控制,为了防止出现偏差,是发生在实际工作开始之前的控制。前馈控制能有效地避免可预期的问题,减少发生问题后产生的成本,不必等到问题出现后再补救。前馈控制的主要内容包括检查资源的筹备情况和预测其利用效果两个方面,主要是在战略实施开始之前,检查企业资源筹集是否达到战略实施需要的标准,对战略实施的结果进行预测,对后续行动起到调节作用,能防患于未然,降低实施成本,以提高和改善控制的效果。前馈控制作为一种比较有效的战略控制方法而受到管理者的青睐。

(2) 过程控制。是企业战略实施过程中,对正常的运作活动进行指导和监督,保证战略实施按照原先的计划、政策、程序和方法等进行。过程控制是战略控制中工作量比较大的一种控制,不仅要控制常规的活动,而且要控制突发的、需要动态调整的活动,

根据计划和标准判断战略执行中是否发生偏差、发生的原因及如何进行调整等内容。过程控制方法一般适用于实施过程标准化战略的控制,在具体的操作中有以下三种形式:① 直接指挥,企业管理者根据控制标准,对战略行动进行直接指导,发现偏差及时纠正,确保有关行动符合控制标准;② 自我调节,企业的战略执行者在具体的工作过程中,通过与协作者的沟通,按照规定的控制标准主动调节自己的行为;③ 共同意愿,企业的各职能部门及职能人员,对企业战略目标应在认识上保持一致,对企业战略任务的达成有使命感,最终使各方能够形成完美的协作以完成既定的战略目标。过程控制的目的是尽早地察觉偏差、尽量少地发生偏差和及时采取措施纠正偏差。

(3)事后控制。在战略实施过程结束后,将行动的实际结果和预期的计划标准进行比对,判断偏差发生的原因及大小,对战略绩效产生的后果进行评估,对战略的投入和实施过程提出相应的有效措施以纠正偏差,以使最终的结果能符合控制计划和标准的要求。反馈控制方法控制的对象是结果,纠正的是战略的输入部分及执行过程,根据实施形成的结果,总结经验或教训来调整和指导未来的行动,确保企业战略的正确实施。根据发生的问题和原因提出修正意见和措施,并指导将来的行动,这是事后控制的优点,能提供战略实施效果的真实信息,但也存在从发现偏差到采取措施之间有时滞的问题,有时候可能偏差对企业已经产生了比较严重的影响和成本,才进行纠正和控制。

总体上来说,根据实施的不同阶段进行的前馈控制、过程控制和事后控制各有利弊,如能形成三者相互结合起来的复合型控制方法,就能有效地实现控制效果。

2. 依据控制对象和目的的不同,战略控制可分为回避控制、活动控制、绩效控制和人员控制

(1)回避控制,也称避免控制。是指在问题发生之前,管理者已经采取一定的措施,从源头上避免不良事件的发生,从而达到回避控制的目的。回避控制能回避矛盾,一般回避控制的决策由少数高层决策者或者个别有决策权威的人实施,决策集中,能减少决策成本和冲突。此外,回避控制还能将可能发生的问题提前采取措施避免,减少战略实施过程中的成本。

(2) 活动控制。对企业战略实施过程中的活动进行控制,使活动符合预先设定的目标,对活动进行指导和跟踪,发现问题、分析原因并及时采取必要的措施。活动控制可以实行工作责任制,对员工的活动和工作规定一定的行为准则和岗位职责,让员工按照一定的规章制度工作;定期检查员工的活动和行为并根据预先设定的行为准则进行奖赏;对职工工作完成前进行审查,及时纠正潜在的有害行为,以达到有效控制的目的。

(3) 绩效控制。这种控制形式一般是以企业的绩效为中心,通过明确绩效责任制来实现的有效控制。绩效控制一般需要先设定绩效控制的范围及其效益,根据效益大小进行考核和奖惩,效益一般要求最好能定量,通过绩效控制使职工的行为能符合企业的预期目标,绩效控制如果要发挥比较大的作用需要明确不同绩效对管理者和员工的影响及其大小,以激发员工的积极性。

(4) 人员控制。人员控制是从员工角度出发,为员工提供帮助,激发企业员工的积极性。人员控制的要点有:① 对员工进行培训和职业规划,提高员工素养和工作技能,以增强战略执行效率;② 加强上下级沟通,让企业的职工能够清楚地知道与理解自己的作用,能够更好地将自己的工作与企业中其他群体的工作进行协调,让战略能有效地传达并实施;③ 建立具有内在凝聚力的目标和高效协作的团队,形成企业文化。

(二) 战略控制的主要内容

战略控制的内容分为两大类型:在变化的环境中,战略是否还适用?既定战略方案的执行效果如何?(见图 12-3)由于战略涉及企业整体的以及长远的行动,对战略控制而言,战略的正确性和适用性是最重要的考虑因素。(1) 企业战略在执行的过程中,不断检查制定战略时的假设是否出现重大失误。首先求证当初战略制定时的一些因素假设,在确认战略制定无重大失误之后,仍需不断检测环境的变化,以及早发现不利于企业战略的变化因素,尽早做出应对措施。战略环境是不断发生变化的,需要重新检查对战略方案评价的影响,进而决定战略的变更。(2) 通过建立绩效考核体系来检查企业在运作过程中,有无偏离战略方向,是否完成预期的战略目标。战略完成的每阶段的目标构成下一阶段战略基础,进而实行滚动战略,在战略控制过程中关注各阶段战略的关系,以动态调整企业战略的实施方案。

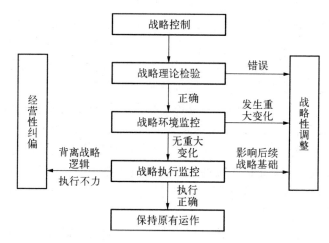

图 12-3 战略控制内容及流程

具体地说,战略控制有以下内容:

(1) 设定绩效标准。企业的管理人员根据既定的战略目标,综合企业自身情况考虑,确定企业绩效标准,作为战略控制的参照系。

(2) 绩效监控与偏差评估。企业对战略实施行为要进行一定的监控和测定,将企业的实际绩效和设定的标准进行比对,寻找偏差和偏差发生的原因。

(3) 采取纠正措施。企业根据对出现的偏差的分析,设计并采取纠正偏差的措施,以适应战略环境的变化,保证企业战略的有效实施。

(4) 监控外部环境的关键因素。外部环境的关键因素是企业战略赖以生存的基础,一旦企业外部环境的关键因素发生变化,这也往往意味着战略前提条件的变动,企业必须给以充分的注意和重视。

(5) 激励战略控制的执行主体。对战略控制的执行主体进行激励,以调动其自控制与自评价的积极性,保证企业战略实施的切实有效。

战略制定并实施后,往往需要按图12-3的流程不断地对战略理论、战略环境以及既定战略的执行情况进行监控,必要时,需要对战略方案或企业经营活动进行调整,以保证战略的适用性和高效性。

第四节 战略控制的过程与方法

一、影响战略控制的因素

在制定和实施战略的过程中,必须同时考虑现有的定量分析因素、信息上的缺陷因素、不确定性因素、不可知的因素以及人类心理等因素。然而,不同的行业、同一行业不同企业的实际情况不同,各种因素的影响也不同,总的来说,影响战略控制的因素有目标制定、信息处理能力、绩效评定和处理工作中的失误。

1. 目标制定

战略目标是战略控制的前提,战略目标必须清晰、客观和可衡量,必须能在战略实施过程中对行为做出评价,因此,目标的高低和是否适合将影响战略控制的有效性。

2. 信息处理能力

将企业战略实施实际和目标相比,需要搜集及时和准确的信息,需要一定的信息搜集和处理能力,如果信息处理能力欠缺则不能正确控制。企业的基础工作和组织结构往往会影响信息的搜集和处理。

3. 绩效的评定考核

根据战略目标进行战略考核,评定考核是决定战略控制的关键因素,从经营目标和战略的需要出发,激励企业上下的积极性,加强考核的公平性;考核工作的多少和取得成绩的大小,近期绩效和长期绩效的关系。考核是奖励和调整的依据,因而决定控制的绩效。

4. 处理工作中的失误

要正确处理和追究工作中的失误,但要注意方式、方法和适度,如果不追究责任,则会导致纪律松散、不负责任、玩忽职守等消极现象的滋长。但如果过度追究个人责任,则会导致谨小慎微、影响人们主动性和积极性的发挥,缺乏创新,甚至产生隐瞒事实真相和报喜不报忧等现象。

二、战略控制的过程和步骤

1. 战略控制的过程

战略控制过程是将实际工作成绩与评价标准进行对比,如果两者的偏差没有超出允许的范围,则不采取任何矫正行动;反之,如果实际工作成绩与评价标准的偏差超出了规定的界限,则应找出发生差距的原因,并采取纠正措施,以使工作实绩回到标准范围之内。战略评价标准是用于衡量企业是否达到目标,协同营销、财务、生产等职能部门的战略效果,将战略系统的输出和评价标准比较,如果有偏差或者和标准不符,则采取必要的纠正措施。可以采用的纠正措施包括改变企业的组织结构、调整企业的考核评价体系、变更企业的战略和调整企业的目标。如果战略系统输出符合评价标准则不用纠正。

战略控制过程见图12-4所示。

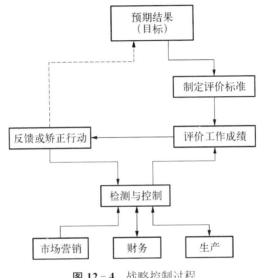

图 12-4　战略控制过程

2. 战略控制过程的步骤

战略控制的目的在于使企业战略的实际实施效果尽量符合预期目标。为了达到这一目标,战略控制过程可以分为四个步骤,即确定评价标准、审视战略基础、衡量企业绩效及战略调整或变革。

(1) 制定评价标准。战略控制的首要步骤就是根据预期目标和战略方案制定出战略评价标准。企业先对已有的战略计划进行评价和检查,通过努力和改进,使其与企业的战略目标相适应。在此基础上进行战略评价标准的制定,重点评价组织结构、企业文化和战略系统等决定战略实施成败的因素。最后根据企业具体的期望确定出具体的标准,作为监督、检查、考核战略实施是否正常的依据。

(2) 评价企业绩效。在企业的战略控制中,管理人员要根据一定的标准来评价和衡量实际的业绩,通过战略评价找到企业成功的关键因素。企业可以采用销售额、市场占有率、净利润、资产、销售成本、价值增值、销售增长率和劳动生产率等指标衡量企业绩效。

(3) 审视战略基础。企业的外部机会与威胁、内部优势与劣势是构成战略制定的基础,审视战略基础就是要实时检查企业战略制定的内外部基础条件是否发生变化。要鉴别并检验关键战略因素的可靠性,企业制定战略应对关键战略因素的可靠性进行推测,对不可靠的战略因素企业必须修改制定的战略。企业能否迅速抓住关键战略因素是其能否及时把握战略转变时机的关键。识别战略环境中的不可控因素或直接全面等的关键因素,理清关键战略因素变化与战略实施的联系,对值得关注的威胁或机会进行监视报告。

(4) 纠正偏差。因为战略目标和战略控制的标准缺乏科学性,或者客观环境发生了变化导致战略目标需要进生调整,或者战略实施过程中存在问题等因素,战略控制过程中都需要根据上述制定的标准、评价的结果和审视的基础对系统的偏差进行纠正。根据实际情况与预期标准之间的差异及成因拟定并实施纠偏措施。属于战略或实施计划本身原因造成的偏差,需要通过调整战略和修改标准加以纠正。

三、战略预警系统

对任何一个控制系统来说,预警都是其重要的一个环节。如何能够及早地发现问题并提出警告和应对方案,对在一个剧烈变化的环境中生存的企业来说,是一项非常重要的核心能力。

1. 战略控制预警系统内涵

战略控制预警系统是用于提醒和警示管理者注意在战略实施过程中存在的潜在问题或偏差,并使管理者尽早地对偏差警觉和重视,从而积极应对的早期预警系统。战略控制预警系统一定是在"警兆"不连续性出现的早期阶段制定战略处理方案,而不是等到警情明显出现的时候才采取措施的,通过战略预警进行战略动态管理,将可能出现的问题及早地解决掉,或者尽量减少产生后可能带给企业的影响。战略控制预警系统能提前对战略实施的问题进行警示,能有效地降低因战略危险对战略实施造成的负面影响而产生的巨大成本。

2. 战略预警系统的特点

对企业来说,面对预警信号做出反应往往时间较长,主要是因为有针对性地采取措施需要得到相关管理者的指示,或者需要对环境变化以及竞争对手的措施进行观察后再采取行动。

影响预警信号采取措施的反应时间主要有以下几个方面:

① 企业的规模。
② 企业文化中对严格和正式规章制度的重视程度。
③ 对事后评估的重视程度。
④ 系统内部沟通畅通程度。

为了解决上述影响反应速度的问题,必须建立一种"智能型"的组织模式和独特的企业文化,例如,设置相应的职能部门,招聘专职人员来管理和运作这些流程,强调迅速反应的组织文化,从而从组织结构上和组织文化方面形成对变化的快速反应能力,最终形成一种内在的核心能力。

战略预警系统是针对动态环境设立的信息系统,主要是在企业生产经营活动中某种现象(警情)还没有出现的时候对企业将来可能产生的风险和问题进行警示,显示偏离信号并寻求纠正这些偏离的战略对策,然后作分析和判断。战略预警系统的结构原理和作用方式可划分为五个阶段(如图12-5)。

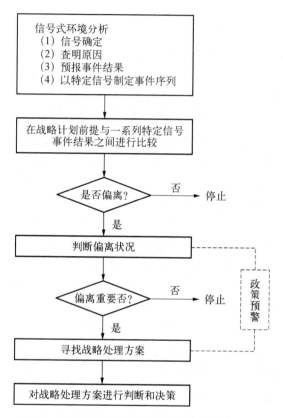

图12-5 企业战略预警系统的原理结构示意图

3. 战略预警系统的内容

战略预警系统还可细分为以下几种类型。

(1)安全经营预警系统。安全经营预警系统是指以安全为导向,通过对企业经营过程中内外部环境的分析,掌握有可能影响企业经营战略目标实现的不确定性因素,辅之以相应的风险管理措施,设计一些安全经营的指标,确定预警临界值,对企业环境和经营进行监控,分析企业实际运行过程中反映出来的指标实际值和预警临界值,做出对企业安全经营状况的综合判断,从而达到最大限度地避免或减少不确定性因素对企业经营的影响,以提高企业的经营安全程度,延长生命周期,获取最佳经营效益。

(2)风险预警系统。风险预警系统是根据企业的特点,通过收集相关的资料信息,监控风险因素的变动趋势,评价各种风险状态偏离预警线的程度,从而向企业决策层发出预警信号并提前采取预控对策的系统。要构建预警系统,必须先构建评价指标体系,并对指标类别加以分析处理;其次,依据预警模型,对评价指标体系进行综合评判;最后,依据评判结果设置预警区间,并采取相应对策。

企业风险预警系统主要包括三个子系统,即风险识别子系统、风险评价子系统和风险预警子系统。

(3)竞争力预警系统。竞争力预警系统是对企业竞争力变动状况实施监测和预报的系统,具体做法是在企业竞争力数据分析基础上,从资源、能力、环境因素中选择具有代表性的超前或同步指标。

四、战略控制的基本方法

(一)目标管理

1954年,管理大师彼得·德鲁克在其代表作《管理实践》中最先提出了"目标管理"的概念。德鲁克认为,并不是有了工作才有目标,而是相反,有了目标才能确定每个人的工作。

目标管理(MBO,Management by Objective)是以目标为导向,以人为中心,以成果为标准,而使组织和个人取得最佳业绩的现代管理方法。目标管理也称成果管理,俗称责任制,是指在企业个体职工的积极参与下,自上而下地确定工作目标,并在工作中实行"自我控制",自下而上地保证目标实现的一种管理办法。采用目标管理的方法进行战略控制具体做法是对战略的不同层次设定一定的目标进行目标管理,根据目标的实现程度和达到的绩效输出进行考核、评价和奖惩,从而进行战略的控制。

目标管理是一种自我控制手段,是比较流行和比较实用的方法,其最大的优点就是方向明确,利于战略管理者统一团队思想、提高工作效率、实施考核、实现快速发展等目标。目标管理通过目标的设立和考核利于企业改善组织结构,明确各岗位的职责分工,使员工产生自觉性的行为,从而调动职工的主动性、积极性和创造性。在使用目标管理作为战略控制手段的实际操作过程中也会存在一些问题。例如,很多目标难以量化和具体化,环境的动态性和技术日新月异的变化使很多活动制定目标很困难;目标管理会增加管理成本,来源于上下沟通和统一思想,协调不同利益主体目标的矛盾性等方面;目标的制定可能比较短视,或者完全从自身利益出发,忽视了主体之间的协作和配合;有时候,根据目标的达成进行奖惩可能不能完全做到公平,反而容易挫败员工的积极性。

因此,好的目标管理是:① 制定的目标必须科学合理,符合实际的工作目标,利于工作进程和成效。② 在实现目标的过程中,必须有长效的监督控制机制,随时监控每一个目标的进展,发现问题及时协商、处理,发现原因并采取纠正措施,确保目标运行方向正确、进展顺利。③ 在目标管理过程中,必须严格将成本控制在合理的范围内,尤其是碰到突发事件的时候,不能为了实现目标而不关注成本。④ 设立合理、有效的监督考核机制,按照目标管理方案或项目管理目标,进行考核、评估、验收等工作,对完成任务良好的,做出突出成绩和贡献的团队和个人进行奖励,激发员工的积极性。

专栏 12-4

目 标 管 理

唐太宗贞观年间,有一头马和一头驴子,它们是好朋友。贞观三年,这匹马被玄奘选中,前往印度取经。

17年后,这匹马驮着佛经回到长安,便到磨房会见它的朋友驴子。老马谈起这次旅途的经历:浩瀚无边的沙漠、高耸入云的山峰、炽热的火山、奇幻的波澜……神话般的境界,让驴子听了大为惊异。

驴子感叹道:"你有多么丰富的见闻呀!那么遥远的路途,我连想都不敢想。"

老马说:"其实,我们跨过的距离大体是相同的,当我向印度前进的时候,你也一刻没有停步。不同的是,我同玄奘大师有一个遥远的目标,按照始终如一的方向前行,所以,我们走进了一个广阔的世界。而你被蒙住了眼睛,一直围着磨盘打转,永远也走不出狭隘的天地……"

马和驴子最大的差别就在于目标的不同,最终导致了不同的结果。这则寓言启示我们:企业或团队有目标不等于有好目标。好目标一定要结合企业的长远发展和员工的特点来制定。德鲁克说:"目标并非命运,而是方向。目标并非命令,而是承诺。目标并不决定未来,而是动员企业的资源与能源以便塑造未来的那种手段。"

职业经理在授权过程中,应明了计划及订立目标的重要性,明白好目标具有的特征,知道如何在日常工作中订立"聪明"的目标。我们必须通过科学的制度和程序,来确立责任明确的目标,而不是通过管理者的随意性或某种妥协来达到。

资料来源:http://baike.baidu.com/view/54093.htm.

(二)预算控制

1. 预算控制概述

预算(Budget)就是财务计划,战略目标是通过预算的形式来完成的,预算的编制是作为计划过程的一部分开始的,而预算本身又是计划过程的终点,是转化为控制标准的计划。预算是通过财务数字和非财务数字来进行预测,以协调和控制给定时期内资源的获得、配置和使用。预算包含的内容不仅仅是预测,它还涉及有计划地巧妙处理所有变量,这些变量决定着公司未来努力达到某一有利地位的绩效。不切实际的预算、经理为了完成任务而对预算进行缓冲、仅仅关注目标的实现而没有实际行动的预算都没有关注长期后果,都不是好的预算。合理、有效的预算有利于强迫管理层制定计划、交流思想和计划、协调活动、资源分配、授权、建立控制系统、提供绩效评估手段和激励员工提高业绩。

预算是一种计划,是对未来一段时期内的收支情况的预测,而且还是一种控制手段,编制预算能够使确定目标和拟订标准的计划工作得到改进。预算的最重要的作用在于改进、协调和控制活动,企业的各个部门编制预算后使组织协调活动有章可循,利于将企业实际工作和预期进行比较、判断和协调,从而找到纠正措施,因此,预算的目的是有利于计划和协调,并为控制提供基础。编制预算应该反映企业的机构状况,充分按照各部门业务工作的需要来制定、协调并完善计划,才能达到控制的目的。此外,预算使计划和目标成为可以衡量的指标和数字,企业主管人员能明白怎么使用、在哪些单位使用、涉及哪些费用开支计划、收入计划和实物表示的投入量和产出量计划,利于主管部门放权给战略的其他各层次,各层次战略目标和计划才能服务于公司总体计划和目标。

2. 预算的种类

根据不同的内容,将预算分为经营预算、投资预算和财务预算三大类,各种预算之间的关系见图 12-6。

(1) 经营预算。经营预算是指企业日常发生的各项活动的预算。它主要包括销售预算、生产预算、直接材料采购预算、直接人工预算、制造费用预算、单位生产成本预算、推销及管理费用预算等。其中,销售预算编制了企业在销售计划中每一个环节所需要

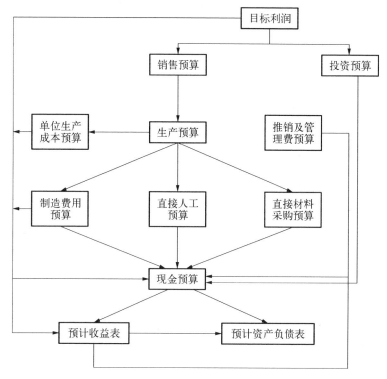

图 12-6 企业主要预算的相互关系

的费用,对销售成本进行控制,保证公司实现销售利润,是企业生产经营全面预算编制的起点。生产预算是建立在销售预算的预期销售量基础之上的,主要编制为满足预算期的销售量以及期末存货所需要的资源。直接材料采购预算、直接人工预算和制造费用预算是建立在生产预算的基础上编制的,控制企业生产环节的成本。推销与管理费用预算则是预计在制造业务范围之外发生的各种费用明细,如广告费和运输费等。

(2) 投资预算。投资预算是指企业为了将来的扩大再生产以获取更大的收益而做出的资本支出计划。投资预算综合反映建设资金来源与运用的预算,投资预算的主要过程是先确定决策目标,由管理人员提出各种可能的投资方案,接着估算各种方案的预期现金流量和风险大小,最后对所有方法进行比较选优。投资预算主要是针对企业固定资产的购置扩建、改造、更新等方面进行可行性研究的基础上编制的预算,主要编制内容是企业投资的时间、地点、金额、资金来源、投资收益的时间、现金流量、回收投资的时间等。投资预算一般和企业的战略或者企业的长期计划息息相关,因为企业固定资产的投资建设时间比较长,投资回收时间比较长,计划的周期比较长,往往和一定的长期战略相关。

(3) 财务预算。财务预算是指企业在未来的计划期内预期的现金收支、经营成果和财务状况的预算。财务预算的具体内容包括现金预算、预计利润表、预计资产负债表和预计现金流量表。企业通过财务预算利于将战略目标具体化和量化,明确工作职责使其利于考核;建立评价企业财务状况的标准,进行控制和反馈,及时发现问题并采取纠正措施。

(三) 审计控制

审计控制是指企业根据预定的审计目标和既定的环境和市场条件,根据一定的依据审查、监督被审计单位的经济运行状态,发现偏差、分析偏差发生的原因、调整偏差、排除干扰,使被审计单位的经济活动运行在预定范围内且朝着期望的方向发展,以达到提高经济效益的目的。审计控制分为外部审计(财务审计)和内部审计(管理审计),战略控制的方法主要关注的是内部审计,审计一些关系到企业长期优势和劣势的关键问题,有利于企业认识到存在的重大问题,通过对企业的客观条件的评估来判断企业的战略规划是否可行。

审计控制是企业评估和控制管理层战略业绩的有效方法,是指企业根据预定的审计目标和既定的环境和市场条件,依照一定的依据,审查和监督被审计单位的经济运行状态,并调整偏差,排除干扰,使被审计单位的经济活动运行在预定范围内且朝着期望的方向发展,以达到提高经济效益的目的。审计控制关注一些关系到企业长期优势和劣势的关键问题,有利于企业认识到存在的重大问题。从形式上看,审计可分为外部审计(财务审计)和内部审计(管理审计)。财务审计控制是指以财务活动为中心,检查并核实账目、凭证、财物等,以判断财务报表中所列出的综合会计事项是否准确无误以及报表本身是否可以信赖等。管理审计则是检查一个组织和管理工作的好坏,其目的在于通过改进管理工作来提高效率和效益。而战略控制则主要依赖于企业的内部审计,其目标是通过对企业的客观条件的评估来判断企业的战略规划是否可行。

审计控制不局限于财务活动,还包括产生经济效益的利用组织资金、资产、资源的业务活动;审计控制在检查和评价之外,还体现了审计的预防控制职能,从而促进了效益的提高或直接创造了效益。此外,审计控制的实施从机制上解决了提高效益的根本之策,能更好地实现效益审计目标。审计控制的方式包括事前、事中和事后,主要是对重大项目、重大金额、重要资产和资源等的重点控制,而不是全面控制。

第五节 战略风险的含义、构成及识别

在全球化和信息化程度不断加深的时代背景下,人才、技术、资本、商品等要素的流动日益加快,经济社会中不确定性因素越来越多,因此,组织面临的风险也越来越大,影响了组织目标的实现。面对这样的环境,要让组织增强应对风险的能力,从而掌握主动权,将风险的影响控制在可接受的范围内,就必须强调战略风险管理。目前,战略风险管理已经成为许多国际性大公司管理活动的重点。

一、战略风险的含义及特征

(一)战略风险的含义

随着现代经济生活环境的日益复杂,企业的日常经营面临着各种不同的风险。主要的定义有:(1)风险是一种机会,所谓高风险高收益,低风险低收益,有风险的项目才可能获得回报;(2)风险是一种损失,认为风险是消极的,有风险意味着可能面临不确定性和可能产生损失,所以要规避风险;(3)风险是一种不确定性,此观点认为风险是已知概率的不确定性、发生与否不确定、发生的时间不确定、发生的状况不确定、发生的后果严重性程度不确定。这种观点介于上述两者之间,比较中性也更为学术。一般大众所理解的风险往往是第二种。

目前,关于战略风险的定义,学术界尚存在分歧,很多学者从各自研究问题的角度给出了不同的定义。罗伯特·西蒙认为战略风险指的是一个未预料的事件或一系列事件,它们会严重削弱管理和实施其原定企业战略的能力。战略风险管理因素是对企业发展战略目标、资源、竞争力或核心竞争力、企业效益产生重要影响的因素。战略风险是影响整个企业的发展方向、企业文化、信息和生存能力或企业效益的因素。按照通常对风险的理解,战略风险可以被理解为企业整体损失的不确定性。这里的损失既可以理解为经济利益损失,也可理解为非经济利益损失(如竞争优势减弱、品牌声誉的降低)。

"战略风险管理"(Strategic Risk Management)一词首次由Miller和Kent D.在1992年发表于《国际商业研究杂志》的文章《国际商业中的综合风险管理架构》中提出的。Miller指出了企业对战略环境不确定性的五种一般反应,即规避(Being avoidance)、控制(Control)、合作(Cooperation)、模仿(Imitation)和适应(Flexibility)。

(二)战略风险的特征

企业风险一般可分为战略风险、财务风险、市场风险、运营风险、法律风险等(如图12-7所示)。企业是一个复杂的系统,在发展过程中必然存在各种各样的风险,每个层面的发展都存在风险。

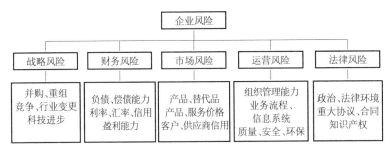

图12-7 企业风险的分类

(1)战略风险影响力较大。与一般影响企业的风险相比,战略风险往往影响整个企业的发展方向目标和整体业绩,甚至影响企业整体经营的成败,威胁企业的生存。

(2)战略风险具有动态性。动态性是指它伴随战略的整个过程和企业发展的始终,而不仅是在战略制定过程中产生。也就是说,战略风险可能发生在战略流程的各个阶段。

(3)战略风险具有系统性。系统性是指战略风险来源既有外部环境的因素,又有企业内部的资源、运营系统,结构的问题。战略风险的产生一般不是某个单方面的因素导致的,可能是各种因素综合形成的。

二、企业战略风险的构成分析

战略风险是企业战略管理过程中由于战略行为不当而使企业遭受巨大损失的不确定性,因此,对企业来说,对潜在风险的预判便成了其施行成功战略控制的重要依托。影响战略风险的因素有很多,战略风险作为一个系统来研究,其构成要素和相互关系就成为最基本的问题。其构成研究已经成为战略风险研究的主要方向之一。为了有助于企业更好地识别风险、衡量风险和管理风险,综合罗伯特·西蒙等人对战略风险构成的理论,可以将战略风险可以分为如下几种类型:

1. 运营风险

当企业运营的核心营运、生产或者加工能力存在问题时,如出现严重的产品或流程失误,运营风险往往上升成为战略风险。一个简单的例子是电厂发电机组的技术故障导致机组停止运行。

2. 资产贬损风险

当某项资产(包括无形资产)提供未来现金流的能力降低并导致资产现值的大幅度减少,资产贬损风险就出现了。生产设备的磨损、专利技术的过期和债务人的破产都会导致企业的资产贬损风险。资产贬损风险包括财务贬损风险、知识产权的贬值和实物资产的贬损。财务贬损是指资产负债表上资产的市场价值的减少,如应收账款不能全部收回、外币和长期债券组合的贬值等。

3. 内外部环境因素风险

一般来说,企业面临的内外部环境因素风险包括两个层次:(1)外部环境因素。企业面临的外部环境风险有以下几种:一是国家的政治、法律、经济、社会和文化、技术等宏观环境发生变化,使企业受到意外的风险损失;二是企业的行业环境发生变化而受到的风险;三是经营环境与竞争优势环境发生了调整,从而导致企业产业战略风险。(2)内部条件因素。企业的内部资源、能力和核心竞争力条件导致的企业管理难度增大,利益相关方之间的协调困难,缺乏科学的管理系统来维持组织的正常运作而产生的风险。

4. 决策者风险

决策往往是对未来活动的方向、内容和目标的安排,由于环境的不确定性和人认识能力的局限性,决策方案具有一定程度的风险性,决策者对风险的态度会影响对决策方案的选择。风险偏好型决策者往往会选择风险较大的方案,并及时针对环境的变化采取相应的积极行动;风险厌恶型决策者往往不愿意承担风险,只会对环境的变化做被动的反应,选择风险较小的方案。

5. 竞争风险

企业在激烈的行业竞争环境中,由于技术、产品、环境等方面的变化导致企业创造价值的能力受到损害,企业的竞争优势面临风险,通常可以采用迈克尔·波特提出的五力模型来分析竞争风险。IBM 在 IBM PC 虚拟企业中计算机系统厂商的作用不断被其他计算机制造商效仿,涌现出一大批 PC 机厂商。后来,IBM 放弃了在国际市场上竞争激烈的 PC 机业务,转而专注于为企业提供与 IT 相关的服务,帮助企业改变商业流程,外包非核心业务甚至核心业务。

6. 声誉风险

商誉风险是由上述其他战略风险引起的,表现为企业的相关利益方对企业信任度减少而产生价值的损失。对一个处于竞争市场的企业而言,声誉对其创造价值的持续能力是关键的。当顾客、供应商、雇员、商业伙伴和监管者对一个企业失去信心的时候,整个企业的价值就贬损了,企业的声誉风险就出现了。

三、战略风险的识别

(一)战略风险识别的概念和特点

战略风险识别是指企业的风险管理人员运用相关的知识和方法来系统、全面地发现风险管理单位面临的财产、责任和人身损失风险。战略风险识别实际上就是收集有关风险因素、风险事故和损失暴露等方面的信息,发现导致潜在损失的风险因素。战略风险的有效识别直接影响企业的战略实施,也是对风险进行测度和预警监测提供依据。

1. 战略风险识别的特点

(1) 战略风险识别是一项复杂的系统工程。战略风险识别的复杂性在于战略风险种类和涉及部门的多样性。风险管理部门需要识别各类资产(包括实物资产、金融资产、品牌声誉资产等)风险、人力资本风险以及责任损失风险,涉及面比较广。此外,为了全面、准确地发现和识别这些风险,还需要包括生产部门、财务部门、人事部门、销售部门和信息处理部门等的密切配合。

(2) 战略风险识别是一个动态连续的过程。企业的宏观、微观环境和内部资源条件等是动态连续变化的,企业如果想要稳定地发展,必须连续地、不间断地识别各种风险,分析其可能造成的后果,分析其对本单位生产经营的影响。因此,战略风险管理部门关注的风险因素也应相应地动态调整。

(3) 战略风险识别是一个长期的过程。一般来说,战略风险不是短期内突发形成的,通常是长时间各类风险因素的积累叠加造成的,所以,要求战略风险管理人员及时关注企业的变化,跟踪和调查风险因素的变化,积极采取措施防范和处理风险。

2. 战略风险识别的步骤

战略风险识别的过程是企业的风险管理人员收集有关风险事故、风险因素、损失暴露、危害和损失等方面信息的过程。战略风险识别主要包括以下阶段:

(1) 风险辨识与评估。首先要对风险的严重性、可能性进行辨识和评估,确定风险发生的概率、时间和不同时间的可能性。风险管理人员应尽力识别所有可能对企业取得成功产生影响的风险,包括整个业务面临的较大或重大的风险以及与各个项目或较小的业务单位关联的不太重要的风险。

(2) 风险源的调查与认知。风险管理人员在识别企业战略风险后,明确风险及其造成的损失的来源非常重要,要及时和准确地发现风险源,从而根据一定的措施来选择风险处理技术,改变风险因素存在的条件,以最大限度地防止风险因素的增加和累积,尽量减少风险的影响。风险源的发现和识别是非常困难的,需要掌握相关的技术和积累一定的经验。

(3) 风险的测算和计量。根据清单中各种重要的风险来源,分析和推测各种可能性,结合战略管理的方法和手段进行测算对战略影响的程度、战略成本耗费和最终企业的各种战略绩效指标的变化,并制作战略风险图。采用经济资本风险、市场价值风险等通用的量度标准计量风险。

(4) 风险转变的辨识。如果风险能转变为机会,对企业发展就非常有利,因此,需要识别是否能将风险转变为机会、可以采取哪些措施及这些措施的可行性和可达性。

(5) 降低风险的方案。根据上述的分析,由风险管理团队负责制定降低战略风险的方案,这对风险管理人员的要求比较高,需要加强风险管理人员的技能教育和责任意识教育,加强风险管理人员认知风险源的能力,可以提高风险管理的水平。

(6) 方案的实施。降低风险方案的实施需要多个部门的协调和多项工作的实施,例如,从资本配置和资本结构两个方面着手进行资本调整决策,降低风险方案中人员、各种资源等的配备和协调等。降低方案的实施对战略风险管理具有举足轻重的作用。

(二) 战略风险识别的方法

战略风险识别程序应在企业内的多个战略管理层级得以执行,要求采用一种有计划的、经过深思熟虑的方法来识别业务的每个方面存在的潜在风险,并识别可能在合理的时间段内影响每项业务的较为重大的风险。并不是简单罗列每个可能的风险,而是识别那些可能对运营产生影响的风险。战略风险识别的方法有以下四种。

1. 集体讨论法

集体讨论可能的风险领域,通过这种方法动员知悉情况的人员迅速给予答复,把他们脑子里第一个想到的事情说出来。指定的主持人向每个小组提出一个与战略风险有关的问题,然后要求小组成员依次说出他们的想法。最后由风险管理小组对集体讨论后识别的所有风险进行复核,并且认定核心风险。风险识别程序一直伴随着讨论和分析活动进行,最后确定的风险可能和当初集体讨论的风险有所不同。经过集体讨论的风险应提供给企业的各个战略层次和部门进行评价和讨论。这种风险识别方法的目的是通过集体讨论,相互激发成员之间的想法和评论。由于是在较短的时间内提出想法和进行讨论,可能考虑不够深入和周到。

2. 风险清单罗列法

由战略风险管理人员根据企业环境和实际情况以及自己在风险管理过程中形成的经验,制定一个识别风险的框架以概括所有可能发生的损失清单。这种方法主要是分析风险主体面临的风险因素,是人们已经识别的、基本的、常见的、发生概率较大的风险,通过这些风险的判断识别公司总体战略风险所可能带来的损失,并由各个业务单位参照清单检查企业和部门所面临的各种风险,并采取措施以降低风险。

3. 实际调查法

实际调查法是指风险管理部门、保险公司、有关咨询机构、研究机构等就风险主体可能遭遇的风险进行详尽的现场调查,并出具调查报告书供风险管理者参考的一种识别方法。实际调查法首先要做好调查前的准备工作,包括确定调查时间、地点、对象、编制表查表,对实际调查可能涉及的问题进行预先的准备,这个准备工作应该尽量详细周全;其次是实际调查和访问。在进入现场调查和访谈阶段,要密切注意那些经常引发事故的环境和工作方式。最后是根据实际调查撰写报告,作为战略风险管理人员了解风险主体和风险等级的依据,报告应翔实、客观地反映实际情况。

4. 流程图分析法

将战略管理流程中的各项活动以及各项活动内在的逻辑关系

用流程图的方式表达出来,利于识别造成风险的关键环节和薄弱环节。流程图分析法用于识别风险的优点是能清楚地表达存在的风险,尤其是战略管理流程非常复杂的时候,用流程图法分析战略风险非常必要。流程图分析战略风险的缺点是只能描述部分风险,不够全面,而且只强调活动的流程,无法做出对战略风险产生的原因分析,分析的管理成本也相对较高。

由此可见,每种战略风险的分析方法都各有利弊。企业在进行战略风险识别的时候,应该根据企业的性质、规模等实际情况选择合适的识别方法,将各种方法结合起来使用,能大大地提高战略风险识别的效率。

第六节 战略风险的度量和控制

一、战略风险的度量

企业在战略管理中的一个重要的目标就是通过对已识别的战略风险的控制来保证企业战略的实施结果与预定的战略目标相一致。在企业对已识别的战略风险进行控制之前,一个重要的准备工作便是战略风险的度量。战略风险的度量方法主要借鉴相关领域的研究,分为定量和定性两种方法。

定量的方法主要有资本资产定价模型(Capital Asset Pricing Model,简称CAPM)和风险价值(Value at Risk,简称VaR)方法。采用定量方法测度战略风险必须严格遵循假设条件,需要得到相关的数据并代入模型中得到结果,因此,存在一定的局限性。因此,这里重点介绍战略风险度量的两种定性方法。

1. 问卷调查法

对战略风险中可能涉及的因素设计为问卷,通过向特定人群发放问卷的形式来确定行业整体的风险以及特定企业所面临的风险。这种方法具有简单、容易量化、包括的信息全面、能用科学的工具和方法进行分析等优点。然而也受到一些局限,例如,对问卷调查的设计者要求比较高,需要具有丰富的行业和企业经验,否则,设计的问卷难以全面覆盖;调查结果往往广而不深,质量上很难保证能够达到预定目标;问卷对象的配合度和对企业实际情况的熟悉程度影响问卷的结果。

2. 系统思考法

系统思考法是以整体的观点对复杂系统构成组件之间的连接进行研究。系统思考法的基本原理是系统是复杂的,系统是由各个组件组成的,要认识系统必须将系统作为整体进行审视。因此,在进行战略风险测度的时候,应该从企业整体角度出发,通过分析公司整体战略各个组成部分之间的逻辑关系和联系,得到企业整体战略风险。系统思考是解决复杂问题的工具、技术和方法的集合;是一套适当的、用来理解复杂系统及其相关性的工具包;也是促使协同工作的行动框架。

战略风险识别的定性方法的优点是能尽量地站在公司整体战略的基础上,从各个方面进行测度,存在的问题是主观性比较强,对战略风险度量相关工作者经验、素质和能力的要求比较高。因此,对企业战略风险的度量应该综合上述的定量和定性两种方法。

二、战略风险的控制

有效的战略风险控制能优化企业的资源配置,将稀缺资源投入与战略相一致并增进企业价值的活动中,战略风险控制的手段主要有:

(一)企业价值观

企业价值观是指企业决策者对企业性质、目标、经营方式的取向做出的选择,企业及其员工的价值取向是指企业在追求经营成功的过程中所推崇的基本信念和奉行的目标。企业价值观是企业全体或多数员工一致赞同的关于企业意义的终极判断。企业价值观是长期积淀的产物,是艰苦努力的结果,是把所有员工联系在一起的纽带,是企业生存和发展的内在动力,是企业行为规范制度的基础,是有意识培育的结果,而不是自发产生的。

企业信条即企业所信奉的人格行为准则,是企业伦理道德的集中体现。企业哲学反映的是企业最根本的问题,解决的是最根本的是与非,企业信条是在企业哲学的制约下形成的企业道德以及员工人格行为准则。

当员工产生不符合企业战略且可能导致风险的活动时,需要采取的控制手段是发挥企业价值观和企业信条的作用,为员工的行为提供方向和指南。IBM总裁小托马斯·沃森曾经说过:"对任何一个公司而言,若要生存并获得成功的话,必须有一套健全的原则,可供全体员工遵循,但最重要的是大家要对此原则产生信心。"企业应该通过各种方式向员工持久地灌输企业价值观和信条,且通过一定的形式表现出来,企业价值观应和成员的行为方式一致。

(二) 内部控制

企业价值观表明了企业的核心价值和员工的行为准则,企业还需要通过内部控制的方式防范企业运作中的错误和舞弊。内部控制就是管理层为了确保以有序和有效的方式实现企业战略和管理目标,包括遵循管理制度、保护资产的安全、防范和发现错误与舞弊、确保会计记录的准确与完整、及时编制可信的财务信息而制定的管理政策和控制程序。

专栏 12-5

内部控制失败案例

2005年8月,南航集团副总裁兼上市公司董事彭安发和南航集团财务部部长陈利明因涉嫌违法先后被司法机关依法逮捕；2006年3月，二人被广东省反贪局移交广州市检察院起诉。2006年10月16日，中国南方航空集团原财务部部长陈利民因涉嫌挪用、贪污、受贿等罪，接受广州市中级人民法院公开庭审。据检察机关侦查证实，2001年8月至2005年5月，陈利明利用经办委托理财的职务便利，采用先办事、后请示或不请示和只笼统汇报理财收益、不汇报合作对象或隐瞒不报等方式，大肆超范围地开展委托理财业务，已侵吞集团部分理财收益，收受回扣；超权限地从银行贷款供个人、朋友注册公司、经营所用；收受汉唐证券、世纪证券、姚壮文贿赂近5 400万元，挪用公款近12亿元，贪污公款1 200多万元。南航集团的委托理财业务实际上是南航集团用自己的钱借助于证券公司进行操作自己的股票。从法律法规方面来说，不论是国有资金入股市炒股还是利用自有资金操作自己股票，都是被明令禁止的。从内部控制的角度说，南航集团几十亿的委托理财业务集中于公司2~3个人的运作，企业决策层、党委、内部审计监管没有跟上，虽然不能肯定存在管理层纵容，但可以肯定的是对重大投资监控不到位；个人收受贿赂、挪用和贪污公款，反映了关键人员的道德败坏和企业基本内部控制的缺失或管理层凌驾等问题。另外，中国的金融体制也为这种现象提供了便利。

资料来源：http://www.chinaacc.com/new/287_289_/2009_7_28_wa0343415498279002 4928.shtml。

以内部控制为主要对象的内部审计也必须对其进行审查和评价。一方面有助于对组织风险管理状况作出评价并提出可行建议；另一方面系反映了现代风险管理的全过程，对组织的风险管理实务起到借鉴作用。作为公司管理监督控制的内部审计部门，通过风险管理审计对风险管理进行监督，风险管理内部审计的责任就是要对企业的风险管理体系进行有效的再监督。负责建立健全内部控制机制并使之有效运行,按照"全面监督,突出重点"的原则,监督的重点是风险管理方面的各项管理制度和工作程序以及这些管理制度和工作程序的实际运行情况和效果。通过和整个系统的协调一致,达到协调增效的目的。

用于战略风险管理的内部控制的制定一定要符合企业的实际需求,避免流于形式,产生负面效果。有效的内部控制要做到:(1)建立正确的风险文化和意识。收益和风险是共存的,不能盲目地为了获得高收益和高利润而忽视高风险,风险应该在公司能够承受和把控的范围内。(2)把握授权的度。内部控制的度应该既能保证经营决策的独立性和权威性,又要保证经济行为的效益性和廉洁性,完善法人治理,避免独断专行,建立决策者的制衡机制。(3)完善高风险业务控制制度,加强监督检查。强化内部控制制度执行的监督检查,重视内部控制和加强国有企业内部审计力量。建立风险预警机制,及早发现风险,有效地避免战略风险带来的损失。

【本章小结】

本章首先界定了战略控制的含义、作用、类型和内容。根据战略实施前后阶段进行控制,分为前馈控制、过程控制和事后控制。战略控制的内容主要有设定绩效标准、绩效监控与偏差评估、采取纠正措施、监控外部环境的关键因素以及激励战略控制的执行主体。战略控制过程包括制定评价标准、评价企业绩效、审视战略基础和纠正偏差。此外,还需要建立安全经营预警系统、风险预警系统和竞争力预警系统。战略控制的基本方法主要有目标管理、预算控制、审计控制。

战略控制还需要对战略风险进行管理,面对目前的复杂动态环境,要让组织增强应对风险的能力,从而掌握主动权,将风险的影响控制在可接受的范围内,就必须强调战略风险管理。

【基本概念】

　　平衡计分卡　战略领导　战略控制　前馈控制　过程控制　事后控制　战略控制预警系统　目标管理　预算　审计控制　战略风险识别　资本资产定价模型　风险价值方法

【复习思考题】

1. 分析平衡计分卡在战略实施中的价值及应用过程。
2. 简述如何增强企业的战略领导能力。
3. 战略控制的类型和内容有哪些?
4. 简述战略控制的常用方法。
5. 战略风险的识别方法有哪些?
6. 战略风险的度量方法有哪些?

【结尾案例】

柯达巨星的陨落

　　与此前很多伟大公司一般,伊士曼柯达公司(以下简称"柯达")似乎已经走到尽头。在诞生132年后,那个一直致力于要把别人拍出最佳状态、最漂亮肤色、最动人表情、记录最美好回忆的柯达,却恰恰没有拍好自己。

　　2012年1月底,柯达宣布已向纽约州南部地方法院提交破产保护文件。柯达表示,希望在2013年时从破产中复苏,期间将会把从花旗集团筹集而来的9.5亿美元用于重组业务。但多方认为,柯达这个百年老店的倒下其实只是时间问题。易凯资本CEO王冉感叹:"对柯达来说,错过数码相机浪潮是一件不可思议的事。"

外界普遍认为,柯达的倒下是传统胶片业务的巨大成功,让柯达没有迅速适应市场需求和行业变迁做出调整。但回顾这段历史,人们却惊奇地发现,其实柯达早已认识到技术革新的重要,并为此做出改变。

柯达前高管、罗彻斯特大学西蒙商学院教授拉里·马特森(Larry Matesson)表示,他曾在1979年撰写过一份非常精准的报告,预测了市场的不同部分将如何从胶片时代转向数码时代,首先是政府勘测机构,随后是专业摄影领域,最后则是主流市场,到2010年将全面普及。他的误差只有几年。

1993年,时任柯达中国区顾问的李意欣翻译了国外第一篇介绍柯达数码科技的文章,文中介绍,柯达预测未来所有的产品会通过计算机储存,大家只要拿着硬盘到专门的店面输出,便可取出照片。这篇文章被发表在当年的《北京晚报》上。正如李意欣所记录的一般,世界上第一台数码相机正是出自柯达实验室。

1975年,柯达的工程师斯蒂夫·萨森在实验室制造出第一台数码相机。不过,公司管理层的反应是:"这非常好,但不要把这个东西告诉任何人。"当时,柯达注重的仍然是胶片业务,数码技术仅仅被用来提高胶片质量,而不是制造数码相机。

福布斯的一位专栏作家写道,20世纪80年代中期,柯达的一些高级管理层就已经意识到数码时代是大势所趋,但当时柯达未有任何转型迹象。"长期以来,柯达对业务转型的必要性心知肚明,也不缺乏转型所需的技术储备,但在执行层面却异常迟缓。"中国发展战略学研究会企业战略专业委员会秘书长于清教一再表示。

回顾历史,全球对彩色胶卷的需求量在2000年发展到最高峰。但突如其来的从2001年起却遭遇了毁灭性重构。之后,每年都以25%左右的速度往下滑。此时,两大传统胶片巨头柯达和富士则开始了转型"逃亡"路。但路径和结局却完全不同。

2001年,富士在中国市场的份额从70%下降到20%。之后,富士通过对事业部进行改造和培育新的增长点,2007年,公司销售收入达到了2兆8500亿日元(相当于人民币2200亿元),营业利润也达到了2000亿日元左右,创下了历史最高纪录。

但在同样时期,柯达却一直犹豫不决。2002年底,柯达的产品数字化率仅约为25%,而竞争对手富士已达到60%。这期间,柯达的决策者做出了错误的判断,他们的重心依旧放在传统胶片上。"作为一个在传统胶片业占绝对份额的公司,柯达的决策者们并不希望看到数字业务太过迅猛的局面。"一位柯达员工回忆。

博盖咨询合伙人高剑锋认为,"面临着胶卷这个即将被数码技术完全替代的产业,柯达不转型必然会被淘汰;转型动作太大,又会使公司失去赖以生存的现金流。柯达一直在这两个方向上摇摆不定,从而错过这个最好的转型时机。"

直到2005年,在全球传统胶卷市场迅速萎缩的当口,新任CEO彭安东上任,这被外界解读为柯达加速转型的一个重要信号,即柯达决心把自己带入数码时代。但这个决定已足足迟滞于市场5年时间,一切似乎为时已晚。虽有起色,但2008年金融危机再次结束了柯达短暂的复苏势头。

柯达在2009年决定将其长达74年历史的全球首款商用胶卷Kodachrome退市,当时官方也曾流露出转变过慢的反思,"10年前就已经考虑让其退市",但迫于该胶卷的摄影师"粉丝"众多,一直未能成行。直到该胶卷的销量和利润率下滑到惨不忍睹的局面,柯达才做出"割爱"的决定。

当CEO彭安东2003年第一次进入他在柯达的办公室时,展现在他面前的横幅是"扩大胶片的利润"。他称自己所做的第一件事就是取下这个横幅,但面对转型,柯达还是慢了一步。柯达的公司文化之弊在于过于迷信领导人的权威和森严的等级制度。

尽管很多人将柯达的破产归结为战略选择的失误,然而在战略选择的背后,柯达巨无霸式的自信是贻误战机的重要原因。正如邓凯达所说,彼时的柯达仍被以往巨无霸式的自信所困扰,并没有坚定转型的步伐。

柯达的"自信文化"也体现在柯达的转型战略上。第一个提出要将柯达由传统胶卷产业转向数码影像领域的是任职五年(2000～2005)CEO的邓凯达。邓凯达在总结柯达战略转型这段历史时曾表示,柯达犯了瞻前顾后、掩耳盗铃的错误。"柯达希望在高端垄断数码相机的技术,但却不积极推广这些技术,从而达到延缓数码相机发展速度的目的。这样,柯达就有可能延长银盐胶卷的生命周期,从而使自己继续在这一准垄断行业里赚取丰厚的利润,这个做法显然是幼稚的。"

资料来源:王佳,李艳洁.柯达沉没:败于战略性失调.《中国经营报》,2012-02-06.

思考讨论题:

1. 战略评价与控制对成功实现既定战略目标的影响如何?
2. 柯达的状况说明其战略过程的控制出现了哪些问题?
3. 柯达应该如何进行战略转型才能有效地实现其目标?

主要参考文献

[1] 3C框架课题组. 全面风险管理理论与实务. 中国时代经济出版社, 2008.

[2] C. M. Christensen, M. Overdorf. Meeting the challenge of disruptive change. Harvard Business Review, 2000, 78(2), pp. 66 – 77.

[3] Della Bradshaw. 商学院: 到哪儿去找战略直觉? http://www.clbiz.com.

[4] Donald C. Hambrick, James W. Fredrickson. Are You Sure You Have a Strategy? Academy of Management Executive, 2001, 15(4), pp. 48 – 59.

[5] Gupta V., MacaMillan C., Surie G. Entrepreneurial Leadership: developing and measuring a cross-culture construct. Journal of Business Venturing, 2004, (19), pp. 241 – 260.

[6] M. D. Richards. Setting Strategic Goals and Objectives. St. Paul, Minn: West, 1986.

[7] P. Kale, H. Singh & H. Perlmutter. Learning and protection of proprietary assets in strategic alliances: Building relational capital. Strategic Management Journal, 2000, (21), pp. 217 – 237.

[8] Prahalad · C. K., Hamel Gary. The Core Competence of the Corporation. Harvard Business Review, 1990, 68(3), pp. 79 – 91.

[9] W·钱·金,勒妮·莫博涅.蓝海战略——超越产业竞争,开创全新市场.商务印书馆,2005.

[10] 阿奇·B·卡罗尔,安·K·巴克霍尔茨.企业与社会:伦理与利益相关者管理(第5版).机械工业出版社,2004.

[11] [英]安德鲁·坎贝尔,凯瑟琳·萨默斯·卢斯.核心能力战略:以核心竞争力为基础的战略.东北财经大学出版社,1999.

[12] 奥斯特瓦德,皮尼厄.商业模式新生代.机械工业出版社,2011.

[13] 巴尼,赫斯特里,李新春,张书军.战略管理(第3版).机械工业出版社,2010.

[14] 彼得·德鲁克.卓有成效的管理者.机械工业出版社,2009.

[15] 蔡恒汉.市场营销学.江西高校出版社,2006.

[16] 陈继祥,黄丹.战略管理.上海人民出版社,2003.

[17] 陈继祥.企业战略管理.北京交通大学出版社、清华大学出版社,2011.

[18] 陈继祥.战略管理(第2版).格致出版社,2008.

[19] 陈劲,郑刚.创新管理——赢得持续竞争优势.北京大学出版社,2009.

[20] 陈劲.技术管理.科学出版社,2008.

[21] 程源,雷家骕,杨湘玉.技术创新:战略与管理.高等教育出版社,2005.

[22] 戴维·J·弗里切.商业伦理学.机械工业出版社,1999.

[23] 丁志铭等.大企业战略选择.经济管理出版社,2004.

[24] 弗雷德·R·大卫.战略管理.清华大学出版社,2008.

[25] 弗里曼.战略管理:利益相关者方法.上海译文出版社,2006.

[26] 高红岩.战略管理学.清华大学出版社、北京交通大学出版

社,2007.
- [27] [英]格里·约翰逊,凯万·斯科尔斯.战略管理(第6版).人民邮电出版社,2004.
- [28] 韩炜.战略定位演化研究——基于价值活动网络视角.经济科学出版社,2010.
- [29] 何彪.企业战略管理.华中科技大学出版社,2009.
- [30] 何海燕等.战略管理.北京理工大学出版社.2009.
- [31] 黄丹,余颖.战略管理:研究注记·案例.清华大学出版社,2009.
- [32] 黄速建.现代企业管理:变革的观点.经济管理出版社,2001.
- [33] 黄旭.战略管理:思维与要径.机械工业出版社,2007.
- [34] 揭筱纹.战略管理——概论·案例与分析.清华大学出版社,2009.
- [35] 杰伊·巴尼.战略管理——获得与保持竞争优势(第3版).格致出版社,2011.
- [36] 金占明,杨鑫.战略管理.高等教育出版社,2011.
- [37] 金占明.战略管理——超竞争环境下的选择(第3版).清华大学出版社,2010.
- [38] 科特勒,阿姆斯特朗.市场营销原理(第11版).清华大学出版社,2007.
- [39] 克莱顿·M·克里斯坦森,迈克尔·E·雷纳.困境与出路.中信出版社,2004.
- [40] 孔翰宁,张维迎,奥赫贝.2010商业模式:企业竞争优势的创新驱动力.机械工业出版社,2008.
- [41] 李春波.企业战略管理.清华大学出版社,2011.
- [42] 李杰.企业发展战略.清华大学出版社,2009.
- [43] 李维安.公司治理.南开大学出版社,2001.

[44] 李维刚.企业战略管理.科学出版社,2010.
[45] 李玉刚.战略管理研究.华东理工大学出版社,2005.
[46] 梁东.企业战略管理.机械工业出版社,2004.
[47] 梁新弘,王迎军.动态环境中企业持续竞争优势构建探讨——基于资源和能力的观点.华东经济管理,2003(8).
[48] 林祥.企业核心资源理论与战略.人民出版社,2004.
[49] 刘桂云.全球经济一体化过程中世界产业结构调整的趋势.产业与科技论坛,2007(4).
[50] 刘钧.风险管理概论(第2版).清华大学出版社,2008.
[51] 刘力钢.战略·竞争·优势:寻求公司战略系统再造.辽宁大学出版社,2004.
[52] 刘学.战略:从思维到行动.北京大学出版社,2009.
[53] 鲁若愚等.企业技术管理.高等教育出版社,2006.
[54] 罗伯特·巴泽尔,布拉德利·盖尔.战略与绩效:PIMS原则.华夏出版社,1999.
[55] 罗伯特·伯格曼等.技术与创新战略管理(第3版).机械工业出版社2004.
[56] 罗珉.公司战略管理:理论与实务.西南财经大学出版社,2003.
[57] 马瑞民.新编战略管理咨询实务.中信出版社,2008.
[58] 迈克尔·A·希特,R·杜安·爱尔兰.吕巍等译.战略管理:竞争与全球化.机械工业出版社,2002.
[59] [美]迈克尔·波特.竞争优势.华夏出版社,1997.
[60] 毛蕴诗,程艳萍.美日企业竞争力缘何逆转?南方日报,2001-12-10.
[61] 梅森·卡朋特,杰瑞德·桑德斯.王迎军.战略管理——动态观点.韩炜,肖为群等译.机械工业出版社,2009.
[62] 孟卫东,张卫国,龙勇.战略管理:创建持续竞争优势.科学

出版社,2004.
[63] 孟宪忠,谢佩洪. 企业战略管理. 高等教育出版社,2013.
[64] 孟宪忠. 绝处逢生——危机下的战略选择. 上海人民出版社,2009.
[65] 孟宪忠. 中国经济发展与社会发展战略. 吉林大学出版社,1996.
[66] 孟宪忠. 中国企业警惕负竞争力陷阱. 中国青年报,2012-07-05.
[67] 明茨伯格,阿尔斯特兰德,兰佩尔. 战略历程——纵览战略管理学派. 机械工业出版社,2005.
[68] 尼科·默克基安尼斯. 企业目的:伟大公司的起点. 机械工业出版社,2008.
[69] 宁向东. 公司治理理论(第2版). 中国发展出版社,2006.
[70] 欧洲技术与创新管理研究院. 企业战略与技术创新决策:创造商业价值的战略和能力. 知识产权出版社,2006.
[71] 彭维刚. 全球企业战略. 人民邮电出版社,2007.
[72] 乔为国. 商业模式创新. 上海远东出版社,2009.
[73] 仁达方略. 商业模式创新案例集. 仁达方略研究报告,2009.
[74] 任浩. 战略管理——现代的观点. 清华大学出版社,2008.
[75] 芮明杰,袁安照. 现代公司理论与运行. 山东人民出版社,1998.
[76] 孙锐. 战略管理. 机械工业出版社,2008.
[77] 汤姆森,斯迪克兰德. 战略管理. 北京大学出版社,2000.
[78] 托尼·达维拉等. 创新之道:持续创新力造就持久增长力. 中国人民大学出版社,2007.
[79] 王成,刘志广. 高级咨询顾问专业必备工具大全. 机械工业出版社,2006.
[80] 王方华,吕巍. 战略管理. 机械工业出版社,2004.

[81] 王建民.战略管理学(第2版).北京大学出版社,2006.
[82] 王铁骊.复杂环境变革下动态环境的内涵演进分析.华东经济管理,2007(5).
[83] 魏江,寒午.企业技术创新能力的界定及其与核心能力的关联.科研管理,1998(11).
[84] 魏农建,荣和平,索柏民.战略管理.化学工业出版社,2011.
[85] 吴贵生,王毅.技术创新管理.清华大学出版社,2009.
[86] 吴淑琨,席酉民.公司治理与中国企业改革.机械工业出版社,2000.
[87] 希尔,琼斯,周长辉.战略管理(第7版).中国市场出版社,2007.
[88] [美]希特,爱尔兰,霍斯基森.战略管理——竞争与全球化(第8版)[M].机械工业出版社,2010.
[89] 项保华.战略管理——艺术与实务(第3版).华夏出版社,2006.
[90] 肖久灵,颜光华.组织知识内化的学习机制研究.科学学与科学技术管理,2006(6).
[91] 谢洪明等.动态竞争理论研究评述.科研管理,2003(11).
[92] 谢佩洪,王在峰,张敬来.挑战企业持续竞争优势的内外部因素与势力.科学学与科学技术管理,2008(1).
[93] 徐二明.企业战略管理.中国经济出版社,2002.
[94] 徐飞,黄丹.企业战略管理.北京大学出版社,2008.
[95] 徐飞.战略管理(第2版).中国人民大学出版社,2013.
[96] 徐君,李冰,李莉等.企业战略管理.清华大学出版社,2010.
[97] 许庆瑞.研究发展与技术创新管理.高等教育出版社,2000.
[98] 颜世富.《周易》的管理思想研究.世界经济文汇,1997(7).
[99] 央视招标:抢夺高端媒体平台成企业重要营销策略.中华工商时报,2004-11-25.

[100] 杨根涛,潘虹佐,徐芳兰.波特竞争理论之"后五力"模型——产业竞争态势分析中的互补品及互补品战略.经济与社会发展,2009(9).

[101] 杨华江.集团公司战略风险管理的理论探讨.南开管理评论,2002(3).

[102] 杨文士,焦叔斌,张雁,李晓光.管理学(第3版).中国人民大学出版社,2009.

[103] 杨鑫,金占明.战略群组的存在性及其对企业绩效的影响——基于中国上市公司的研究.中国软科学,2010(7).

[104] 弋亚群等.动态环境下的企业战略环境分析.西安交通大学学报(社会科学版),2003(3).

[105] 尤茂庭,张海鹏.志在颠覆——中集集团总裁麦伯良专访.麦肯锡季刊,2008(5).

[106] [美]约翰·A·皮尔斯二世,小理查德·B·鲁滨逊.战略管理——制定、实施和控制(第8版).中国人民大学出版社,2008.

[107] 约翰·奈斯比特.定见.中信出版社,2007.

[108] 约瑟夫·W·韦斯.商业伦理:利益相关者分析与问题管理方法(第3版).中国人民大学出版社,2005.

[109] 詹姆斯·E·波斯特,安妮·T·劳伦斯,詹姆斯·韦伯.企业与社会:公司战略、公共政策与伦理(第10版).中国人民大学出版社,2005.

[110] 张从忠.定战略要看领导班子的匹配度.http://www.qgpx.com.

[111] 张剑辉.公司治理:愿景、使命和核心价值观.现代商业银行,2006(9).

[112] 张敬伟,王迎军.基于价值三角形逻辑的商业模式概念模型研究.外国经济与管理,2010(6).

[113] 张敬伟. 商业模式创新的五种路径. 企业管理, 2010(3).
[114] 张敬伟. 商业模式与战略关系辨析——兼论商业模式研究的意义. 外国经济与管理, 2011(4).
[115] 张明玉, 张文松. 企业战略: 理论与实践. 科学出版社, 2005.
[116] 张新国, 陈敏, 杨君茹. 企业战略管理(第2版). 高等教育出版社, 2010.
[117] 中国注册会计师协会. 公司战略与风险管理. 经济科学出版社, 2011.
[118] 钟耕深, 徐向艺. 战略管理. 山东人民出版社, 2006.
[119] 周三多. 孙子兵法与经营战略. 复旦大学出版社, 1995.
[120] 周三多. 战略管理思想史. 复旦大学出版社, 2002.
[121] 周祖城. 企业伦理学(第2版). 清华大学出版社, 2009.
[122] 周祖城. 走出企业社会责任定义的丛林. 伦理学研究, 2011(03).

图书在版编目(CIP)数据

战略管理/谢佩洪主编,焦豪,甄杰副主编.—上海:复旦大学出版社,
2014.8(2019.8 重印)
(大学管理类教材丛书)
ISBN 978-7-309-10558-2

Ⅰ.战… Ⅱ.①谢…②焦…③甄… Ⅲ.企业管理-战略管理-高等学校-教材
Ⅳ.F270

中国版本图书馆 CIP 数据核字(2014)第 072807 号

战略管理
谢佩洪 主编 焦 豪 甄 杰 副主编
责任编辑/王联合 张咏梅 谢同君
复旦大学出版社有限公司出版发行
上海市国权路 579 号 邮编:200433
网址:fupnet@fudanpress.com http://www.fudanpress.com
门市零售:86-21-65642857 团体订购:86-21-65118853
外埠邮购:86-21-65109143 出版部电话:86-21-65642845
上海春秋印刷厂

开本 850×1168 1/32 印张 17.25 字数 411 千
2019 年 8 月第 1 版第 2 次印刷

ISBN 978-7-309-10558-2/F·2034
定价:38.00 元

如有印装质量问题,请向复旦大学出版社有限公司出版部调换。
版权所有 侵权必究